新编21世纪法学系列教材

总主编　曾宪义　王利明

法学概论

第七版

主　编　谷春德　杨晓青

撰稿人（以撰写章节先后为序）

谷春德　文　哲　张曙光　叶传星

杨晓青　曹　磊　王振东

Outline to Jurisprudence

中国人民大学出版社

·北京·

内容简介

本书内容包括绪论以及我国社会主义法的基本理论、中国特色社会主义法治理论与实践、宪法、行政法、民法典、商法、经济法、社会法、刑法、民事诉讼法、行政诉讼法、刑事诉讼法、国际法十三章。

本书体现了培养和增强大学生法律意识、法治观念和道德素质的宗旨和目的，突出了时代感、现实性和知识性，加强了可读性、引导性，非常适宜作为本科生学习法律基础知识的读本，有利于开阔学生的知识面和法律专业视野。

作者简介

谷春德　中国人民大学法学院教授。长期从事法学基础理论、西方法律思想史和法律基础的教学与研究工作。曾任中国人民大学法律系主任、法学院副院长，曾任教育部“两课”教学指导委员会委员、教育部“法律基础”课教学指导组组长。主编全国高等学校通用教材《法律基础教程》（教育部思想政治工作司、司法部宣传司组编，高等教育出版社），主编全国普通高校“两课”示范教材《法律基础》（本科本）（教育部社会科学与思想政治工作司组编，高等教育出版社）、《法律基础教程》（专科试用本）（教育部社会科学与思想政治工作司、司法部宣传司组编，高等教育出版社），并主编《法律基础》《法学概论》（中国人民大学出版社）。

杨晓青　中国人民大学法学院教授，法学博士；毕业于中国人民大学法律系。多年从事法理学、马克思主义经典著作选读、法律基础、法学概论的教学与研究工作。多次参编全国高等学校通用教材《法律基础教程》（教育部思想政治工作司、司法部宣传司组编，高等教育出版社），全国普通高校“两课”示范教材《法律基础》（本科本）（教育部社会科学与思想政治工作司组编，高等教育出版社），并主编/副主编《法律基础》《法学概论》（中国人民大学出版社）。

叶传星　中国人民大学法学院教授，法学博士；毕业于中国人民大学法律系。多年从事法理学、人权法学、法律基础和法学概论的教学与研究工作。多次参编《法律基础》《法学概论》（中国人民大学出版社）。

作者简介

曹　磊　中国人民大学法学院副教授，法学博士；毕业于北京大学法律系、中国人民大学法律系。多年从事中国法律思想史、马克思主义经典著作选读、法律基础和法学概论的教学与研究工作。多次参编《法律基础》《法学概论》（中国人民大学出版社）。

张曙光　中国人民大学法学院副教授，法学硕士；毕业于中国人民大学法律系。多年从事法理学、法律基础和法学概论的教学与研究工作。多次参编《法律基础》《法学概论》（中国人民大学出版社）。

王振东　中国人民大学法学院副教授，法学硕士；毕业于中国人民大学法律系。多年从事中国法律思想史、西方法律思想史、法理学、法律基础和法学概论的教学与研究工作。多次参编《法律基础》《法学概论》（中国人民大学出版社）。

文　哲　中国人民公安大学讲师，法学博士。研究领域为刑事诉讼法、证据法学。多次参编《法学概论》（中国人民大学出版社）。

总序

曾宪义

在人类文明与文化的发展中，中华民族曾作出过伟大的贡献，不仅最早开启了世界东方文明的大门，而且对人类法治、法学及法学教育的生成与发展进行了积极的探索与光辉的实践。

在我们祖先生存繁衍的土地上，自从摆脱动物生活、开始用双手去进行创造性的劳动、用人类特有的灵性去思考以后，我们人类在不断改造客观世界、创造辉煌的物质文明的同时，也在不断地探索人类的主观世界，逐渐形成了哲学思想、伦理道德、宗教信仰、风俗习惯等一系列维系道德人心、维持一定社会秩序的精神规范，更创造了博大精深、义理精微的法律制度。应该说，在人类所创造的诸种精神文化成果中，法律制度是一种极为奇特的社会现象。因为作为一项人类的精神成果，法律制度往往集中而突出地反映了人类在认识自身、调节社会、谋求发展的各个重要进程中的思想和行动。法律是现实社会的调节器，是人民权利的保障书，是通过国家的强制力来确认人的不同社会地位的有力杠杆，它来源于现实生活，而且真实地反映现实的要求。因而透过一个国家、一个民族、一个时代的法律制度，我们可以清楚地观察到当时人们关于人、社会、人与人的关系、社会组织以及哲学、宗教等诸多方面的思想与观点。同时，法律是一种具有国家强制力、约束力的社会规范，它以一种最明确的方式，对当时社会成员的言论或行动作出规范与要求，因而也清楚地反映了人类在各个历史发展阶段中对于不同的人所作出的种种具体要求和限制。因此，从法律制度的发展变迁中，同样可以看到人类自身不断发展、不断完善的历史轨迹。人类社会几千年的国家文明发展历史已经无可争辩地证明，法律制度乃是维系社会、调整各种社会关系、保持社会稳定的重要工具。同时，法律制度的不断完善，也是人类社会文明进步的显著体现。

由于发展路径的不同、文化背景的差异，东方社会与西方世界对于法律的意义、底蕴的理解、阐释存有很大的差异，但是，在各自的发展过程中，都曾比较注重法律的制定与完善。中国古代虽然被看成是“礼治”的社会、“人治”的世界，被认为是“只有刑，没有法”的时代，但从《法经》到《唐律疏议》《大清律例》等数十部优秀成文法典的存在，充分说明了成文制定法在中国古代社会中的突出地位，唯有这些成文法制所体现出的精神旨趣与现代法律文明有较大不同而已。时至20世纪初叶，随着西风东渐、东西文化交流加快，中国社会开始由古代的、传统的社会体制向近现代文明过渡，建立健全的、符合现代理性精神的法律文明体系方成为现代社会的共识。正因为如此，近代以来的数百年间，在西方、东方各主要国家里，伴随着社会变革的潮起潮落，法律改革运动也一直呈方兴未艾之势。

从历史上看，法律的文明、进步，取决于诸多的社会因素。东西方法律发展的历史均充分证明，推动法律文明进步的动力，是现实的社会生活，是政治、经济和社会文化的变迁；同时，法律内容、法律技术的发展，往往依赖于一大批法律专家以及更多的受过法律教育的社会成员的研究和推动。从这个角度看，法学教育、法学研究的发展，对于法律文明的发展进步，也有着异常重要的意义。正因为如此，法学教育和法学研究在现代国家的国民教育体系和科学研究体系中，开始占有越来越重要的位置。

中国近代意义上的法学教育和法学研究，肇始于19世纪末的晚清时代。清光绪二十一年（公元1895年）开办的天津中西学堂，首次开设法科并招收学生，虽然规模较小，但仍可以视为中国最早的近代法学教育机构（天津中西学堂后改名为北洋大学，又发展为天津大学）。三年后，中国近代著名的思想家、有“维新骄子”之称的梁启超先生即在湖南《湘报》上发表题为《论中国宜讲求法律之学》的文章，用他惯有的富有感染力的激情文字，呼唤国人重视法学，发明法学，讲求法学。梁先生是清代末年一位开风气之先的思想巨子，在他辉煌的学术生涯中，法学并非其专攻，但他仍以敏锐的眼光，预见到了新世纪中国法学研究和法学教育的发展。数年以后，清廷在内外压力之下，被迫宣布实施“新政”，推动变法修律。以修订法律大臣沈家本为代表的一批有识之士，在近十年的变法修律过程中，在大量翻译西方法学著作，引进西方法律观念，有限度地改造中国传统的法律体制的同时，也开始推动中国早期的法学教育和法学研究。20世纪初，中国最早设立的三所大学——北洋大学、京师大学堂、山西大学堂均设有法科或法律学科目，以期“端正方向，培养通才”。1906年，应修订法律大臣沈家本、伍廷芳等人的奏请，清政府在京师正式设立中国第一所专门的法政教育机构——京师法律学堂。次年，另一所法政学堂——直属清政府学部的京师法政学堂也正式招生。这些大学法科及法律、法政学堂的设立，应该是中国历史上近代意义上的正规专门法学教育的滥觞。

自清末以来，中国的法学教育作为法律事业的一个重要组成部分，随着中国社会的曲折发展，经历了极不平坦的发展历程。在20世纪的大部分时间里，中国社会一直充斥着各种矛盾和斗争。在外敌入侵、民族危亡的沉重压力之下，中国人民为寻找适合中国国情的发展道路而花费了无穷的心力，付出过沉重的代价。从客观上看，长期的社会骚动和频繁的政治变迁曾给中国的法治与法学带来过极大的消极影响。直至20世纪70年代末期，以“文化大革命”宣告结束为标志，中国社会开始用理性的目光重新审视中国的过去，规划国家和社会的未来，中国由此进入长期稳定、和平发展的大好时期，以这种大的社会环境为背景，中国的法学教育也获得了前所未有的发展机遇。

从宏观上看，实行改革开放以来，经过二十多年的努力，中国的法学教育事业所取得的成就是辉煌的。首先，经过“解放思想，实事求是”思想解放运动的洗礼，在中国法学界迅速清除了极左思潮及苏联法学模式的一些消极影响，根据本国国情建设社会主义法治国家已经成为国家民族的共识，这为中国法学教育和法学研究的发展奠定了稳固的思想基础。其次，随着法学禁区的不断被打破、法学研究的逐步深入，一个较为完善的法学学科体系已经建立起来。理论法学、部门法学各学科基本形成了比较系统和成熟的理论体系和学术框架，一些随着法学研究逐渐深入而出现的法学子学科、法学边缘学科也渐次成型。1997 年，国家教育主管部门和教育部高校法学学科教学指导委员会对原有专业目录进行了又一次大幅度调整，决定自 1999 年起法学类本科只设一个单一的法学专业，按照一个专业招生，从而使法学学科的布局更加科学和合理。同时，在充分论证的基础上，确定了法学专业本科教学的 14 门核心课程，加上其他必修、选修课程的配合，由此形成了一个传统与更新并重、能够适应国家和社会发展需要的教学体系。法学硕士和博士研究生及法律硕士专业学位研究生的专业设置、课程教学和培养体系也日臻完善。再次，法学教育的规模迅速扩大，层次日趋齐全，结构日臻合理。目前中国有六百余所普通高等院校设置了法律院系或法律本科专业，在校本科学生和研究生已达二十余万人。除本科生外，在一些全国知名的法律院校，法学硕士研究生、法律硕士专业学位研究生、法学博士研究生已经逐步成为培养的重点。

众所周知，法律的进步、法治的完善，是一项综合性的社会工程。一方面，现实社会关系的发展，国家政治、经济和社会生活的变化，为法律的进步、变迁提供动力，提供社会的土壤。另一方面，法学教育、法学研究的发展，直接推动法律进步的进程。同时，全民法律意识、法律素质的提高，则是实现法治国理想的关键的、决定性的因素。在社会发展、法学教育、法学研究等几个攸关法律进步的重要环节中，法学教育无疑处于核心的、基础的地位。中国法学教育过去二十多年所走过的历程令人激动，所取得的成就也足资我们自豪。随着国家的发展、社会的进步，在 21 世纪，我们面临着更严峻的挑战和更灿烂的前景。“建设世界一流法学教育”，任重道远。

首先，法律是建立在经济基础之上的上层建筑，以法治为研究对象的法学也就成为一门实践性很强的学科。社会生活的发展变化，势必要对法学教育、法学研究不断提出新的要求。经过二十多年的奋斗，中国改革开放的前期目标已顺利实现。但随着改革开放的逐步深入，国家和社会的一些深层次问题，比如说社会主义市场经济秩序的真正建立、国有企业制度的改革、政治体制的完善、全民道德价值的重建、环境保护和自然资源的合理利用等，也已经开始浮现出来。这些复杂问题的解决，无疑最终都会归结到法律制度的完善上来。建立一套完善、合理的法律制度，构建理想的和谐社会，乃一项持久而庞大的社会工程，需要全民族的智慧和努力。其中的基础性工作，如理论的论证、框架的设计、具体规范的拟订、法律实施中的纠偏等等，则有赖于法学研究的不断深入，以及高素质人才特别是法律人才的养成，而培养法律人才的任务，则是法学教育的直接责任。

其次，21 世纪是一个多元化的世纪。20 世纪中叶发生的信息技术革命，正在极大地改变着我们的世界。现代科学技术，特别是计算机网络信息技术的发展，使传统的生活方式、思想观念发生了根本的改变，并由此引发许多人类从未面对过的问题。就法学教育而言，在21世纪所要面临的，不仅是教学内容、研究对象的多元化问题，而且还有培养对象、培养目标的多元化、教学方式的多元化等一系列问题，这些问题都需要法学界去思考、去探索。

中国人民大学法学院建立于1950年，是新中国诞生后创办的第一所正规高等法学教育机构。在半个多世纪的岁月中，中国人民大学法学院以其雄厚的学术力量、严谨求实的学风、高水平的教学质量以及丰硕的学术研究成果，在全国法学教育领域处于领先地位，并开始跻身于世界著名法学院之林。据初步统计，中国人民大学法学院已经为国家培养法学专业本科生、硕士生、博士生一万余人，培养各类成人法科学生三十余万人。经过多年的努力，中国人民大学法学院形成了较为明显的学术优势，在现职教师中，既有一批资深望重、在国内外享有盛誉的法学前辈，更有一大批在改革开放后成长起来的优秀中青年法学家。这些老中青法学专家多年来在勤奋研究法学理论的同时，也积极投身于国家的立法、司法实践，对国家法制建设贡献良多。

有鉴于此，中国人民大学法学院与中国人民大学出版社经过研究协商，决定结合中国人民大学法学院的学术优势和中国人民大学出版社的出版力量，出版一套“21世纪法学系列教材”。自1998年开始编写出版本科教材，包括按照教育部所确定的法学专业核心课程和其所颁布印发的《全国高等学校法学专业核心课程教学基本要求》而编写的14门核心课程教材，也包括法学各领域、各新兴学科教材及教学参考书和案例分析在内，到2000年12月3日在人民大会堂大礼堂召开举世瞩目的“21世纪世界百所著名大学法学院院长论坛暨中国人民大学法学院成立五十周年庆祝大会”之时，业已出版了50本作为50周年院庆献礼，到现在总共出版了80本。为了进一步适应高等法学教育发展的形势和教学改革的需要，最近中国人民大学法学院与中国人民大学出版社决定将这套教材扩大为四个系列，即：“本科生用书”、“法学研究生用书”、“法律硕士研究生用书”以及“司法考试用书”，总数将达二百多本。我们设想，本套教材的编写，将更加注意“高水准”与“适用性”的合理结合。首先，本套教材将由中国人民大学法学院具有全国影响的各学科的学术带头人领衔，约请全国高校优秀学者参加，形成学术实力强大的编写阵容。同时，在编写教材时，将注意吸收中国法学研究的最新的学术成果，注意国际学术发展的最新动向，力求使教材内容能够站在21世纪的学术前沿，反映各学科成熟的理论，体现中国法学的水平。其次，本套教材在编写时，将针对新时期学生特点，将思想性、学术性、新颖性、可读性有机结合起来，注意运用典型生动的案例、简明流畅的语言去阐释法律理论与法律制度。

我们期望并且相信，经过组织者、编写者、出版者的共同努力，这套法学教材将以其质量效应、规模效应，力求成为奉献给新世纪的精品教材，我们诚挚地祈望得到方家和广大读者的教正。

2006年7月1日

序言

法学教育是高等教育的重要组成部分，是建设社会主义法治国家、构建社会主义和谐社会的重要基础，并居于先导性的战略地位。在我国社会转型的新世纪、新阶段，法学教育不仅要为建设高素质的法律职业共同体服务，而且要面向全社会培养大批治理国家、管理社会、发展经济的高层次法律人才。近年来，法学教育取得了长足的进步，法科数量增长很快，教育质量稳步提高，培养层次日渐完善，目前已经形成了涵盖本科生、第二学士学位生、法学硕士研究生、法律硕士研究生、法学博士研究生的完整的法学人才培养体系，接受法科教育已经成为莘莘学子的优先选择之一。随着中国法治事业的迅速发展，我们有理由相信，中国法学教育的事业大有可为，中国法学教育的前途充满光明。

教育的基本功能在于育人，在于塑造德才兼备的高素质人才。法学教育的宗旨并非培养只会机械适用法律的“工匠”，而承载着培养追求正义、知法懂法、忠于法律、廉洁自律的法律人的任务。要完成法学教育的使命，首先必须认真抓好教材建设。我始终认为，教材是实现教育功能的重要工具和媒介，法学教材不仅仅是法学知识传承的载体，而且是规范教学内容、提高教学质量的关键，对法学教育的发展有着不可估量的作用。

第一，法学教材是传授法学基本知识的工具。初学法律，既要有好的老师，又要有好的教材。正如冯友兰先生所言：“学哲学的目的，是使人作为人能够成为人，而不是成为某种人。其他的学习（不是学哲学）是使人能够成为某种人，即有一定职业的人。”一套好的教材，能够高屋建瓴地展示法律的体系，能够准确简明地阐释法律的逻辑，能够深入浅出地叙述法律的精要，能够生动贴切地表达深奥的法理。所以，法学教材是学生学习法律的向导，是学生步入法律殿堂的阶梯。如果在入门之初教材就有偏颇之处，就可能误人子弟，学生日后还要花费大量时间与精力来修正已经形成的错误观念。

第二，法学教材是传播法律价值理念的载体。好的法学教材不仅要传授法学知识，更要传播法律的精神和法治的理念，例如对公平、正义的追求，尊重权利的观念。本科、研究生阶段的青年学子，正处在人生观、价值观形成的阶段，一套优秀的法学教材，对于他们价值观的塑造和健全人格的培养具有重要意义。

第三，法学教材是形成职业共同体的主要条件。建设社会主义法治国家，有赖于法律职业共同体的生成。一套好的法学教材，向法律研习者传授共同的知识，这对于培养一个接受共同的价值理念、共同的法律思维、共同的话语体系的法律共同体，具有重要的作用。

第四，法学教材是所有法律研习者的良师益友。没有好的教材，一个好的教师或可弥补教材的欠缺和不足，但对那些没有老师指导的自学者而言，教材就是老师，其重要作用是显而易见的。

长期以来，在我们的评价体系中，教材并没有获得应有的注重，对学术成果的形式优先考虑的往往是专著而非教材。在不少人的观念中，教材与创新、与学术精品甚至与学术无缘。其实，要真正写出一部好的教材，其难度之大、工作之艰辛、影响之深远，绝不低于一部优秀的专著，它甚至可以成为在几百年甚至更长的时间内发挥作用的传世之作。以查士丁尼的《法学阶梯》为例，所谓法学阶梯，即法学入门之义，就是一部教材。但它概括了罗马法的精髓，千百年来，一直是人们研习罗马法最基本的著述。日本著名学者我妻荣说过，大学教授有两大任务：一是写出自己熟悉的专业及学术领域的讲义乃至教科书；二是选择自己最有兴趣、最看重的题目，集中精力进行终生的研究。实际上，这两者是相辅相成的。写出一部好教材，必须要对相关领域形成一个完整的知识体系，还要能以深入浅出的语言将问题讲清楚、讲明白。没有编写教材的基本功，实际上也很难写出优秀的专著。当然，也只有对每一个专题都有一定研究，才能形成对这个学术领域的完整把握。

虽然近几年我国法学教育发展迅速，成绩显著，但是法学教育也面临许多挑战。各个学校的师资队伍和教学质量参差不齐，这就更需要推出更多的结构严谨、内容全面、角度各有侧重、能够适应不同需求的法学教材，为提高法学教学和人才培养质量、保障法学教育健康发展提供前提条件。

长期以来，中国人民大学法学院始终高度重视教材建设。作为新中国成立后建立的第一所正规的法学教育机构，中国人民大学法律系最早开设了社会主义法学教学课堂，编写了第一套社会主义法学讲义，培养了新中国第一批法学本科生和各学科的硕士生、博士生，产生了新中国最早的一批法学家和法律工作者。中国人民大学法律系因此被誉为“新中国法学教育的工作母机”。半个多世纪以来，中国人民大学法学院为社会主义法制建设培养了大批优秀的法律人才，并为法学事业的振兴和繁荣作出了卓越贡献，也因此成为引领中国法学教育的重镇、凝聚国内法律人才的平台和沟通中外法学交流的窗口，并在世界知名法学院行列中崭露头角。为了对中国法学教育事业作出更大的贡献，我们有义务也有责任出版一套体现我们最新研究成果的法学教材。

承蒙中国人民大学出版社的大力支持，我们组织编写了本套教材，其中包括本科生用书、法律硕士研究生用书、法学研究生用书和司法考试用书四大系列，分别面向不同层次法科教育需求。编写人员以中国人民大学法学院教师为主，反映了中国人民大学法学院整体的研究实力和学术视野。相信本套教材的出版，一定能够为新时期法学教育的繁荣发展发挥应有的作用。

是为序。

2006 年 7 月 10 日

第七版修订说明

这本《法学概论》教材是面向全国高等院校本科生的教材，自2021年修订以来，受到全国普通高等院校广大师生的欢迎。为全面贯彻落实党的二十大精神及反映新的立法变化，2023年我们对这本教材进行了必要的修订。

根据读者的意见和教学实践的需要，按照“法学概论”课程教学的基本要求，这次修订的主要内容如下：在各章开篇增加了党的二十大报告或习近平总书记关于新时代中国特色社会主义法治建设的论述，重新撰写了第六版中的第一章“我国社会主义法的基本理论”、第二章第二节“习近平新时代法治新理念新思想的形成和发展”（现改为“习近平法治思想概述”）、第三章第二节“我国的国家性质”、第十三章第一节“国际公法”，补充了第十章“民事诉讼法”中《民事诉讼法》最新修订的内容，增加了新公布的《对外关系法》的内容等，使教材内容更加充实、丰富。章中适当穿插案例、思考题，方便读者学习，把握知识点。

本教材理论联系实际，形式活泼新颖，增强了可读性、引导性，启发学生思考，给授课老师留下发挥空间。对章后的名词术语、案例分析、深度阅读和问题与思考作了部分调整，便于学生扩展阅读面，加强对教材中专业知识的掌握。本次修订对个别重复、不必要的内容加以删除，对个别不妥当、不准确的提法予以改正，从而增强了本教材的针对性和时效性。

本教材的绪论、第二章、第三章、第十三章由谷春德、文哲修订；第一章由杨晓青重写，第五章第一、二、三、四、七节，第六章、第十章由杨晓青修订；第四章、第十一章由叶传星修订；第五章第五、六节，第七章、第八章由曹磊修订；第九章、第十二章由王振东修订。全书最后由谷春德、杨晓青统编定稿。

欢迎广大读者对本教材不妥之处提出批评和建议。

谷春德　杨晓青

2023年11月30日

编写说明

目前，全国普通高等学校普遍开设了法学概论课。我们根据多年来法律基础课教学的实践经验，在充分吸收过去法律基础课教材建设成果的基础上，新编了这本《法学概论》。本教材体现了培养和提高大学生法律意识、法制观念和道德素质的宗旨和目的，突出了时代感、现实性和知识性，反映了国家新制定的合同法、国家公务员法和新修改的宪法、行政许可法、公司法、税收征收管理法和婚姻法的内容，特别是在体例与形式上有所开拓创新：各章都增设了标题和导语，点明了该章的中心内容和学习该章的目的与要求；增设了内容提要和名词术语，便于学生正确把握课程的重点、难点问题；增设了辨析题和典型案例分析，启发学生独立思考，加深理解并运用所学的法律基本知识，从而使全书的体例与形式更加生动活泼，增加可读性；增设了阅读书目及相关法律，开阔学生的知识面和法律专业视野。

本教材编写具体分工如下：

谷春德：导论，第一章第六节，第二章；

张曙光：第一章第一、二、三、四、五节；

叶传星：第三章，第九章；

杨晓青：第四章，第五章，第八章，第十二章第一、二、四节；

曹磊：第六章，第七章，第十二章第三节；

王振东：第十章，第十一章。

全书的编写大纲由谷春德、杨晓青设计，并经全体编写人员讨论确定。全书最后由谷春德、杨晓青统一修改定稿。

尽管我们对本书的编写内容做了较大的调整和补充，对编写体例和形式也做了较多的创新，但我们深感编写一本好的法学概论教材绝非易事，疏漏和欠妥之处实难避免，欢迎读者提出批评和意见，以便我们今后进一步修订。

编著者

2005 年 7 月

目录

绪 论

常考知识点

- 法学的研究对象
- 法学的分类
- “法学概论”的内容和体系

党的二十大报告强调：全面依法治国是国家治理的一场深刻革命，关系党执政兴国，关系人民幸福安康，关系党和国家长治久安。必须更好发挥法治固根本、稳预期、利长远的保障作用，在法治轨道上全面建设社会主义现代化国家。①

党的二十大报告将法治建设单独作为一个部分进行专章论述、专门部署，这在我们党代表大会的历史上还是第一次。这充分体现了以习近平同志为核心的党中央对法治建设的高度重视，充分体现了我们党不仅是敢于革命、善于建设、勇于改革的党，更是信仰法治、坚守法治、建设法治的党。

一、法学的研究对象及分类和体系

（一）法学的研究对象

法学，又称法律科学，是以法律为专门研究对象的学问。法学是一门历史悠久、独立的社会科学，它所研究的法律现象主要包括法律意识、法律文化、法律制定、法律实施、法律监督．法律行为、法律规范、法律秩序、法律体系，以及宪法和行政法、刑法、民法、商法、经济法、社会法、刑事诉讼法、民事诉讼法、行政诉讼法和国际法等。研究这些法律现象是为了正确认识法律的本质，揭示其产生和发展的规律性。同时，法律现象是变动、发展着的，相互间是依赖和转化的，因此，法学不仅研究法律现象的静态、法律现象本身，也研究法律现象的动态、法律现象的实践活动，包括立法、司法、执法、诉讼、法律规范、法律渊源、法律关系、法律行为、法律意识、法治观念等等。另外，我们还应看到，法律现象不是孤立的，它的产生、存在和发展同社会其他现象存在密切

① 高举中国特色社会主义伟大旗帜 为全面建设社会主义现代化国家而团结奋斗：在中国共产党第二十次全国代表大会上的报告（2022年10月16日）．人民日报，2022-10-26（01）．

联系，所以，法学不仅要研究法律现象本身，也要研究法律现象同社会其他现象，包括政治、经济、文化、宗教、道德、科技等现象的关系。只有这样，才能够比较全面地认识法的产生和本质、法的价值和作用及发展规律。当然，法律现象不仅为法学所研究，也为其他社会科学所关注，例如哲学、经济学、社会学、历史学等，它们从本学科的需要出发，关注着法律现象，使其成为本学科的一部分研究内容。尽管如此，这些学科对法律现象的关注同法学对法律现象的研究还是有很大的不同：法学是把法律现象作为自己的专门研究对象，而其他社会科学只是把法律现象作为它们研究的一部分内容。再者，二者对法律现象关注的角度也不同：法学是从法律的角度或者法理的角度研究法律现象，而其他社会科学是从自己学科的视角，依自己学科特有的标准及需要来观察法律现象的。因此，虽然法学同其他社会科学存在密切联系，它们相互补充、相互渗透，但是它们不能相互代替，各自都有独立存在的意义。①

（二）法学的分类和体系

按照不同的标准和角度，对法学可以进行不同的分类。

按照阶级性质的标准，可以把法学分为奴隶主阶级法学、封建地主阶级法学、资产阶级法学和无产阶级法学。前三种法学可以统称为剥削阶级法学，第四种法学又可以称为马克思主义法学或社会主义法学。剥削阶级法学与马克思主义法学是阶级性质根本不同的法学。

按照法学研究的内容可把法学分为理论法学与法律史学、基础法学与部门法学、本国法学与外国法学、国内法学与国际法学、传统法学与交叉学科等，我们可以将现有的法学各个学科划分为以下六类，每一类又分为若干分支学科。

（1）理论法学是研究法的基本原理、概念、思想和规律的学科，包括法理学、法哲学、法社会学、实证法理论、比较法总论、法经济学、立法学、法律解释学、法人类学、法文化学等。

（2）法律史学是从历史的角度研究法律思想和法律制度的学科，包括中国法律制度史、中国法律思想史、外国法律思想史、外国法律制度史、法学史等。法律史学既包括通史（如中国法律制度史和外国法律制度史），也包括断代史（如先秦法律思想史和明清法律制度史）。

（3）部门法学是分别以一个国家的各个法律部门为研究对象的学科，是整个法学体系的主要部分，包括宪法学、行政法学、劳动法学、民法学、商法学、婚姻法学、经济法学、社会法学、自然资源和环境保护法学、刑法学、犯罪学、诉讼法学、法院检察院组织法学、军事法学等。其中，各个学科下面又可以有若干分支学科，如宪法学下面可以包括国籍法学、选举法学、组织法学、特别行政区法学、民族区域自治法学等。

（4）外国法学是以外国的法律制度和法律思想为研究对象的学科，既包括一个国家的法律制度或思想（如英国刑法、美国宪法、中国法律思想等），也包括若干个国家的法律制度和思想（如大陆法系、英美法系、西方法律思想等），还包括以法律制度和思想的

---

① 朱景文主编．法理学．北京：中国人民大学出版社，2008：2-3.

比较研究为对象的各种比较法学（如比较宪法、比较刑法等）。

（5）国际法学是以国家、国际组织之间所签订的国际条约和国际惯例为研究对象的学科，包括国际公法学、国际私法学、国际经济法学等。每个学科下面还包括若干分支学科，如国际公法学就包括国际组织法学、国际条约法学、海洋法学、战争法学、国际刑法学、国际人权法学等。

（6）交叉学科是法学与其他社会科学或自然科学相结合的产物，比较多地运用了其他学科的既有知识，包括法律与经济学、法律与计算机学、法律与文学、法律与种族、法律与性别、法医学、物证技术学、法律心理学、法律统计学等。①

正是以上六大类法学及其所包括的分支学科构成了相互联系的有机的法学体系。这一体系是随着社会关系的复杂化、社会分工的发展和法学及其分支学科的出现而形成的。这一体系的构成既取决于客观发展的需要，又与学者对法学的主观认识和理解有着密切关系。同时，这个体系不是封闭的，而是开放的；不是停滞的，而是发展的、逐渐完善的。

二、法学与其他学科的关系

法律现象不是孤立的社会现象，它与其他社会现象，包括经济、政治、文化、宗教、道德、科技等现象，存在这样或那样的密切联系。法学与其他学科，主要是与哲学、经济学、政治学、社会学、伦理学、自然科学、技术科学等，必然存在这样或那样的密切联系。

（一）法学与哲学

哲学是研究世界观的学问，是人们对整个世界（包括自然界、社会和思维）的根本观点的体系。它的根本任务在于认识世界和改造世界。哲学与法学是一般与特殊的关系。法学思想受哲学思想指导，而且早期法学并不是独立的，而是包含于哲学之中的；法学的研究为哲学的研究提供了丰富的材料，使哲学的基本观点在法学研究中得到验证。马克思主义哲学即辩证唯物主义和历史唯物主义，是法学的理论基础，对法学研究起着直接指导作用。

（二）法学与经济学

经济学是研究各种经济关系和经济活动规律的科学，分为政治经济学、数量经济学、技术经济学、市场经济学、宏观经济学、微观经济学等。法律与经济的内在联系决定了法学与经济学存在密切关系。法律是由经济决定的，同时法律对经济起着能动的反作用。法律通过巩固或破坏经济基础来推动或阻碍社会生产力的发展。同时，我们还要看到，在当代，经济学的许多理论模式和研究方法已经被引入法学领域，出现了“经济分析法学”或“法律经济学”。

---

① 朱景文主编．法理学．北京：中国人民大学出版社，2008：6-7.

（三）法学与政治学

政治学是以政治现象（主要是国家及其活动）及其发展规律为研究对象的一门科学。它的研究范围十分广泛，包括政治本质、政治结构、政治权力、政治权利、政治决策、政治规范、政治运行、政治组织、政治文化、政治理论、政治动力、政治秩序、国家政治，以及阶级、国家、政府、政党等。在阶级社会中，法是政治活动和实现政治目标的一种常规形式和手段，特别是在现代社会，民主政治就是法治政治，政治活动必须采取合法形式，必须有规则、有秩序地运行。法与政治的这种内在统一性决定了法学与政治学存在必然的联系，特别是宪法学、立法学、行政法学本身就兼有法学和政治学的双重性质。在历史上，法学与政治学曾经长期不分彼此，直到 19 世纪以后，法学与政治学才各自成为一门独立学科。但是，民主与法制、立法政策、权力制约、国家、政党、公民与国家的关系等，仍然是法学与政治学共同研究的双边问题。所以，法学与政治学的密切联系并没有因为法学与政治学各自成为独立学科而受到削弱。

（四）法学与社会学

社会学主要研究社会结构和社会发展的宏观问题，包括社会关系、社会组织、社会文化、社会规范、社会制度、社会和谐与社会冲突、社会运动、社会变革和社会控制等一系列社会发展问题。法学与社会学存在相互联系和相互交错的关系：法学研究法律是将其作为社会现象的一部分来研究的，社会学要通过法律来研究社会。法学与社会学有许多共同议题，例如法律的社会根源、法律的社会功能、法律规范的效力的社会标准、法律实效的社会条件、法律的社会化、法律行为的社会基础、社会变迁中的法律变迁、通过法律的社会控制、法律与社会冲突、法律与社会和谐、法律与社会秩序等。正是出于法学与社会学相互结合的需要，产生了法律社会学这一新兴学科。法律社会学主要研究法律的社会运行、法律角色、法律文化、法律运作、法律实效，以理论模型的设计、经验考察和实证分析为其方法论，以参与法制建设进程、推动法制和法律文化的现代化为其价值目标。

（五）法学与伦理学

伦理学是以道德现象为研究对象的，而法律现象与道德现象从来是不可分割地联系在一起的。道德与法律是调整人们行为的两类重要的社会规范，它们既相互区别又紧密联系，它们相互作用、相互影响、相互渗透、相互补充。这就决定了法学与伦理学存在必然的联系。法律与道德如何分配以充分发挥各自在社会生活中的作用，既是法学研究的重要内容，也是伦理学研究的重要课题。由此，我们可以看出，法学与伦理学相互促进、共同发展。

（六）法学与自然科学、技术科学

随着科学技术日新月异地飞速发展，法学与自然科学、技术科学的关系越来越密切。一方面，科学技术的发展为法律调整提出了新的必须解决的问题，产生了前所未有的新的社会关系（如人工授精、辅助生殖、器官移植、电子商务、计算机犯罪等），需要新的法律调整这些新的社会关系，因此，它必然促进科技立法，完善科技法制体系；另一方面，它又为法学研究提供了新的、更加精确的方法和手段，如利用系统论、控制论、信息论和电子计算机技术来研究法律现象，以建立、运用和不断完善我国社会主义法律调整系统。

三、"法学概论"的基本内容

"法学概论"不是法学中一个独立的学科，它只是对法学基本原理和基本法律作概要的、概略的论述。这一特点决定了"法学概论"课的内容应由马克思主义法学理论、我国的宪法和有关法律以及国际法三部分构成。

第一部分是马克思主义法学理论，包括法的一般原理、我国社会主义法的基本理论、中国特色社会主义法治理论等一系列战略思想和我国的民主法治建设。

第二部分是我国的宪法和有关法律，包括宪法、行政法、民法、商法、经济法、社会法、刑法、民事诉讼法、行政诉讼法、刑事诉讼法等。

第三部分是国际法，包括国际公法、国际私法和国际经济法。

本书作为普通高等学校的教材，由绪论和 13 章组成。绪论主要是论述法学的研究对象及分类与体系、法学与其他学科的关系、"法学概论"的基本内容等问题；第一章、第二章介绍我国社会主义法的基本理论和中国特色社会主义法治理论；第三章至第十二章为我国部门法律理论，分别论述/介绍了宪法、行政法、民法典、商法、经济法、社会法、刑法、诉讼法的理论与实践；第十三章为国际法，分别论述/介绍了国际公法、国际私法和国际经济法的理论与实践。

深度阅读

1. 孙国华，朱景文主编．法理学．6 版．北京：中国人民大学出版社，2023
2. 谷春德，史彤彪．西方法律思想史．5 版．北京：中国人民大学出版社，2017

问题与思考

一、思考题

1. 法学的研究对象及分类。
2. 为什么说"法学概论"不是法学中一门独立的学科？

二、练习题

1. 法学的研究对象是（　　）。

A. 宪法、法律、法规　　B. 法律、政策

C. 法律　　D. 法律、道德

2. 理论法学是研究（　　）的学科。

A. 法的基本原理、概念、思想和规律　　B. 法的产生和发展规律
C. 法的产生、法的渊源、法的作用　　D. 法的类型、法的制定和运行

3. 部门法学是研究（　　）的学科。

A. 宪法和法律部门　　B. 一个国家的各个法律部门
C. 宪法、法律、法规　　D. 法律和政策

第一章

我国社会主义法的基本理论

常考知识点

- 法的本质、特征
- 法的历史类型与法系
- 我国社会主义法的本质和特征
- 我国社会主义法与社会主义道德的关系
- 我国社会主义法律意识的作用
- 我国社会主义法的渊源
- 我国社会主义法的适用的基本要求和原则
- 法律原则和法律规范的适用

"要加强对中国特色社会主义国家制度和法律制度的理论研究，总结 70 年来我国制度建设的成功经验，构筑中国制度建设理论的学术体系、理论体系、话语体系，为坚定制度自信提供理论支撑。要加强制度宣传教育，特别是要加强对青少年的制度教育，引导人们充分认识我们已经走出了建设中国特色社会主义制度的成功之路，只要我们沿着这条道路继续前进，就一定能够实现国家治理体系和治理能力现代化。要结合新中国成立 70 周年系列庆祝活动，讲好中国制度故事，扩大中国制度的影响力和感召力，增进国际社会对我国制度的认识和认同。"①

第一节　法的概念、本质和历史发展

一、法的概念、基本特征，我国社会主义法的作用

（一）法的概念

法是由国家制定或认可并以国家强制力保证其实施的，反映着统治阶级意志的规范体系，这个意志的内容是由统治阶级的物质生活条件决定的。法通过规定人们的相互关

① 习近平总书记 2019 年 9 月 24 日在十九届中央政治局第十七次集体学习时的讲话.

系中的权利和义务，确认、保护和发展对统治阶级有利的社会关系和社会秩序。法的概念反映了法的基本特征。

（二）法的基本特征

1. 法是一种特殊的社会规范

人类社会的存在和发展离不开各种各样的行为规范。从这些规范反映和调整的领域来看，大体上可以分为两类，即技术规范和社会规范。技术规范反映和调整人与自然之间的关系，是规定人们如何使用自然力、劳动工具和劳动对象的行为规则。社会规范是调整人与人之间社会关系的行为规则，包括法律规范、道德规范等。但技术规范和社会规范的区分并不是绝对的，当实施某一技术规范可能影响到其他人的利益时，技术规范就具有了社会性。这类包含有技术规范内容的法律规范常被称为法律技术规范，如交通规则、食品安全法、知识产权法等等。

法律规范具有高度规范性、概括性和可预测性等特点。规范性是指法律规范规定了人们在一定情况下可以做什么、应当做什么、不能做什么，从而为人们确立了明确的行为模式和标准。概括性是指法律规范提供的行为标准是从各种具体行为中概括出来的一般尺度，而不是针对某一特定场合和特定主体的个别性指令。可预测性是指法律规范的内容具有稳定性，可以反复适用，人们根据法律规范的规定，可以预先知晓自己和他人的行为的法律后果，以便正确选择自己的行为方式。

2. 法是由国家制定或者认可的社会规范

法是由国家制定或者认可的社会规范，这是法区别于其他社会规范的重要特点之一。所谓“制定”，是指立法者根据社会生活发展的需要，通过相应的国家机关按照法定程序制定各种规范性法律文件。“认可”则是指对社会生活中原来已经实际存在的某种行为规则（如习惯、道德等），国家以一定形式承认并且赋予其法律效力。可见，无论是法律规范的制定还是认可，都与国家权力有着不可分割的联系，并且正是这一特点使法律规范的效力在形式上具有了普遍性和统一性，全社会必须人人遵守。

3. 法规定了权利和义务

法律规范的核心内容是规定人们之间在法律上的权利和义务。法正是通过规定人们在一定社会关系当中的权利和义务来确认、保护和发展有利于统治阶级的社会关系和社会秩序。一般来说，法律上的权利就是指法律赋予人们的某种行为自由，这种自由受法律保护；而法律上的义务，也就是指法律规定人们为保障他人的行为自由或社会利益必须承担的某种责任。

4. 法的实现有国家强制力作为保障

法律规范作为一种特殊的社会规范，由国家强制力保证实施，违反了法律规定义务的行为由专门的国家机关依法定程序追究行为人的法律责任，使之受到法律的制裁。但同时也要看到，任何社会规范的实现都要有一定的保障机制。国家机关强制措施的保障只是法的实现区别于其他行为规范实现的特点，而不是法律得到实现的必经途径或唯一方式。

5. 我国社会主义法的主要特征

我国社会主义法的主要特征：(1) 我国社会主义法是阶级性和人民性的统一；(2) 我国社会主义法是科学性和公正性的统一；(3) 我国社会主义法贯彻了公民的权利和义务的一致性；(4) 我国社会主义法的实施以国家的强制力和人民自觉遵守的有机结合为保障。

（三）我国社会主义法的作用

1. 我国社会主义法促进和保障社会主义经济建设

我国社会主义法确认和巩固社会主义基本经济制度：确认和保护以社会主义公有制为主体、多种所有制经济共同发展，是我国社会主义初级阶段的基本经济制度；确认和保护以按劳分配为主体、多种分配方式并存的分配制度。我国《宪法》第6条规定：社会主义公有制消灭人剥削人的制度，实行各尽所能、按劳分配的原则。国家在社会主义初级阶段……坚持按劳分配为主体、多种分配方式并存的分配制度。

2. 我国社会主义法保障人民民主、对敌专政和打击刑事犯罪

社会主义法确认和保障人民当家作主。《宪法》第2条明确规定：中华人民共和国的一切权力属于人民。人民行使国家权力的机关是全国人民代表大会和地方各级人民代表大会。这就从法律上确立和保障了人民的主人翁地位。我国要从中国国情和实际出发，走适合自己的法治道路，决不能照搬别国模式和做法，决不能走西方“宪政”“三权鼎立”“司法独立”的路子。① 我国社会主义法确认和保障人民的民主权利。宪法明确规定人民享有管理国家事务、管理经济和文化事业、管理社会事务的权利，以及其他一系列民主自由权利。法律还规定了实现人身权利和民主权利所必需的物质保障措施。我国社会主义法正确地协调人民内部的关系，解决人民内部的矛盾和纠纷。我国宪法和法律根据社会主义发展不同阶段的实际情况，按照统筹兼顾的原则，明确而具体地界定和分配人民内部不同主体的利益，使之和谐一致。同时，法律还规定了解决人民内部权益纠纷的方式和程序，保证纠纷解决的公正和秩序，防止矛盾激化，有效地缓解了人民内部的争端，保障了人民的民主权利和合法利益。

我国社会主义法坚决实行对敌专政，打击各种刑事犯罪。为了维护社会秩序和广大人民的利益，对敌对势力实行专政仍然是我国社会主义法的重要职能之一。对于那些严重破坏社会秩序的犯罪分子和犯罪集团，必须严厉打击，以保障人民的生命、财产安全，维护社会的安定。

3. 我国社会主义法保障和促进精神文明建设

人类文明一般可以分为物质文明和精神文明。社会主义精神文明是社会主义精神生产和生活的成果，它是在社会主义条件下，全体人民共同创造的精神财富，也是对历史上一切优秀精神文明成果的继承。《中共中央关于社会主义精神文明建设指导方针的决议》中指出：“精神文明建设，包括思想道德建设和教育科学文化建设两个方面，渗透在

---

① 习近平总书记2018年8月24日在中央全面依法治国委员会第一次会议上的讲话．

整个物质文明建设之中，体现在经济、政治、文化、社会生活的各个方面。”我国社会主义法在这两个方面的建设中都有重要作用。

4. 我国社会主义法促进和保障对外政治、经济、文化关系的发展

我国社会主义法执行着广泛的对外职能，主要体现在对外政治行为和政治交往之中。我国以法律的形式同世界上一百多个国家和地区建立了正式外交关系；我国运用法律手段妥善解决了与周边国家的边界和双重国籍等问题；我国支持通过法律的方法即国际仲裁和国际法院判决的方法，解决国际政治争端，维护国际和平；我国反对军备竞赛，主张全面禁止和彻底销毁核武器和化学武器，并加入了核武器不扩散条约，为创造国际和平环境作出了贡献；我国还积极参加国际人权领域的活动，参加起草并讨论国际人权法，为促进国际人权事业的发展、支持发展中国家的生存权和发展权作出了贡献。

我国社会主义法在保障对外经济贸易往来中发挥了重要作用：确定了对外开放和经济往来的原则和方向；规定了外商投资企业的法律地位和经营管理制度；以法律手段管理经济、技术对外贸易；打击各种破坏国际经济、技术交往的行为；完善外汇管理法，加强涉外金融管理；在生态建设国际交流中实施可持续发展战略，协调好全球利益和国家利益的关系，共同来保护地球环境。

我国社会主义法在发展对外文化的交流和合作方面也有重要作用。我国同许多国家签订了文化、教育和体育方面的交流与合作协定，促进了文化、教育和体育方面的交流合作与发展。

随着我国对外开放的进一步扩大和发展、新的涉外关系的增加，我国社会主义法在对外政治、经济和文化的交流与合作方面的作用将会越来越重要。

二、法的本质

马克思和恩格斯在历史上第一次科学地揭示了法的本质，他们在《共产党宣言》中明确指出：“你们的观念本身是资产阶级的生产关系和所有制关系的产物，正像你们的法不过是被奉为法律的你们这个阶级的意志一样，而这种意志的内容是由你们这个阶级的物质生活条件来决定的。”①

马克思和恩格斯认识法的本质的历史唯物主义观点和方法，具有普遍的指导意义。

（一）法是上升为国家意志的统治阶级共同意志的体现

法是社会上层建筑现象，是一种制度化的国家意志。法体现的是统治阶级的整体意志，而不是统治阶级中个别人或一部分人的意志。由统治阶级的“共同利益所决定的这种意志的表现，就是法律”②，但并非统治阶级的所有愿望和要求都要体现为法，只有由国家制定或认可，具有普遍约束力，并且以国家强制力保障其实施的“被奉为法律”的统治阶级的国家意志，才是法。这就是法的阶级意志性。

---

① 马克思恩格斯选集：第1卷．2版．北京：人民出版社，1995：289.

② 马克思恩格斯全集：第3卷．北京：人民出版社，1960：378.

我国社会主义法是上升为国家意志的以工人阶级为领导的广大人民的共同意志。

（二）法所反映的统治阶级意志的内容是由社会物质生活条件决定的

法具有物质的根源性和制约性。马克思主义认为，物质是第一性的，意识是第二性的，存在决定意识。法所反映的统治阶级的国家意志，既不是统治阶级头脑中所固有的，也非凭空产生的，他们的价值理念以及由此决定的法律对权利和义务的规定也不是任意的，只能产生于他们的社会物质生活条件。所以法的阶级意志性决定于法的物质根源性和物质制约性。马克思深刻指出："只有毫无历史知识的人才不知道：君主们在任何时候都不得不服从经济条件，并且从来不能向经济条件发号施令。无论是政治的立法或市民的立法，都只是表明和记载经济关系的要求而已。"①

我国社会主义法的内容是由社会主义社会的物质生活条件决定的。

（三）上层建筑的其他因素对法也有影响，并对经济基础产生反作用

马克思主义法学肯定生产方式对法的最终决定作用，但是并不认为经济是法产生和发展的唯一决定因素。恩格斯说："政治、法、哲学、宗教、文学、艺术等等的发展是以经济发展为基础的。但是，它们又都互相作用并对经济基础发生作用。并非只有经济状况才是原因，才是积极的，其余一切都不过是消极的结果。这是在归根到底总是得到实现的经济必然性的基础上的互相作用。"②

我国社会主义法作为社会主义经济基础的上层建筑，对我国的经济建设具有积极推进和确认、保障和服务的职能和作用。我国社会主义法确认和巩固以社会主义公有制为主体、多种所有制经济共同发展的社会主义初级阶段基本经济制度；我国社会主义法确认和保护以按劳分配为主体、多种分配方式并存的分配制度；我国社会主义法推动经济体制改革，将改革的成果制度化、普遍化、规范化，保障改革的顺利进行。

请思考：法律与利益有内在联系。下列关于法律与利益的表述哪些是正确的？（　　）

A. 法对社会的控制和调整主要通过对利益的调控而实现

B. 法律是分配利益的重要手段，法律表达利益的过程，也是对利益选择的过程

C. 民法的诚信原则在维护民事活动中当事人利益和社会利益的平衡方面具有积极作用

D. 离开了法律，利益就无从产生，也无以存在

答案：ABC。

三、法的历史发展和分类

（一）法的历史发展

马克思主义认为，法不是从来就有的，也不是永远存在的。法是阶级社会的特有现

① 马克思恩格斯全集：第4卷．北京：人民出版社，1958：121－122.

② 马克思恩格斯选集：第4卷．北京：人民出版社，1995：732.

象，它的产生和发展经历了相当长的历史过程。

人类在进入阶级社会以前处于原始社会时期，当时既没有国家，也没有法，社会组织是氏族组织，社会规范主要是习惯，二者调整和处理着原始社会简单的社会关系。

在原始社会末期，随着生产工具的进步、生产力的发展和私有制的形成，产生了阶级分化、阶级对立和斗争。在这种情况下，氏族制度和传统习惯已经无法继续维持社会生活的正常运转。处于统治地位的奴隶主阶级为了维护自己在政治、经济上的统治，建立起军队、警察、监狱等一系列暴力机构和专门的管理机关，以镇压奴隶阶级的反抗并管理社会公共事务。同时，奴隶主阶级还把自己的意志上升为国家意志，制定或认可为法律，以确认、维护和发展对本阶级有利的社会关系和社会秩序。

法的产生经历了漫长的演变和发展过程，由原始习惯到习惯法，再到成文法。原始社会的习惯规范为法的产生准备了形式和条件，早期的法与原始习惯之间存在着明显的继承关系。但从本质来看，二者有着原则性区别：原始习惯是氏族组织的公共行为规则，反映着氏族全体成员的愿望和要求，主要靠人们的自觉遵守和氏族首领的威望来维持；而习惯法是奴隶主阶级制定或认可，体现奴隶主阶级意志的规范，并以奴隶主阶级掌握的国家强制力来保证实施。

（二）法的分类

1. 法的历史类型和法系

（1）法的历史类型。

法的历史类型是指按照法律制度赖以建立的生产关系类型和反映的阶级意志的性质，对不同国家和地区的法律制度进行的基本分类。只要国家和法据以建立的经济基础相同，体现着相同的阶级意志，就属于同一历史类型的法。这是从法的本质对法进行的分类。

法的历史类型是同社会形态相适应的。人类社会迄今已有五种社会形态，即原始社会、奴隶制社会、封建制社会、资本主义社会和社会主义社会。除在原始社会没有国家和法外，在其余四种社会形态下分别有奴隶制法、封建制法、资本主义法和社会主义法。

法的历史类型的更替并不是自发实现的，而是要通过人们有意识的改造，在许多情况下还要通过社会变革才能完成。马克思指出："社会的物质生产力发展到一定阶段，便同它们一直在其中运动的现存生产关系或财产关系（这只是生产关系的法律用语）发生矛盾。于是这些关系便由生产力的发展形式变成生产力的桎梏。那时社会革命的时代就到来了。随着经济基础的变更，全部庞大的上层建筑也或慢或快地发生变革。"① 代表生产力的发展要求的先进阶级要想建立新的生产关系，就必须用社会革命的方式夺取国家政权，并凭借它来建立新型法制。因此通过社会革命实现生产关系的根本变革和法的历史类型更替是一个社会发展的基本规律。

（2）法系。

法系是根据法律的结构、形式和法律实践的历史传统等的特点，对不同国家和地区的法律制度所进行的分类。一般说来，源于同一法律文化传统，在法律的结构、形式、

---

① 马克思恩格斯选集：第 2 卷．北京：人民出版社，1995：32－33.

法律调整方法和技术等方面具有共同特点的各国法律制度被称为一个法系。

按照不同标准，可以对法系作出不同的划分，如中华法系、印度法系、非洲法系、伊斯兰法系、英美法系、大陆法系等等。目前仍有广泛应用和影响的是大陆法系和英美法系。

大陆法系，也称罗马法系、民法法系。它是以古代罗马法，特别是19世纪初的《法国民法典》为传统而产生和发展的法律制度和法律文化的总称。大陆法系的特点是：1）以制定法为主要渊源，重视法典编纂，以法国民法典和德国民法典为代表。判例在理论上不是法的渊源。2）法官只能适用法律，不能创造法律。3）法官有权调查取证。4）诉讼程序中一般采用讯问制等。

属于大陆法系的除法国、德国等欧洲大陆国家以外，还有西班牙、荷兰、葡萄牙、日本、泰国、土耳其等国家。

英美法系，又称普通法系或海洋法系。它是以英国14世纪到资本主义时期的法律作为传统而产生和发展起来的法律制度和法律文化的总称。由于美国在独立后仍沿用英国法，故此称为英美法系。英美法系的特点是：1）法律渊源主要表现为判例法；2）法官在审理案件时必须“遵循先例”，即从过去同类判例中抽象出一般原则，然后再将该原则适用于当前的案件；3）“遵循先例”使法官创造法律，无“先例”的案件由法官根据“公平原则”创造新判例，即“衡平法”；4）法官无权调查取证；5）诉讼程序中采用辩论制等。

属于英美法系的国家除英国和美国外，还包括一些曾经是英国殖民地的国家和地区，如英联邦各国等。我国香港特别行政区的法律制度大部分属于英美法系。

2. 法的一般分类

根据法律的外部形式和结构等方面的特点对法进行的一般分类有：

(1) 成文法和不成文法。成文法是指由特定国家机关制定颁布，以不同效力等级的规范性法律文件形式表现出来的法，故又称“制定法”。不成文法是由国家机关以一定形式认可其法律效力，但不表现为成文的规范性法律文件形式的法，一般指习惯法。英美法系的判例法是由法院通过判决创制的法，它虽然表现为文字形式的判决，但不同于由法定立法机关制定的规范性法律文件，因此通常将判例法视为与制定法相对应的一种法律渊源，也归入不成文法。

(2) 实体法和程序法。实体法主要是规定和确认的人们的权利和义务或国家机关及其工作人员的职权和职责的法，通常表现为民法、刑法、行政法等；实体法的规定直接来自人们在生产和生活中形成的要求，如所有权、正当防卫权、纳税的义务等。程序法主要是规定保证权利和义务得以实现或职权和职责得以履行的法，通常表现为民事诉讼法、刑事诉讼法等。程序法规定的权利和义务，如辩护权、上诉权等，是派生的，其作用在于保证法律关系主体在实体法上的权利和义务得以实现。因此，实体法被称为主法，程序法被称为助法。

(3) 一般法和特别法。一般法是指在效力范围上具有普遍性的法，即针对一般主体、一般事项，在较长时期内，在全国范围普遍有效的法。特别法是指对特定主体、特定事项或在特定地域、特定时间有效的法。如以空间效力而论，宪法是一般法，特别行政区基本法是特别法；以时间效力而论，治安管理处罚法是一般法，戒严法是特别法；以对人的效力而论，有关公民在法律面前一律平等的规定是一般法，对妇女儿童特殊保护的规定是特别法；以对事的效力而论，规定盗窃罪的法律是一般法，规定盗窃武器弹药罪的法律则是特别法。

（4）国内法和国际法。国内法是在一国主权范围内，由该国的国家机关制定或认可并保障其实施的法。国内法的法律关系主体一般是个人和组织，在特定法律关系中也包括国家机关。国际法是参与国际关系的国家之间通过协议制定或认可的法律规范，通常表现为多国参与的国际条约、两个以上国家间的协议和被认可的国际惯例。国际法律关系的主体主要是国家，也包括以国家为主体的国际组织。

第二节　我国的法律规范、法律部门、法律体系与法律渊源、法治体系

一、法律规范

（一）法律规范的概念和逻辑结构

法律规范是由国家制定或认可，具有普遍约束力的行为规则。它规定了社会关系参加者在法律上的权利和义务，并以国家强制力作为实施的保障。

法律规范是一种特殊的、逻辑上周延的规范。一般来说，一个完整的法律规范在逻辑上是由“假定”、“处理”和“制裁”三个要素构成的。假定是指适用该规范的条件和情况，也就是说，当发生了假定设定的行为或事件时，规范就开始生效。处理是指规范中规定的主体的权利和义务，即关于允许做什么，要求做什么和禁止做什么的规定。制裁就是指行为人违反该法律规范时应当承担的法律责任，以及国家将采取的强制性措施。

（二）法律规范的基本分类

按照法律规范确定的不同行为模式，可以把法律规范分为授权性规范和义务性规范。

（1）授权性规范，是规定主体享有做出或不做出某种行为的权利和自由的法律规范。授权性规范规定的权利和自由是多种多样的，如继承或转让财产、在自己的作品上署名等。

（2）义务性规范，分为命令性规范和禁止性规范。1）命令性规范是规定主体必须做出某种行为的法律规范，即主体必须承担积极作为的义务，如纳税的义务，服兵役的义务。2）禁止性规范是规定主体不得做出某种行为的法律规范，即主体承担不作为的义务，如不得侵犯公私财产，不得泄露国家机密等。

二、法律部门、法律体系

（一）法律部门

法律部门是以法律规范调整社会关系的领域和调整方法作为主要标准，对现行法律

规范进行的分类。凡是调整同一领域社会关系并采用相同的调整方法的法律规范，就构成一个法律部门。例如，规定什么行为是犯罪和应当给予何种刑事处罚的法律规范的总和，构成刑法法律部门。

我国的基本法律部门有：

（1）宪法法律部门，包括宪法、全国人民代表大会组织法、国务院组织法、地方各级人民代表大会和人民政府组织法、民族区域自治法、国籍法、特别行政区基本法等。

（2）行政法法律部门，包括公务员法、行政处罚法、行政复议法、国家赔偿法、教育法、国家安全法、治安管理处罚法、道路交通安全法等。

（3）民商法法律部门，包括民法典、公司法、专利法、商标法、著作权法、保险法、票据法、证券法等。

（4）经济法法律部门，包括预算法、税法、银行法、产品质量法、消费者权益保护法等。

（5）劳动法法律部门，包括劳动法、社会保险法、工会法、劳动争议仲裁法等。

（6）环境资源法法律部门，包括环境资源法、矿产资源法、水污染防治法、森林法、草原法等。

（7）刑法法律部门，包括刑法等。

（8）诉讼法法律部门，包括民事诉讼法、行政诉讼法、刑事诉讼法、仲裁法等。

（9）军事法法律部门，包括国防法、兵役法、中国人民解放军军官军衔条例等。

（10）国际法法律部门，包括国际公法、国际私法等。

（二）法律体系

党的二十大报告强调，“完善以宪法为核心的中国特色社会主义法律体系”①。

法律体系，是指一个国家的全部法律规范，按照一定的原则和要求，根据法律规范的调整对象和调整方法的不同，划分为若干法律部门，形成相互有机联系、内在统一的整体。一个国家只有一个法律体系。

一国的法律规范所调整的社会关系是多种多样的，这些规范的外部表现形式（法律渊源）可能十分庞杂，但这些规范之间不能互相矛盾，不能同一行为在民法中是合法的，在行政法中却是违法的，各规范之间必须具有内在的协调和统一性。一国全部现行法律规范之间的这种协调和统一性，决定于其经济基础、国家制度和反映在法中的国家意志的统一。法的这种协调和统一性，保证着法律调整的共同目的和政治倾向。

三、法律渊源

“法律渊源”是专门的法学术语，是指法的创制方式和法的外部表现形式。

我国社会主义法律渊源主要表现为有权创制法律规范的国家机关制定的规范性法律

---

① 高举中国特色社会主义伟大旗帜 为全面建设社会主义现代化国家而团结奋斗：在中国共产党第二十次全国代表大会上的报告（2022年10月16日）. 人民日报，2022-10-26（01）.

文件，即制定法。被认可的习惯只在少数场合起补充作用，例如，我国宪法规定尊重少数民族的风俗习惯。判例不是我国的法律渊源。

根据宪法和有关法律的规定，我国法的渊源可以分为以下几类。

（一）宪法

宪法是国家的根本大法，它规定国家各项基本制度、公民基本权利和义务、国家机关构成及活动的基本原则。我国宪法由全国人民代表大会按特殊程序制定和修改，具有最高法律效力，是其他一切法律、法规的立法依据。

（二）法律

法律由全国人民代表大会和全国人民代表大会常务委员会制定。其中刑事、民事以及有关国家机构等基本法律由全国人民代表大会制定，基本法律以外的法律（如商标法、文物保护法等）由全国人民代表大会常务委员会制定。

（三）行政法规

行政法规是国务院根据宪法和法律的规定，在其职权范围内制定的有关国家行政管理活动的规范性文件。行政法规不得与宪法和法律相抵触。

（四）地方性法规

地方性法规是由各省、自治区、直辖市的人民代表大会及其常务委员会根据本行政区域的具体情况和实际需要制定的规范性法律文件。地方性法规在制定机关管辖的范围内有效，并不得与宪法、法律和行政法规相抵触。

此外，省、自治区人民政府所在地的市、经济特区所在地的市、国务院已经批准的较大的市、设区的市的人民代表大会及其常务委员会在不同宪法、法律、行政法规和本省、自治区的地方性法规相抵触的前提下，也可以制定地方性法规，报省、自治区的人大常委会批准后施行。

（五）自治条例和单行条例

自治条例和单行条例是民族自治区、自治州、县的人民代表大会依照当地民族的政治、经济和文化的特点制定的规范性法律文件。自治区的自治条例和单行条例，报全国人大常委会批准后生效。自治州、自治县的自治条例和单行条例，报省或自治区人大常委会批准后生效。自治条例和单行条例可以依照当地民族的特点，对法律和行政法规的规定作出变通规定，但不得违背法律的基本原则。

（六）规章

这里的规章是指国务院以外的其他国家行政机关发布的规章，通常包括两类：第一类是国务院各部、各委员会等具有行政管理职能的机构根据法律和国务院的行政法规、决定、命令而制定的规范性文件，称为部门规章。第二类是省、自治区、直辖市的人民政府和设区的市、自治州的人民政府根据法律、行政法规和本省、自治区的地方性法规制定的规范性文件，又称地方政府规章。

（七）特别行政区的法

特别行政区的法是由特别行政区的国家机关在宪法和法律赋予的职权范围内制定或认可，在特别行政区内具有普遍约束力的行为规则的总和。我国实行“一国两制”，因此特别行政区的法律渊源具有一定特殊性。对此，《香港特别行政区基本法》和《澳门特别行政区基本法》均作出了具体规定。

（八）军事法规和军事规章

中央军事委员会可以根据宪法和法律，制定军事法规。中央军事委员会各总部、各军兵种、各军区，可以根据法律和中央军事委员会的军事法规、决定、命令，在职权范围内制定军事规章。军事法规、军事规章在武装力量内部实施。

（九） 国际条约

我国与外国签订的国际条约，以及我国宣布承认或参加的一些已经存在的国际条约，也是我国法的渊源。

四、法治体系

党的二十大报告指出，“我们要坚持走中国特色社会主义法治道路，建设中国特色社会主义法治体系”①。中国特色社会主义法治体系是由社会主义法治的各个方面有机构成的统一整体。它包括法律规范体系、法治实施体系、法治监督体系、法治保障体系四个基本方面，以及完善的中国共产党党内法规体系与之相适应、配合、衔接。法律规范体系的运行是法治体系的重要组成部分。

法治体系是动态的概念，包含将社会生活的需要形成法律规范及部门法，规范性法律文件的制定，普遍的守法、执法、司法、仲裁，法治监督，法治保障，法治思维等法治运行的全部要素，是一个有机联系的动态的整体。

法律规范体系，是指将社会生活的需要形成法律规范及部门法，法律规范产生于反映人民意志，满足社会生活现实需要的实践，法律规范又要形成内部和谐统一的部门法，是法律体系的运行。规范性法律文件的制定，是通过立法程序制定成有不同效力的规范性法律文件，并向全社会公布实施，是立法体系的运行。

法治实施体系，既指普遍的守法，包括国家公职人员的守法履职和全体公民遵守法律，按照法律的规定行使权利、履行义务，实现法律对社会的自行调整；又指执法、司法、仲裁，即由国家行政机关、国家司法机关和仲裁机构行使国家权力，解决纠纷，认

① 高举中国特色社会主义伟大旗帜 为全面建设社会主义现代化国家而团结奋斗：在中国共产党第二十次全国代表大会上的报告（2022 年 10 月 16 日）. 人民日报，2022 - 10 - 26 (01).

定或追究法律责任的活动。

法治监督体系，是指要在党的统一领导下，依据宪法和法律，多种监督方式分工负责、互相协调，在党内监督与国家监督、人民监督，党的纪律检查与国家监察有机统一下实现的监督体系。人民代表大会制度是法治监督体系的制度基础。

法治保障体系，分为两个层次。首先是道路保障。“全面推进依法治国，必须走对路。如果路走错了，南辕北辙了，那再提什么要求和举措也都没有意义了。”① 只有全面坚持中国特色社会主义法治道路，才能够从方向上提供正确的法治道路保障。其次是理论保障、人才保障、制度保障、物质保障，从多方面为中国特色社会主义法治建设提供经验、智慧和物质支持。

党的十八届四中全会将完善的党内法规体系纳入中国特色社会主义法治体系。在新时代法治建设进程中，党内法规体系需要在于法周延、于事简便的基础上进一步完善，做好与国家法律体系的区分和衔接。

走什么样的法治道路、建设什么样的法治体系，是由一个国家的基本国情决定的。“为国也，观俗立法则治，察国事本则宜。不观时俗，不察国本，则其法立而民乱，事剧而功寡。”全面推进依法治国，必须从我国实际出发，同推进国家治理体系和治理能力现代化相适应，既不能罔顾国情、超越阶段，也不能因循守旧、墨守成规。②

第三节　我国的法律制定和法的实施

一、法律制定

（一）法律制定的概念

法律制定，通常有广义和狭义两种理解。广义的法律制定泛指有关国家机关在其法定的职权范围内，依照法定程序，制定、修改、补充、废止规范性法律文件的活动。狭义的法律制定，又称立法，专指国家最高权力机关（或称国家立法机关）制定、修改、补充、废止法律的活动。

（二）法律制定的特点

无论是广义的立法，还是狭义的立法，都具有以下特点。

（1）法律制定是国家的专有活动。首先，法律制定主要是由国家机关进行的，其他任何社会组织、团体和个人，非经国家机关授权或法律规定，不能进行这项活动。其次，法律制定活动，是享有相应立法权的国家机关的专有活动。不是任何国家机关都可以进行法律制定活动。

（2）法律制定是国家机关依照法定程序进行的活动。法律制定活动必须遵循一定的

---

①② 习近平总书记2014年10月23日在党的十八届四中全会第二次全体会议上的讲话.

程序，通常是根据宪法和有关专门法律规定的程序进行，即法律制定活动本身也必须法律化、程序化、制度化。

(3) 法律制定是制定、修改、补充、废止规范性法律文件的活动。首先，法律制定的直接目的是产生具有普遍约束力的规范性法律文件，它是国家对社会实行领导的一种方式。其次，法律制定是一种综合性的活动，它不仅包括产生新的规范性法律文件的活动，而且包括对已有规范性法律文件进行的修改、补充和废止活动。以上四种活动，在立法过程中有可能是单独出现的，如只有制定的情况；也有可能是同时出现的，如既有修改，也有废止的情况。

(三) 法律制定的阶段

法律制定活动基本上可以分为三个相互独立而又有联系的阶段，即法律制定的准备阶段、法律制定的确立阶段和法律制定的完善阶段。

(1) 法律制定的准备阶段。法律制定的准备阶段，又可以称为法律制定的起草阶段，这一阶段从提出的立法建议被列入起草工作开始，主要围绕起草规范性法律文件草案进行各项工作，如进行有关的调查研究，草拟具体的法律条文，按照立法技术的要求对草案进行相应的修改、补充，同有关机关、组织和人员协商、征求意见等，直到把草案提交有权制定法律的机关进行审议、讨论，准备阶段即告结束。

(2) 法律制定的确立阶段。法律制定的确立阶段，又可以称为法律制定的通过阶段，在这一阶段中，各种立法活动主要是围绕着有关的四个程序进行的，即法律案的提出，法律案的审议和讨论，法律案的表决，法律的公布。法律制定的确立阶段较法律制定的准备阶段，在形式上更法律化、制度化和程序化，通常所说的“立法程序”，主要就是指这个阶段的过程和步骤。

(3) 法律制定的完善阶段。法律制定的完善阶段又可以称为法律制定的后续阶段。在这一阶段中，立法活动的主要内容通常包括：立法解释，法的修改和补充，法的实施细则的制定，法的废止，法的整理，法的汇编，法典编纂。

党的二十大报告指出：加强重点领域、新兴领域、涉外领域立法，统筹推进国内法治和涉外法治，以良法促进发展、保障善治。推进科学立法、民主立法、依法立法，统筹立改废释纂，增强立法系统性、整体性、协同性、时效性。完善和加强备案审查制度。坚持科学决策、民主决策、依法决策，全面落实重大决策程序制度。①

二、法的实施

(一) 法的实施的概念

法的实施是指通过一定的方式使社会主义法律规范的要求在社会生活中得到贯彻和实现的活动，是法作用于社会关系的特殊形式。它不仅包括国家机关及其工作人员执行

---

① 高举中国特色社会主义伟大旗帜 为全面建设社会主义现代化国家而团结奋斗：在中国共产党第二十次全国代表大会上的报告（2022年10月16日）. 人民日报，2022-10-26 (01).

法律规范的活动，而且包括社会团体和公民遵守法律规范的活动。通过法的实施，把法律规范中的权利义务规定，转化为现实生活中的权利和义务关系，转化为人们的具体行为和活动。

以法律规范的实施是否需要国家机关的干预为标准，法的实施可以分为法的遵守和法的适用。

（二）法的遵守

1. 法的遵守的概念

法的遵守，是指全体国家机关、社会团体、企事业单位、国家公职人员和全体公民，按照法律规范的要求行为，实施法律规范的活动。法的遵守是利用主体的社会积极性和对社会的责任感，允许他们做一定的行为（或不行为），而不是强制社会关系的参加者完成一定的行为，其目的是使主体的社会积极性、创造性得到广泛的发挥，形成良好的社会秩序。

法律意识水平的高低，直接影响公民、社会组织自觉遵守和执行法律规范。大量的法律行为是由社会主体自行实施的（如签订合同、履行合同、赡养老人、劳动保护等）。如果公民、社会组织不能正确理解法律的原则，理解法律所体现的价值观，就不可能自觉地、正确地实施法律。中国特色社会主义法律意识可以给人们提供正确的法律价值观念和标准，从而指导、教育人们自觉遵守和严格执行法律，弘扬社会主义法治精神，维护社会公平正义。同时，广大人民群众增强了法律意识，不仅不会违法，还可以积极运用法律武器，同违法犯罪行为进行斗争。

2. 法的遵守的方式

按照法律调整方式的不同，可以将法的遵守的方式分为权利的享用、积极义务的履行和禁令的遵守。

（1）权利的享用是授权性法律规范实现的方式，即允许人们作出某种行为，确认人们某种权利或行为自由。如我国《宪法》规定：中华人民共和国年满 18 周岁的公民有选举权和被选举权，但依照法律被剥夺政治权利的人除外。我国《刑事诉讼法》规定：被告人有权获得辩护。公民享受了这些权利，也就是这些法律规范获得了实现。

（2）积极义务的履行是规定积极作为义务的义务性规范实现的方式，即主体主动履行法律要求必须做的积极行为的义务。只要公民或社会组织按照法律的规定履行自己的义务，该法律规范即得到了实现。如我国《宪法》规定：中华人民共和国公民有维护国家统一和全国各民族团结的义务。父母有抚养教育未成年子女的义务。成年子女有赡养扶助父母的义务。积极义务的履行是主体的积极行为。这种义务不可放弃，必须履行。

（3）禁令的遵守是禁止性规范实现的方式，即主体不做法律所禁止的行为，承担不作为的义务。如《宪法》规定：禁止破坏婚姻自由，禁止虐待老人、妇女和儿童。《刑法》规定：严禁非法拘禁他人，或者以其他方法非法剥夺他人人身自由；严禁用任何方法、手段诬告陷害干部、群众；严禁刑讯逼供。只要国家工作人员、公民或社会组织不做法律禁止的行为，该法律规范就得到了实现。

（三）法的适用

1. 法的适用的概念

法的适用是指一切国家机关及其工作人员和国家授权单位按照法定的职权和程序运用国家权力，将法律规范运用于具体的人或组织，用来解决具体案件的专门活动。它使具体的当事人之间产生、变更或消灭一定的权利义务关系，或对违法者适用法律制裁。司法机关依法运用法律规范处理具体案件的“司法活动”和行政机关运用法律、法规处理具体案件的“执法活动”，是法的适用的典型形式，在法的实施中具有特别重要的意义。

在现实生活中，许多情况下法律规范不能被自觉遵守，必须有国家机关的参与，法律规范才能实现。有时，法律关系的各方出现争执，如合同当事人不按约定履行义务，婚姻当事人感情破裂，财产继承人对继承份额发生异议，当事人不服行政机关的行政处罚决定等；或者，发生违法犯罪的情况，如当事人违反市场监督管理法规，当事人侵犯他人的合法财产权、人身权、知识产权，发生犯罪行为；再者，某一种社会关系或事实对社会或对当事人具有重要意义，它的产生或存在必须有国家主管机关的确认、监督和检验，如法人或非法人组织的注册、登记，婚姻、税务、专利登记，商标注册，车辆、房产或其他不动产登记、公证，对公司或其他企业的财务活动进行审计等。出现了上述情况时，如果没有国家机关参与执法、司法，法律规范就不能顺利调整社会关系。

法的适用是一种法律事实，它使当事人之间发生具体的法律后果，并以判决、登记、行政裁决等个别性法律文件宣告这种后果。它可以产生、变更、消灭主体之间的权利义务关系，或者对一定的主体实行法律制裁。例如，通过确认产权或确认继承权的诉讼，使当事人之间产生新的财产关系；通过诉讼处理合同纠纷，变更合同当事人之间的权利义务关系；通过离婚程序解除婚姻当事人之间的婚姻关系；通过行政执法或刑事诉讼，制裁违法犯罪行为等。通过这些法的适用活动执行法的调整职能和保护职能，维护社会主义法律秩序。

2. 法的适用的基本要求

我国法的适用的基本要求可以概括为：正确、合法、及时、合理、公正。

正确，是指在适用法律规范时，要做到事实清楚，证据确凿，定性准确，处理妥当。合法，是指在适用法律规范时，要合乎国家的法律规定，严格依照法定权限和法定程序办事。及时，是指法的适用活动的每个环节要严格符合法律所规定的时间要求，提高办事及办案效率。合理和公正，是指法的适用活动在保证符合法律要求的前提下，还应当符合社会主义道德的要求，符合广大人民的公平正义观念，符合适用法的根本目的。

社会主义法律意识在法的适用中，决定着国家机关工作人员对法律精神实质的理解程度，并将直接关系到他们对案件的处理是否正确、合法、合理、公正、及时。要实现我国法的适用的基本要求，就必须大力增强国家机关工作人员的社会主义法律意识。

3. 法的适用的基本原则

（1）以事实为根据，以法律为准绳的原则。

以事实为根据，以法律为准绳，是我国多年法的适用的基本原则。我国《刑事诉讼法》第 6 条第一句明确规定：“人民法院、人民检察院和公安机关进行刑事诉讼，必须依靠群众，必须以事实为根据，以法律为准绳。”我国的其他重要法律也都有体现这一原则的规定。

以事实为根据，要求国家机关及其工作人员在适用法律规范时必须弄清事实真相，掌握全部有关材料，把案件的审理和判决建立在尊重客观事实的基础上。这是定性准确、量刑适当、正确适用法律规范的前提条件。

以法律为准绳，要求国家机关及其工作人员在适用法律规范时，必须严格按照法律的规定办事。法律是衡量案件是非的标准和尺度。一个人的行为是否违法犯罪，只能以法律来衡量，法律是判断合法与违法、保护或处罚以及定罪量刑的唯一准则。坚持以法律为准绳，不仅要求在处理实质问题上依法办事，而且要求在适用法律的全部过程中，国家机关及其工作人员的职务行为都必须符合法律规定，严格履行法律手续。任何离开法律标准的任意裁量、徇私枉法、营私舞弊的做法，都是同以法律为准绳的原则相违背的，是社会主义法治所绝对不允许的。

（2）公民在适用法律上一律平等的原则。

坚持公民在法律面前一律平等，这是法律适用的一项基本原则，也是社会主义法治的一项重要原则。我国《宪法》第 33 条第 2 款明确规定：“中华人民共和国公民在法律面前一律平等。”刑法、民法典、刑事诉讼法、民事诉讼法、行政诉讼法等基本法律，也从不同的角度确认了这一原则。

在我国，公民在适用法律上一律平等原则的基本含义是：我国公民不分民族、种族、性别、职业、家庭出身、宗教信仰、教育程度、财产状况、居住期限，都必须平等地遵守宪法、法律和其他法规，依法平等地享有法定的权利和承担法定的义务；任何公民的合法权益必须毫无例外地受到法律的平等保护；任何公民的违法行为必须毫无例外地依法平等地得到追究和制裁。概括地说，公民在适用法律上一律平等，就是要用同一尺度把法律适用于所有公民，不允许任何人有超越宪法和法律的特权。

（3）司法机关依法独立行使职权的原则。

坚持司法机关依法独立行使职权的原则，是使法律的规定得到实现的重要保证。我国《宪法》第 131 条规定：“人民法院依照法律规定独立行使审判权，不受行政机关、社会团体和个人的干涉。”第 136 条规定：“人民检察院依照法律规定独立行使检察权，不受行政机关、社会团体和个人的干涉。”

司法机关依法独立行使职权的原则是指：国家的审判权和检察权分别只能由人民法院和人民检察院行使，其他机关、社会团体和个人均不得行使此项职权；人民法院和人民检察院依法独立行使审判权和检察权，不受行政机关、社会团体和个人的干涉；人民法院和人民检察院在行使审判权和检察权的过程中，必须严格依照法律的规定，包括实体法和程序法的规定，正确适用法律；人民法院和人民检察院在行使审判权和检察权的过程中，在严格依照法律规定的前提下，还应当符合社会主义道德的要求，符合广大人民的公平正义观念，实现社会公正。

（4）国家专门机关的工作与群众路线相结合的原则。

法的适用是国家机关的专门活动，各级各类国家机关必须依法行使职权，不得推搪塞责或玩忽职守。同时，群众路线又是国家机关一切工作的根本路线，适用法律也要走群众路线。国家专门机关处理案件离不开人民群众，要依靠人民群众的参与，如提供破案线索、向群众调查取证、出庭作证等。此外，还应当切实发挥人民陪审员的作用，保证案件判决合法、合理。总之，只有国家专门机关的工作与群众路线相结合，才能保证准确地适用法律。

（5）实事求是、有错必纠原则。

实事求是、有错必纠原则是由我国国家和法律的本质决定的，它体现了我国法的适用的正义性和严肃性。这一原则要求：必须将法的适用置于法律监督之下；发现法的适用有错误的，必须依法纠正；由于错误地适用法律而给自然人、法人或非法人组织造成损失的，国家应当给予适当赔偿。

三、违法、法律责任和法律制裁

（一）违法

违法是指国家机关、企业事业组织、社会团体或公民，违反法律的规定，致使法律所保护的社会关系和社会秩序受到破坏，依法应承担法律责任的行为。违法由下列条件构成：

（1）违法必须是人们违反法律规定的一种行为，包括作为和不作为。仅有思想而无行为不构成违法。

（2）违法必须是在不同程度上侵犯法律所保护的社会关系的行为，必须是对社会造成一定危害的行为。

（3）违法必须是行为者出于故意或过失，也就是行为人在主观上有过错。

（4）违法的主体必须具有法定责任能力。

上述四个违法条件缺一不可，任何违法行为都必须同时具备上述四个违法条件才能构成。

按照违法行为的具体性质、危害程度和违法行为主体所承担的法律责任的不同，违法可分为违宪、民事违法、行政违法和刑事犯罪四种。

（二）法律责任

法律责任一词有广、狭二义。广义的法律责任与法律义务相同，狭义的法律责任专指违法者对自己实施的违法行为必须承担一定的不利后果。法律责任的特点是：它与违法有不可分的联系，违法是承担法律责任的前提和根据；它体现了国家对违法行为的否定性评价；它通常只能由有权的国家机关或经授权的组织予以认定；它是国家对违法行为实行法律制裁的根据。

按照违法行为的性质和危害程度，法律责任可分为刑事责任、民事责任和行政责任。

（三）法律制裁

法律制裁是国家专门机关对违法者依其应当承担的法律责任而采取的惩罚措施。法律制裁的目的在于保护权利，惩罚违法行为，恢复被损害的法律秩序。

法律制裁的主要特点是：它是由国家专门机关依法实施的；它是一种惩罚性的强制措施；它以存在违法行为和法律责任为前提；它是一种“要式”的法律行为，即实施惩罚的国家专门机关必须遵守严格的程序，并制作相应的法律文书。

根据法律责任不同，法律制裁可分为刑事制裁、民事制裁和行政制裁。

第四节 我国的法与道德、法律意识

一、我国社会主义法与社会主义道德

（一）道德的概念和特点

道德是指人们关于善与恶、美与丑、正义与邪恶、光荣与耻辱、诚实与虚伪等观念、原则和规范的总和，它由人们的内心信念、社会舆论、习俗和一般社会措施的力量来保证。道德是建立在一定经济基础之上的社会意识形态和社会规范，具有历史性、阶级性、继承性等特点。在阶级社会中，不同阶级的道德虽然有一定的共性成分，但由于社会地位、利益和价值观的差别，不存在各个阶级统一的共同的道德体系。虽然社会主义道德的某些因素在旧的社会形态中已经产生，但只有在无产阶级夺取政权，建立了无产阶级专政的国家以后，作为整体的社会主义道德体系才得以最终形成，并在社会生活中占据主导和支配地位。

我国社会主义道德建设以为人民服务为核心，以集体主义为原则，以爱祖国、爱人民、爱劳动、爱科学、爱社会主义为基本要求，以弘扬爱国主义、集体主义和社会主义精神，加强社会公德、职业道德和家庭道德建设为任务。“要加强道德教育，引导党员特别是领导干部明大德、严公德、守私德，重品行、正操守、养心性。要大力倡导社会主义核心价值观，弘扬忠诚老实、公道正派、艰苦奋斗、清正廉洁等价值观，引导党员特别是领导干部旗帜鲜明抵制和反对关系学、厚黑学、官场术、‘潜规则’等庸俗腐朽的政治文化，不断培厚良好政治生态的土壤。”[①]“要持续深化社会主义思想道德建设，弘扬中华传统美德，弘扬时代新风，用社会主义核心价值观凝魂聚力，更好构筑中国精神、中国价值、中国力量，为中国特色社会主义事业提供源源不断的精神动力和道德滋养。”[②]

对先人传承下来的道德规范，我们要在去粗取精、去伪存真的基础上，采取兼收并蓄的态度。我们的先人们有大量劝导人们向上向善的警句名言，如“大道之行也，天下为公”“见善如不及，见不善如探汤”“见贤思齐焉，见不贤而内自省也”“不义而富且贵，于我如浮云”“言必信，行必果”“德不孤，必有邻”“人而无信，不知其可也”“勿以善小而不为，勿以恶小而为之”，等等。这些有益的思想观点，要结合时代条件加以继

---

① 习近平总书记2016年6月28日在十八届中央政治局第三十三次集体学习时的讲话．

② 习近平．更好构筑中国精神、中国价值、中国力量 为中国特色社会主义事业提供精神动力和道德滋养．人民日报，2015-10-14 (01).

承和发扬，以坚守中国人的价值观，保持做人干事的精神风骨。要善于运用中华优秀传统文化中凝结的哲学思想、人文精神、道德理念来明是非、辨善恶、知廉耻，自觉做为政以德、正心修身的模范。①

（二）社会主义法同社会主义道德的相互作用

社会主义法和社会主义道德有着密切关系，它们相互联系、相互渗透、相互补充、相互作用。社会主义法在培养人们的社会主义道德素质中具有重要作用。社会主义法贯穿了社会主义道德的精神，立法者在制定法律、法规时，必然要考虑社会主义道德的要求，把道德规范的内容以法律形式固定下来，以法律的规范作用培养人们遵守道德规范的责任感。社会主义道德是健全法制、厉行法治的重要思想基础，不仅立法必须反映社会主义道德的要求，而且社会道德水平的提高可以大大增强国家机关工作人员严格执法和全体社会成员守法的自觉性。例如，《民法典》第 185 条规定："侵害英雄烈士等的姓名、肖像、名誉、荣誉，损害社会公共利益的，应当承担民事责任。"《民法典》第 1043 条第 1 款规定："家庭应当树立优良家风，弘扬家庭美德，重视家庭文明建设。"

（三）社会主义法与社会主义道德的一致性和区别

社会主义法和社会主义道德在本质上是一致的：它们都是社会主义生产关系的产物，都受社会主义生产关系的制约，同时都反映和作用于社会主义生产关系；它们都是在马克思主义原则精神和价值理念指导下建立和发展起来的，具有相同的理论基础；它们都是工人阶级和广大人民群众意志和利益的体现，都是调整人们相互关系的行为规范；它们的许多基本原则和内容也是一致的；它们都是为了确认和维护对工人阶级和广大人民群众有利的社会主义的社会关系和社会秩序，为建设中国特色社会主义事业服务的。"法律是成文的道德，道德是内心的法律，法律和道德都具有规范社会行为、维护社会秩序的作用。治理国家、治理社会必须一手抓法治、一手抓德治，既重视发挥法律的规范作用，又重视发挥道德的教化作用，实现法律和道德相辅相成、法治和德治相得益彰。"②

社会主义法和社会主义道德又是两种不同的社会规范，它们是有区别的：社会主义法是由社会主义国家制定或认可的，社会主义道德是由社会主义舆论确立的；社会主义法的表现形式是社会主义国家制定的规范性文件或国家认可的习惯，而社会主义道德表现为一般社会意志，存在于人们的思想观念和社会舆论之中；社会主义法着重要求的是人们的外部行为及其后果，而社会主义道德着重要求的是人们内心世界的善良和高尚；社会主义法是由国家强制力保证实施的，而社会主义道德是由人们的内心信念和社会舆论来保证实现的。

总之，社会主义法和社会主义道德既有一致性，又有区别；既不能将两者对立起来、割裂开来，也不应将两者简单混同。要严格划清违法行为同违反道德行为的界限。在进行物质文明和精神文明建设的过程中，在同违法犯罪行为作斗争时，既要重视社会主义

① 习近平总书记 2017 年 1 月 6 日在第十八届中央纪律检查委员会第七次全体会议上的讲话.

② 习近平．论坚持全面依法治国．北京：中央文献出版社，2020：109.

法的作用，也要加强社会主义道德的作用；既要增强法制观念和法律意识，遵纪守法，又要加强道德修养，提高道德水平，努力把自己培养成为有理想、有道德、有文化、有纪律的“四有”专门人才。

二、我国社会主义法与社会主义法律意识

（一）法律意识的概念及分类

1. 法律意识的概念

法律意识是人们关于法律现象的思想、观点、知识和心理的总称，是社会意识的一种特殊形式，是法律现实的一个特殊组成部分。法律意识的特点在于，它是人们关于法律现象的意识，它包括人们对法、法律现象的本质和作用的理论观点，对各种法律规范和人的行为从法律角度进行的理解、感觉、评价，以及人们的法律知识、愿望、情绪等。

2. 法律意识的分类

按照不同法律意识在社会生活中的地位，可以把法律意识分为占统治地位的法律意识和不占统治地位的法律意识。在一定社会占统治地位的法律意识只能是统治阶级的法律意识，它是该社会法律上层建筑的有机组成部分。不占统治地位的法律意识也就是被统治阶级的群体法律意识，它总是不同程度地否定现行法律，例如，中国历史上农民起义时提出的“替天行道”。

社会主义法律能够宣传、培养统治阶级的法律意识和守法观念，灌输统治阶级的法律意识形态、价值观，普及法律知识和法律文化，为实现法律调整、实行社会主义法治创造良好的思想、文化条件。

（二）社会主义法律意识的内容、作用和培养

1. 社会主义法律意识的基本内容

社会主义法律意识是工人阶级领导下的广大人民的法律观、法律感、法律思想的总称。它是在扬弃旧的法律意识的基础上产生和形成的。

社会主义法律意识的基本内容包括马克思主义的法律观和正义观、以工人阶级为领导的广大人民的法律要求、公民的权利义务观念以及相关的法律知识等。社会主义法律意识是公正、科学、进步的法律意识，完全符合历史发展的客观要求和规律，在推进社会进步的过程中发挥着重大作用。

2. 社会主义法律意识的作用

社会主义法律意识的重要作用在于它能够直接指导我国的立法、执法和守法的社会实践，保障社会主义法的实施。

（1）社会主义法律意识直接指导社会主义法的创制。

社会主义法的创制是坚持人民民主专政和社会主义制度的需要，是建设中国特色社会主义事业的需要，是发展社会主义市场经济的需要，是加强社会主义精神文明建设的

需要。而这些对法律的客观需要首先必须反映到人们的头脑中来，形成以某种社会关系的正当性、合法性为中心的法律意识，产生立法动机，否则，就不会有立法的实践和社会主义法的产生。正是从这个意义上说，社会主义法律意识是社会主义法创制的直接驱动力。其次，社会主义法的立法程序、操作技术、条文内容，无疑来源于社会生活，特别是社会经济生活，但它们并不是在社会实践的环节上形成的，而是在人们头脑中通过思考形成的。能否及时立法，能否正确创制法律，在一定意义上讲，取决于立法者的社会主义法律意识水平和对社会主义法的重要性与重要作用的理解和认识程度。人们必须先形成一定法律意识形态指导下的法律观念，然后根据这种观念来立法。因此，法律意识是立法的动因，并直接决定着法律规范的内容。此外，对现行法律的评价还决定着法律的废除、修改和补充。

（2）社会主义法律意识直接指导社会主义法的适用。

从广义上说，司法机关及其工作人员、国家行政机关及其公务员行使职权的活动都是适用法的活动，他们有无法律意识以及法律意识的对错和强弱，对于他们能否严格执法、正确执法起决定性作用，对全民法律意识的培养和强化也起着十分关键的作用。执法者只有有了较强的法律意识，才能做到有法必依、执法必严、违法必究，真正使法律发挥规范、打击、威慑、教育的功能。

（3）社会主义法律意识直接指导社会主义法的遵守。

社会主义法是工人阶级领导的广大人民的意志和利益的反映，是人民通过国家机关制定的，因此，社会主义法需要广大人民的自觉遵守和维护。而广大人民在社会生活中的行为要做到符合法律规范，了解法律规范的内容是前提，但起决定作用的不仅仅是对法律规范内容的了解，更重要的是确立正确的法律意识。人们法律意识水平较高，对社会主义法有了正确认识，法制观念较强，就能自觉遵守法律，运用法律保护自己的正当权益，敢于同一切违法行为作坚决斗争。

3. 社会主义法律意识的培养

法律意识它不会凭空产生，也不会自发养成，高水平的法律意识需要经过长期的培养才能形成。我国社会主义法律意识的培养至少包括两方面的内容：一是宣传马克思主义的法律价值观，二是在全国范围内普及法律知识。

马克思主义法律观建立在历史唯物论的基础上，它科学地回答了关于法的起源、本质、特征、作用以及法产生、发展的一般规律等一系列基本问题，为我们正确认识、理解和评价法律现象提供了有力的思想武器。法律价值观是法律意识的核心部分，只有认真学习马克思主义的法律价值观，才能深入领会社会主义法的价值取向，产生对法律的认同感，为社会主义法治观念奠定思想基础。

由于法律意识的鲜明的意识形态性，在培养中国特色社会主义法律意识的同时，必须批判封建主义、资本主义的法律意识以及其他种种错误的法律观点。宗法思想和神学法律观是封建主义的法律意识形态，它宣扬君主的权力、教会的权力凌驾于法律之上，公开主张等级特权，把社会等级的不平等确认为“自然秩序”。法律世界观是资本主义的法律意识形态，它宣扬“法律至上”，鼓吹“法律决定一切”的神话；它否认法律归根到底受物质生活条件的制约，抹杀法的阶级本质。对此，邓小平一再提醒说：“……我们在宣传民主的时候，一定要把社会主义民主同资产阶级民主、个人主义民主严格地区别开来……”①；“我们讲民主，不能搬用资产阶级的民主……”②；“一般讲政治体制改革都讲民主化，但民主化的含义不十分清楚。资本主义社会讲的民主是资产阶级的民主，实际上是垄断资本的民主，无非是多党竞选、三权鼎立、两院制。我们的制度是人民代表大会制度，共产党领导下的人民民主制度，不能搞西方那一套”③。对于现代西方法律文化，采取超阶级、非意识形态的观点全盘接受，是错误的、不可取的，不利于中国特色社会主义民主法治建设。

中共中央《法治社会建设实施纲要（2020—2025 年）》提出：要健全普法责任制。坚持法治宣传教育与法治实践相结合。认真落实“谁执法谁普法”普法责任制，2020 年年底前基本实现国家机关普法责任制清单全覆盖，把案（事）件依法处理的过程变成普法公开课。完善法官、检察官、行政复议人员、行政执法人员、律师等以案释法制度，注重加强对诉讼参与人、行政相对人、利害关系人等的法律法规和政策宣讲。引导社会各方面广泛参与立法，把立法过程变为宣传法律法规的过程。创新运用多种形式，加强对新出台法律法规规章的解读。充分发挥法律服务队伍在普法宣传教育中的重要作用，为人民群众提供专业、精准、高效的法治宣传。健全媒体公益普法制度，引导报社、电台、电视台、网站、融媒体中心等媒体自觉履行普法责任。培育壮大普法志愿者队伍，形成人民群众广泛参与普法活动的实践格局。

习近平总书记强调，要加强理想信念教育，深入开展社会主义核心价值观和社会主义法治理念教育，坚持立德树人，德法兼修，创新法治人才培养机制，努力培养造就一大批高素质法治人才及后备力量。④ 开展法制宣传教育，普及法律基本知识，是培养和提高广大干部、群众的法律意识最直接的途径。无论是马克思主义法律价值观，还是比较系统的法律知识，都只有通过专门的法制宣传教育才能传播和普及。

名词术语

法　法的历史类型　法系　法律意识　法律制定　法律规范　法律渊源　法律部门　法的实施　法的适用　法律意识　违法　法律制裁　道德

案例分析

领导干部见死不救应承担道德责任还是法律责任

案情介绍：

20××年 10 月 31 日，宁夏回族自治区吴忠市副市长王某忠带领吴忠市农田水利基本建设检查验收组到中宁县检查工作。检查组一行 35 人，分乘 8 辆小车经过中宁县新堡

---

① 邓小平文选：第 2 卷．2 版．北京：人民出版社，1994：176.

② 邓小平文选：第 3 卷．北京：人民出版社，1993：195.

③ 同②240.

④ 习近平总书记 2018 年 8 月 24 日在中央全面依法治国委员会第一次会议上的讲话．

乡七星渠黄湾桥时，新堡中学初一学生王某（女，殁年 12 岁），为躲避车队不慎落水，因在场人员无一下水救助，王某不幸溺水死亡。

面对女童落水不下水救助的宁夏吴忠市副市长王某忠等 5 名干部，受到宁夏回族自治区党委的严肃处理。20××年 12 月 6 日，经宁夏回族自治区纪委常委会会议研究决定，并报自治区党委常委会议批准，给予王某忠撤销吴忠市委委员、市政府党组成员职务的处分，建议行政给予其撤销吴忠市副市长职务处分；吴忠市纪委、监察局也已作出决定，给予中宁县畜牧局副局长董某祥留党察看 1 年的处分，行政给予撤销其畜牧局副局长职务的处分；其他 3 名人员也受到了相应的党纪、政纪处分。

宁夏回族自治区党委通报要求，广大党员干部特别是领导干部，要从这一事件中吸取教训，牢记宗旨，恪守职责，转变作风，设身处地为群众着想，关心爱护群众，以心系群众的实际行动，赢得人民群众的信任。

宁夏回族自治区党委在通报中指出：王某忠等身为共产党员和领导干部，在人民生命受到威胁时，不是挺身而出，舍己救人，而是顾虑重重，能救而不救，受到纪律处分，教训十分沉痛。各级党委要教育广大党员，特别是党员领导干部以此为戒，当人民群众的生命财产受到威胁的时候，必须临危不惧，挺身而出，把个人的生死置之度外，以实际行动努力实践“三个代表”重要思想，以实际行动密切党群、干群关系，以实际行动为党增辉添彩。

分析提示：

与本案例类似的关于见死不救应承担什么责任的讨论，焦点集中在是否应立法追究见死不救者的责任上。我们不能寄希望于用法律来调整所有的社会关系，因为有大量社会关系是不宜用法律调整的。是否可以用法律制裁见死不救行为取决于对法和道德异同的分析，取决于哪种规范更适合于调整这类行为。

法律是面向全社会所有成员的，它的规定必须是全社会所有人都可以做到的，只有这样，法律才具备人人遵守的可能性。用法律强迫人们无私地甚至以生命为代价去救助他人，显然混淆了低限道德和高限道德的界限，不合理也无法做到。因此，在一般情况下用法律来调整见死不救行为是不妥当的。见死不救本身就是道德的表达形式，无法在法律上准确、清晰地定义这类行为。

但本案例具有特殊性。行为主体是领导干部。政治道德要求他们应“设身处地为群众着想，关心爱护群众，当人民群众的生命财产受到威胁的时候，必须临危不惧，挺身而出，把个人的生死置之度外，以实际行动努力实践‘三个代表’重要思想，以实际行动密切党群、干群关系，以实际行动为党增辉添彩”。因此，本案例几位官员的道德缺陷是明显的，他们应当受到道德上的谴责和党纪处分。同时，他们在行为上也有明显的失误。正是由于车队的未避让行为引起女童落水，所以这些官员们的先前行为使他们承担了事后必须救助的义务。他们如果不救助，应当承担法律责任。领导干部受到行政撤职处分就是承担行政法律责任，是有法理根据的。

请思考：

如何理解社会主义法与社会主义道德的关系？

第二章

中国特色社会主义法治理论与实践

常考知识点

- 法治的由来及法治的基本内涵
- 习近平法治思想的基本要义和实践要求
- 依法治国的基本含义及基本特征
- 全面推进依法治国的指导思想和总目标
- 新时代持续全面推进依法治国
- 公平正义是中国特色社会主义法治的核心价值和理念
- 坚持党对中国特色社会主义法治的领导
- 全面深化中国特色社会主义法治实践和依法治国实践

党的二十大报告强调：全面依法治国是国家治理的一场深刻革命，关系党执政兴国，关系人民幸福安康，关系党和国家长治久安。必须更好发挥法治固根本、稳预期、利长远的保障作用，在法治轨道上全面建设社会主义现代化国家。我们要坚持走中国特色社会主义法治道路，建设中国特色社会主义法治体系、建设社会主义法治国家，围绕保障和促进社会公平正义，坚持依法治国、依法执政、依法行政共同推进，坚持法治国家、法治政府、法治社会一体建设，全面推进科学立法、严格执法、公正司法、全民守法，全面推进国家各方面工作法治化。①

第一节　法治的由来及基本内涵、基本特征

一、法治的由来和发展

关于“法治”，古今中外不同时代的思想家对这一概念有过不同的论述。“法治”一词最早产生于西方，古希腊的思想家柏拉图、亚里士多德，古罗马的思想家西塞罗，中

① 高举中国特色社会主义伟大旗帜 为全面建设社会主义现代化国家而团结奋斗：在中国共产党第二十次全国代表大会上的报告（2022 年 10 月 16 日）．人民日报，2022－10－26（01）．

世纪的思想家阿奎那，都曾从多视角论述过“法治”。亚里士多德关于“法治应该包含两重意义：已成立的法律获得普遍的服从，而大家所服从的法律又应该是制定得良好的法律”① 的论断，至今仍具有很强的现实意义。

进入近代，随着资本主义商品经济的发展，法治同自由、平等、人权等思想得到迅速传播。洛克明确提出“法的统治”，强调“统治者应该以正式公布的和被接受的法律，而不是以临时的命令和未定的决议进行统治”②。哈林顿主张建立“法律的王国，而不是人的王国”，通过法律限制和控制政治权力是法治最主要的原则。康德主张建立“法治国”，认为“国家是许多人以法律为根据的联合”。

当代，在西方国家，法治理论也得到丰富和发展。富勒说，“法治的精髓在于，在对公民采取行动的时候，政府将忠实地适用规则，这些规则是作为公民应当遵循，并且对他的权利和义务有决定作用的规则而事先公布的。如果法治不意味着这个，它就没有什么意思”③。在此基础上，他提出并阐释了八项法治原则［法律适用的普遍性（一般性）、法律的公开性（法律必须公布）、法律的非溯及力（法律只面向未来，不面向过去）、法律的明确性、法律的一致性（法律自身应避免互相矛盾）、法律的可行性（法律不应要求人们做无法实现的事情）、法律的稳定性（法律不应朝令夕改）、官方行为与法律的一致性④］，从而丰富和发展了法治理论。

其实，法治理论并不是西方国家独创和倡导的。围绕着“法治”的叙述、分析和界定，在全世界各种文化和各国历史中都存在并且以不同的形态和理念表现出来。中国古代思想家就有关于法治思想的论述，曾使用过“法治”一词，主张厉行法治，如《管子·明法》中有“威不两措，政不二门，以法治国，则举措而已”，《商君书·慎法》中有“法任而国治矣”，《韩非子·心度》中有“治民无常，唯治为法”等论述。这些中国历史上的法家都主张“法治”，强调“不别亲疏，不殊贵贱，一断于法”，“不务德，而务法”等；都将“法治”视作治理国家和管理社会的基本手段和工具。在近代，中国主张“法治”的是梁启超，他以“人治主义”和“法治主义”来区分和概括儒家和法家学说。国民政府时期，罗隆基在《新月》第 3 卷第 11 期杂志上发表了一篇名曰《什么是法治》的文章，他说，“法治的真意是政府守法，是政府的一举一动以法为准则，不凭执政者义气上的成见为准则”。这里已经包含“依法治国”“法治政府”的意思了。

中华人民共和国成立后，特别是改革开放以来，中国的法治建设快速发展，在继承中国法治传统和借鉴西方法治文明的基础上，密切结合中国的实际，创立了中国特色社会主义法治理论，并付诸实践，提出并推进依法治国基本方略，加快建设法治国家、法治政府、法治社会，尽快促使法治制度化、体制化、民主化。

二、法治的基本内涵

“法治”一词的内涵非常丰富，一般来说，它至少包含以下几方面的含义。

---

① 亚里士多德．政治学．北京：商务印书馆，1998：199.

② 洛克．政府论：下篇．叶启芳，瞿菊农，译．北京：商务印书馆，1964：86.

③ 富勒．法律的道德性．郑戈，译．北京：商务印书馆，2005：242.

④ 同③2.

第一，法治是一种以法律为主导的治国方略。中国古时的“垂法而治”“以法治国”等说法，主要就被作为一种治国方略来理解，是指一种与“以礼治国”“以德治国”“以人治国”不同的治国方略。在西方法律思想体系中，法治也是首先被作为一种治国方略而提出的，即“法律的统治”或“通过法律的治理”。

第二，法治是一种理性的办事原则。“法治”一词又经常被理解为“依法办事”，其基本含义是：在制定法律之后，任何人和组织的社会性活动均受既定法律规则的约束。这里的所谓“理性”，是指排除国家管理、公民及社会组织活动的“任意性”，要求一切主体都依照既定的法律规则办事，不得违反法律。即使法律本身不完善甚至有错误，也必须通过正当程序修改或废止法律，而不能率性而为、违反法律。只有这样，才能保障社会整体的秩序和公平。

第三，法治是指一定价值理念指导下的制度形态，在这个意义上，它是治国方略的具体化。在现实社会中，法治必须具体化为一系列的制度，包括立法、执法、司法、法律监督制度。各国具体情况不同，具体制度也会各具特色，但都必须具备法治所必需的条件，这是法治的“硬件”，没有这些具体的制度就不是法治。建立一定的法律制度，并不意味着法治的理想已经实现，这些制度在内容上还必须体现一定的价值观念、一定的原则精神，制度只是这些观念的具体化。也就是说，法治必须是“良法”之治。这些“原则精神”构成了现代法治的“软件”。

第四，法治还可以指在严格依法办事的基础上所形成的一种良好的法治秩序。法治不仅指治国方略，表现为一系列原则和制度，还可以理解为这些原则和制度实现后所形成的一种社会秩序的状态，即良好的法律得到普遍遵守，国家权力得到有效制约，公民的权利和自由得到充分保障，宪法法律在社会生活中具有至上地位的社会秩序。对法治的内涵还可以从静态意义和动态意义两个方面去理解：从静态意义方面来理解，法治就是指建立在民主基础上的一个国家或地区的依法办事的原则和制度。从动态意义方面来理解，法治是指法律运行的状态、方式、程度和过程。

总之，法治就是“法律的统治”“严格依法办事的原则和制度”“治国理政的基本方式”；法治就是法的价值理念及相关制度设计的综合体；法治就是在严格依法办事的基础上形成的一种秩序类型，把自由与秩序、理想与现实统一了起来。

三、法治的基本特征

中外思想家一般都认为法治具有以下基本特征：

第一，法治是一个历史的范畴，在不同社会制度下，在不同时代，它的内涵和作用是不同的。此外，它的内容和作用是随着社会的经济、政治、文化条件的发展变化而发展变化的。

第二，法治不是抽象的，而是具体的；法治既有普遍性，又有特殊性，必须将其普遍性和特殊性结合起来，才能保证正确实施法治，厉行法治。

第三，法治不仅是统治者而且是普通老百姓追求的崇高目标，而不是统治者任意摆布的工具。在法治面前人人是平等的，而不是偏私和享有特权的。

第四，法治只是治国的一种方略和手段，其他因素（如德治）也是不可或缺的。法治与德治如同鸟之两翼、车之两轮，两者是相辅相成、相得益彰的，在治国中具有相同作用。因此，必须将两者结合起来。在我国的治国理政中，除了必须坚持法治这一方略和手段，还必须注重发挥社会主义道德、社会主义核心价值观和共产党的方针政策的作用。

第二节　习近平法治思想概述

一、习近平法治思想的创立和发展

党的十八大以来，习近平总书记从坚持和发展中国特色社会主义全局出发，从实现国家治理体系和治理能力现代化的战略高度，从关系党和国家前途命运的战略全局高度来定位法治、布局法治、厉行法治。围绕着“社会主义法治”这个极端重要的问题，习近平总书记在各种重要会议场合发表了一系列重要论述。在党的十八届四中全会上，习近平总书记从理论与实践相结合角度，全面系统地阐述了关于全面依法治国的战略决策和重大理论问题。党的十九大报告对全面依法治国作了新部署，提出了新要求，强调要把党的领导贯彻落实到依法治国全过程和各个方面，坚定不移走中国特色社会主义法治道路，深化依法治国实践，坚持厉行法治，推进科学立法、严格执法、公正司法、全民守法。党的二十大报告进一步强调坚持全面依法治国，推进法治中国建设，完善以宪法为核心的中国特色社会主义法律体系，扎实推进依法行政，严格公正司法，加快建设法治社会。习近平总书记还专门撰写《推进全面依法治国，发挥法治在国家治理体系和治理能力现代化中的积极作用》等文章，全面系统地阐述了社会主义法治的重大理论与实践问题，提出并阐述了许多富有创新性的新理念新思想，涵盖了新时代中国法治建设的性质、方向、根本目标和总目标、总路径、总任务、总布局等各个方面，深刻回答了中国特色社会主义法治建设的一系列重大理论与实践问题，深刻回答了中国需要建设什么样的法治，中国法治应当包括哪些不可或缺的重要内容，中国法治体系应该怎样构成，以及中国法治在治国理政中应处于何等重要地位及作用等重大问题，为新时代深化依法治国实践、加快建设社会主义法治国家提供了根本指引，为国家治理体系和治理能力现代化提供了可靠的依据和保障。

这里需要特别强调的是，就理论渊源而言，习近平法治思想直接来源于马克思主义法治理论，同中国共产党历代领导人的法治思想一脉相承；同时，是在深刻总结我国法治建设成功经验和历史性成就的基础上，在吸取和借鉴古今中外法治文明优秀成果的基础上，进行的理论创新，作出的科学概括和理论升华。

二、习近平法治思想的基本要义和实践要求

习近平法治思想的内容十分丰富、全面系统、逻辑严谨，其基本要义集中体现在

2020 年 11 月 16 日至 17 日习近平总书记在中央全面依法治国工作会议上提出并阐释的“十一个坚持”。

一是坚持党对全面依法治国的领导。习近平总书记指出：党的领导是推进全面依法治国的根本保证。党的领导是我国社会主义法治之魂，是我国法治同西方资本主义国家法治最大区别。完善党领导立法、保证执法、支持司法、带头守法制度。要健全党领导全面依法治国的制度和工作机制，推进党的领导制度化、法治化，通过法治保障党的路线方针政策有效实施。要坚持依法治国和依规治党有机统一，确保既依据宪法法律治国理政，又依据党内法规管党、治党，从严治党。

二是坚持以人民为中心。习近平总书记指出：全面依法治国最广泛、最深厚的基础是人民，必须坚持为了人民、依靠人民。江山就是人民，人民就是江山，打江山，守江山，守的是人民的心。要把体现人民利益、增进人民福祉落实到全面依法治国各领域全过程，保证人民在党的领导下，通过各种途径和形式管理国家事务，管理经济文化事业，管理社会事务，保证人民依法享有广泛的权利和自由，承担应尽的义务。推进全面依法治国，根本目的是依法保障人民权益，要积极回应人民群众在民主、法治、公平、正义、安全、环境等方面的新要求新期待。坚持问题导向、目标导向，树立辩证思维和全局观念，系统研究谋划和解决法治领域人民群众反应强烈的突出问题，用法治保障人民安居乐业，不断增强人民群众的获得感、幸福感、安全感。

三是坚持中国特色社会主义法治道路。习近平总书记指出：我们要坚持的中国特色社会主义法治道路，本质上是中国特色社会主义道路在法治领域的具体体现；我们要发展的中国特色社会主义法治理论，本质上是中国特色社会主义理论体系在法治问题上的理论成果；我们要建设的中国特色社会主义法治体系，本质上是中国特色社会主义制度的法律表现形式。既要立足当前，又要着眼长远，筑法治之基，行法治之力，积法治之势，为党和国家事业发展提供长期性的制度保障。我们推进全面依法治国，绝不照搬别国模式和做法，绝不走西方所谓“宪政”“三权鼎立”“司法独立”的路子。我国的政治制度和法治体系是适合我国国情和实际的制度，具有显著优越性，在这个问题上，我们要有自信、有底气、有定力。

四是坚持依宪治国、依宪执政。习近平总书记强调：党领导人民制定宪法法律，领导人民实施宪法法律，党自身要在宪法法律范围内活动。我们讲依宪治国、依宪执政，同西方所谓“宪政”有着本质区别，不能把二者混为一谈。坚持依宪治国、依宪执政，就包括宪法确定的中国共产党领导地位不动摇，坚持宪法确定的人民民主专政的国体和人民代表大会制度的政体不动摇。党坚持以宪法为最高法律规范，加强宪法实施和监督，推进合宪性审查工作，维护国家法治统一。

五是坚持在法治轨道上推进国家治理体系和治理能力现代化。习近平总书记指出：法律是治国之重器，法治是国家治理体系和治理能力的重要依托，法治体系是国家治理体系的骨干工程，法治是解决我国发展中面临的突出矛盾和问题的最有效的手段。我国社会主义法治凝聚着我们党治国理政的理论成果和实践经验，是制度之治最基本最稳定最可靠的保障。在统筹推进伟大斗争、伟大工程、伟大事业、伟大梦想的实践中，在全面建设社会主义现代化国家新征程上，我们要更加重视法治、厉行法治，坚持依法应对重大挑战，抵御重大风险，克服重大阻力，解决重大矛盾，更好发挥法治固根本、稳预期、利长远的保障作用。

六是坚持建设中国特色社会主义法治体系。习近平总书记指出：我国要建设的中国特色社会主义法治体系，本质上是中国特色社会主义制度的法律表现形式。实践证明，我国政治制度和法治体系是适合我国国情和实际的制度，具有显著的优越性。要加快形成完备的法律规范体系、高效的法治实施体系、严密的法治监督体系、有力的法治保障体系，形成完善的党内法规体系。要坚持依法治国和以德治国相结合，实现法治和德治相辅相成、相得益彰。要加快完善中国特色社会主义法治体系，使之更加科学完备、统一权威，推动中国特色社会主义法治迈向良法善治。要积极推进国家安全、科技创新、公共卫生、生物安全、生态文明、防范风险、涉外法治等重要领域立法，满足人民日益增长的美好生活需要必备的法律制度，填补空白点，补强薄弱点。要研究丰富立法形式，增强立法的针对性、适用性、可作性。

七是坚持依法治国、依法执政、依法行政共同推进，法治国家、法治政府、法治社会一体建设。习近平总书记指出：全面依法治国是一个系统工程，要整体谋划，更加注重系统性、整体性、协同性。依法治国、依法执政、依法行政是一个有机整体，关键在于党要坚持依法执政，各级政府要坚持依法行政。法治国家、法治政府、法治社会相辅相成，法治国家是法治建设的目标，法治政府是建设法治国家的重点任务和主体工程，法治社会是构筑法治国家的基础。要在共同推进、一体建设基础上，着力推进法治政府建设，率先取得突破。用法治给行政权力定规矩、划界限，规范行政决策秩序，加快转变政府职能。发挥法治政府对法治国家、法治社会建设的示范带头作用，实现全面依法治国协调均衡发展。要严格执法，让违法者敬法畏法。绝不暴力执法、过激执法。普法工作要在针对性和实效性上下功夫。要完善预防性法律制度，完善社会矛盾纠纷多元预防调解综合机制，促进社会和谐稳定。

八是坚持全面推进科学立法、严格执法、公正司法、全民守法，公平正义是司法的灵魂和生命。习近平总书记指出：当前中国特色社会主义法律体系基本形成，总体实现有法可依，执法司法工作积极推进，全民法治素养不断提高，但全面依法治国仍然面临一些薄弱环节和问题短板，立法、执法、司法、守法等方面都需要进一步加大改革力度。要坚持科学立法、严格执法、公正司法、全民守法，促进各环节法治工作相互贯通、相互促进，形成合力。要继续推进法治领域改革，解决好立法、执法、司法、守法等领域的突出矛盾和问题。要深化司法责任制综合配套改革，加强司法制约监督，完善人员分类管理，健全司法职业保障，规范司法权，提高司法办案质量和效率。要健全社会公平正义法治保障制度，努力让人民群众在每一项法律制度、每一个执法决定、每一宗司法案件中都感受到公平正义。

九是坚持统筹推进国内法治和涉外法治。习近平总书记指出：中美之间的博弈越来越表现为规则和制度之争。法治是国家核心竞争力的重要内容。要加快涉外法治工作战略布局，协调推进国内治理和国际治理，更好维护国家主权、安全、发展利益。要强化法治思维，运用法治方式，有效应对挑战、防范风险，综合利用立法、执法、司法等手段开展斗争，坚决维护国家主权、尊严和核心利益。要加快形成系统完备的涉外法律法规体系，提升涉外执法司法效能。要增强涉外法治保障和法律服务能力。要积极参与国际规则制定，提出改革方案，推动全球治理变革，推动构建人类命运共同体。

十是坚持建设德才兼备的高素质法治工作队伍。习近平总书记指出：全面推进依法治国，首先要把专门队伍建设好，推进法治专门队伍革命化、正规化、专业化、职业化，确保做到忠于党、忠于国家、忠于人民、忠于法律。对法治专门队伍的管理必须坚持更严标准、更高要求。法律服务队伍是全面依法治国的重要力量。要坚持立德树人、德法兼修，加强理想信念教育，深入开展社会主义核心价值观和社会主义法治理念教育。大力推进法治队伍建设，创新法治人才培养机制，加大涉外法治人才培养力度，努力培养造就一大批高素质法治人才及后备力量。为加快建设社会主义法治国家提供强有力人才保障。要推进法学院校改革发展，提高人才培养质量。

十一是坚持抓住领导干部这个“关键少数”。习近平总书记强调：全民都要守法，关键是领导干部要带头守法。要抓住领导干部这个“关键少数”，领导干部具体行使党的执政权和国家立法权、行政权、监察权、检察权、司法权，党的领导能不能在全面依法治国实践中得到具体落实，领导干部是关键。各级领导干部要坚决贯彻落实党中央关于全面依法治国的重大决策部署，带头尊崇法治、敬畏法律、了解法律、掌握法律，不断提高运用法治思维和法治方式深化改革，推动发展、化解矛盾、维护稳定、应对风险的能力，做尊法学法守法用法的模范，以实际行动带动全社会崇德向善、尊法守法。

习近平总书记最后还特别强调：深入推进全面依法治国，必须坚持党的集中统一领导。各级党委和政府要加强对法治建设的组织领导，重大部署、重要任务、重点工作要抓在手上，确保落到实处。推进全面依法治国是国家治理的一场深刻变革，必须以科学理论为指导，加强理论思维，运用好党关于新时代加强法治建设的思想理论成果，更好指导全面依法治国各项工作。[①]

很显然，以上习近平总书记提出并阐述的“十一个坚持”就是习近平法治思想的基本内容，涵盖了全面依法治国的政治方向、根本目的、重要地位、工作布局、重点任务、重大关系和重要保障等一系列重大理论与实践问题，需要在全面依法治国各项工作中切实加以贯彻落实。

三、习近平法治思想的基本学理特征

习近平法治思想丰富和发展了马克思主义法治理论，极大地全面地推进了马克思主义法治理论中国化，是绝无仅有的马克思主义法治理论中国化的最新成果，是名副其实的当代的马克思主义法治理论。习近平法治思想已经构成了完备的中国特色社会主义法治理论体系的基本框架。

习近平法治思想的基本学理特征是系统化、科学化、学理化，时代性、理论性、实践性相当突出，以人民为中心这条主线贯穿始终，实际上已经构成了中国特色社会主义

① 坚定不移走中国特色社会主义法治道路 为全面建设社会主义现代化国家提供有力法治保障．求是，2021（5）．

法治理论体系的基本框架。实践已经证明并将继续证明，习近平法治思想是科学的理论、行得通的理论、有效能的理论。我们必须将其学习好、坚持好、贯彻好、实践好，全面推进中国特色社会主义法治建设。

第三节　中国特色社会主义法治与依法治国

一、依法治国基本方略的提出和确立

中华人民共和国成立以后，我国的法制建设经历了曲折的道路。“文化大革命”期间，民主与法制遭到严重破坏。“文化大革命”后，深受其害的广大干部和人民群众强烈呼唤民主与法制，如何对待法制已成为不容回避的问题。1978 年，邓小平同志在一次讲话中指出：为了保障人民民主，必须加强法制。必须使民主制度化、法律化，使这种制度和法律不因领导人的改变而改变，不因领导人的看法和注意力的改变而改变。[①] 他还针对当时的情况，提出了“有法可依，有法必依，执法必严，违法必究”十六字方针。此后，他反复强调发展社会主义民主、健全社会主义法制。

江泽民同志坚持和发展了邓小平的法制理论。1996 年，江泽民在中共中央法制讲座会上发表了重要讲话，明确提出完备法制、实行依法治国的必要性。同年 3 月，第八届全国人民代表大会第四次会议批准的《国民经济和社会发展“九五”计划和 2010 年远景目标纲要》将“依法治国，建设社会主义法制国家”作为战略目标加以规定。江泽民在讲话中指出，“依法治国，是邓小平同志建设有中国特色社会主义理论的重要组成部分”。1997 年，在党的十五大报告中，江泽民对“依法治国”的内涵作出具体论述：依法治国，就是广大人民群众在党的领导下，依照宪法和法律规定，通过各种途径和形式管理国家事务，管理经济文化事业，管理社会事务，保证国家各项工作都依法进行，逐步实现社会主义民主的制度化、法律化，使这种制度和法律不因领导人的改变而改变，不因领导人看法和注意力的改变而改变。党的十五大报告把依法治国确定为“党领导人民治理国家的基本方略”。1999 年，第九届全国人民代表大会第二次会议通过的宪法修正案，用根本法的形式把“依法治国”基本方略固定下来。这成为中国特色社会主义法治建设中的一个里程碑。

二、中国依法治国的本质和特点

要坚持中国特色社会主义法治道路。中国特色社会主义法治道路本质上是中国特色社会主义道路在法治领域的具体体现。[②]

首先，我国的依法治国，是在共产党领导下的依法治国。我国的依法治国是在党领

---

① 邓小平文选：第 2 卷．2 版．北京：人民出版社，1994：146.

② 习近平总书记 2020 年 11 月 16 日在中央全面依法治国工作会议上的讲话．

导下进行的，是党领导人民治理国家的基本方略，是党的执政方式的最佳选择。实践已经证明并将继续证明，党的领导是依法治国、建设法治国家的根本保证，只有牢牢坚持党的领导，才能保证民主选举、民主决策、民主管理和民主监督的真正实现，才能保证政治体制改革、经济体制改革沿着正确的道路有步骤、有秩序地进行，才能充分调动全社会的力量参加现代化建设，才能确保中国特色社会主义制度焕发出应有的勃勃生机。

其次，我国的依法治国，是以广大人民群众为主体的依法治国，人民群众是依法治国的主体和力量源泉。我国是社会主义国家，是新型民主国家，广大人民群众是国家的主人，国家的一切权力属于人民，必须保证人民通过各级人民代表大会行使国家权力，通过各种途径和形式管理国家事务、管理经济文化事业、管理社会事务。

再次，我国的依法治国，是保证国家各项工作都依法进行，实现社会主义民主的制度化、法律化的依法治国。社会主义民主政治建设，是社会主义现代化建设的有机组成部分，是现代化建设的目标之一。社会主义民主的制度化、法律化就是将有关民主选举、民主决策、民主管理、民主监督的问题，在总结经验、科学论证的基础上规定为法律和制度，严格依法办事，使这种法律和制度具有稳定性和延续性。依法治国就要全面加强法治建设，国家的各项工作和国家的政治生活、社会生活的重要方面，都要法治化、规范化，真正做到“有法可依，有法必依，执法必严、违法必究”，做到“科学立法、严格执法、公正司法、全民守法”。

最后，我国的依法治国，首先是依宪治国。宪法是国家的根本法，是治国安邦的总章程，是党的主张和人民意志的集中体现。我们必须全面贯彻实施宪法，必须坚持、贯彻落实宪法规定的各项政治、经济、文化、社会、司法制度以及人权和公民基本权利与自由，必须切实保证人民平等参与、平等发展的权利，维护社会公平正义。《中共中央关于全面推进依法治国若干重大问题的决定》指出，“坚持依法治国首先要坚持依宪治国，坚持依法执政首先要坚持依宪执政”。为此，要健全宪法实施和监督制度，完善全国人大及其常委会宪法实施和监督制度，健全宪法解释程序机制，加强备案审查制度和能力建设，把所有规范性文件纳入备案审查范围，依法撤销和纠正违宪违法的规范性文件，切实维护宪法法律的权威。

三、全面推进依法治国

（一）全面推进依法治国的指导思想

全面推进依法治国，必须贯彻落实党的十八大、十九大、二十大报告，特别是党的十八届四中全会精神，高举中国特色社会主义伟大旗帜，以马克思列宁主义、毛泽东思想、邓小平理论、“三个代表”重要思想、科学发展观和习近平新时代中国特色社会主义思想为指导，坚持党的领导、人民当家作主、依法治国有机统一，坚定不移地走中国特色社会主义法治道路，坚决维护宪法法律权威，依法维护人民权益、维护社会公平正义、维护国家安全稳定，为实现“两个一百年”奋斗目标、实现中华民族伟大复兴的中国梦提供有力法治保障。

（二）全面推进依法治国的总体目标

全面推进依法治国的总目标是建设中国特色社会主义法治体系、建设社会主义法治国家。这就是，在中国共产党领导下，坚持中国特色社会主义制度，贯彻中国特色社会主义法治理论，形成完备的法律规范体系、高效的法治实施体系、严密的法治监督体系、有力的法治保障体系，形成完善的党内法规体系，坚持依法治国、依法执政、依法行政共同推进，坚持法治国家、法治政府、法治社会一体建设，实现科学立法、严格执法、公正司法、全民守法，促进国家治理体系和治理能力现代化。

（三）新时代持续全面推进依法治国

党的十九大报告明确宣布中国特色社会主义进入了新时代，确定习近平新时代中国特色社会主义思想是我们党和国家的指导思想。

在新时代，我们要在习近平新时代中国特色社会主义思想的指导下，全面贯彻落实党的十九大确定的新时代坚持和发展中国特色社会主义的新部署、新任务、新要求，把全面依法治国持续向前推进。

在新时代持续全面推进依法治国，必须把党的领导贯彻落实到依法治国的全过程和各方面，党领导立法，党保证执法，党支持司法，党带头守法。我国宪法和法律是党的主张和人民意志的集中体现，党领导人民制定宪法和法律，党要坚持在宪法和法律范围内活动。

在新时代持续全面推进依法治国，必须坚定不移走中国特色社会主义法治道路，建设中国特色社会主义法律体系和法治体系，建设社会主义法治国家，发展中国特色社会主义法治理论，为全面依法治国提供更多的理论支撑。

在新时代持续全面推进依法治国，必须坚持依法治国、依法执政、依法行政共同推进，坚持法治国家、法治政府、法治社会一体建设。

在新时代持续全面推进依法治国，必须坚持依法治国和以德治国相结合，必须坚持依法治国和依规治党有机统一，必须加大全民普法力度，建设社会主义法治文化，树立宪法法律至上、法律面前人人平等的法治理念，提高全民族法治素养和道德素养。

在新时代持续全面推进依法治国，必须深化依法治国实践，必须进一步推进科学立法、民主立法、依法立法，以良法促进发展、保障善治。必须进一步推进依法行政，严格规范公正文明执法。必须深化司法体制综合配套改革，全面落实司法责任制，努力让人民群众在每一个司法案件中感受到公平正义。

第四节　中国特色社会主义法治与公平正义

党的十八大报告多次阐述了公平正义的理论，明确提出坚持和维护公平正义是发展中国特色社会主义事业的基本要求之一，强调“公平正义是中国特色社会主义的内在要求。要在全体人民共同奋斗、经济社会发展的基础上，加紧建设对保障社会公平正义具有重大作用的制度，逐步建立以权利公平、机会公平、规则公平为主要内容的社会公平保障体系，努力营造公平的社会环境，保证人民平等参与、平等发展权利”。党的十八届四中全会决定再次强调“依法维护人民权益、维护社会公平正义、维护国家安全稳定”。

中国特色社会主义法治建设同样要坚持和维护公平正义原则。法是实现社会公平正义的重要手段：一方面，法是社会公平正义的体现，也就是一定利益协调准则的体现；另一方面，法是一种协调利益的精巧手段，其主要功能是通过协调利益矛盾来执行国家职能。正是在这种意义上，我们可以认为公平正义是中国特色社会主义法治的核心价值和理念。它能够促使依法治国基本方略全面落实，能够促进法治国家、法治政府、法治社会一体建设，能够化解和平衡社会利益的矛盾，能够增加广大人民的福祉，能够实现社会公平正义。它体现在中国特色社会主义法治建设的全过程、各个方面、各个环节之中。

一是法的创制即立法要以大多数社会成员可以认同的公平、正义为标准，合理地平衡、协调利益关系，要把公正、公平、公开原则贯穿于立法全过程。因此，必须科学立法、民主立法，严格按照法的创制规律立法。制定逻辑周全的法律规范，重点是加快有利于国计民生的社会立法。

二是法的执行也要以具体实现法的公平、正义为标准，执法为民、依法执法、文明执法，都是为了实现个别的公平正义，调整和落实具体的利益关系，促进社会的和谐、稳定。

三是司法更要以公平、正义为标准，深化司法体制的改革。坚持和完善中国特色社会主义司法制度，审判机关、检察机关依法独立公正行使审判权、检察权，都必须有利于促进公平、正义的实现，有利于保障公民的基本权利和自由。在整个司法过程中，既要重视实体正义，也要重视程序正义，从制度上切实保障当事人的各项诉讼权利，特别是当事人的知情权、陈述权、辩护辩论权、申请权和申诉权。

四是守法的最终目的也是促进社会公平、正义的实现。因此，要深入开展法治宣传教育，弘扬社会主义法治精神，树立社会主义法治理念。法律的权威源自人们的内心拥护和真诚信仰，全社会都要树立法治意识和法治观念，都要真诚信仰法治。

第五节　中国特色社会主义法治与党的领导

一、党的领导与法治的关系的重要性

党和法治的关系是法治建设的核心问题。处理好党与法的关系，事关法治建设的制度属性和前进方向，事关社会主义法治建设成功，事关整个中国特色社会主义事业的前途命运。因此，必须高度重视这一重大理论和实践问题。

党的十八届四中全会决定强调指出，党的领导是中国特色社会主义最本质的特征，是社会主义法治最根本的保证。把党的领导贯彻到依法治国全过程和多个方面，是我国

社会主义法治建设的一条基本经验。习近平总书记强调，坚持依宪治国、依宪执政，就包括坚持宪法确定的中国共产党领导地位不动摇，坚持宪法确定的人民民主专政的国体和人民代表大会制度的政体不动摇。①

社会主义法治之所以必须坚持党的领导，是因为党的领导决定社会主义法治的正确方向，法治建设必须保证社会主义方向、必须有坚强的政治保证。党的领导决定社会主义法治的价值取向，我们要坚持的中国特色社会主义法治道路，本质上是中国特色社会主义道路在法治领域的具体体现；我们要发展的中国特色社会主义法治理论，本质上是中国特色社会主义理论体系在法治问题上的理论成果；我们要建设的中国特色社会主义法治体系，本质上是中国特色社会主义制度的法律表现形式。党的领导决定社会主义法治的实际成效，这一价值取向必须坚持、不容扭曲。

二、党的领导与社会主义法治的一致性

党的领导和社会主义法治根本上是一致的。在性质上，党领导人民建设的事业是中国特色社会主义事业，而党领导人民建设的法治也是社会主义法治；在宗旨上，始终坚持人民主体地位，保障人民当家作主，维护人民合法权益，这既体现了党的根本宗旨，也是社会主义法治建设的根本目的；在任务上，党领导人民实现社会主义现代化，包括实现国家治理体系和治理能力现代化，而法治建设也是实现社会主义现代化、国家治理体系和治理能力现代化的重要内容，法治促进现代化、捍卫现代化。所有这些都充分表明，党的领导和社会主义法治是根本一致的、内在高度统一的。

习近平总书记全面论述和深刻分析了这一重大问题，他强调指出：党的领导和依法治国不是对立的，而是统一的。中国共产党是中国特色社会主义领导的核心，处在总揽全局、协调各方的地位，党的领导是我国社会主义法治之魂。社会主义法治必须坚持党的领导，党的领导必须依靠社会主义法治。法是党的主张和人民意愿的统一体现，党领导人民制定宪法法律，党领导人民实施宪法法律，党自身必须在宪法法律范围内活动，这就是党的领导力量的体现。离开了党的领导，全面依法治国就难以有效推进，社会主义法治国家就建不起来。②

党的领导之所以必须依靠社会主义法治，是因为：法律是治国之重器，良法是善治之前提；法治是治国理政的基本方式；我们的法律是党的主张和人民意志的统一；法治是保障国家繁荣稳定的基石，是执政兴国的支柱；法治是党实现治理能力现代化的重要支撑，是党完成执政任务的可靠保障，是党攻坚克难的有力武器。

三、把党的领导贯彻到法治建设各方面和全过程

必须把党的领导贯彻到法治建设的各方面和全过程，必须坚持党领导立法、保证执

---

①② 坚定不移走中国特色社会主义法治道路 为全面建设社会主义现代化国家提供有力法治保障．求是，2021（5）．

法、支持司法、带头守法。

第一，党领导立法。立善法于天下，则天下治；立善法于一国，则一国治。加强和改进党对法治建设的领导，首先就要强化党对立法工作的领导。党组织应根据党和国家大局、人民群众意愿，立符合党的主张、尊重人民意愿和满足现实需要的良法。党要完善党对立法工作重大问题的决策程序，凡涉及立法的重大体制和重大政策调整都必须报党中央决策。党要使党的主张通过法定程序成为国家意志，使党组织推举的人选通过法定程序成为国家政权机关的领导人员，通过国家政权机关实施党对国家和社会的领导。党要加快建立党委总揽、人大主导、多方参与、边界清晰、注重质量、专业高效的立法体制新格局，注重发挥各级人大及其常委会在立法工作中的主导作用。

第二，党保证执法。天下之事，不难于立法，而难于法之必行，法治建设的重点应该是保证法律严格实施，做到“法立，有犯而必施；令出，唯行而不返”，也就是说“有法必依，执法必严，违法必究”。党既要领导制定宪法法律，又要执行宪法法律；党要依宪执政，要在宪法法律范围内活动。党要领导和建设职能科学、权责法定、执法严明、公开公正、廉洁高效、守法诚信的法治政府，坚持法定职责必须为，法无授权不可为。党要打造政治坚定、法纪严明、作风过硬的执政执法队伍，保证依法执法、文明执法，切实做到有权必有责、用权受监督、违法受追究。

第三，党支持司法。司法是否公正，关乎人心向背，关乎党和国家的兴亡。司法是维护社会公平正义的最后一道防线，司法必须在法律法规约束下运行，也就是说，必须依法司法，必须把司法机关进制度的笼子。党组织应从严划定“高压线”，让胆敢干预司法、以身试法的党员干部，特别是领导干部付出惨痛代价，隔绝非法行政干预，支持司法机关依法独立、公正行使职权。加强和改进党对司法工作的领导，健全监督制约司法活动的制度机制，保证司法权在制度的笼子里规范运行。党要从严惩治司法腐败，不遗余力消除司法腐败、清除法界蛀虫，使司法领域成为保障社会公平正义的一方净土。党领导司法体制改革，加快完善中国特色社会主义司法制度。习近平总书记强调指出：司法体制改革必须同我国根本政治制度、基本政治制度和经济社会发展水平相适应，保持我们自己的特色和优势。同时，司法体制改革，要遵循司法活动的客观规律，体现权责统一、权力制约、公开公正、尊重程序的要求。司法体制改革事关全局，要加强顶层设计，自上而下有序推进。①

第四，党带头守法。我国宪法明确规定一切国家机关和武装力量、各政党和各社会团体、各企业事业组织都必须遵守宪法和法律。中国共产党作为我国的执政党理所当然要遵守宪法和法律。习近平总书记也一再强调：每个党政组织、每个领导干部必须服从和遵守宪法法律，不能把党的领导作为个人以言代法、以权压法、徇私枉法的挡箭牌。党员领导干部应以身作则、以上率下，做到心中有法、虑必及法、行必依法，以尊法学法守法用法的实际行动，引导人们在法治建设中砥砺前行。党员领导干部要学会运用法治思维处理和解决实际问题。党员领导干部还要带头坚守宪法法律的尊严和权威，敢于同以言代法、以权压法、徇私枉法现象做斗争，在全社会营造凡事依法、遇事找法、解

---

① 习近平．论坚持全面依法治国．北京：中央文献出版社，2020：148.

决问题用法、化解矛盾靠法的良好法治环境。[①]

总之，党对法治建设的领导是全方位的，必须把党的领导贯彻到立法、执法、司法和守法的各个方面和全过程，加快建设中国特色社会主义法治体系，加快建设社会主义法治国家。

第六节　全面推进中国特色社会主义法治实践

一、改革开放以来中国特色社会主义法治实践

法治是一个极端重要的理论问题，更是一个极端重要的实践问题。如果只有法治理论而没有法治实践，那就根本谈不上法治和法治的实现。当然，法治实践需要法治理论的指导，否则就是盲目的实践。

自改革开放以来，党和国家高度重视中国特色社会主义法治实践，并取得了巨大进步和成就。党的十一届三中全会确立了发展社会主义民主、健全社会主义法制的基本方针。邓小平明确指出，要通过政治体制改革，处理好法治与人治的关系，处理好党和政府的关系。[②] 党的十五大报告明确提出“依法治国，建设社会主义法治国家”的方略和目标，并科学阐释了依法治国的内涵，提出加强社会主义法治建设的一系列战略任务。第九届全国人民代表大会第二次会议决定将“依法治国，建设社会主义法治国家”载入宪法。党的十六大和十七大报告进一步深刻阐述了“依法治国，建设社会主义法治国家”的科学内涵，明确提出建设社会主义法治国家的各项具体任务。特别是党中央还提出并阐释了“社会主义法治理念”的新理论，内容包括“依法治国、执法为民、公平正义、服务大局、党的领导”，为法治实践指明了正确方向。

社会主义法律体系已经基本形成，依法治国方略得到贯彻落实，法治国家、法治政府的建设稳步推进，司法体制不断完善，全社会法治观念明显增强。所有这一切都充分证明，中国特色社会主义法治已经在政治领域和法律领域得到实现。但是，我们也应看到，法治实践中还存在一些问题，主要是：有的法律法规未能全面反映客观规律和人民意愿，立法工作中部门化倾向还存在；有法不依、执法不严、违法不究现象时而显现；执法、司法不规范、不严格、不透明、不文明现象尚未根除，小部分社会成员尊法信法守法用法、依法维权意识不强，知法犯法、以言代法、以权压法、徇私枉法现象依然存在。这些问题，违背社会主义法治原则，损害人民群众利益，妨碍党和国家事业发展，必须下大气力加以解决。因此，法治实践的任务依旧繁重而艰巨。

党的十八大和十九大对深化法治实践作了新的战略部署，提出了新的任务和要求。特别是2014年10月召开的党的十八届四中全会，专门研究全面推进依法治国问题。这

---

① 习近平．领导干部要做尊法学法守法用法的模范 带动全党全国共同全面推进依法治国．人民日报，2015-02-03 (01).

② 邓小平文选：第3卷．北京：人民出版社，1993：177.

在党的历史上尚属首次。它表明党对依法治国和法治建设的高度重视，也意味着依法治国和法治建设迈上了新台阶，让法治真正成为党的执政方式，成为政府的行为方式，成为全民的生活方式。党的十九大强调深化依法治国实践，对法治实践提出一系列新举措、新要求，决定成立中央全面依法治国委员会，加强对法治建设的统一领导。党的二十大报告进一步强调，深化司法体制综合配套改革，全面准确落实司法责任制，加快建设公正高效权威的社会主义司法制度。

二、全面深化依法治国实践和法治实践

党的十八大和十九大对全面深化依法治国实践和法治实践作出了新的战略部署，提出了新的任务要求，如建设中国特色社会主义法治体系，建设社会主义法治国家，全面推进中国特色社会主义法治实践。党的二十大报告指出：全面依法治国是国家治理的一场深刻革命，关系党执政兴国，关系人民幸福安康，关系党和国家长治久安。必须更好发挥法治固根本、稳预期、利长远的保障作用，在法治轨道上全面建设社会主义现代化国家。①

第一，加强科学立法、民主立法、依法立法，以良法促进发展、保障善治。党的二十大报告强调："推进科学立法、民主立法、依法立法，统筹立改废释纂，增强立法系统性、整体性、协同性、时效性。"② 提高立法质量，完善中国特色社会主义法律体系。社会主义法律体系本来就是开放的、发展的，要根据发展中国特色社会主义事业的需要，不断完善这个体系。而科学立法，提高立法质量，是完善中国特色社会主义法律体系的应有之义和重中之重。立法质量的衡量标准主要是：所确立的制度是否符合实际、符合国情社情；规定是否明确、具体，有无可操作性；规定是否有针对性，能否解决实际问题；法律之间是否相衔接、相协调；法律规范是否处理好了权利义务关系；等等。简言之，立得住、行得通、切实管用的法律就是高质量的法律，就是优法、良法。党的二十大报告强调："加强重点领域、新兴领域、涉外领域立法，统筹推进国内法治和涉外法治，以良法促进发展、保障善治。"③ 完善中国特色社会主义法律体系还要求加强重点领域立法。特别是要加强"反恐"和保障国家安全的立法，加强惠及民生的保障公民人身权、财产权、基本政治权利和经济文化权利的社会立法。提高立法质量要求完善立法体制和程序，努力使每一项立法都符合宪法精神，反映人民意愿，切实保障人权。科学立法，提高立法质量，还要求立法机关和社会公众建立沟通机制，开展立法协商，形成有关国家机关、社会团体、专家学者等对立法的咨询机制，拓宽公民有序参与立法的途径，健全法律法规草案公开征求意见的机制。2020 年 5 月 28 日，第十三届全国人民代表大会第三次会议通过了《民法典》和《关于建立健全香港特别行政区维护国家安全的法律制度和执行机制的决定》，为中国特色社会主义法律体系增添了新的内容，进一步完善了中国特色社会主义法律体系。

---

①②③ 高举中国特色社会主义伟大旗帜 为全面建设社会主义现代化国家而团结奋斗：在中国共产党第二十次全国代表大会上的报告（2022 年 10 月 16 日）. 人民日报，2022-10-26（01）.

第二，加快建设法治政府，深入推进依法行政，严格规范公正文明执法。政府机关要坚持依法行政，保障公民权利，坚决制止政府机关中存在的滥用权力、违法行政的现象。在依法治国的国家中，行政权力是法律赋予的，行政机关的行政行为必须在法律规定的范围内按照法定程序实施，严格规范公正文明执法。同时，行政机关要简政放权，该政府办的事政府坚决办好，不该政府办的事就应下放给其他社会组织去办，政府不应过多地干预。“必须将行政权力关进制度的笼子里”，保障行政权力不被滥用。要深化行政执法体制改革，根据不同层级政府的事权和职能，按照减少层次、整合队伍、提高效率的原则，合理配置执法力量。要加快建设职能科学、权责法定、执法严明、公正公开、廉洁高效、守法诚信的法治政府。要推行政府权力清单制度，建立行政机关内部重大决策合法性审查机制，建立重大决策终身责任追究制度及责任倒查机制，健全行政执法和刑事司法衔接机制。要加快建设法治政府，行政机关必须依法履行职责，坚持法定职责必须为、法无授权不可为，绝不允许任何组织和个人有超越法律的特权。政府的行为必须接受法律的制约和监督。对于滥用行政权力造成损害的，必须经过法定的程序给予纠正，必须按照国家赔偿法的规定给予赔偿。要建立及健全执法责任制和评议考核制，以切实保证行政权力的正确行使，保证依法行政，严格依法办事。

第三，深化司法体制综合配套改革，坚持和完善中国特色社会主义司法制度。司法体制是保护公民权利、保障全社会实现公平正义、正确实施法律的关键一环，需要深化改革和进一步完善。按照公正司法、提高司法公信力的要求，完善司法机关的机构设置、职权划分和管理制度，进一步健全权责明确、相互配合、相互制约、高效运行的司法体制。从法规制度上保证审判机关和检察机关依法独立公正地行使审判权和检察权，完善诉讼程序，保障公民和法人的合法权益。切实解决执行难的问题。改革司法机关的工作机制和人、财、物管理机制，逐步实现司法审判和检察同司法行政事务相分离。加强对司法工作的监督，惩治司法领域中的腐败。为了保证公正司法，提高司法公信力，党的十八届四中全会决定提出，要完善确保依法独立公正行使审判权和检察权的制度，建立领导干部干预司法活动、插手具体案件处理的记录、通报和责任追究制度，建立健全司法人员履行法定职责保护机制，推进以审判为中心的诉讼制度改革，实施办案质量终身负责制和错案责任倒查问责制。要推进严格司法，健全事实认定符合客观真相、结果符合实体公正、办案过程符合程序公正的法律制度。该决定还提出：要完善人权司法保障制度，强化诉讼过程中当事人和其他诉讼参与人的知情权、陈述权、辩护辩论权、申请权、申诉权的制度保障，健全落实罪刑法定、疑罪从无、非法证据排除等法律原则和法律制度。要对司法制度进行结构性优化，完善司法体制，优化司法职权配置，推动实行审判权和执行权相分离的体制改革试点，最高人民法院设立巡回法庭，探索设立跨行政区划的人民法院和人民检察院。这对于警察权、检察权和审判权之间的平衡，解决现实当中存在的地方干预司法的问题意义重大。同时还要完善人民陪审员制度、人民监督员制度、法律救济制度、法律援助制度，保障人民群众参与司法，维护司法公正，切实保障人权。习近平总书记强调：公平正义是司法的灵魂和生命。要深化司法责任制综合配套改革，加强司法制约监督，完善人员分类管理，健全司法职业保障，规范司法权力运行，提高司法办案质量和效率。[①]

第四，加快建设法治国家、法治政府、法治社会。党的十八大以来，习近平总书记在诸多场合的讲话中一再提出“坚持法治国家、法治政府、法治社会一体建设”。

“法治国家”是指依靠体现公平正义的法律来治理国家，国家机构依法成立，国家权力依法运作，纳入法治的轨道，整个国家生活都要规范化、制度化和民主化。“法治政府”是指政府机关依法成立，其职权由法律规定、依法律行使，行政权力不得滥用，要受法律的监督和限制，依法行政，执法为民。“法治社会”是指依靠法治管理社会，社会权力纳入法治的轨道依法行使，充分发挥社会组织的作用。法治国家、法治政府、法治社会三者不是对立的，而是统一的，都是中国共产党领导的社会主义国家、社会主义政府、社会主义社会。它们相互联系、相互补充、相互促进，因此必须一体建设、全面推进。建设法治国家、法治政府、法治社会是一个系统工程，不可能一蹴而就，需要长期的多方努力奋斗才行。

第五，加强法治宣传教育，全社会树立法治意识，尤其要增强领导干部的法治思维和践行法治、依法办事的能力。要贯彻落实党的十八大和十九大的新部署和新要求，深入开展法治宣传教育，加大全民普法力度，建设社会主义法治文化，弘扬社会主义法治精神，树立社会主义法治理念，增强全社会学法尊法守法用法意识，真正信仰法治，提高领导干部运用法治思维和法治方式深化改革、推动发展、化解矛盾、维护稳定的能力。全社会特别是领导干部都要转变观念，重视法治，践行法治，尊崇法治，依凭法治，对各类社会矛盾，引导群众通过法律程序、运用法律手段解决，推动形成办事依法、遇事找法、解决问题用法、化解矛盾靠法的良好法治环境[②]，让法治实践再上一层楼，充分发挥法治治国理政和管理社会的引领、规范作用。党的二十大报告强调：深入开展法治宣传教育，增强全民法治观念，引导全体人民做社会主义法治的忠实崇尚者、自觉遵守者、坚定捍卫者。

深度阅读

1. 胡锦涛．坚定不移沿着中国特色社会主义道路前进 为全面建成小康社会而奋斗．北京：人民出版社，2012

2. 孙国华，朱景文主编．法理学．6版．北京：中国人民大学出版社，2023

3. 中共中央关于全面推进依法治国若干重大问题的决定．北京：人民出版社，2014

4. 中共十八届四中全会在京举行 习近平作重要讲话．人民日报，2014-10-24(01)

5. 习近平．决胜全面建成小康社会 夺取新时代中国特色社会主义伟大胜利．北京：人民出版社，2017

① 坚定不移走中国特色社会主义法治道路 为全面建设社会主义现代化国家提供有力法治保障．求是，2021(5).

② 习近平总书记2014年4月25日在首都各界纪念现行宪法公布施行30周年大会上的讲话．

6. 习近平．高举中国特色社会主义伟大旗帜 为全面建设社会主义现代化国家而团结奋斗．北京：人民出版社，2022

问题与思考

一、思考题

1. 法治不一定比人治好?
2. 如何正确理解习近平新时代法治思想的基本要义?
3. 如何正确理解党和法的关系?
4. 怎样全面深化中国特色社会主义法治实践和依法治国实践?

二、案例分析

陕西绥德某网络主播张××（网名，账号已关停），在某直播平台多次随意辱骂他人，故意使用污言秽语直播低俗、不雅视频获取流量，造成恶劣的社会影响。2024 年 2 月 2 日，张××被绥德县公安局以涉嫌寻衅滋事罪依法执行逮捕，5 名参与雇佣张××进行低俗直播的相关人员被依法行政处罚。

请思考：

1. 张××为什么要这样做?
2. 张××的行为是否构成犯罪?
3. 对张××应如何处理?

第三章
宪 法

常考知识点

- 宪法的发展历史
- 宪法的特征
- 人民民主专政制度的主要内容和特点
- 中国共产党领导的多党合作和政治协商制度的主要特征、内容和形式
- 中国人民政治协商会议的性质、地位、组织和主要职能
- 人民代表大会制度的机构构成及机构的职权
- 民族区域自治制度的概念和主要内容
- 特别行政区的概念和特征
- “国家尊重和保障人权”的基本原则
- 我国公民的基本权利和基本义务
- 国家机构的设置以及职权
- 完善基层民主制度和基层群众自治制度
- 我国的基本经济制度和分配制度
- 健全宪法实施和监督制度

党的二十大报告指出：“完善以宪法为核心的中国特色社会主义法律体系。坚持依法治国首先要坚持依宪治国，坚持依法执政首先要坚持依宪执政，坚持宪法确定的中国共产党领导地位不动摇，坚持宪法确定的人民民主专政的国体和人民代表大会制度的政体不动摇。加强宪法实施和监督，健全保证宪法全面实施的制度体系，更好发挥宪法在治国理政中的重要作用，维护宪法权威。”①

---

① 习近平．高举中国特色社会主义伟大旗帜 为全面建设社会主义现代化国家而团结奋斗：在中国共产党第二十次全国代表大会上的报告．北京：人民出版社，2022：40－41.

第一节　宪法概述

一、宪法的概念和特征

什么是宪法？可以在不同意义上理解。在词源意义上理解，中外古籍中均有“宪法”之类的词语，但多是指一般法令规章；而近现代意义上的“宪法”是资产阶级民主革命的产物，是指规定民主制国家的根本制度和根本任务、集中表现各种政治力量对比关系、保障公民基本权利和自由的国家根本法。我国的宪法是国家的根本法，是治国安邦的总章程，是党和人民意志的集中体现，是国家各种制度和法律法规的总依据，是保持国家统一、民族团结、经济发展、社会进步和长治久安的法律基础，是我们党执政兴国、团结带领全国各族人民建设中国特色社会主义的根本法治保障。

我国宪法是我国社会主义法律体系中的核心组成部分，它同我国的行政法、刑法、民法、商法、经济法、社会法、诉讼法等一样，是工人阶级领导的广大人民群众的共同意志和利益的集中体现，是党的主张和人民意志的高度统一，是具有普遍约束力的行为规范，一切组织和个人都必须遵守和执行。然而，与其他法律相比，它又有自身的基本特征。正如胡锦涛同志所指出的：宪法以法律的形式确认了我国各族人民奋斗的成果，规定了国家的根本制度、根本任务和国家生活中最重要的原则，具有最大的权威性和最高的法律效力。[①] 习近平总书记强调，宪法具有最高的法律地位、法律权威、法律效力。我们党首先要带头尊崇和执行宪法，把领导人民制定和实施宪法法律同党坚持在宪法法律范围内活动统一起来。[②] 我国宪法具有以下特征。

第一，我国宪法是我国的根本法。这是我国宪法在法律上的基本特征，也是我国宪法与我国其他法律最根本的区别所在。我国宪法的根本法地位具体表现在三个方面：一是在内容上，我国宪法规定国家最根本、最重要的问题，诸如国体、政体、国家的基本国策、公民的基本权利和义务、国家机构的组织及其职权等最重要的问题。其他法律所规定的问题虽然也较为重要，但与宪法所规定的问题相比，不能不位居其次。二是在法律效力上，我国宪法具有最高的法律效力。所谓法律效力，是指法律所具有的约束力和强制力。国家的任何法律都应该具有法律效力，但宪法的法律效力高于其他法律的法律效力，在我国法律体系中宪法处于最高的法律地位。宪法不仅是制定普通法律的依据，任何普通法律都不得与宪法的原则和精神相违背，而且宪法是一切国家机关、社会组织和全体公民的最高行为准则。三是在制定和修改的程序上，宪法的要求更加严格。我国宪法的制定和修改都要成立“宪法起草委员会”“宪法修改委员会”等立宪或修宪机构。如 1954 年宪法制定时我国就成立了“宪法起草委员会”，1982 年宪法修改时就成立了

---

① 胡锦涛．在首都各界纪念中华人民共和国宪法公布施行二十周年大会上的讲话//中共中央文献研究室编．十六大以来重要文献选编：上．北京：中央文献出版社，2005：68.

② 习近平总书记 2018 年 2 月 24 日在中共十九届中央政治局第四次集体学习时的讲话．

“宪法修改委员会”。同时，宪法制定和修改的程序也比一般法律制定和修改的程序特殊。我国宪法的修改要由全国人民代表大会常务委员会或者全国人民代表大会1/5以上代表提议，并由全体代表的2/3以上通过，一般法律和其他议案由全国人民代表大会以全体代表的过半数通过。

第二，我国宪法是各种政治力量对比关系的集中表现。这是我国宪法的本质特征。我国宪法是工人阶级领导的广大人民群众的共同意志和利益的集中体现。但是，工人阶级领导的广大人民群众的共同意志和利益并不是随心所欲地表现出来的。在制定和修改宪法的时候，工人阶级领导的广大人民群众必须全面、综合考察当时各种政治力量的对比关系，并以这种对比关系为依据确定我国宪法的基本内容。在政治力量对比中，阶级力量的对比居于首要地位。正如列宁所说的，宪制的实质在于：国家的一切基本法律和关于选举代表机关的选举权以及代表机关的权限等等的法律，都体现了阶级斗争中各种力量的实际对比关系。[①] 我国制定1954年《宪法》的时候，就全面、综合考察了工人阶级同农民阶级、民族资产阶级、小资产阶级之间的阶级力量对比关系，确定工人阶级为领导阶级，农民阶级、民族资产阶级、小资产阶级为被领导阶级。在政治力量对比中，还有工人阶级、农民阶级、民族资产阶级、小资产阶级各自内部不同阶层、派别和集团之间的力量对比。同时，与其他法律相比，我国宪法所表现的各种政治力量对比关系还具有全面性的特点。尽管其他法律也表现政治力量对比关系，但它只着重一个或几个方面，而宪法集中地、全面地表现各种政治力量的对比关系。

第三，我国宪法是公民基本权利和自由的保障书。列宁曾经指出：宪法就是一张写着人民权利的纸。[②] 由此可见，宪法和公民权利之间存在极为密切的关系，而且，这可以从我国宪法的发展历史和宪法的基本内容中得到证明。无论是起临时宪法作用的1949年的《中国人民政治协商会议共同纲领》，还是1954年《宪法》、1975年《宪法》、1978年《宪法》和1982年《宪法》，都有关于公民基本权利和自由的规定。因此，在我国法律体系中，宪法不仅是系统、全面规定公民基本权利和自由的法律部门，而且其基本出发点就在于确认民主制度和民主原则、保障公民的基本权利和自由、尊重和保障人权。

二、宪法的产生及发展

（一）西方国家宪法的产生和发展

毛泽东同志曾经说过：讲到宪法，资产阶级是先行的。英国也好，法国也好，美国也好，资产阶级都有过革命时期，宪法就是他们在那个时候开始搞起的。[③] 这就是说，近代意义的宪法是资产阶级革命的产物。17、18世纪，英、美、法等国相继发生了资产阶级革命，随着革命胜利，这些国家都先后制定了宪法。

英国的资产阶级革命是从1640年开始的，经历了近半个世纪，直至1688年的“光

---

① 列宁全集：第17卷．2版．北京：人民出版社，1988：320.

② 列宁全集：第12卷．2版．北京：人民出版社，1987：50.

③ 毛泽东著作选读：下册．北京：人民出版社，1986：708.

荣革命”，资产阶级才最后取得稳定的统治。随着政权的稳固，英国制定了宪法。英国虽然是近代意义宪法的发源地，它却没有一部统一的、完整的、法典式的宪法文件，它的宪法是“不成文宪法”。英国国家制度和社会制度的许多根本性问题，都分别由一系列宪法性文件、宪法性的惯例和宪法性的判例加以规定，如1628年的《权利请愿书》、1679年的《人身保护法》、1689年的《权利法案》、1949年的《议会法》等。

美国经过7年的独立战争，摆脱了英国的殖民统治，于1776年正式宣布独立，并发表了著名的《独立宣言》。1787年在费城召开制宪会议，制定了宪法。这是世界上第一部成文宪法。该法在制定之初，并没有关于公民基本权利的规定。在广大人民和民主派的强烈要求下，统治集团才不得不在1789年以修正案的形式增加了10条关于公民权利的条款。迄今为止，美国宪法连前述10条在内共有26条修正案，内容更加充实和完善，对于稳固美国资产阶级的统治发挥了重要作用。

法国于1789年7月爆发资产阶级革命，8月，国民议会通过法国第一个宪法性文件，即《人权和公民权宣言》。1791年，法国制宪会议制定了法国第一部资产阶级宪法。在此之后，为了适应当时形势的需要，法国又先后制定了《1793年宪法》《1795年宪法》《1799年宪法》《1814年宪法》《1830年宪法》《1848年宪法》《1875年宪法》《1946年宪法》。这些宪法都对法国的国家制度和社会制度作了明确规定。法国现行宪法是于1958年由国民会议通过的，加强了总统的军政权力。

继英、美、法之后，其他西方国家都普遍制定了宪法，用以规定国家制度和社会制度。当今世界各国实行宪法是普遍趋势。

（二）旧中国宪法的产生和发展

1840年鸦片战争后，中国逐步沦为半殖民地、半封建社会。在长达百年的封建主义和官僚资产阶级的统治中，无论是清王朝、北洋军阀，还是国民党政府，都曾制定宪法。清政府于1908年9月颁布了《钦定宪法大纲》，于1911年11月颁布了《重大信条十九条》（简称《十九信条》），但均未真正施行。辛亥革命后，孙中山于1912年3月颁布了《中华民国临时约法》，北洋军阀于1914年制定了《中华民国约法》，于1923年制定了《中华民国宪法》，于1925年制定了《中华民国宪法草案》，但亦未能真正施行。国民党政府于1931年制定了《中华民国训政时期约法》，于1946年制定了《中华民国宪法》，借以维护其大官僚、大买办的统治。

（三）中国共产党领导的革命根据地的宪法性文件

中国共产党领导和创建的各个革命根据地都先后制定和颁布了宪法性文件。1931年11月，中央苏区颁布了《中华苏维埃共和国宪法大纲》。1941年11月，陕甘宁边区制定了《陕甘宁边区施政纲领》。解放战争时期，陕甘宁边区制定了《陕甘宁边区宪法原则》。这些宪法性文件，体现了广大劳动人民的意志和利益，指明了争取国家独立、民族解放斗争的总方向，具有重要的历史意义。

（四）新中国宪法的产生及发展

1949年，在中国共产党领导下，中国人民终于推翻了“三座大山”，建立了自己的国家政权。为了适应革命和建设的需要，总结革命和建设的经验，巩固和发展已经取得的革命和建设的胜利成果，指明继续前进的任务、方向和道路，中国共产党领导人民先后在各个不同的历史发展阶段制定了相应的宪法。

1. 1949 年的《中国人民政治协商会议共同纲领》

为了巩固民主革命的胜利成果，确立国家最根本、最重要的问题，1949 年 9 月具有广泛代表性的中国人民政治协商会议召开，制定了起临时宪法作用的《中国人民政治协商会议共同纲领》（以下简称《共同纲领》）。它肯定了中国人民革命的胜利成果，宣告了帝国主义、封建主义、官僚资本主义在中国统治的结束和中华人民共和国的成立。它确认我国为新民主主义即人民民主主义国家，实行人民民主专政；确认人民代表大会制度为我国的政权组织形式；规定我国的国家政权属于人民，人民行使国家政权的机关为各级人民代表大会和各级人民政府；规定新中国将要实行的政治、经济、军事、文化教育、民族和外交等各项基本政策；规定公民享有的各项基本权利和自由。它对于巩固人民民主专政政权、维护公民基本权利和自由、恢复和发展国民经济起到了重要的保障作用。

2. 1954 年《宪法》

1954 年，第一届全国人民代表大会第一次全体会议在《共同纲领》的基础上制定了我国第一部社会主义类型的宪法——1954 年《宪法》。它确认了新中国的国家制度，规定我国是工人阶级领导的、以工农联盟为基础的人民民主国家，规定我国实行民主集中制的人民代表大会制度，规定在我国实行单一制结构形式下的民族区域自治制度；它确认了我国社会主义过渡时期的经济制度，规定我国的生产资料所有制包括全民所有制、劳动群众集体所有制、个体劳动者所有制和资本家所有制，规定国营经济在国民经济中占领主导地位，国家保证优先发展国营经济；它确认了过渡到社会主义的方法和步骤，规定要依靠国家机关和社会力量，通过社会主义工业化和社会主义改造，逐步消灭剥削制度，建立社会主义社会；它确认了公民在法律面前一律平等，赋予了公民广泛的权利和自由。这部宪法对于巩固人民民主专政政权、促进社会主义经济发展、团结全国各族人民进行社会主义革命和建设，发挥了积极的推动和保障作用。

3. 1975 年《宪法》

1975 年 1 月 17 日第四届全国人民代表大会第一次会议对 1954 年《宪法》进行了全面修改，通过了 1975 年《宪法》。它继承了 1954 年《宪法》有关社会制度和国家制度的基本原则的规定，反映了我国已经进入社会主义社会这一事实。但是，它是在“文化大革命”这一特殊历史背景下修改的，从总体上强调“以阶级斗争为纲”的指导思想，因此不可避免地存在严重的缺点和错误。

4. 1978 年《宪法》

1978 年 3 月 5 日第五届全国人民代表大会第一次会议对 1975 年《宪法》进行了修改，通过了 1978 年《宪法》。它将“全国人民在新时期……建设成为农业、工业、国防和科学技术现代化的伟大的社会主义强国”作为新时期的总任务肯定下来；取消了 1975 年《宪法》关于“全面的专政”的规定；恢复了检察机关的设置和 1954 年《宪法》中规定的有关国家机关的某些职能；增加了公民的一些权利和自由。但是，这部宪法并没有完全摆脱极左思想的影响，仍然存在一些问题。1979 年 7 月第五届全国人民代表大会第二次会议通过了宪法修正案，决定在县级以上各级人民代表大会设立常务委员会，改地方各级革命委员会为人民政府，将县人民代表大会代表由间接选举改为直接选举，将上下级检察机关之间的监督关系改为领导关系。1980 年 9 月第五届全国人民代表大会通过了宪法修正案，取消了公民有“大鸣、大放、大辩论、大字报”权利的规定。

5. 1982 年《宪法》

1982 年《宪法》是我国现行宪法。它对 1978 年《宪法》进行全面修正并于 1982 年 12 月 4 日第五届全国人民代表大会第五次会议上通过。这部宪法以坚持社会主义道路，坚持人民民主专政，坚持中国共产党的领导，坚持以马克思列宁主义、毛泽东思想为指导思想，体现了集中力量进行社会主义现代化建设，发展社会主义民主，健全社会主义法制，维护国家统一和民族团结，坚持改革开放，进行经济体制和政治体制改革等基本精神。随着改革开放的深入和社会主义现代化建设事业的发展，我国的政治、经济、文化领域不断发生变化。为了适应这一变化，自 1988 年以来，全国人民代表大会先后 5 次以修正案的方式对 1982 年《宪法》进行了修改和补充。

第一次是 1988 年 4 月 12 日第七届全国人民代表大会第一次会议通过了 2 条宪法修正案。一是增加了关于私营经济的内容，规定“国家允许私营经济在法律规定的范围内存在和发展。私营经济是社会主义公有制经济的补充。国家保护私营经济的合法的权利和利益，对私营经济实行引导、监督和管理”。二是修改了土地政策，规定“任何组织或者个人不得侵占、买卖或者以其他形式非法转让土地。土地的使用权可以依照法律的规定转让”。

第二次是 1993 年 3 月 29 日第八届全国人民代表大会第一次会议通过了 9 条宪法修正案。其主要内容是：第一，在“序言”中指出“我国正处于社会主义初级阶段”，把“建设有中国特色社会主义”的理论确立为进行社会主义现代化建设的指南，把我国的建设目标改为“富强、民主、文明的社会主义国家”。第二，增加了“中国共产党领导的多党合作和政治协商制度将长期存在和发展”的规定。第三，将“国营经济”“国营企业”改为“国有经济”“国有企业”。第四，将“农村人民公社、农业生产合作社和其他生产、供销、信用、消费等各种形式的合作经济，是社会主义劳动群众集体所有制经济”的规定，修改为“农村中的家庭联产承包为主的责任制和生产、供销、信用、消费等各种形式的合作经济，是社会主义劳动群众集体所有制经济”。第五，将“计划经济”改为“市场经济”，规定“国家实行社会主义市场经济”，“国家加强经济立法，完善宏观调控”，“国家依法禁止任何组织或者个人扰乱社会经济秩序”。第六，将县级人民代表大会的任期由 3 年改为 5 年。

第三次是 1999 年 3 月 15 日第九届全国人民代表大会第二次会议通过了 6 条宪法修正案。其主要内容是：第一，在“序言”中，明确了社会主义初级阶段的长期性，规定“我国将长期处于社会主义初级阶段”；把邓小平理论与马克思列宁主义、毛泽东思想一起确立为指导我国社会主义现代化建设的理论基础。第二，增加了“中华人民共和国实行依法治国，建设社会主义法治国家”的规定。第三，对国家基本经济制度和分配制度作出调整，增加了“国家在社会主义初级阶段，坚持公有制为主体，多种所有制经济共同发展的基本经济制度，坚持按劳分配为主体、多种分配方式并存的分配制度”的规定。第四，进一步完善了农村集体经济组织的经营体制，规定“农村集体经济组织实行家庭承包经营为基础、统分结合的双层经营体制”。第五，调整了对非公有制经济的政策，规定“在法律规定范围内的个体经济、私营经济等非公有制经济，是社会主义市场经济的重要组成部分”，“国家保护个体经济、私营经济的合法的权利和利益。国家对个体经济、私营经济实行引导、监督和管理”。第六，将“国家维护社会秩序，镇压叛国和其他反革命的活动”修改为“国家维护社会秩序，镇压叛国和其他危害国家安全的犯罪活动”。

第四次是 2004 年 3 月 14 日第十届全国人民代表大会第二次会议通过了 14 条宪法修正案。其主要内容是：确立“三个代表”重要思想在国家政治生活和社会生活中的指导地位，增加推动物质文明、政治文明和精神文明协调发展的内容，在统一战线组成的表述中增加“社会主义事业的建设者”，完善土地征收制度，进一步明确国家对发展非公有制经济的方针，完善对私有财产保护的规定，增加建立健全社会保障制度的规定，增加“国家尊重和保障人权”的规定，完善全国人民代表大会组成的规定，作出关于紧急状态的规定，规定国家主席进行国事活动的职权，修改乡镇政权任期的规定，增加对国歌的规定，等等。

第五次是 2018 年 3 月 11 日第十三届全国人民代表大会第一次会议通过了 26 条宪法修正案。其主要内容是：确认“习近平新时代中国特色社会主义思想”为我国的指导思想，将我国的总目标修改为“推进物质文明、政治文明、精神文明、社会文明、生态文明协调发展，把我国建设成为富强民主文明和谐美丽的社会主义现代化强国，实现中华民族伟大复兴”；将统一战线组成的表述修改为“包括全体社会主义劳动者、社会主义事业的建设者、拥护社会主义的爱国者、拥护祖国统一和致力于中华民族伟大复兴的爱国者的广泛的爱国统一战线”，将发展同各国的外交关系的表述修改为“发展同各国的外交关系和经济、文化交流，推动构建人类命运共同体”；增写了“中国共产党领导是中国特色社会主义最本质的特征”；规定“国家工作人员就职时应当依照法律规定公开进行宪法宣誓”；取消了中华人民共和国主席、副主席“连续任职不得超过两届”的规定，只保留“中华人民共和国主席、副主席任期同全国人民代表大会每届任期相同”；增设“监察委员会”，规定“中华人民共和国各级监察委员会是国家的监察机关”以及它的组成、任期和职权，规定“中华人民共和国国家监察委员会是最高监察机关”和它对地方各级监察委员会的领导、对全国人民代表大会和全国人民代表大会常务委员会负责及其职权范围；等等。我国现行宪法是在深刻总结我国社会主义革命、建设、改革的成功经验基础上制定和不断完善的，是我们党领导人民长期奋斗历史逻辑、理论逻辑、实践逻辑的必然结果。[①]

三、我国现行宪法的指导思想和基本原则

（一）我国现行宪法的指导思想

坚持四项基本原则是 1982 年《宪法》的指导思想。坚持党的领导，坚持人民民主专

① 习近平总书记 2018 年 2 月 24 日在中共十九届中央政治局第四次集体学习时的讲话．

政，坚持社会主义道路，坚持马克思列宁主义、毛泽东思想，是中国人民在长期革命和建设中取得胜利的经验总结，是团结全国各族人民不断前进的共同政治基础。现行宪法在总结历史经验、分析现实状况的基础上，将四项基本原则作为一个整体写入宪法，成为宪法总的指导思想。

随着改革开放和社会主义现代化建设的纵深发展，现行宪法的指导思想也不断得到丰富和发展。1999 年 3 月 15 日第九届全国人民代表大会第二次会议通过的宪法修正案，把邓小平理论与马克思列宁主义、毛泽东思想一起确立为指导我国社会主义现代化建设的理论基础，使其成为贯穿整个宪法的指导思想。2004 年 3 月 14 日第十届全国人民代表大会第二次会议通过的宪法修正案，确立了“三个代表”重要思想与马克思列宁主义、毛泽东思想、邓小平理论在我国政治生活和社会生活中的指导地位。2018 年 3 月 11 日第十三届全国人民代表大会第一次会议通过的宪法修正案，确立科学发展观、习近平新时代中国特色社会主义思想在国家中的指导地位，从而使其成为贯穿整个宪法的指导思想。

（二）我国现行宪法的基本原则

宪法的基本原则是指宪法所确认和包含的根本方针，是指导宪法制定、修改和实施的基本准则。

我国现行宪法的基本原则主要有以下几项。

1. 人民主权原则

我国《宪法》第 2 条确认了人民主权原则并规定了人民行使主权的形式：中华人民共和国的一切权力属于人民。人民行使国家权力的机关是全国人民代表大会和地方各级人民代表大会。我国是人民当家作主的社会主义国家。在实践中，宪法为实现一切权力属于人民提供保障；宪法通过确认我国人民民主专政的国体，保障广大人民群众在国家中的主人翁地位；通过确认以公有制为主体、多种所有制经济共同发展的基本经济制度，为人民当家作主奠定了经济基础；通过确认人民代表大会制度的政体，为人民当家作主提供了组织保障；通过确认广大人民可以依据有关法律的规定，通过其他各种途径和方式管理国家事务和其他社会事务，把人民当家作主贯彻于国家社会生活的各个领域。党的二十大报告强调：“我国是工人阶级领导的、以工农联盟为基础的人民民主专政的社会主义国家，国家一切权力属于人民。人民民主是社会主义的生命，是全面建设社会主义现代化国家的应有之义。全过程人民民主是社会主义民主政治的本质属性，是最广泛、最真实、最管用的民主。必须坚定不移走中国特色社会主义政治发展道路，坚持党的领导、人民当家作主、依法治国有机统一，坚持人民主体地位，充分体现人民意志、保障人民权益、激发人民创造活力。”①

2. 公民权利与人权原则

我国宪法确认，保障公民权利与人权是国家的应有责任。我国《宪法》明确规定了

---

① 习近平．高举中国特色社会主义伟大旗帜 为全面建设社会主义现代化国家而团结奋斗：在中国共产党第二十次全国代表大会上的报告．北京：人民出版社，2022：37.

公民在政治、经济、文化和社会生活等方面享有的权利和自由，规定了对妇女、儿童、老人、残疾人和华侨等具有特定身份人员的权益的保护。《宪法》还规定国家要为公民实现权利和自由以及其他人权提供物质上和法律上的保障，从而使公民行使权利和自由有了可靠保障。2004 年 3 月 14 日第十届全国人民代表大会第二次会议通过的宪法修正案第一次增加了“国家尊重和保障人权”的规定，从而使其成为宪法的一项基本原则。

3. 法治原则

我国《宪法》明确规定：国家维护社会主义法治的统一和尊严，一切法律、行政法规和地方性法规都不得同宪法相抵触。一切国家机关和武装力量、各政党和各社会团体、各企业事业组织都必须遵守宪法和法律。一切违反宪法和法律的行为，必须予以追究。任何组织或者个人都不得有超越宪法和法律的特权。《宪法》还明确规定，国家实行依法治国，建设社会主义法治国家。所有这些规定，都充分体现了法治原则。

4. 民主集中制原则

我国宪法采取的不是分权原则，而是民主集中制原则。《宪法》规定：国家权力统一由各级人民代表大会行使，人民代表大会由人民直接或间接选出的代表组成，对人民负责，受人民监督；国家行政机关、监察机关、审判机关和检察机关，由人民代表大会选举产生，对它负责，受它监督；中央和地方国家机构职权的划分及活动，遵循在中央统一领导下，充分发挥地方的主动性、积极性的原则，认真贯彻民主集中制原则。但是，民主集中制原则并不排斥行使国家权力的各部门之间的分工，也不排斥监督和制约。

第二节　我国的国家性质

一、国家性质概述

国家性质，又称“国体”，是社会各阶级在国家中的地位和作用。人类阶级社会的发展史表明，社会各阶级在国家中的地位和作用是不相同的：在经济领域占据主导地位的阶级往往控制或掌握着国家政权，处于统治者或者领导者的地位；而社会中的其他阶级，要么处于被统治者的地位，要么处于被领导者的地位。虽然在不同国家或者同一国家的不同历史时期，这种阶级关系的状况并不相同，但都充分体现了一个国家的国家性质。在人类历史上曾经出现过四类性质的国家，即奴隶制国家、封建制国家、资本主义国家和社会主义国家。在这几类国家中，各个阶级的地位和作用是不相同的。

任何一个国家的性质都取决于三大因素：一是国家政权的阶级本质，即社会各阶级在国家政权中所处的地位；二是国家政权的经济基础；三是社会的精神文明，它决定着国家政权活动的方向，对国家政策的制定起巨大作用。我国的国家性质也取决于这三大因素。

我国现行《宪法》关于我国国家性质的规定是：中华人民共和国是工人阶级领导的、以工农联盟为基础的人民民主专政的社会主义国家。我国在政治上实行以工人阶级为领导、以工农联盟为基础的人民民主专政；在经济上实行以公有制为主体、多种所有制经济共同发展，以按劳分配为主体、多种分配方式并存；加强社会主义精神文明的建设。这三个方面就是我国国家性质的本质表现。中国共产党领导是中国特色社会主义最本质的特征。

二、我国的人民民主专政制度

我国《宪法》庄严宣布：中华人民共和国是工人阶级领导的，以工农联盟为基础的人民民主专政的社会主义国家。

（一）我国人民民主专政的基本特征

1. 我国人民民主专政是对人民民主和对敌人专政的有机结合

毛泽东曾明确指出：对人民内部的民主方面和对反动派的专政方面，互相结合起来，就是人民民主专政。[①] 因此，对人民实行民主和对敌人实行专政是我国人民民主专政的两个方面：在人民内部实行民主是实现对敌人专政的前提和基础，而对敌人实行专政又是实现人民民主的有力保障。民主与专政是辩证统一的关系，两者紧密相连、相辅相成。没有对人民的广泛民主，就不能形成对敌人的强有力的专政；没有对敌人的强有力的专政，也就不能保障人民的民主权利。

2. 工人阶级是人民民主专政的领导力量

工人阶级的领导是人民民主专政的根本标志。人民民主专政由工人阶级领导，是由工人阶级的特点、优点和担负的伟大历史使命所决定的。

工人阶级的领导是通过自己的政党——中国共产党实现的。中国共产党是中国工人阶级的先锋队，是中国人民和中华民族的先锋队，是马克思列宁主义、毛泽东思想、邓小平理论和“三个代表”重要思想、科学发展观和习近平新时代中国特色社会主义思想武装起来的党，是社会先进生产力的代表、人类先进文化的代表、人民群众根本利益的代表。我国工人阶级只有在中国共产党领导下，才能认识自己的伟大历史使命，才能作为一个阶级组成强大的革命力量，去夺取革命建设和改革开放的胜利。我国各族人民从切身经验中深深懂得：没有共产党就没有新中国，没有共产党就实现不了改革开放，就实现不了中国的社会主义现代化，就实现不了中华民族伟大复兴。

3. 工农联盟是人民民主专政的阶级基础

工人阶级领导下的工农联盟是人民民主专政的阶级基础。工人阶级和农民阶级都是劳动者阶级，这两个阶级约占我国人口总数的 90％以上，是我国革命和建设的基本力量。农民阶级始终是工人阶级的天然同盟军。工人阶级只有得到广大农民的积极支持，才能彻底实现自己的历史使命；而广大农民也只有在工人阶级的领导下，才能求得自己的翻身解放，成为国家的主人，走上社会主义道路。

---

① 毛泽东选集：第 4 卷．2 版．北京：人民出版社，1991：1475.

4. 爱国统一战线是人民民主专政的重要特征

爱国统一战线是我国人民民主专政国家政权的重大特点之一。在中国不同的革命历史时期，统一战线的性质是变化、发展的。在现阶段，爱国统一战线是中国共产党领导的，由各民主党派和各人民团体参加的，包括全体社会主义劳动者、社会主义事业的建设者、拥护社会主义的爱国者、拥护祖国统一和致力于中华民族伟大复兴的爱国者的广泛的爱国统一战线。它包括两个范围的联盟：一个是由祖国大陆范围内全体劳动者、社会主义事业的建设者、拥护社会主义的爱国者组成的，以爱国主义和社会主义为政治基础的联盟。另一个是广泛团结台湾同胞、港澳同胞、海外侨胞，以爱国、拥护祖国统一和致力于中华民族伟大复兴为政治基础的联盟。

（二）人民民主专政的基本作用及目的

人民民主专政作为我国国体，具有两个方面的专政作用："专政的第一个作用，就是压迫国家内部的反动阶级、反动派和反抗社会主义革命的剥削者，压迫那些对于社会主义建设的破坏者，就是为了解决国内敌我之间的矛盾。……专政还有第二个作用，就是防御国家外部敌人的颠覆活动和可能的侵略。在这种情况出现的时候，专政就担负着对外解决敌我之间的矛盾的任务"，"专政的目的是为了保卫全体人民进行和平劳动，将我国建设成为一个具有现代工业、现代农业和现代科学文化的社会主义国家"①。虽然这是二十世纪五十年代毛泽东同志阐释的经典论断，当今国际社会和国内社会已经发生了深刻变革，但是这一经典论断没有也不可能过时，仍然具有非常重要的现实意义和价值。

（三）坚持和完善人民民主专政制度

第一，坚持人民民主专政是我国现行宪法的根本指导思想之一，是宪法确定的我国的国体。虽然党的十一届三中全会确定国家重点任务已经从"阶级斗争为中心"转向"经济建设为中心"，实行改革开放，加快社会主义现代化建设，但是，就目前国内外严峻复杂的形势来说，国内阶级斗争在一定范围内还存在，只要阶级阶层及其矛盾存在，阶级性的斗争就不可能完全熄灭。反对党的领导、敌视社会主义的敌对势力还存在，恐怖主义、分裂主义、极端主义还在兴风作浪，间谍特务分子还在进行破坏活动，暴力犯罪活动和集团性犯罪活动还相当严重，巨贪"大老虎"屡打不尽，时有新的出现。另外，国际上霸权主义肆虐，兴风作浪，到处煽风点火，鼓吹、支持地区冲突和局部战争，造成极大的人道主义灾难，对世界和平构成极大威胁。面对这些严峻的挑战，我国人民民主专政对内对外两方面的专政作用不能削弱而必须加强。"我们现在的任务是要强化人民的国家机器，这主要地是指人民的军队、人民的警察和人民的法庭，借以巩固国防和保护人民利益。"② 我们必须筑牢人民民主专政国家机器根本性的三大支柱和基石，坚持和加强人民民主专政，这并不"输理"而是必须。当然，对敌对势力的打击"专政"和惩罚应该被纳入法律的框架，依法进行，并将人民民主专政的威慑力彰显出来。同时，反

① 毛泽东文集：第7卷．北京：人民出版社，1999：207.

② 毛泽东选集：第4卷．2版．北京：人民出版社，2006：1476.

对霸权主义、单边主义的斗争也要被纳入《联合国宪章》和国际法的框架中，同广大发展中国家人民一起敢于斗争、善于斗争，捍卫世界和平与发展。

第二，人民民主专政的另一方面就是对人民实行民主，坚持和完善人民民主专政就要全面发展全过程人民民主。全过程人民民主是社会主义民主政治的本质属性。我国全过程人民民主实现了过程民主和成果民主、程序民主和实质民主、直接民主和间接民主、人民民主和国家意志相统一，是全链条、全方位、全覆盖的民主，是最广泛、最真实、最管用的社会主义民主。[①] 人民当家作主则是全过程人民民主核心内涵的集中表现。党的二十大报告强调，要全面发展全过程人民民主，健全人民当家作主制度体系，扩大人民有序政治参与，保证人民依法实行民主选举、民主协商、民主决策、民主管理、民主监督，发挥人民群众积极性、主动性、创造性，巩固和发展生动活泼、安定团结的政治局面；并提出和采取一系列具体措施，保障上述部署和要求落到实处。[②] 推进全过程人民民主建设，要把人民当家作主具体地、现实地体现到党治国理政的政策措施上来，具体地、现实地体现到党和国家机关各个方面、各个层级的工作上来，具体地、现实地体现到实施人民对美好生活的向往的工作上来，确实保障人民当家作主的实现。

第三，总之，人民民主专政制度是马克思列宁主义无产阶级专政理论中国化的最大成果。人民民主专政制度是毛泽东同志创建的，是宪法确定的我国国体。实践经验证明，这一制度是符合我国国情和实际、人民群众拥护、行之有效、具有强大威力的好制度，是我国社会主义性质的根本标志。坚持和完善这一制度就要将对敌人专政和对人民民主两个方面紧密结合起来，不要偏离，要齐头并进，全面加强；就要坚持充分发挥它的保护人民利益、维护国家安全稳定以及促进中国式现代化建设，保障实现中华民族复兴伟业的重要作用；就要不断完善这一制度体系建设，保障宪法确定的这一国体社会主义性质不变。

三、中国共产党领导的多党合作和政治协商制度与中国人民政治协商会议

（一）中国共产党领导的多党合作和政治协商制度

中国共产党领导的多党合作和政治协商制度是我国的一项基本政治制度，也是一种新型的符合中国国情的社会主义政党制度。它在性质上根本不同于西方国家的两党制或多党制，它集中体现了我国政治制度和政党制度的特点与优点。

1. 多党合作和政治协商制度的形成和发展

中国共产党领导的多党合作和政治协商制度是中国共产党领导中国人民长期奋斗的成果和历史选择。

中国国民党革命委员会、中国民主同盟、中国民主建国会、中国民主促进会、中国农工民主党、中国致公党、九三学社、台湾民主自治同盟这些民主党派，主要是在抗日

---

① 坚持和完善人民代表大会制度 保障人民当家作主．求是，2024（4）．

② 习近平．高举中国特色社会主义伟大旗帜 为全面建设社会主义现代化国家而团结奋斗：在中国共产党第二十次全国代表大会上的报告．北京：人民出版社，2022：37．

战争时期形成的。它们形成时的社会基础主要是民族资产阶级、城市小资产阶级以及与这些阶级相联系的知识分子和其他爱国民主人士。各民主党派从成立时起，就在中国共产党统一战线政策的推动下，同中国共产党建立了不同程度的合作关系。在抗日战争时期，它们共同为坚持“抗战、团结、进步”而努力。在解放战争时期，它们共同为“和平、民主”而抗争。1949 年中华人民共和国成立后，中国共产党成为领导全国政权的执政党，各民主党派成为接受中国共产党领导的、同中国共产党通力合作的参加人民民主专政政权的参政党。中国共产党积极吸收各民主党派的代表人物担任中央和地方人民政府的领导职务，对国家政治生活中的重大问题进行政治协商，参加反帝爱国和争取祖国和平统一的斗争，参加社会主义改造和社会主义建设。党的八大明确提出“长期共存，互相监督”的方针，使多党合作作为中国的一种政治制度进一步确定下来。

1979 年 10 月，邓小平第一次明确提出，在中国共产党的领导下实行多党派的合作，是由中国具体历史条件和现实条件所决定的，是中国政治制度的一个特点和优点。党的十二大进一步提出了“长期共存、互相监督、肝胆相照、荣辱与共”的方针。党的十三大把共产党领导下的多党合作和政治协商制度，同人民代表大会制度并列为中国社会主义政治制度，要求完善这个制度。1989 年 12 月，中共中央制定并公布了《中共中央关于坚持和完善中国共产党领导的多党合作和政治协商制度的意见》，深刻总结了中国共产党同各民主党派长期合作的历史经验，进一步阐明了我国多党合作的基本原则及方针，提出要加强中国共产党和各民主党派之间的合作与协商，进一步发挥民主党派成员在人民代表大会中的作用；举荐民主党派成员担任各级政府及司法机关的领导职务，进一步发挥民主党派在人民政协中的作用，支持民主党派加强自身建设，从整体上进一步完善了中国共产党领导的多党合作和政治协商制度。1993 年的宪法修正案明确规定，“中国共产党领导的多党合作和政治协商制度将长期存在和发展”，从而使这一制度为我国根本大法所确认，成为我国民主制度不可或缺的组成部分。

2. 多党合作和政治协商制度的政治准则与主要形式

（1）多党合作和政治协商的政治准则。根据《中共中央关于进一步加强中国共产党领导的多党合作和政治协商制度建设的意见》，我国多党合作和政治协商的政治准则是：以马克思主义、毛泽东思想、邓小平理论、“三个代表”重要思想、科学发展观、习近平新时代中国特色社会主义思想为指导；坚持中国共产党的领导；坚持社会主义初级阶段的基本路线、基本纲领和基本经验；坚持“长期共存、互相监督、肝胆相照、荣辱与共”的基本方针；保持宽松稳定、团结和谐的政治环境；中国共产党和各民主党派都必须以宪法为根本活动准则，负有维护宪法尊严、保证宪法实施的职责。

（2）多党合作和政治协商的主要形式。我国多党合作和政治协商的主要形式有：第一，中国共产党与各民主党派、无党派人士的政治协商。中共中央在作出重大决策之前，一般都会邀请民主党派主要领导人和无党派代表人士召开民主协商会、小范围谈心会、座谈会，通报情况，听取意见，共商国是。除会议协商外，民主党派中央可向中共中央提出书面建议。协商的主要内容包括中国共产党全国代表大会、中共中央委员会的重要文件，宪法和重要法律的修改建议，国家领导人的建议人选，关于推进改革开放的重要决定，国民经济和社会发展的中、长期规划，关系国家全局的一些重大问题，通报重要文件和重要情况并听取意见，以及其他需要同民主党派协商的重要问题等。第二，民主党派成员、无党派人士在人民代表大会及其常务委员会中发挥重要作用。第三，民主党派成员和无党派人士担任各级政府、政府部门和司法机关的领导职务。第四，民主党派和无党派人士在中国人民政治协商会议中发挥重要作用。第五，民主党派和无党派人士通过多渠道、多形式对执政党的工作实行民主监督。第六，民主党派和无党派人士积极参与改革开放和现代化建设事业，为推动祖国统一大业和社会全面进步建言献策。

党的二十大报告指出：协商民主是实践全过程人民民主的重要形式。完善协商民主体系，统筹推进政党协商、人大协商、政府协商、政协协商、人民团体协商、基层协商以及社会组织协商，健全各种制度化协商平台，推进协商民主广泛多层制度化发展。坚持和完善中国共产党领导的多党合作和政治协商制度，坚持党的领导、统一战线、协商民主有机结合，坚持发扬民主和增进团结相互贯通、建言资政和凝聚共识双向发力，发挥人民政协作为专门协商机构作用，加强制度化、规范化、程序化等功能建设，提高深度协商互动、意见充分表达、广泛凝聚共识水平，完善人民政协民主监督和委员联系界别群众制度机制。[①]

（二） 中国人民政治协商会议（以下简称人民政协）

1. 人民政协的性质和地位

人民政协不属于国家机关体系，也不同于一般的社会团体或人民团体。根据《中国人民政治协商会议章程》的规定，人民政协是中国人民爱国统一战线的组织，是中国共产党领导的多党合作和政治协商的重要机构，是我国政治生活中发扬社会主义民主的重要形式。

2. 人民政协的组织

人民政协全国委员会由中国共产党、各民主党派、无党派人士、人民团体、各少数民族和各界的代表，香港特别行政区同胞、澳门特别行政区同胞、台湾同胞和归国侨胞的代表以及特别邀请的人士组成，设若干界别。人民政协全国委员会设主席、副主席、秘书长、委员，每届任期 5 年，全体会议每年举行一次。全国委员会设常务委员会。常务委员会由全国委员会主席、副主席、秘书长、常务委员组成。全国委员会主席主持常务委员会的工作。全国委员会根据工作需要设立若干专门委员会及其他工作机构。在我国，省、自治区、直辖市设人民政协省、自治区、直辖市委员会；自治州、设区的市、县、自治县、不设区的市和市辖区，凡有条件的地方，均可设立人民政协各该地方的地方委员会，每届任期 5 年，全体会议每年至少举行一次。地方委员会设常务委员会，由地方委员会主席主持工作。

3. 人民政协的主要职能

人民政协的主要职能是政治协商、民主监督和参政议政。

---

① 习近平．高举中国特色社会主义伟大旗帜 为全面建设社会主义现代化国家而团结奋斗：在中国共产党第二十次全国代表大会上的报告．北京：人民出版社，2022：38－39.

政治协商是对国家和地方的大政方针以及政治、经济、文化和社会生活中的重要问题，在决策之前进行协商和就决策执行过程中的重要问题进行协商。

民主监督是对宪法、法律和法规的实施，重大方针、政策的贯彻执行，国家机关及其工作人员的工作，通过建议和批评进行监督。

参政议政是对政治、经济、文化和社会生活中的重要问题以及人民群众普遍关心的问题，开展调查研究，反映社情民意，进行协商讨论。通过调研报告、提案、建议案或者其他形式，向中国共产党和国家机关提出意见和建议。通过参加讨论政府工作报告及其他重大问题，参政议政，建言献策。

多年来，人民政协认真履行了上述职能，在国家政治生活、经济生活、文化生活和社会生活以及对外友好活动中，在进行现代化建设、维护国家统一和团结中，发挥了重要作用，今后将继续发挥更大的作用。

4. 坚持和完善人民政协制度

当前和今后一个时期，人民政协作为多党合作和政治协商的组织机构和制度安排，要贯彻落实党的十八大、十九大、二十大精神，“巩固和发展最广泛的爱国统一战线。人心是最大的政治，统一战线是凝聚人心、汇聚力量的强大法宝。完善大统战工作格局，坚持大团结大联合，动员全体中华儿女围绕实现中华民族伟大复兴中国梦一起来想、一起来干。发挥我国社会主义新型政党制度优势，坚持长期共存、互相监督、肝胆相照、荣辱与共，加强同民主党派和无党派人士的团结合作，支持民主党派加强自身建设、更好履行职能”①。为促进现代化建设、维护国家的统一和各民族团结多建言献策，为实现中华民族的伟大复兴而奋发努力。

同时，人民政协要贯彻落实党的二十大的部署和要求，健全组织机构和工作机制；要围绕团结和民主这两大主题，认真履行政治协商、民主监督、参政议政职能；要把协商民主贯穿政治协商、民主监督、参政议政全过程；要完善协商议政内容和形式，着力增进共识，促进团结；要加强人民政协民主监督，重点监督党和国家重大方针政策和重要决策部署的贯彻落实；要把政治协商纳入决策程序，完善民主监督机制，提高参政议政实效；要加强人民政协自身建设，发挥协调关系、会聚力量、建言献策、服务大局的重要作用。

请思考：根据我国宪法的规定，下列哪些选项是正确的？（　　）

A. 中国人民政治协商会议是我国统一战线的组织形式

B. 中国人民政治协商会议是我国国家机构体系的重要组成部分

C. 1993 年通过的宪法修正案将“中国共产党领导的多党合作和政治协商制度将长期存在和发展”写进了宪法

D. 中国人民政治协商会议有权审议政府工作报告

答案：AC。

---

① 习近平．高举中国特色社会主义伟大旗帜 为全面建设社会主义现代化国家而团结奋斗：在中国共产党第二十次全国代表大会上的报告．北京：人民出版社，2022：39.

四、我国基层民主制度和基层群众自治制度

我国在城乡社区治理、基层公共事务和公益事业中实行群众自我管理、自我服务、自我教育、自我监督，这是人民依法直接行使民主权利的重要方式，必须将其制度化，必须建立健全基层民主制度和基层群众自治制度。其组织形式主要有职工代表大会、村民委员会、居民委员会、社区委员会等。其主要内容是：以扩大有序参与、推进信息公开、加强议事协商、强化权力监督为重点，拓宽范围和途径、丰富内容和形式，保障党和国家的各项方针政策的贯彻落实，保障人民享有更多更切实的民主权利。

当然，各类组织担负的工作任务和职责是有所不同和有所侧重的。职工代表大会是企事业单位的基本民主管理制度和形式，它的主要任务和职责就是民主决策企事业单位生产和工作的发展、改善职工的工资待遇和其他福利等重大问题，保障职工参与管理和监督的民主权利。村民委员会是农民群众自治组织，相关法律规定，它担负的主要任务是民主决策土地的联产承包、土地使用权的转让、农业生产的发展、乡村的振兴、精准脱贫、基础建设、教育医保养老、农村的治安管理等重大问题，保障农民群众的民主选举、民主决策、民主管理、民主监督等权利的切实实现。居民委员会和社区委员会是城镇居民的自治组织，相关法律规定，它担负的主要任务是居民的户籍管理、治安巡逻、环保卫生监督、文体活动、儿童教育、高龄老人服务、纠纷调解、法律咨询以及其他公益事项等。实践证明，它是社区治理的有效形式，是基层政权的得力助手，在社区治理中发挥了重要作用。因此，必须坚持和完善基层民主制度和基层群众自治制度，切实保障基层群众的民主权利的享有和行使，使基层群众在社会治理和社区治理中发挥更多更大的作用。

“实践证明，我们党把马克思主义基本原理同中国具体实际结合起来，在古老的东方大国建立起保证亿万人民当家作主的新型国家制度，使中国特色社会主义制度成为具有显著优越性和强大生命力的制度，保障我国创造出经济快速发展、社会长期稳定的奇迹，也为发展中国家走向现代化提供了全新选择，为人类探索建设更好社会制度贡献了中国智慧和中国方案。”①

五、我国的基本经济制度和分配制度

（一）我国的基本经济制度

经济制度是一个国家通过宪法和法律规定的各种生产资料所有制以及它们所构成的经济成分，国家对各种经济成分的基本政策和管理国民经济的原则等方面的制度的总和。经济制度的核心内容是生产资料的所有制形式，它决定了一个国家的政权性质，是一国政治、经济、文化发展的物质基础。

我国《宪法》第 6 条规定：中华人民共和国的社会主义经济制度的基础是生产资料

---

① 习近平总书记 2019 年 9 月 24 日在十九届中央政治局第十七次集体学习时的讲话.

的社会主义公有制，即全民所有制和劳动群众集体所有制。1999 年第九届全国人民代表大会第二次会议通过的宪法修正案又规定：国家在社会主义初级阶段，坚持公有制为主体、多种所有制经济共同发展的基本经济制度。

1. 公有制经济为主体

社会主义公有制经济决定了我国社会主义经济制度的性质和本质特征，决定了我国社会生产的目的是满足人民日益增长的物质和文化需求，是保障工人阶级实现对国家的领导和加强工农联盟的经济基础。因此，它必须在我国经济制度中占主体地位。在我国，公有制经济有以下两种形式。

第一，全民所有制经济，亦即国有经济。它是指由代表人民利益的国家占有生产资料的一种所有制形式。国有经济是我国国民经济中的主导力量，不仅控制着国家的经济命脉、决定着国民经济的社会主义性质、关系着我国改革开放和社会主义现代化建设的速度与水平，而且对其他经济形式都起着指导、帮助和制约的重要作用。因此，《宪法》规定，国家保障国有经济的巩固和发展。

第二，劳动群众集体所有制经济。它是指由集体经济组织内的劳动者共同占有生产资料的一种公有制形式。1999 年第九届全国人民代表大会第二次会议通过的宪法修正案确定：“农村集体经济组织实行家庭承包经营为基础、统分结合的双层经营体制。农村中的生产、供销、信用、消费等各种形式的合作经济，是社会主义劳动群众集体所有制经济。”城镇中的手工业、工业、建筑业、运输业、商业、服务业等行业的各种形式的合作经济，也是社会主义劳动群众集体所有制经济。《宪法》规定，国家保护城乡集体经济组织的合法的权利和利益，鼓励、指导和帮助集体经济的发展。

2. 多种所有制经济共同发展

由于我国尚处于社会主义初级阶段，经济、文化和生产力水平还比较低，所以在坚持以社会主义公有制经济为主体的前提下，还允许非公有制经济的存在和发展。1999 年第九届全国人民代表大会第二次会议通过的宪法修正案确定：在法律规定范围内的个体经济、私营经济等非公有制经济，是社会主义市场经济的重要组成部分。2004 年第十届全国人民代表大会第二次会议通过的宪法修正案规定：国家保护个体经济、私营经济等非公有制经济的合法的权利和利益。国家鼓励、支持和引导非公有制经济的发展，并对非公有制经济依法实行监督和管理。

第一，个体经济。这是由城乡个体劳动者占有生产资料和产品，以自己从事劳动生产为基础的一种经济形式。国家保护城乡个体劳动者的合法的权利和利益。国家鼓励、支持和引导个体经济的发展，并对个体经济依法实行监督和管理。

第二，民营经济。这是在法律规定范围内，企业资产属于私人所有，雇用一定人数工人的一种营利性经济形式。国家保护民营企业的合法的权利和利益。国家鼓励、支持和引导民营经济的发展，并对民营经济依法实行监督和管理。

第三，外商投资企业。外商投资企业是我国实行对外开放后出现的经济形式，是我国社会主义市场经济的重要组成部分。《宪法》规定，在中国境内的外国企业或者其他外国经济组织以及中外合资经营的企业，都必须遵守中华人民共和国的法律。它们的合法的权利和利益受中华人民共和国法律的保护。

请思考：下列关于国有经济的地位的宪法表述中，正确的是（　　）。

A. 国有经济是社会主义市场经济的重要组成部分

B. 国有经济是国民经济中的领导力量

C. 国有经济是国民经济中的主导力量

D. 国有经济是我国社会主义经济制度的唯一基础

答案：C。

（二）我国的分配制度

分配制度直接关系着广大人民的切身利益，因而它必然是我国经济制度的重要组成部分。我国是工人阶级领导的、以工农联盟为基础的社会主义国家，社会主义公有制经济是我国经济制度的基础，因此，必须实行按劳分配的分配制度。我国《宪法》第 6 条规定：社会主义公有制消灭人剥削人的制度，实行各尽所能、按劳分配的原则。所谓“各尽所能”，是指在社会主义制度下，每个有劳动能力的公民都应当在其分工的范围内尽自己的能力为社会贡献力量；所谓“按劳分配”，是指在各尽所能的前提下，由代表人民的国家或集体经济组织按照每个公民劳动的数量和质量分配给公民应得的生活资料。按劳分配的主体地位必须坚持，不能动摇。但是，我国由于目前尚处于社会主义初级阶段，存在多种所有制经济形式，因而在分配方式上不可能是单一的。1999 年第九届全国人民代表大会第二次会议通过的宪法修正案规定：国家在社会主义初级阶段……坚持按劳分配为主体、多种分配方式并存的分配制度。

所谓“多种分配方式”，主要是指：（1）按劳分配以外的劳动收入分配。如个体劳动者和农村专业户的收入，它不仅取决于劳动的数量和质量，还取决于拥有的生产物质资料的数量和质量，取决于市场情况，而且与私营经济相联系；又如国企职工利用业余时间从事的第二、三职业的收入等。（2）按劳动力价值分配。如私营企业、三资企业职工的工资收入，它体现了雇佣关系和一定的剥削与被剥削关系。（3）按资本分配。如私营企业主、外资企业主凭资本取得的收入，主要是来源于劳动者创造的剩余价值。（4）资产收益，即资产所有者凭借所有权参与分配所取得的收入，如存款利息、红利、个人出租资产的租金、投资房地产的收入等。总之，这是按生产要素分配、按资本要素分配、按多种分配要素分配相结合的多层次的分配原则。把按劳分配和按生产要素分配结合起来，坚持效率优先、兼顾公平，形成了有中国特色的分配制度，它有利于资源配置，有利于促进社会主义市场经济的发展，有利于使一部分人先富起来，带动经济发展，最后达到共同富裕的目的。

第三节　我国的国家形式

一、国家形式概述

国家形式包括两层含义，即政权组织形式和国家结构形式。

政权组织形式，或称国家管理形式，是指特定社会的统治阶级采取一定原则建立起来的，行使国家权力，实现国家统治和管理职能的组织与活动体制。它主要是最高国家权力机关的组织形式，包括政权的构成、组织程序、最高权力分配情况、公民参加管理国家的程序和方式等。政权组织形式是一个极其重要的问题，任何历史类型国家的统治阶级总是要通过一定的形式来组织自己的国家政权机关，以实现对整个社会的领导和管理。资本主义国家的政权组织形式主要是君主立宪制和共和制。君主立宪制又分为二元君主立宪制和议会君主立宪制；共和制分为议会制、总统制和委员会制。我国的政权组织形式是人民代表大会制度。

国家结构形式是指特定国家的统治阶级根据什么原则、采取何种形式来处理国家内部的组成，以及调整国家整体与组成部分之间的相互关系。简言之，它就是指国家整体和部分之间、中央机关和地方机关之间的相互关系。国家结构形式同政权组织形式有着密切的关系。国家结构形式侧重解决的是领土结构内整体与组成部分之间的关系，即体现政权体系纵的方面。政权组织形式侧重解决的是权力机关同行政机关、司法机关以及其他国家机关之间的相互关系，权力机关同人民之间的关系，即体现政权体系横的方面。通观现代国家，基本上有两种国家结构形式，即单一制和联邦制。单一制是以普通行政单位（省、县、乡等）或同时包括自治单位的形式来划分其国家内部组成的。它在整体形式上比较简单，是一个统一、完整的政治实体。法国、日本、挪威、瑞典等国都是单一制国家。我国采取的是单一制国家结构形式，是统一的多民族国家。联邦制也叫联盟国家，它是以州、邦或成员国的形式来划分其国家内部组成的。它在形式上较单一制国家复杂。印度、俄罗斯、美国、瑞士、巴西等国家都实行联邦制。国家整体与其组成部分之间不同的权力划分，是联邦制和单一制最重要的区别。

二、我国的人民代表大会制度

（一）人民代表大会制度的含义和内容

人民代表大会制度是人民当家作主的根本政治制度，是我国的政权组织形式。人民代表大会制度是指我国各族人民在党的领导下，在国家一切权力属于人民的基础上，按照民主集中制原则，依照法定程序，先通过民主选举产生人民代表组成各级人民代表大会，再以各级人民代表大会为基础，产生对它负责、受它监督的各级其他国家机关，组成统一协调的国家政权机关体系，共同行使国家权力，实现人民当家作主的一种特定政治制度。因此，人民代表大会制度的主要内容可以概括为：国家的一切权力属于人民；人民在普选的基础上选举代表，组成各级人民代表大会作为国家权力机关；由国家权力机关产生其他国家机关，依法行使各自的职权；实行民主集中制的组织和活动原则。

我国之所以选择人民代表大会制度作为我国的政权组织形式，是因为：它直接、全面地反映了我国人民民主专政的本质，表明了人民当家作主的地位，体现了国家一切权力属于人民的根本原则；它充分体现了我国政治生活的整体和全貌，而其他制度（如行政的、军事的、经济的、文化的制度等）只体现了国家生活的一个方面；它不以任何制度为依据，而是其他国家机关和制度建立的基础，其他国家机关由它产生、对它负责、受它监督。

（二）人民代表大会制度的产生和发展

我国的人民代表大会制度是在新民主主义革命时期，随着革命政权的建立而逐步建立起来的，它经历了从无到有、从小到大的漫长发展过程。

早在苏区革命根据地时期就出现了人民代表大会制度的雏形，如工农兵代表大会。抗日战争时期“三三制”的各级参议会、解放战争时期的各界人民代表会议，都是人民代表大会制度的萌芽。中华人民共和国成立时，人民代表大会制度作为我国的政权组织形式，在《共同纲领》和后来我国的几部宪法中都被加以确认。在现代化建设和改革开放的实践中，人民代表大会制度得到逐步发展和完善。

（三）人民代表大会制度的作用

人民代表大会制度不仅是我国国家机构和国家政治生活的基础，是其他政治制度的核心，而且是我国人民实现当家作主的基本形式，在国家生活和社会生活中发挥着极为重要的作用，主要表现在以下几个方面。

第一，人民代表大会制度适合中国的国情，保障我国的社会主义性质，因而具有很强的生命力。人民代表大会制度是中国人民在中国共产党的领导下，在长期的政权建设实践中创立的。它经历了 20 世纪 20 年代的萌芽状态、30 年代的苏维埃制度、40 年代的参议会制度，以及后来的各界人民代表会议制度，走过了从不成熟到成熟，并不断完善的过程。它是在中国的具体历史条件下形成的，是马克思主义政权建设理论在中国的具体运用，因此最适合中国的国情。它是建立在公有制经济基础上的，以中国特色社会主义理论为指导。它确保工人阶级的领导地位和工农联盟的阶级基础，因而保障了我国的社会主义本质。

第二，人民代表大会制度便于人民参加国家管理，保障人民当家作主的主人翁地位。根据宪法和人民代表大会组织法的规定，我国各级人民代表大会代表都由选民通过直接或间接选举的方式产生；各级人民代表大会代表必须对选民或者原选举单位负责，受选民或者原选举单位监督，选民或者原选举单位有权依法撤换自己选出的代表；人民代表大会代表必须深入选民中了解他们的意愿，及时向选民或原选举单位报告自己的工作，听取他们对自己工作的意见和要求；人民代表大会代表有权根据民主集中制的原则，讨论和决定国家生活中的重大问题等。人民代表大会制度最具人民性，最能调动广大人民群众的政治积极性，最能吸收广大群众参加国家管理，因而最能保障人民当家作主的主人翁地位。

第三，人民代表大会制度便于集中、统一地行使国家权力，保障国家权力的顺利实现。我国《宪法》规定，国家的一切权力属于人民，人民行使国家权力的机关是全国人民代表大会和地方各级人民代表大会。全国人民代表大会是最高国家权力机关，全国人民代表大会常务委员会是它的常设机关，它们有权依法决定国家政治生活中的一切重大问题；地方各级人民代表大会是地方国家权力机关，它有权依法决定本地方的各种重大问题。同时，各级国家行政机关、审判机关和检察机关都由同级人民代表大会选举产生，对它负责，受它监督。这充分表明，各级人民代表大会作为国家权力机关，在国家权力的行使和实现过程中处于主导地位。因此，人民代表大会制度便于调动中央和地方的积极性，便于集中、统一行使国家权力，保障国家权力的顺利实现。

（四）坚持和完善人民代表大会制度

人民代表大会制度运行实践证明，人民代表大会制度符合我国国情和实际，体现社会主义国家性质，保证人民当家作主，保障实现中华民族伟大复兴，为党领导人民创造经济快速发展奇迹和社会长期稳定奇迹提供了重要制度保障。因此，改革开放后，党的历次代表大会报告都十分重视并强调要坚持和完善这个根本政治制度，以更好地适应社会主义现代化建设、中华民族伟大复兴的需要，充分发挥国家权力机关的作用。

党的十六大报告明确指出：坚持和完善人民代表大会制度，保证人民代表大会及其常务委员会依法履行职能，保证立法和决策更好地体现人民的意志；优化人大常委会组成人员的结构。党的十七大报告又进一步强调：坚持和完善人民代表大会制度……支持人民代表大会依法履行职能，善于使党的主张通过法定程序成为国家意志；保障人大代表依法行使职权，密切人大代表同人民的联系，建议逐步实行城乡按相同人口比例选举人大代表；加强人大常委会制度建设，优化组成人员知识结构和年龄结构。

党和十八大报告再次强调：人民代表大会制度是保证人民当家作主的根本政治制度。要善于使党的主张通过法定程序成为国家意志，支持人大及其常委会充分发挥国家权力机关的作用，依法行使立法、监督、决定、任免等职能，加强立法工作组织协调，加强对“一府两院”的监督，加强对政府全口径预算决算的审查和监督。党的十八届四中全会的决定又强调：加强党对立法工作的领导，完善党对立法工作中重大问题决策的程序，完善全国人大及其常委会宪法监督制度，健全宪法解释程序机制；加强人大对立法工作的组织协调，健全立法起草、论证、协调、审议机制。

党的十九大报告强调：人民代表大会制度是坚持党的领导、人民当家作主、依法治国有机统一的根本政治制度安排，必须长期坚持、不断完善。要支持和保证人民通过人民代表大会行使国家权力。发挥人大及其常委会在立法工作中的主导作用，健全人大组织制度和工作制度，支持和保证人大依法行使立法权、监督权、决定权、任免权，更好发挥人民代表作用，使各级人大及其常委会成为全面担负起宪法法律赋予的各项职责的工作机关，成为同人民群众保持密切联系的代表机关。完善人大专门委员会设置，优化人大常委会和专门委员会组成人员结构。

党的二十大报告强调：宪法确定的人民代表大会制度的政体不动摇，加强人民当家作主制度保障。坚持和完善我国根本政治制度、基本政治制度、重要政治制度，拓展民主渠道，丰富民主形式，确保人民依法通过各种途径和形式管理国家事务，管理经济和文化事业，管理社会事务。支持和保证人民通过人民代表大会行使国家权力，保证各级人大都由民主选举产生、对人民负责、受人民监督。①

---

① 习近平．高举中国特色社会主义伟大旗帜 为全面建设社会主义现代化国家而团结奋斗：在中国共产党第二十次全国代表大会上的报告．北京：人民出版社，2022：41.

2014 年庆祝全国人民代表大会成立 60 周年时，习近平总书记就坚持和完善人民代表大会制度进行了全面、系统的阐述。他明确指出，坚持和完善人民代表大会制度，必须毫不动摇地坚持中国共产党的领导，必须保证和发展人民当家作主，必须全面推进依法治国，必须坚持民主集中制。他还进一步强调指出，在新形势下，我们要毫不动摇地坚持人民代表大会制度，也要与时俱进地完善人民代表大会制度。当前和今后一个时期，要着重抓好以下几个重要环节的工作。

第一，加强和改进立法工作。“国无常强，无常弱。奉法者强则国强，奉法者弱则国弱。”① 经过长期努力，中国特色社会主义法律体系已经形成。形势在发展，时代在前进，法律体系必须随着时代和实践发展而不断发展。要加强重要领域立法，确保国家发展、重大改革于法有据，把发展改革决策同立法决策更好地结合起来。要坚持问题导向，提高立法的针对性、及时性、系统性、可操作性，发挥立法的引领和推动作用。要抓住提高质量这个关键，深入推进科学立法、民主立法，完善立法体制和程序，努力使每一项立法都符合宪法精神、反映人民意愿、得到人民拥护。

第二，加强和改进监督工作。各级人大及其常委会要担负起宪法法律赋予的监督职责，维护国家法制统一、尊严、权威，加强对“一府两院一委”执法、司法工作的监督，确保法律法规得到有效实施，确保行政权、审判权、检察权、监察权得到正确行使。地方人大及其常委会要依法保证宪法法律、行政法规和上级人大及其常委会的决议在本行政区域内得到遵守和执行。

第三，加强同人大代表和人民群众的联系。各级国家机关加强同人民代表的联系，加强同人民群众的联系，是实行人民代表大会制度的内在要求，是人民对自己选举和委派代表的基本要求。要把加强同人大代表和人民群众的联系作为对人民负责、受人民监督的重要内容，虚心听取人大代表、人民群众的意见和建议，积极回应社会关切，自觉接受人民监督，认真改正工作中的缺点和错误。

第四，加强和改进人大工作。各级人大及其常委会要坚持正确的政治方向，增强代表人民行使管理国家权力的政治责任感，履行宪法法律赋予的职责。要健全人大常委会组成人员联系本级人大代表机制，畅通社情民意反映和表达渠道。支持和保证人大代表依法履职，优化人大常委会、专门委员会组成人员结构，完善人大组织制度、工作制度、议事程序。

第五，加强和改善党对人大工作的领导。各级党委需要坚持和保证人大及其常委会依照宪法法律积极主动、独立负责、协调一致开展工作。要不断加强和改善党对人大工作的领导，善于使党的主张通过法定程序成为国家意志，善于使党组织推荐的人员通过法定程序成为国家政权机关的领导人员，善于通过国家政权机关实施党对国家和社会的领导，善于运用民主集中制原则维护党和国家权威，维护全党全国团结统一。

（五）我国的选举制度及原则

选举制度是指法律规定的关于选举国家代表机关和国家公职人员的各项制度的总称。

---

① 《韩非子·有度》.

我国的选举制度是人民代表大会制度的基础。根据宪法和选举法的规定，我国的选举制度有以下基本原则。

第一，选举权的普遍性原则。我国《全国人民代表大会和地方各级人民代表大会选举法》第 4 条规定：中华人民共和国年满 18 周岁的公民，不分民族、种族、性别、职业、家庭出身、宗教信仰、教育程度、财产状况和居住期限，都有选举权和被选举权。依照法律被剥夺政治权利的人没有选举权和被选举权。

第二，选举权的平等性原则。在我国，每个选民在每次选举中只能在一个地方享有一个投票权。而且，我国选举权的平等性着重于实质上的平等，而不单纯是形式上的规定。选举法明确规定，城乡按相同人口比例选举人大代表。这充分体现了选举权的平等性。

第三，直接选举和间接选举并用原则。我国选举法规定，不设区的市、市辖区、县、自治县、乡、民族乡、镇的人民代表大会代表由选民直接选举；全国人民代表大会和省、自治区、直辖市、设区的市、自治州的人民代表大会代表由下一级人民代表大会选举。这就表明，我国同时采取直接选举和间接选举两种方式选举各级人民代表大会代表。

第四，秘密投票原则。秘密投票亦称无记名投票，是指选民不写自己的姓名，亲自书写选票，并把它投入密封票箱的投票方法。秘密投票为民主选举提供了自由表示意愿的重要保障条件，使选民在不受外力的影响下完全按照自己的意愿进行投票选举。因此，我国选举法规定，全国和地方各级人民代表大会代表的选举，一律采用无记名投票的方法。

此外，我国选举法不仅明确规定了选举的组织、选区划分和选民登记、代表候选人的提出、投票选举、对代表的罢免和补选等民主程序，以保证选举制度基本原则的贯彻和落实，而且规定了选举权的物质保障和法律保障。

三、我国的民族区域自治制度和特别行政区制度

（一）民族区域自治制度

1. 我国是统一的多民族国家

我国《宪法》明确规定，中华人民共和国是全国各族人民共同缔造的统一的多民族国家。这一规定表明，单一制是我国的国家结构形式。而决定我国采用单一制国家结构形式的原因是多方面的：一是我国自秦汉以来，一直是统一的中央集权制国家；二是我国一直是一个以汉族为主体的统一的多民族国家，56 个民族和睦共处；三是为了满足加速发展少数民族地区经济、政治、文化的需要；四是由我国所处的国际环境和国际形势决定的。

2. 民族区域自治制度的含义和内容

中国是一个统一的多民族国家，迄今为止，通过识别并由中央政府确认的民族有 56 个。其中，汉族人口最多，其他 55 个民族人口较少，习惯上被称为少数民族。

民族区域自治制度是指在统一的祖国大家庭内，在国家的统一领导下，以少数民族

聚居区为基础，建立相应的自治制度，设立自治机关，行使自治权，实行区域自治的民族人民当家作主，管理本民族内部地方性事务的制度。我国采用民族区域自治的办法解决民族问题，是根据本国的历史发展、文化特点、民族关系和民族分布等具体情况作出的制度安排，符合各民族人民的共同利益和发展要求。我国宪法和民族区域自治法对民族区域自治及其实施作出明确规定。民族区域自治制度是我国的一项基本政治制度。这一制度的主要内容包括：第一，各民族自治地方都是中华人民共和国不可分离的部分，各民族自治地方的自治机关都是中央统一领导下的地方政权机关。第二，民族区域自治必须以少数民族聚居区为基础，是民族自治与区域自治的结合。第三，在民族自治地方，设立自治机关。民族自治机关是指该自治地方的人民代表大会和人民政府。第四，民族自治机关除行使宪法规定的地方国家政权机关的职权外，还可以依法行使广泛的自治权。

我国的民族自治地方分为自治区、自治州、自治县三级。中华人民共和国成立之前的 1947 年，在中国共产党领导下，已经解放的中国蒙古族聚居地区就建立了中国第一个省级民族自治地方——内蒙古自治区。中华人民共和国成立后，中国政府开始在少数民族聚居的地方全面推行民族区域自治。1955 年 10 月，新疆维吾尔自治区成立；1958 年 3 月，广西壮族自治区成立；1958 年 10 月，宁夏回族自治区成立；1965 年 9 月，西藏自治区成立。截至 2020 年，我国共建立了 155 个民族自治地方，其中包括 5 个自治区、30 个自治州、120 个自治县（旗）。

3. 民族区域自治机关行使广泛的自治权

依据《宪法》和《民族区域自治法》的规定，民族自治地方的自治机关，是自治区、自治州、自治县的人民代表大会和人民政府，它们在行使同级地方国家机关职权的同时，拥有自治权。其内容包括：一是自主管理权，自主管理本民族、本地区的内部事务。二是立法自治权，享有制定自治条例和单行条例的权力。三是自主使用和发展本民族语言文字权。四是尊重和保护少数民族宗教信仰自由权。五是自主安排、管理和发展经济、文化权。六是经国务院批准，组织本地方维护社会治安的公安部队权。

请思考：民族自治地方的自治机关依法行使自治权。依据《宪法》和《民族区域自治法》的规定，下列哪一机关不享有自治条例和单行条例制定权？（　　）

A. 自治区人大常委会　　B. 自治区人民代表大会

C. 自治州人民代表大会　　D. 自治县人民代表大会

答案：A。

4. 民族区域自治制度的优越性

一是这种制度把民族因素与区域因素相结合、把政治因素与经济因素相结合，既有利于人民群众当家作主，又有利于维护国家统一。

二是这种制度完全适合我国国情，具有生命力，是我们党和各族人民的一个伟大创举，增强了中华民族的凝聚力，把少数民族对本民族的热爱和对祖国的热爱结合起来，成功地解决了我国民族问题。

三是这种制度保证了中国各民族不论大小都享有平等的经济、政治、社会和文化权利，共同维护国家统一和民族团结，反对分裂国家和破坏民族团结的行为，形成了各民族和睦相处、相互支持、相互帮助，共同团结奋斗、共同繁荣和共同发展的和谐民族关系。

四是这种制度能够密切结合本民族、本地区的特点，把少数民族的特殊利益与国家整体利益协调起来，充分发挥各民族、各地区的特长和优势，调动各民族参加现代化建设的积极性，促进社会主义现代化建设事业的蓬勃发展。

5. 坚持和完善民族区域自治制度

随着我国社会主义民主政治和现代化建设不断向前发展，民族区域自治的内容也将不断得到丰富和发展，民族区域自治的优越性也将得到更充分的发挥。

党的十七大报告强调指出，坚持和完善民族区域自治制度，坚持各民族一律平等，保证民族自治地方依法行使自治权。

党的十八大报告强调指出，全面正确贯彻落实党的民族政策，坚持和完善民族区域自治制度，牢牢把握各民族团结奋斗、共同繁荣发展的主题，深入开展民族团结进步教育，加快民族地区发展，保障少数民族合法权益。

党的十九大报告再次强调：坚持和完善民族区域自治制度。一要全面贯彻落实民族区域自治法及有关法律、法规，坚持和完善民族区域自治制度，巩固和发展平等、团结、互助、和谐的社会主义民族关系，促进各民族和睦相处、和衷共济、和谐发展。二要尊重并扩大民族区域自治地方的自治权，依法保障民族区域自治地方真正能够自主管理本民族、本地区的内部事务，制定并实施自治条例和单行条例，使用和发展本民族语言文字，尊重和保护少数民族宗教信仰自由。三要进一步加大中央政府和发达地区支援少数民族地区的力度，增加财政支援、人才支援、技术支援，促进少数民族地区社会、经济、文化全面、协调和可持续发展。四要维护国家的统一和民族团结，坚决反对任何形式的分裂国家和破坏民族团结的行为，坚决反对任何形式的恐怖主义活动，竭尽全力维护少数民族地区的社会稳定。

党的二十大报告强调，以铸牢中华民族共同体意识为主线，坚定不移走中国特色解决民族问题的正确道路，坚持和完善民族区域自治制度，加强和改进党的民族工作，全面推进民族团结进步事业。

（二）特别行政区制度

1. 特别行政区制度的含义和特点

我国《宪法》第 31 条规定：“国家在必要时得设立特别行政区。在特别行政区内实行的制度按照具体情况由全国人民代表大会以法律规定。”这一规定是“一国两制”构想的具体化、法律化，是从我国的实际出发，解决我国台湾、香港和澳门地区问题，实现祖国统一的根本法律保证。特别行政区制度是一项具有中国特色的政治制度。

“一国两制”是指在中华人民共和国境内，在中央的统一领导下，经过最高国家权力机关决定，可以容许局部地方由于历史原因而不实行社会主义制度，依法保留不同于全国现行制度的特殊制度。“一国两制”是设立特别行政区的指导方针。

特别行政区是指在我国的版图内，根据我国宪法和法律的规定，实行不同于一般行政区的政治、经济和法律制度，享有高度自治权，直辖于中央人民政府的地方行政区域。虽然特别行政区与一般行政区一样，都是中华人民共和国不可分离的一部分，都是中华人民共和国的地方行政区域单位，但特别行政区又有其自身的特殊性，表现在：特别行政区享有高度的自治权，特别行政区保持原有的资本主义制度和生活方式长期不变，特别行政区的立法机关和行政机关由该区永久性居民依照基本法的有关规定组成，特别行政区原有的法律基本不变，等等。

2. 特别行政区的法律地位

我国香港特别行政区基本法和澳门特别行政区基本法都明确规定了香港和澳门特别行政区的特殊的法律地位。这两部法律的基本内容体现了维护国家主权、统一和领土完整的原则，其主要表现是：特别行政区是中华人民共和国不可分割的部分，中央人民政府负责管理特别行政区的外交事务、国防和国家安全事务；特别行政区行政长官等主要官员由当地永久性居民担任，并由中央人民政府任命；特别行政区立法机关制定的法律均不得同基本法相抵触；中央人民政府对特别行政区行使的职权，主要是处理外交事务、防务，任命特别行政区官员等；特别行政区实行高度自治，享有自治权，即特别行政区享有行政管理权、立法权、独立的司法权和终审权，实行独立的税收制度，自行制定有关经济、贸易、科学、教育、文化等方面的政策，自行发行货币，自行处理有关的对外事务，负责维护国家安全和社会治安等。

3. 特别行政区与一般行政区的区别

一是地方政权体系不同。省、自治区、直辖市下还设有市、区、县、乡、镇等行政单位，而香港、澳门特别行政区不再下设任何政权单位，特别行政区本身即是直接联系群众的政权组织。

二是行政权力的大小不同。省、直辖市可以依法制定地方性法规、行使一定的自主权，自治区依法享有自治权，但它们的自治权都不能同特别行政区的高度自治权相比，特别行政区的自治权要比它们的自治权多一些内容。

三是中央对它们的干预程度不同。除特别行政区的外交和国防、国家安全事务由中央负责外，其他事务均由特别行政区政府管理。而省、自治区、直辖市都必须遵守、执行和服从中央及其有关部门制定的行政法规和规章。

四是实施的法律不同。省、自治区、直辖市必须执行全国统一的法律和国务院制定的行政法规，而特别行政区不实施某些全国统一的法律和行政法规，它有自己独特的法律体系。

4. 坚持和完善特别行政区制度

特别行政区是中华人民共和国不可分割的重要组成部分，必须完整准确地贯彻执行宪法及基本法，完整准确地履行自治权。必须把维护中央对特别行政区全面管治权和保障特别行政区高度自治权有机结合起来，确保“一国两制”方针不会变、不动摇，确保“一国两制”实践不变形、不走样。坚决贯彻执行《香港特别行政区维护国家安全法》，依法严厉打击和惩治各种危害国家安全的犯罪活动。

完善香港特别行政区的选举制度，明确规定要由“爱国者”治港。坚持和完善香港特别行政区制度，确保香港的长期繁荣稳定。

“中国特色社会主义国家制度和法律制度在实践中显示出巨大优势，以下几个方面最为重要。一是坚持党的领导的优势。七十年来，正是因为始终在党的领导下，集中力量办大事，国家统一有效组织各项事业、开展各项工作，才能成功应对一系列重大风险挑战、克服无数艰难险阻，始终沿着正确方向稳步前进。二是保证人民当家作主的优势。我们国家的名称，我们各级国家机关的名称，都冠以‘人民’的称号，这是我国社会主义国家政权的基本定位。我国国家制度深深植根于人民之中，能够有效体现人民意志、保障人民权益、激发人民创造力。三是坚持全面依法治国的优势。坚持依法治国，坚持法治国家、法治政府、法治社会一体建设，为解放和增强社会活力、促进社会公平正义、维护社会和谐稳定、确保党和国家长治久安发挥了重要作用。四是实行民主集中制的优势。民主集中制是我国国家组织形式和活动方式的基本原则，是我国国家制度的突出特点。在党的领导下，各国家机关是一个统一整体，既合理分工，又密切协作，既充分发扬民主，又有效进行集中，克服了议而不决、决而不行、行而不实等不良现象，避免了相互掣肘、效率低下的弊端。衡量一个社会制度是否科学、是否先进，主要看是否符合国情、是否有效管用、是否得到人民拥护。中国特色社会主义国家制度和法律制度是一套行得通、真管用、有效率的制度体系。”①

四、我国的国家象征

国家象征是一个主权国家的代表和标志，主要包括国旗、国徽、国歌和首都等。为了在国际交往中予以识别，世界各国几乎都有自己的国家象征。它代表了一个国家的主权、独立和尊严，反映了一个国家的历史传统、民族精神甚至国体和政体等，有利于增强国民的民族自豪感和爱国主义感情。

我国现行宪法对于作为国家象征的国旗、国徽、国歌和首都都有明确规定。

1. 我国的国旗

我国《宪法》第 141 条第 1 款规定：“中华人民共和国国旗是五星红旗。”五星红旗是我们国家的标志和象征，它代表着我们伟大祖国的主权、荣誉和尊严，我们要尊敬它、爱护它、保卫它。第七届全国人民代表大会常务委员会第十四次会议通过了《国旗法》，对国旗的升挂范围、升降时间、升挂方式等作出了规定。这对于在公民中进行尊敬国旗的教育、增强国家观念、发扬爱国主义精神，都有着重要意义，我们要坚决贯彻执行。

2. 我国的国徽

我国《宪法》第 142 条规定：“中华人民共和国国徽，中间是五星照耀下的天安门，周围是谷穗和齿轮。”我国的国徽是我们国家的标志，它象征着我国是工人阶级领导的、以工农联盟为基础的人民民主专政的社会主义国家。它和我国国旗一样，代表着我们伟大祖国的主权、荣誉和尊严，我们要尊敬它、爱护它、保卫它。

---

① 习近平．论坚持全面依法治国．北京：人民出版社，2020：264－265.

3. 我国的国歌

2004年第十届全国人民代表大会第二次会议通过的宪法修正案规定《义勇军进行曲》为我国国歌。全国人民都应学会唱国歌，增强爱国主义热忱，奋发进取，为建设富强民主文明和谐美丽的社会主义国家奋勇前进。

4. 我国的首都

我国《宪法》第143条规定："中华人民共和国首都是北京。"北京是党中央、全国人民代表大会和国务院所在地，是我们伟大祖国的心脏，是我国政治、文化的中心。北京人民和全国人民一道，为把我们伟大祖国的首都建设得更加美好、更加繁荣昌盛而共同努力。

第四节　我国公民的基本权利和基本义务

一、人权及公民的基本权利和基本义务概述

（一）公民的基本权利和基本义务的概念与特征

公民是指具有一个国家的国籍，并根据该国宪法和法律的规定，享受权利和承担义务的自然人。我国《宪法》规定，凡具有中华人民共和国国籍的人都是中华人民共和国公民。

公民的基本权利和基本义务，是指由宪法规定的公民享有和履行的最主要、最基本的权利和义务，也叫宪法权利和宪法义务。与公民的一般权利、义务相比，它们具有以下法律特性：第一，基本权利和基本义务决定着公民在国家中的法律地位；第二，基本权利和基本义务是公民在社会生活中最主要、最基本而又不可缺少的权利和义务；第三，基本权利和基本义务具有母体性，它能派生出公民的一般权利和义务；第四，基本权利和基本义务具有稳定性和排他性，它与人的公民资格不可分、与人的法律平等地位不可分。

（二）人权的概念以及其产生与发展

一般来说，人权就是在一定的社会历史条件下，每个人按其本质和尊严享有或应该享有的基本权利，主要是生存权、发展权、公民权利和政治权利以及经济、社会、文化权利。这种基本权利具有普遍性与特殊性、固定性与可变性、不受侵犯性与受制约性、现实性与理想性等属性和特点。

人权，最早是由西方思想家提倡的。他们为了反对封建专制和宗教神权而提出了人权口号，创立了"自然权利说"和"天赋权利说"。人权萌芽于欧洲文艺复兴时期，形成于思想启蒙运动时期，发展于欧美资产阶级革命时期。在资产阶级革命过程中以及革命胜利以后，人权由理论概念上升为法律原则，直接成为资产阶级政治纲领或者资产阶级宪法的重要组成部分。第二次世界大战后，人权概念和人权思想有新的发展，成为当代国际社会的主要潮流。

在17、18世纪产生的天赋人权思想在当时是一种进步理论，是人类文明历史进步的标志。它的进步作用主要表现在：一是它作为一种价值目标，直接与封建贵族的特权相对立，从而成为资产阶级反对封建专制制度的强大的理论武器；二是它作为一种政治主张，为资产阶级国家制度、民主法制制度建设奠定了政治基础，防止个人之间的相互侵犯和国家对个人的侵犯；三是它作为一种对商品经济关系的反映，对于推动商品经济的发展起了重要作用。

但也不能否认，资产阶级的天赋人权思想确有阶级的局限性和历史的局限性。这种局限性主要表现在：一是它用资产阶级一个阶级的人性冒充普遍的全人类的人性，将资产阶级一个阶级的政治要求和主张夸大为全人类的政治要求和主张，用资产阶级一个阶级的特权冒充全人类的普遍权利；二是它把财产权看作人权的核心，充分暴露了它维护资产阶级利益的本质；三是它在实践中具有很大的虚伪性和欺骗性，它把资产阶级革命的成功说成是人权的实现，把资产阶级共和国说成是理性的、理想的国家，它把人民群众应当享有的权利削弱甚至剥夺；四是它建立在资产阶级人性论和历史唯心主义理论基础之上，它把人权这一历史的产物说成是天赋的、人与生俱有的，把人权这一具体的、发展变化的现象说成是抽象的、固定不变的，因而它是一种非科学的思想和理论。

二、习近平新时代中国化的马克思主义人权观的创新性发展

习近平总书记高度重视人权问题，在党的十八大、十九大、二十大报告及其他党的重要会议的讲话中，都对人权问题进行了阐述。特别是2022年2月25日在中央政治局集体学习会上，习近平总书记对人权问题进行了系统全面的论述，极大地推进了马克思主义人权观中国化、时代化，为中国人权事业全面发展指明了正确的政治方向和发展道路，具有重大深远的理论与实践意义。在致各次国际人权研讨会的贺信中，习近平总书记阐明了中国在人权问题上的立场、观点、主张。2022年5月25日在会见联合国人权高专巴切莱特时，习近平总书记通过视频方式深入阐述了事关中国人权事业发展的重大问题，表明了中国党和政府致力于全方位维护和保障人权的原则立场。

（一）关于党高度重视尊重和保障人权

习近平总书记指出：尊重和保障人权是中国共产党人的不懈追求，党的多年奋斗史，贯穿着党团结带领人民为争取人权、尊重人权、保障人权、发展人权而进行的不懈努力。在新民主主义革命、社会主义革命和建设时期，改革开放和社会主义现代化建设时期，党牢牢把握为中国人民谋幸福，为中华民族谋复兴的初心使命，领导人民取得了革命、建设、改革的伟大胜利，中国人民成为国家、社会和自己命运的主人，中国人民的生存权、发展权和其他各项基本权利保障不断向前推进。①

① 习近平谈治国理政：第4卷．北京：外文出版社，2022：268.

（二）关于中国人权事业发展取得历史性成就

习近平总书记指出：党的十八大以来，我国人权事业取得历史性成就：全面建成小康社会，解决了绝对贫困问题；不断发展全过程人民民主；充分、高质量就业，建成教育、社会保障、医疗卫生体系；坚持人民至上、生命至上，保护人民的生命安全和健康；全面贯彻党的民族政策和宗教政策；深入推进司法体制改革；积极参与全球人权治理，为世界人权事业发展作出了中国贡献，提供了中国方案。[①]

（三）关于中国人权发展的实践经验和发展道路

习近平总书记强调指出，一个国家走什么样的人权发展道路，只有这个国家的人民最有发言权。各国国情不同，历史文化、社会制度、经济社会发展水平存在差异，必须也只能从本国实际和人民需求出发，探索适合自己的人权发展道路。经过长期艰苦奋斗，中国成功走出了一条顺应时代潮流、适合本国国情的人权发展道路。在推进我国人权事业发展的实践中，我们把马克思主义人权观同中国具体实际相结合，总结我们党团结带领人民尊重和保障人权的成功经验，借鉴人类优秀文明成果，走出一条顺应时代潮流，适合本国国情的人权发展道路。这个成功经验和发展道路的科学内涵和基本特点是：

一是坚持中国共产党对人权发展工作的坚强领导。习近平总书记指出，中国共产党领导和我国社会主义制度决定了我国人权事业的社会主义性质，决定了我们能够保证人民当家作主，坚持人民平等共享人权。在我国，共产党是执政党，党领导一切，理所当然也必须领导尊重和保障中国人民人权这项重要工作。要把党的领导贯穿于尊重和保障中国人民人权工作的全过程、各个环节和各个方面。党的领导是保障人民人权的最有力的方式。我们党既是发展中国人民人权坚强的领导者，也是责任担当者。党应当率先带头重视人权、尊重人权、保障人权。

二是坚持尊重人民主体地位和以人民为中心的发展理念。习近平总书记指出，在我国，人民是国家、社会的主人，国家的一切权力属于人民，全过程的人民民主的实质就是人民当家作主。人民是保障中国人权的主体，人民的主体地位不可动摇和改变。人民既是中国人权事业发展的积极参与者、促进者，又是中国人权的实际享有者、受益者。牢固树立以人民为中心的发展思想，忠实践行以人民为中心的发展理念。切记发展为了人民、发展依靠人民、发展成果由人民共享。

三是坚持从我国实际和人民要求出发，全面推进我国人权事业的发展。习近平总书记指出，中国是当今世界最大的发展国家，中国现在正处于并将长期处于社会主义初级阶段。中国经济社会文化高质量发展、均衡发展、稳步发展、可持续发展，获取了震惊世界的历史性巨大成就。与此相应，中国人权事业全面协调可持续的高速发展，取得了举世公认的历史性巨大成就。但是我们必须清醒地看到，我国经济社会文化的发展还不平衡、不充分，还不能满足人民日益增长的需求，同人民的所期所盼还存在着相当大的距离。人权发展受制于经济社会文化的发展，必须与经济社会文化的发展相适应。在实

---

① 习近平谈治国理政：第 4 卷．北京：外文出版社，2022：269.

施人权发展战略时，必须将人民生存权、发展权摆在首位，其他各类人权也要同时全面发展。

四是坚持人权普遍性原则同中国具体实际相结合，全面推进中国人权事业发展。习近平总书记指出，人权是人类共同价值，人权的主体、内容、价值、目标都是普遍的。人权发展必须同本国的实际和国际社会的现状相联系，不能脱离不同国家的社会政治条件和历史文化传统空谈人权。人权发展要正确处理权利和义务、权利和权力两者的关系，坚持两者的良性互动，通过规范公共权力来保障和发展人权。人权发展既要强调重点性，同时又要注意全面性。

五是坚持加强人权的制度和法治保障。习近平总书记指出，制度保障是根本的决定性的保障，因此，必须进一步完善和健全我国的根本政治制度、基本政治制度、基层民主制度，充实保障人权的规定和内容。人权的实现，从来就不是自发的，也不能是无序的。自发会导致混乱，无序会造成力量抵消，结果尊重和保障人权必然成为一句空话。为了避免出现这种局面，真正促使人权的实现，必须加强人权法治保障。要将尊重和保障人权在立法、执法、司法、守法全链条、全过程、全方位覆盖。

六是积极参与和推动全球人权治理。习近平总书记指出：要充分尊重和保障人权，不仅是一国内部的发展问题，也是需要国际社会广泛合作、共同努力所推动的事业。在当今时代，企图完全关起门来发展自己的人权，是不现实的，也是不可取的。积极参与全球人权治理，积极考虑并善于利用国际因素来推动本国人权事业，才能推动人权事业的更快更好的发展。积极推动全球人权治理，要弘扬全人类共同价值观，坚持平等互信、包容互鉴、合作共赢、共同发展的理念，推动全球人权治理朝着更加公平公正合理包容的方向发展。中国积极参与与联合国人权事务，广泛同各国特别是发展中国家开展国际人权交流合作，既要坚持联合国人权机制的主导地位，又要对国际人权领域霸权主义、强权政治，敢于斗争、敢于维护国际正义。[①]

（四）关于进一步做好尊重和保障人权工作

习近平总书记强调指出：进一步做好尊重和保障人权工作，要加强党的领导，充分认识做好尊重和保障人权工作的重要性和紧迫性。要把进一步做好尊重和保障人权工作摆到党的重要工作日程，统筹规划，全面布局，贯穿于人权发展的全过程和各方面。要促进人权事业全面发展，统筹兼顾各类人权。人权内涵是全面的、丰富的，必须综合施策、系统推进。要坚持中国人权发展道路，不断满足人民日益增长的多方面权利需求，统筹推进经济发展，民主法治、思想文化、公平正义、社会治理、环境保护等建设，全面做好就业、收入分配、教育、社保、医疗、住房、养老、扶幼等各方面工作。要加强人权法治保障，深化法治领域改革，健全人权法治保障机制，实现尊重和保障人权在立法、执法、司法、守法全链条、全过程、全方位覆盖。要弘扬正确的人权观、广泛开展人权宣传和知识普及，要在全体人民特别是广大青少年中开展人权知识教育，把马克思主义人权观、当代中国人权观教育纳入国民教育体系。要依托我国人权发展生动实践，

① 习近平谈治国理政：第4卷．北京：外文出版社，2022：268－272.

提炼原创性概念，发展我国人权学科体系、学术体系、话语体系。要让人民真正当家作主，成为人权事业发展的主要参与者、促进者、受益者。①

（五）关于人权的新理念新概念

习近平总书记强调指出：人权是历史的、具体的、现实的，不能脱离不同国家的社会政治条件和历史文化传统空谈人权。依托中国人权发展的生动实践，创立人权的新理念新概念。人民是中国人权的主体，中国人权就是中国人民应当和实际享有的权利，中国人权坚持以人民为中心的发展思想，把增进人民福祉、保障人民当家作主，促进人的全面发展作为发展的出发点和落脚点。人权的发展没有完成时，只有进行时，人权保障没有最好，只有更好。中国人民从中国人权发展的生动实践中，提炼出原创性人权新概念，让人民过上幸福生活、当家作主，这才是最大的人权。民主管理权、民主选举权、民主协商权、民主决策权、民主监督权、自由权、人身保护权、环境权、安全权，以及知情权、陈述权、辩护辩论权、申请权、申诉权等等都是中国提炼和创立的新人权概念。②

（六）关于加强全球人权治理和开展人权对话和合作

习近平总书记强调指出：坚持积极参与全球人权治理，发展人权是全人类的事业。要弘扬全人类共同价值，推动构建人类命运共同体。要相互尊重、相互包容、相互交流、相互借鉴，共同推动人权文明发展进步。③

很显然，习近平总书记上述关于人权问题的一系列精辟论述，立意高远，内涵丰富，思想深刻，逻辑性、理论性、时代性、针对性、有效性非常突出，是新时代马克思主义人权观中国化的最新成果，是对当代中国人权观的集中概括和阐释，具有深远的理论意义和实践价值，为构建我国人权学科体系、学术体系、话语体系奠定了坚实的理论基础。

党的二十大报告全面阐释了十年来中国人权事业发展取得的历史性伟大成就，对未来如何发展人权事业明确提出了一系列新举措新要求，强调“坚持走中国人权发展道路，积极参与全球人权治理，推动人权事业全面发展”。这是以习近平同志为核心的党中央对未来人权事业发展的顶层设计和战略谋划，方向、道路、目标任务都十分明确，具有伟大的指导意义和作用。

三、我国公民的基本权利

中华人民共和国成立后到2004年之前，历部《宪法》中都有关于“公民的基本权利和义务”的规定，但都未出现“人权”“基本人权”的概念，理论上对“人权”基本持否

---

①② 习近平谈治国理政：第4卷．北京：外文出版社，2022：268－272.

③ 坚定不移走中国人权发展道路 更好推动我国人权事业发展．求是，2022（12）；习近平向全球人权治理高端论坛致贺信．人民日报，2023－06－15（01）.

定态度。改革开放后，理论上对“人权”的认识逐步深化，党和国家高度重视发展中国人权事业，党的十五大、十六大、十七大、十八大、十九大、二十大都强调“尊重和保障人权”，2004年宪法修正案第一次将“国家尊重和保障人权”写入宪法。

《宪法》第33条第3款明确规定：“国家尊重和保障人权。”这是一项宪法的基本原则，对公民基本权利起着统领的作用，有利于我国社会主义人权事业的发展，有利于扩大国际人权的合作和共同发展。

根据宪法的规定，我国公民的基本权利主要包括以下内容。

（一）平等权

《宪法》第33条第2款规定：“中华人民共和国公民在法律面前一律平等。”这是对平等权的一般性规定，它包括法律适用上的平等与法律内容上的平等。《宪法》第33条第4款规定：“任何公民享有宪法和法律规定的权利，同时必须履行宪法和法律规定的义务。”《宪法》第5条第5款规定：“任何组织或者个人都不得有超越宪法和法律的特权。”《宪法》第48条第1款规定：“中华人民共和国妇女在政治的、经济的、文化的、社会的和家庭的生活等各方面享有同男子平等的权利。”所有这些有关法律权利与法律义务平等、男女平等的规定，都是平等权的具体内容。

（二）公民的政治权利和表现自由

1. 政治权利

政治权利，又称参政权或参加政治的权利，是公民根据宪法和法律的规定参加政治活动的一切权利和自由的总称。我国宪法规定的政治权利主要是选举权和被选举权。选举权和被选举权体现了人民当家作主、管理国家的主人翁地位。宪法和选举法规定，中华人民共和国凡年满18周岁的公民，不分民族、种族、性别、职业、家庭出身、宗教信仰、教育程度、财产状况、居住期限，都有选举权和被选举权，只有极少数依法被剥夺政治权利的人除外。这体现了我国选举制度的民主性和平等性。

政治权利还包括其他参与的权利。我国《宪法》规定，公民拥有对国家机关及其工作人员的监督权，以及各种形式的管理国家事务和社会事务、管理经济和文化事业的管理权。这都是政治参与权利，都是政治权利。

2. 政治表现自由

表现自由，是指公民通过一定的方式表达个人见解和意愿的自由。我国《宪法》规定，公民有言论、出版、集会、结社、游行、示威的自由。这是公民表达个人见解和意愿、政治表现的自由，是公民的一项政治权利。公民的这些政治表现自由必须依法行使，不能损害国家的、社会的、集体的利益和其他公民的合法的自由和权利。非政治表现的自由则不属于政治权利的范畴。

（三）公民的宗教信仰自由

《宪法》规定，我国公民有宗教信仰自由。这就是说，每个公民有信仰宗教的自由，也有不信仰宗教的自由；有信仰这种宗教的自由，也有信仰那种宗教的自由；在同一个宗教里，有信仰这个教派的自由，也有信仰那个教派的自由；有过去不信教现在信教的自由，也有过去信教现在不信教的自由。任何国家机关、社会团体和个人都不得强制公民信教或不信教，也不得歧视信教和不信教的公民。国家保护正常的宗教活动，但不允许任何人利用宗教进行破坏社会秩序、损害公民的身体健康和妨碍国家教育制度的活动。

（四）公民的人身自由

公民的人身自由也是公民最重要的基本权利之一。广义的人身自由包括公民的人身、人格尊严和住宅不受侵犯，以及与人身自由密切联系的通信自由和通信秘密受法律保护。狭义的人身自由是指公民的人身不受非法限制、搜查、拘留和逮捕。《宪法》规定：公民的人身自由不受侵犯，任何公民，非经人民检察院批准或决定或者人民法院决定，并由公安机关执行，不受逮捕。禁止非法拘禁和以其他方法非法剥夺或者限制公民的人身自由，禁止非法搜查公民的身体。《宪法》规定：公民的人格尊严不受侵犯。禁止用任何方法对公民进行侮辱、诽谤和诬告陷害。人格权有狭义、广义之分。狭义的人格权指的是与个人的人格价值有基本关联性的、不可侵犯的权利，主要包括名誉权、姓名权、肖像权、隐私权等；而广义的人格权还包括构成人格本质的个人的生命、身体、精神以及与个人生活相关联的利益等其他内容。《宪法》规定：公民的住宅不受侵犯，禁止非法搜查或者非法侵入公民的住宅。公民的通信自由和通信秘密受法律的保护，除因国家安全或者追查刑事犯罪的需要，由公安机关或者检察机关依照法律规定的程序对通信进行检查外，任何组织和个人不得侵犯公民的通信自由和通信秘密。随意私拆别人的信件是违法的。侵犯公民的人身自由构成犯罪的，要受到刑事制裁。

（五）监督权和取得赔偿权

监督权是我国公民的基本权利之一，指的是公民监督国家机关及其工作人员活动的权利。我国《宪法》规定：公民对于任何国家机关和国家工作人员，有提出批评和建议的权利；对于任何国家机关和国家机关工作人员的违法失职行为有向国家机关提出申诉、控告或者检举的权利，但不得捏造或者歪曲事实进行诬告陷害。为了保障公民监督权的行使，《宪法》还规定，对于公民的申诉、控告或者检举，有关国家机关必须查清事实，负责处理。任何人不得压制和打击报复。对于诬告陷害别人或者打击报复构成犯罪的，要依法追究刑事责任。因国家机关和国家工作人员侵犯公民权利而受到损害的人，有依法取得赔偿的权利。

（六）经济社会权利

经济权利是指宪法所保障的有关经济活动或经济利益的权利，是公民实现其他权利的物质保障。经济权利主要包括以下两种。

第一，财产权。我国《宪法》规定，国家保护公民合法的私有财产。我国公民私有财产所有权是指公民个人通过合法劳动或者其他合法方式获得并享有一定财产的权利，包括生活资料所有权和一定的生产资料的所有权。

第二，继承权。我国《宪法》规定，国家依照法律规定，保护公民的私有财产的继承权。

社会权利指的是通过国家对整个经济社会的积极介入来保障所有人的社会或经济生活的权利。社会权利主要包括以下三种。

第一，劳动权。劳动权又称劳动保障权，指的是获得劳动的机会和适当的劳动条件的权利，还有取得相应报酬的权利。我国《宪法》规定，中华人民共和国公民有劳动的权利和义务。劳动既是公民享有的一项基本权利，也是公民应尽的一项基本义务。国家必须积极地提供和保障劳动的机会和条件，尤其是就业的机会和条件。

第二，休息权。我国《宪法》规定，中华人民共和国劳动者有休息的权利。休息权是指劳动者为保护身体健康和提高劳动效率，根据国家有关法律和制度而享有的休息和休养的权利。

第三，物质帮助权。我国《宪法》规定，中华人民共和国公民在年老、疾病或丧失劳动能力的情况下，有从国家和社会获得物质帮助的权利。国家通过建立失业保险、养老保险、城市居民最低生活保障、医疗保险等社会保障制度，来保障公民享有和行使这一权利。

2004 年第十届全国人民代表大会第二次会议通过的宪法修正案规定，“国家建立健全同经济发展水平相适应的社会保障制度”，从而使我国社会保障事业的发展有了宪法依据和保证。国家要以社会保险、社会救助、社会福利为基础，以基本养老、基本医疗、最低生活保障制度为重点，以慈善事业、商业保险为补充，加快完善社会保障体系。

（七）公民的教育、科学、文化权利和自由

我国《宪法》规定，公民有受教育的权利和义务。国家采取各种措施，发展普通大中小学教育、中等技术教育、职业教育、函授教育、广播电视教育、干部培训教育、职工的岗位培训教育。国家提倡社会办学和私人办学，以使更多的人有受教育的机会。国家进行教育改革，给学校更多的办学自主权，贯彻德、智、体、美全面发展的方针，全面提高教育质量。国家制定和实施了《义务教育法》，以保障城市和农村的适龄儿童入学。国家要全面贯彻党的教育方针，坚持育人为本、德育为先，实施素质教育，提高教育现代化水平，培养德、智、体、美全面发展的社会主义建设者和接班人。

《宪法》规定，公民有进行科学研究、文学艺术创作和其他文化活动的自由。国家采取各种措施，制定和实施各种法律、法规，保障公民享有和行使这些权利和自由，保障学术民主，提倡不同风格、不同学派，对在科学研究、文学艺术创作上有突出贡献的学者、专家进行重奖。国家制定和实施著作权法、专利法，以保障著作者的著作权利和发明、发现者的专利权利，推进我国科学技术事业的发展，使作为第一生产力的科学技术在经济建设和改革开放中发挥更大的作用。

（八）妇女、婚姻、家庭、母亲、儿童和老人受国家特殊保护

我国《宪法》规定，妇女在政治、经济、文化、社会和家庭生活等方面，都享有同男子平等的权利。国家制定和实施了《妇女权益保障法》，将宪法规定的妇女权利进一步

具体化，以保障妇女的各项权益，特别是就业、求学、担当国家机关各级干部的权利，禁止任何歧视和排斥妇女的现象。

《宪法》规定，国家保护婚姻、家庭、母亲、儿童和老人。国家制定和实施婚姻法，规定结婚自由和离婚自由，任何人不得干涉和破坏；规定夫妻双方有实行计划生育的义务；规定父母有抚养、教育未成年子女的义务，成年子女有赡养、扶助父母的义务，禁止虐待儿童和老人。国家制定和实施《妇女权益保障法》和《老年人权益保障法》，保障妇女和老年人的权益。虐待儿童和老人构成犯罪的，要依法追究其刑事责任。

《宪法》规定：国家依照法律规定实行企业事业组织的职工和国家机关工作人员的退休制度。退休人员的生活受到国家和社会的保障。国家和社会保障残废军人的生活，抚恤烈士家属，优待军人家属。

（九）保护华侨、归侨和侨眷的正当权益

我国《宪法》规定，国家保护华侨的正当的权利和利益，保护归侨和侨眷的合法的权利和利益。这对于调动广大爱国华侨、归侨和侨眷的积极性，促进建设中国特色社会主义和改革开放，完成祖国统一大业，有着非常重要的意义。

四、我国公民的基本义务

公民的基本义务是国家和社会对公民最重要、最基本的要求。根据我国宪法的规定，公民的基本义务主要有以下几个方面。

（一）维护国家统一和各民族团结

国家统一和各民族团结是我国社会主义革命和建设取得胜利的根本保证，也是推进改革开放、建设中国特色社会主义的根本前提。因此，全体公民必须自觉维护国家的统一和安全及各民族的团结，坚决反对任何分裂国家、危害国家安全和破坏民族团结的行为。

（二）遵守宪法和法律，保守国家秘密，爱护公共财产，遵守劳动纪律，遵守公共秩序，尊重社会公德

我国的宪法和法律是全国各族人民意志和利益的集中体现，是保护人民、打击敌人、促进社会主义现代化建设顺利发展的重要工具。因此，维护宪法和法律的尊严是每个公民对国家和社会应尽的神圣职责。国家秘密关系到国家的安全和利益，因而严守国家秘密是关系到国家安危的大事。公共财产是巩固国家政权、使国家日益繁荣富强的物质基础，因而所有公民都必须爱惜和维护国家和集体的财产。公民遵守劳动纪律，对于保证社会大生产的正常进行、提高劳动效率、保护劳动者的安全生产具有重要意义。公共秩序和社会公德也是保证人民正常生活和工作、谋求社会正常运行的重要条件。因此，遵守公共秩序和尊重社会公德是公民的基本义务。对于破坏公共秩序、扰乱社会治安的行为，尚不构成犯罪的，要依照治安管理处罚法的规定进行处罚。

（三）维护祖国安全、荣誉和利益

维护祖国安全、荣誉和利益是保障社会主义现代化建设和改革开放顺利进行所必需的，任何公民都不得为了一己私利或小集团的利益而危害国家的安全、荣誉和利益。危害国家安全，给国家利益造成损害的，要依法追究其法律责任。

（四）保卫祖国，抵抗侵略，依照法律服兵役和参加民兵组织

保卫祖国，抵抗侵略，依照法律服兵役和参加民兵组织，是维护国家独立和安全的需要，是保卫社会主义现代化建设所必需的，也是保卫人民的幸福生活所必需的，每个公民都必须自觉履行这一义务和职责。青年学生也有服兵役的义务，应当积极报名参军，履行保卫国防、保卫社会主义现代化建设的光荣职责。

（五）依照法律纳税

公民依法纳税，对于增加国家财政收入，满足国家经济建设的资金需要，改善和提高人们生活均有重要意义。根据宪法规定的这一精神，国家制定和实施了各种税收法规和政策，税收“取之于民，用之于民”。每个公民都应自觉遵守和执行税收法规和政策。偷税、漏税是违法的，国家要依法追究法律责任，以维护国家的利益。

第五节　我国的国家机构

一、国家机构的概念

国家机构是指统治阶级为了实现国家职能而建立起来的互有联系的国家机关的总和。国家机构的性质是由国家的性质决定的。我国是工人阶级领导的、以工农联盟为基础的人民民主专政的社会主义国家，因此，我国的国家机构必然是社会主义性质的，必然是实现人民民主专政和建设中国特色社会主义的有力工具。

二、我国国家机构的组织活动原则

根据宪法的规定，我国国家机构的组织活动原则主要有以下几项。

（一）民主集中制原则

我国宪法对此有非常明确的规定。比如，《宪法》规定：全国人民代表大会和地方各级人民代表大会都由民主选举产生，对人民负责，受人民监督。国家行政机关、审判机关、检察机关和监察机关都由人民代表大会产生，对它负责，受它监督。中央和地方的国家机构的职权划分，遵循在中央的统一领导下，充分发挥地方的主动性、积极性的原则。宪法的这些规定充分体现了民主集中制原则的精神，正确地处理了国家机构同人民

群众的关系，国家权力机关与国家行政机关、审判机关、检察机关和监察机关的相互关系，以及中央国家机关同地方国家机关的关系，既民主又统一，有力地调动了各方面的积极性，加快了经济建设和改革开放的步伐。

（二）法治原则

我国国家机构是按照宪法和有关组织法的规定建立起来的。它们的组织活动必须执行宪法和法律，必须遵守宪法和法律，必须依法办事、依法治国，必须维护社会主义法治的统一和权威。任何国家机关及其工作人员都没有超越宪法和法律的特权。国家机关及其工作人员违反宪法和法律，给国家和人民造成损害的，要受到法律的追究，要负法律责任。

（三）权责统一原则

我国国家机构行使宪法和法律规定的对国家、社会、经济、文化事务的管理权，同时，一切国家机关实行工作责任制。

根据宪法和有关组织法的规定，人民代表大会要对人民负责，人民代表大会常务委员会要对人民代表大会负责；行政机关、监察机关、审判机关、检察机关都要对人民代表大会及其常务委员会负责并报告工作；在行政机关、监察机关、检察机关中，下级机关要对上级机关负责，地方机关要对中央机关负责并报告工作。权力机关、行政机关、监察机关、审判机关、检察机关内部也有各自的责任制，有的是实行集体负责制（如人民代表大会及其常务委员会），有的是实行首长负责制（如国务院及其各部、委、办）。因此，权责是统一的，有权必有责，有利于增强国家机关工作人员的工作责任心，更好地为人民服务。

（四）精简和效率的原则

这也是宪法和有关组织法规定的我国国家机构组织活动的重要原则。精简和效率两者是统一的、互相促进的，只有精简才能提高效率，而提高效率又能进一步促进精简。精简机构、提高效率是我国政治体制改革的重要内容和要求，必须积极、稳妥地进行，特别是政府的职能要加快转变，以更好地适应经济建设和改革开放形势发展的需要。

（五）尊重和保障人权原则

尊重和保障人权是重要的宪法原则，也是国家和国家机构的法定义务。国家机关应贯彻尊重和保障人权原则，要求国家机关工作人员树立正确的发展观、政绩观、权力观；坚持执政为民，以人为本，维护人的尊严，满足人的需要，推动人的全面发展，保证人民依法享有广泛的权利和自由；通过国家机关的立法、执法、司法、决策和监督等活动，贯彻落实尊重和保障人权原则。

（六）联系群众、为人民服务的原则

群众路线是党的生命线，为人民服务是党的根本宗旨。我国宪法和有关组织法将联

系群众、为人民服务规定为国家机构组织活动的重要原则和根本宗旨。根据宪法和有关组织法的这一规定，一切国家机关的组织活动必须从人民群众的利益出发，坚持以人为本和执政为民，按照人民群众的意志和愿望办事，密切联系群众，认真听取人民群众的意见和呼声，为政清廉，努力为人民服务。

（七）权力监督和制约原则

我国国家机构实行民主集中制，不搞“三权分立”，但科学配置国家权力、实行权力监督和制约还是十分必要的。国家机构贯彻权力监督和制约原则，一是要努力推动宪法在全社会的贯彻实施，研究、制定监督宪法实施的措施；二是要建立、健全对行使国家权力的制约、监督机制，保证把人民赋予的权力真正用来为人民谋利益。

三、我国的国家机构体系

根据宪法的规定，我国的国家机构主要包括以下组成部分。

（一）全国人民代表大会及其常务委员会

全国人民代表大会是我国的最高权力机关，又是行使国家立法权的机关。它是由各省、自治区、直辖市的人民代表大会、特别行政区和军队选出的代表组成的，每届任期5年。它的职权包括：修改宪法，监督宪法实施；制定和修改基本法律；选举、决定和任免有关国家机关的重要领导人；决定国家重大问题，包括审查和批准国家预算和预算执行情况的报告，批准省、自治区和直辖市的建置，决定特别行政区的设立及制度；监督由其产生的其他国家机关的工作；等等。

全国人民代表大会设立民族、宪法和法律、监察和司法、社会建设、财政经济、教育科学文化卫生、外事、华侨、环境与资源保护、农业与农村、人大代表工作共10个专门委员会，其主要工作职责是：审议全国人民代表大会及其常务委员会交付的各种议案、法律草案，有关问题的调查研究，提出建议和报告。另外，人大代表工作委员会的设立，保证了人大代表工作的常态化。

全国人民代表大会常务委员会是全国人民代表大会的常设机关，对全国人民代表大会负责并报告工作。它每届任期5年，委员长、副委员长连续任职不得超过两届。它的组成人员不得兼任国家行政机关、审判机关、检察机关和监察机关的职务。它的职权包括：解释宪法，监督宪法的实施；制定和修改除由全国人民代表大会制定的基本法律以外的其他法律；解释法律；审批国民经济和社会发展计划以及国家预算部分调整方案；监督其他国家机关的工作；决定任免有关国家机关领导人员；国家生活中其他重要事项的决定权；等等。

（二）中华人民共和国主席

中华人民共和国主席是中华人民共和国的代表，由全国人民代表大会选举产生，根据全国人民代表大会及其常务委员会的决定行使国家元首的职权。《宪法》规定：有选举权和被选举权且年满 45 周岁的我国公民，可以当选为国家主席、副主席。国家主席、副主席每届任期同全国人民代表大会每届任期相同。国家主席的职权包括公布法律，发布命令，提名国务院总理人选，根据最高国家权力机关及其常设机关的决定任免政府领导人员，授予国家的勋章和荣誉称号，发布特赦令，宣布进入紧急状态，发布动员令等。中华人民共和国主席代表中华人民共和国进行国事活动，接受外国使节；根据全国人民代表大会常务委员会的决定，派遣和召回驻外全权代表，批准和废除同外国缔结的条约和重要协定。

（三）国务院

国务院是我国的中央人民政府，是最高国家权力机关的执行机关，是最高国家行政机关。它对全国人民代表大会及其常务委员会负责并报告工作。国务院每届任期 5 年，总理、副总理、国务委员连续任职不得超过两届。国务院实行总理负责制。总理、副总理、国务委员和秘书长组成国务院常务会议。国务院的职权包括：行政法规的制定和发布权，行政措施的规定权，提出议案权，对下属部、委和地方各级行政机关的领导权及监督权，行政人员的任免、奖惩权，对国防、民政、文教、经济等各项工作的领导权和管理权，等等。

（四）中央军事委员会

中央军事委员会领导全国武装力量，是我国武装力量的最高领导机关。中央军事委员会主席由全国人民代表大会选举产生；副主席、委员由主席提名，由全国人民代表大会或者全国人民代表大会常务委员会决定。中央军事委员会每届任期 5 年，实行主席负责制，主席对全国人民代表大会及其常务委员会负责。

（五）地方各级人民代表大会和地方各级人民政府

1. 地方各级人民代表大会

地方各级人民代表大会是地方国家权力机关。2004 年第十届全国人民代表大会第二次会议通过的宪法修正案规定“地方各级人民代表大会每届任期五年”。地方各级人民代表大会的职权包括：保证宪法、法律、行政法规和上级人民代表大会及其常务委员会决议的遵守和执行，决定重大的地方性国家事务，选举和罢免本级国家机关的负责人，行使对本级人民代表大会常务委员会、人民政府、人民法院和人民检察院的监督权，在职权范围内通过和发布决议，省、自治区、直辖市和设区的市、自治州的人民代表大会可以制定和颁布地方性法规，等等。

县以上的地方各级人民代表大会设立常务委员会，由主任、副主任若干人和委员若干人组成，对同级人民代表大会负责并报告工作。它的主要职权包括：保证宪法、法律等的遵守和执行；领导本级人民代表大会代表的选举，召集本级人民代表大会会议；决定本行政区域内政治、经济、科教文卫等方面的重大事项；对“一府两院和监察委”及下级人民代表大会及其常务委员会行使监督权；任免其他国家机关的有关工作人员；决定授予地方的荣誉称号；省、自治区、直辖市、较大的市及省、自治区人民政府所在地的市、经济特区所在地的市人民代表大会及其常务委员会可以制定地方性法规；等等。

2. 地方各级人民政府

地方各级人民政府是地方各级人民代表大会的执行机关，是地方各级国家行政机关。它既对本级人民代表大会及其常务委员会负责并报告工作，也对上一级国家行政机关负责并报告工作。地方各级人民政府实行首长负责制，它的每届任期与本级人民代表大会任期相同。它的主要职权包括：执行本级权力机关的决议和上级行政机关的决定和命令，发布决定和命令以及其他行政性规范；管理有关政治、经济、文化等方面的行政工作；依法保护和保障公民各方面的权利；县以上地方各级人民政府领导并监督其下属工作部门和下级人民政府的工作，任免、考核、奖惩行政机关工作人员；办理上级人民政府交办的其他事项；等等。

（六）民族自治地方的自治机关

民族自治地方的自治机关是自治区、自治州、自治县的人民代表大会和人民政府。它们是民族自治地方行使自治权的国家机关。根据宪法和法律的规定，自治区、自治州、自治县的人民代表大会常务委员会中应当由实行区域自治的民族的公民担任主任或者副主任。自治区主席、自治州州长、自治县县长由实行区域自治的民族的公民担任。

民族自治地方自治机关除行使一般地方国家机关的职权外，还可以依法行使广泛的自治权，包括：根据本地区实际情况，贯彻执行国家的法律和政策，如果上级国家机关的决议和命令不适合本地情况，经上级国家机关批准，可以变通或者停止执行；制定自治条例和单行条例；管理地方财政；自主地安排和管理本地方的经济建设事业和科教文卫事业；可以依法组织本地方维护社会治安的公安部队；等等。

（七）监察委员会

中华人民共和国设立国家监察委员会和地方各级监察委员会。监察委员会由主任、副主任、委员组成。监察委员会主任每届任期同本级人民代表大会每届任期相同。国家监察委员会主任连续任职不得超过两届。监察委员会的组织和职权由《监察法》规定。国家监察委员会是最高监察机关，领导地方各级监察委员会工作，对全国人民代表大会及其常务委员会负责。监察委员会依照法律规定独立行使监察权，不受行政机关、社会团体和个人干涉。

（八）人民法院和人民检察院

1. 人民法院

人民法院是我国的审判机关，它依照法律规定独立行使审判权，不受行政机关、社会团体和个人的干涉。我国人民法院的组织系统包括最高人民法院、地方各级人民法院和专门人民法院。最高人民法院是最高国家审判机关，对全国人民代表大会及其常务委员会负责并报告工作；地方各级人民法院对产生它的国家权力机关负责并报告工作。最高人民法院监督地方各级人民法院和专门人民法院的审判工作，上级人民法院监督下级人民法院的审判工作。

2. 人民检察院

人民检察院是国家的法律监督机关，它依照法律规定独立行使检察权，不受行政机关、社会团体和个人的干涉。我国人民检察院的组织系统包括最高人民检察院、地方各级人民检察院和专门人民检察院。最高人民检察院是最高国家检察机关，对全国人民代表大会及其常务委员会负责并报告工作；地方各级人民检察院对产生它的国家权力机关和上级人民检察院负责并报告工作。最高人民检察院领导地方各级人民检察院和专门人民检察院的工作，上级人民检察院领导下级人民检察院的工作。

第六节　维护宪法的尊严和权威，全面贯彻实施宪法

一、维护宪法的尊严和权威，全面贯彻实施宪法的重要意义

我国宪法是国家的根本法，是治国安邦的总章程，是党和人民意志的集中体现。宪法能否贯彻实施，关系到国家的政治、经济、社会制度的坚持和发展，关系到改革开放基本国策的深化和拓展，关系到公民的政治、经济、社会、文化权利的维护和保障。宪法的生命在于实施，因此，宪法颁布以后，最关键、最紧要的问题就是如何切实、全面、彻底地使宪法付诸实施。如果在实际生活中人们不遵守宪法，国家机关及其工作人员不执行宪法，那么再好的宪法也等于一纸空文。因此，如何监督和保障宪法的实施是我国法治建设中一个十分重要的问题。

党中央对于维护宪法的尊严和权威、全面贯彻实施宪法是高度重视的。江泽民同志在 1999 年 1 月中共中央召开的修宪座谈会上的讲话中就明确指出：维护宪法的尊严，保证宪法的实施极为重要，因为宪法是国家的根本大法，是我国法律体系的核心和基础，是依法治国的根本依据，是经济建设和各项事业的发展保证；建立健全宪法实施的法律体系，把宪法的原则性规定通过立法落到实处；大力加强执法工作，克服有宪有法不依现象，树立宪法和法律权威；建立健全保障宪法实施的监督机制，依法规范和制约国家权力；加强和改善党对这项工作的领导。

胡锦涛同志 2002 年 12 月 4 日在首都各界纪念《宪法》公布实施 20 周年大会上的讲话中指出：实行依法治国的基本方略，首先要全面贯彻实施宪法。他强调全面贯彻实施宪法，必须健全宪法保障制度，确保宪法的实施。要抓紧研究和健全宪法监督机制，进一步明确宪法监督程序，使一切违反宪法的行为都能及时得到纠正。在党的十七大报告中，胡锦涛同志再次强调指出：加强宪法和法律实施，维护社会主义法制的统一、尊严和权威。

2012 年《宪法》公布实施 30 周年，习近平总书记指出：宪法的生命在于实施，宪法的权威也在于实施。他强调，依法治国首先是依宪治国，依法执政关键是依宪执政；并要求必须依据宪法治国理政。2014 年全国人民代表大会成立 60 周年，习近平总书记再次指出：坚持依法治国首先要坚持依宪治国，坚持依法执政首先要坚持依宪执政。2014 年党的十八届四中全会召开，习近平总书记再次强调：法治权威能不能树立起来，

首先要看宪法有没有权威。必须把宣传和树立宪法权威作为全面推进依法治国的重大事项抓紧抓好，切实在宪法实施和监督上下功夫。2018 年 2 月 24 日中共中央政治局就我国宪法和推进全面依法治国举行第四次集体学习，习近平总书记讲话时再次强调，决胜全面建成小康社会，开启全面建设社会主义现代化国家新征程、实现中华民族伟大复兴的中国梦，推进国家治理体系和治理能力现代化、提高党长期执政能力，必须更加注重发挥宪法的重要作用。坚持依宪治国、依宪执政。党领导人民制定宪法法律，领导人民实施宪法法律，党自身要在宪法法律范围内活动。全国各族人民、一切国家机关和武装力量、各政党和各社会团体、各企事业组织，都必须以宪法为根本的活动准则，都负有维护宪法尊严、保证宪法实施的职责。①

在 2022 年纪念现行宪法公布施行 40 周年时，习近平总书记作出重要指示：要坚定维护宪法权威和尊严，推动宪法完善和发展；要坚定政治制度自信，坚持宪法确定的中国共产党领导地位不动摇，坚持宪法确定的人民民主专政的国体和人民代表大会制度不动摇；要坚持宪法规定、宪法原则、宪法精神全面贯彻；要加强宪法理论研究和宣传教育，坚持知识普及、理论阐释、观念引导，全面发力。②

上面所有这些论述充分说明，党中央对维护宪法的尊严和权威，保障宪法的实施是高度重视的，强调要在全社会树立宪法意识和宪法权威，切实保障宪法的全面贯彻实施。宪法的全面贯彻实施，对于推动全党和全国各族人民为全面建设小康社会、开创中国特色社会主义新局面，全面深化改革，全面落实依法治国基本方略，加快建设社会主义法治国家而团结奋斗，具有十分重要的意义。

二、全面贯彻实施宪法，必须加强宪法宣传教育

全面贯彻实施宪法，必须加强宪法宣传教育，在全社会广泛开展尊崇宪法、学习宪法、维护宪法、运用宪法的宣传教育，弘扬宪法精神，普及宪法知识，为加强宪法实施和监督营造良好氛围。提高全体人民特别是各级领导干部和国家机关工作人员的宪法意识和依宪执政的能力。必须在全社会进一步树立宪法意识，维护宪法权威，使宪法在全社会得到一体遵行。要在全社会广泛宣传宪法，让宪法家喻户晓、深入人心，使广大人民群众认识到宪法不仅是全体公民必须遵行的行为规范，而且是保障公民权利的法律武器。各级各类学校尤其是各级党校和干校都要开展宪法教育。作为公民的大学生也要认真地学习宪法，掌握宪法的基本知识，摒弃各种轻视宪法的糊涂认识，增强忠于宪法、遵守宪法和维护宪法的自觉性，为全面贯彻实施宪法而努力奋斗。

国家决定将每年 12 月 4 日定为“国家宪法日”，建立宪法宣誓制度。《宪法》规定，国家工作人员就职时公开进行宪法宣誓。建立和实行这一制度的重要意义不仅在于它的庄严的形式，更为重要的是维护宪法权威的实际行动。它充分表明，国家机关工作人员

---

① 坚定不移走中国特色社会主义法治道路 为全面建设社会主义现代化国家提供有力法治保障．求是，2021（5）．

② 谱写新时代中国宪法实践新篇章：纪念现行宪法公布施行 40 周年．人民日报，2022－12－20（01）．

忠于宪法的承诺和决心，从而在全社会营造尊重宪法、维护宪法的良好氛围。

三、全面贯彻实施宪法，关键是执政党必须依宪执政

综观中国的法治实践，宪法的实施通常会有四种具体的表现形式：国家权力机关贯彻实施宪法主要表现为依宪立法、解释宪法、监督宪法实施；国家行政机关贯彻实施宪法主要表现为依宪建立行政机关体制及职能，将依宪行政和依法行政贯彻于行政活动的整个过程，行政行为必须于宪于法有据；国家司法机关贯彻实施宪法主要表现为依宪建立司法机关体制及职能，必须将宪法规定的司法制度、活动原则、诉讼程序贯彻于司法活动的整个过程，依宪依法正确处理有关案件；其他一切组织和个人贯彻实施宪法主要表现为遵守宪法，执行宪法，依宪依法维护合法权利。这些说明：国家机关、社会组织及个人固然对于贯彻实施宪法负有重大责任，但贯彻实施宪法的关键在于执政党必须依宪执政，必须依据宪法的精神、原则与规范治国理政、思考和解决各种问题；党的执政行为不得超越宪法和法律，党的深化改革的一切决策都必须以宪法和法律为准则和依据；党要把领导人民制定和实施宪法法律同党坚持在宪法法律范围内活动统一起来；党必须彻底转变执政理念，摒弃“人治”，尊崇“法治”，依宪治国，依宪执政；党要带头遵守宪法和法律，决不允许以言代法、以权压法、逐利违法、徇私枉法。

四、健全宪法实施和监督制度

宪法的实施，首先需要人民的监督。只有让人民来监督政府，政府才不会懈怠；只有人人起来负责，才不会人亡政息。所以，党的十八届四中全会决定强调：全国各族人民、一切国家机关和武装力量、各政党和各社会团体、各企业事业组织，都必须以宪法为根本的活动准则，并且负有维护宪法尊严、保证宪法实施的职责。一切违反宪法的行为都必须予以追究和纠正。

宪法的实施除了需要人民的监督，还需要专门机关的监督。所以，党的十八届四中全会决定又强调：完善全国人大及其常委会宪法监督制度，健全宪法解释程序机制。积极稳妥推进合宪性审查工作，加强备案审查制度和能力建设，把所有规范性文件纳入备案审查范围，依法撤销和纠正违宪违法的规范性文件，切实维护宪法和法律的权威。习近平总书记强调，要加强宪法实施和监督，推进合宪性审查工作，对一切违反宪法法律的法规、规范性文件必须坚决予以纠正和撤销。① 宪法委员会的设立为保证宪法的实施和监督提供了组织保证。

深度阅读

1. 许崇德，胡锦光主编．宪法．8版．北京：中国人民大学出版社，2023

① 坚定不移走中国特色社会主义法治道路 为全面建设社会主义现代化国家提供有力法治保障．求是，2021(5).

2. 韩大元，胡锦光主编．宪法教学参考书，北京：中国人民大学出版社，2003

3. 胡锦光．中国宪法问题研究．北京：新华出版社，1998

4.《中华人民共和国宪法》（1982 年）及其修正案

5. 习近平．高举中国特色社会主义伟大旗帜 为全面建设社会主义现代化国家而团结奋斗．北京：人民出版社，2022

问题与思考

一、思考题

1. 我国宪法基本原则有哪些变化发展？
2. 我国在现阶段怎样坚持和完善人民民主专政制度？
3. 我国在现阶段怎样坚持和完善人民代表大会制度？
4. 怎样正确理解习近平新时代中国化的马克思主义人权观的创新性发展？
5. 我国公民有哪些基本权利和基本义务？
6. 如何正确理解“全面贯彻实施宪法的关键是执政党必须依宪执政”？
7. 如何健全宪法实施和监督制度？

二、案例分析

2003 年 3 月 17 日，实习于广州某服装公司的大学生孙某未携带身份证逛街时，被广州黄村街派出所以没有暂住证为由予以收容。3 月 18 日，孙某被送往广州收容遣送中转站，后又被送往广州收容人员救治站，并于 3 月 20 日死亡。中山大学中山医学院法医鉴定中心的鉴定表明：综合分析，孙某符合大面积软组织损伤致创伤性休克死亡，即孙某是被打死的。经过相关司法程序，相关责任人员的法律责任被追究。

2003 年 5 月 14 日，三位法学博士将一份题为《关于审查〈城市流浪乞讨人员收容遣送办法〉的建议书》的文件，传真至全国人大常委会法制工作委员会，建议全国人大常委会对收容遣送制度进行合宪性审查。三位博士指出，根据《宪法》第 37 条、《行政处罚法》第 9 条、《立法法》第 8 条和第 9 条的规定，1982 年由国务院颁布的《城市流浪乞讨人员收容遣送办法》及其实施细则中限制公民人身自由的规定，违反了《宪法》、《行政处罚法》和《立法法》，所以建议对《城市流浪乞讨人员收容遣送办法》进行合宪性和违法审查。

请思考：普通公民是否可以直接“上书”全国人大常委会，建议对行政法规进行审查？

分析提示：《城市流浪乞讨人员收容遣送办法》是 1982 年 5 月 12 日由国务院颁布的行政法规。三位公民可以根据《立法法》原第 90 条第 2 款（现第 110 条第 2 款）的规定向全国人大常委会提出对该办法的合法性予以审查的建议。

2003 年 6 月 20 日，国务院公布了《城市生活无着的流浪乞讨人员救助管理办法》，上述收容遣送办法就此废止。

第四章

行政法

常考知识点

- 行政法的基本原则
- 国家公务员管理制度
- 行政许可的实施和撤销程序
- 行政处罚程序
- 行政复议机关
- 行政复议与行政诉讼的关系
- 国家赔偿的范围和方式

扎实推进依法行政。法治政府建设是全面依法治国的重点任务和主体工程。转变政府职能，优化政府职责体系和组织结构，推进机构、职能、权限、程序、责任法定化，提高行政效率和公信力。深化事业单位改革。深化行政执法体制改革，全面推进严格规范公正文明执法，加大关系群众切身利益的重点领域执法力度，完善行政执法程序，健全行政裁量基准。强化行政执法监督机制和能力建设，严格落实行政执法责任制和责任追究制度。完善基层综合执法体制机制。①

第一节　行政法概述

一、行政法的概念

（一）行政的概念和特点

一般认为，行政是国家行政机关对国家事务和社会事务所作的决策、组织、管理和调控等活动的总称。行政作为行使国家权力的专门活动，主要有以下基本特点。

（1）行政的国家意志性。行政是行政主体以国家名义实施的，旨在执行国家权力机

① 习近平．高举中国特色社会主义伟大旗帜 为全面建设社会主义现代化国家而团结奋斗：在中国共产党第二十次全国代表大会上的报告．北京：人民出版社，2022：41.

关的法律、决定、命令等的活动。

（2）行政的法定性。现代国家的行政活动必须具有严格的法律根据，即现代行政都应是法治行政。宪法和法律的授权与委托是行政行为合法性、正当性的基础。

（3）行政的特定性。行政是行政主体的特定活动，并非行政主体的一切活动。行政主体的民事活动如借贷、租赁、购买办公用品等活动，行政机关中个人的私人行为等，都不在行政活动之列。

（4）行政的国家强制性。行政活动体现着国家意志，并依法由国家政权的强制和制裁体制所保障。行政活动体现着国家权力的强制性，行政权力体系所涉及的对象有服从、接受行政管理和治理的义务。

（二）行政法的定义和特点

行政法作为法律体系的一个独立部门，是调整因行政主体行使职权而产生的特定法律关系的法律规范系统。它一方面要规范和约束行政机关的行政权力与行政行为，保护公民、法人和其他组织的正当权益；另一方面也要规范和约束公民、法人与其他组织的行为，维护公共利益和社会秩序。

与其他的部门法相比，行政法的特点主要表现为以下几个方面。

（1）从法律体系来看，行政法与宪法的关系密切，是宪法的重要实施法。行政法是实施宪法的各项国家政策的主要法律之一，被一些人称为“小宪法”。

（2）从内容来看，行政法所调整的领域、范围广泛，内容繁杂，具有较强的专业技术性。由于其体系庞大、内容繁杂，行政法律规则也较易于变动和更新，相比于其他部门法，行政法规范的立、改、废更为频繁。

（3）行政法是一种典型的公法，有明显的命令性、管理性。行政法是垂直型（或纵向型）法律调整的典型形式。

（4）行政法的规范表现形式多样，数量大，难以形成统一、完整的法典。行政法总体上可以分为行政法总则和行政法分则两大部分。行政法总则是行政法的普遍原则和共同规则，通常是涉及行政组织、行政行为和行政监督救济的一般规则。行政法分则是只适用于某一具体行政领域的规则，如行政强制法、行政处罚法、行政复议法等。

（5）行政法的实体性规范和程序性规范相互交织，往往共存于同一个法律文件之中。一些国家制定了专门的行政程序法典。

各级政府要以保证民法典有效实施为重要抓手推进法治政府建设，把民法典作为行政决策、行政管理、行政监督的重要标尺。①

二、行政法的基本原则

行政法的基本原则贯穿于行政法律规范制定和实施的全过程，在行政法治的实现过

① 习近平．充分认识颁布实施民法典重大意义 依法更好保障人民合法权益．求是，2020（12）.

程中起着核心和指导作用。

（一）行政合法原则

行政合法原则，也可称为依法行政原则，是我国行政法的首要原则。这一原则要求：国家行政管理权力和活动要严格依照法律法规和规章的授权，做到法定职责必须为、法无授权不可为，行政活动的程序符合法律法规要求，实现行政机关的权责法定、执法严明、权责统一。行政合法原则的具体要求包括以下几点。

（1）权责法定。这要求，行政机关的职能、权限、责任、程序等都必须由法律法规予以明确规定。权责法定是实现依法行政的基本前提，也是消除腐败的基本制度设计之一。按照全面推进依法行政的要求，要完善行政组织和行政程序法律制度，推进机构、职能、权限、程序、责任法定化，推行政府权力清单制度，推进各级政府事权的规范化、法律化，努力消除权力设租、寻租空间。

（2）执法严明。这要求：行政行为必须在法律法规规定的范围内进行，依照法律法规的明确授权而为；法无授权不可为，行政行为不得超越法律法规所许可的范围、方式和程序等；行政越权行为无效，一切超越法定权限的行为不具有公定力、确定力、拘束力、执行力。《中共中央关于全面推进依法治国若干重大问题的决定》中指出：行政机关不得法外设定权力，没有法律法规依据不得作出减损公民、法人和其他组织合法权益或者增加其义务的决定。

（3）权责统一。这要求：1）行政权威原则，即要由法律法规赋予行政机关以明确的职权以及相应的执法手段，以保证政令有效、执法有力；2）行政责任原则，即行政机关违法或者不当行使职权，应当依法承担法律责任。这就是说，行政权力的运用与行政法律责任应当相统一，要做到执法有权威、有权必有责、用权受监督、违法受追究、侵权须赔偿。

（二）行政合理原则

行政合理原则要求：设立行政机关、确定行政职权、行使行政职权、追究违法行为和实施行政救济等都必须正当、客观、适当、适度等，行政裁量权行使合法合理、不得滥用，行政行为不合理应当受到追究。判断合理性的标准主要有以下三个方面。

（1）公平性。这要求，行政机关的一切行政活动都要做到：努力符合国家与人民的最大利益和需要；平等对待行政相对人，不得偏私和歧视，体现法律平等的原则；遵循相关性原则，只考虑符合立法授权目的的各种因素，不得考虑不相关因素等。

（2）客观性。这要求，行政活动应当基于现实的社会事实，充分考虑社会发展的客观需要，行政机关不能够仅凭主观臆断作出行政决定。

（3）比例性。这主要有三方面的要求：1）合目的性，即行政机关行使裁量权所采取的具体措施必须符合法律目的；2）适当性，即行政机关所选择的具体措施和手段应当为法律所必需，结果与措施和手段之间存在正当性；3）最小侵害性，即在行政机关为实现某一行政目的所采取的诸方式中，应当采用对当事人权益损害最小的方式，也就是说，行政机关能用轻微的方式实现行政目的的，就不能选择使用手段更激烈的方式。

按照法治政府建设的要求，国家建立健全行政裁量权基准制度，细化、量化行政裁量标准，规范裁量范围、种类、幅度。从对行政不合理行为的追究来看，我国的行政诉讼法也规定：对于明显不当的行政行为，人民法院可以判决撤销或者部分撤销；对于行政处罚明显不当，或者其他行政行为涉及对款额的确定、认定确有错误的，人民法院可以判决变更。

（三）程序正当原则

程序正当是当代行政法的主要原则之一。该原则的要求是多方面的，其中包括以下几点。

（1）行政公开。行政机关实施行政管理，原则上应当公开，应充分保障公民的知情权。《中共中央关于全面推进依法治国若干重大问题的决定》指出："坚持以公开为常态、不公开为例外原则，推进决策公开、执行公开、管理公开、服务公开、结果公开。各级政府及其工作部门依据权力清单，向社会全面公开政府职能、法律依据、实施主体、职责权限、管理流程、监督方式等事项。"

（2）公众参与。行政机关作出重要规定或者决定，应当听取公民、法人和其他组织的意见；特别是在作出对公民、法人和其他组织不利的决定时，要听取他们的陈述和申辩。多部行政法律法规都规定了听证制度、公开征求意见制度，这都体现了行政程序中的参与原则。

（3）回避。行政机关工作人员履行职责，与行政相对人存在利害关系时，应当回避。

另外，行政机关在程序上还要遵循及时原则、陈述原则、申辩原则、及时救济原则等。

案例

刘某系某工厂职工，该厂经区政府批准后改制。刘某向区政府申请公开该厂进行改制的全部档案、拖欠的原职工工资如何处理等信息。区政府作出拒绝公开的答复，刘某向法院起诉。

《政府信息公开条例》第36条第3项规定，对申请公开的政府信息，属于不予公开范围的，应当告知申请人并说明理由。据此可知，若区政府认为刘某申请公开的政府信息，属于不应予以公开的信息，则应在作出拒绝答复时，告知刘某并说明理由。

《政府信息公开条例》第27条规定，公民、法人或者其他组织可以向地方各级人民政府、对外以自己名义履行行政管理职能的县级以上人民政府部门申请获取相关政府信息。本案中，刘某向区政府申请公开该厂进行改制的全部档案、拖欠的原职工工资如何处理等信息与其自身存在利害关系。因此，刘某具有申请查阅的申请人资格，区政府拒绝公开的答复违法。

（四）高效便民原则

法治政府建设要求行政执法体制权威高效、便民利民。行政法的高效便民原则要求以下两点。

（1）行政的效率性。行政机关应当高效地积极履行法定职责，禁止不作为或者不完全作为；不得超越法定时限履行或者有不合理延迟；应当优化行政资源配置，节约行政成本，实行扁平化管理；积极利用互联网、大数据等新技术提高行政办事效率。基于正当程序的效率性是对行政活动的基本要求。

（2）行政的便利性。在行政活动中，不得增加行政相对人的程序负担，努力做到程序便捷。要从便利当事人的角度整合执法力量，推动综合执法。如《行政许可法》规定："实施行政许可，应当遵循便民的原则，提高办事效率，提供优质服务。"

为了实现行政执法的权威高效、便民利民，国家推进综合执法体制改革，要求根据不同层级政府的事权和职能，按照减少层次、整合队伍、提高效率的原则，合理配置执法力量。

（五）信赖保护原则

信赖保护原则也可称为诚实信用原则。政府诚实信用是法治政府建设的一项基本要求。信赖保护原则要求，行政机关对于自己作出的行为或承诺，应当严格遵守，不得随意变更、撤销或废止，不得出尔反尔、失信于民。行政守法诚信，才能取信于民，才能提高政府公信力和执法的公平正义性。信赖保护原则的具体要求包括以下几点。

（1）行政信息要真实。行政机关公布的信息应当全面、准确、真实，行政机关都应当对其真实性承担法律责任。

（2）行政行为要确定。非因法定事由并经法定程序，行政机关不得撤销、变更已经生效的行政决定。

（3）对行政相对人的受损利益要予以补偿。因国家利益、公共利益或者其他法定事由，确实需要撤回或者变更行政决定的，应当依照法定权限和程序进行，并对行政相对人因此而受到的财产损失依法予以补偿。

三、行政主体和行政相对人

（一）行政法律关系

行政法律规范在现实社会生活中的落实和展开就形成行政法律关系。行政法律关系是由行政法律规范所调整的、因行政主体行使行政职权而形成的行政关系，即行政主体与行政主体之间、行政主体与其组成机构及公务员之间、行政主体与行政相对人之间，因行政主体行使行政职权而形成的权利义务关系。行政法律关系由行政法律关系的主体、行政法律关系的客体及行政法律关系的内容三个部分构成。

（二）行政主体

行政主体，即行政管理主体，是指参加行政法律关系，依法拥有行政职权，能以自己的名义独立行使职权，承担法律责任的国家行政机关及其授权的组织。按照行政诉讼法的规定，行政机关还包括依照法律、法规、规章授权作出行政行为的组织。

根据行政主体实施行政职权的范围，可将行政主体划分为两类，即外部行政主体和内部行政主体。外部行政主体依法对本行政主体之外的行政相对人实施行政管理权。内部行政主体依法对本行政主体的组成机构、公务员或其下属的其他行政主体实施行政管理权。

在我国，外部行政主体可以分为如下几种：国务院、国务院各部委、国务院各直属机构、国务院各部委管理的国家局、地方各级人民政府、地方各级人民政府的职能部门、地方各级人民政府的派出机关、被授权的社会组织等。内部行政主体主要有：内部行政机关、内部领导机构、内部办公机构、内部事务管理机构等。

（三）行政相对人

行政相对人，也称行政管理相对人，是指在行政法律关系中与行政主体相对应，处于被管理和被支配地位的机关、组织或个人。在我国，行政相对人主要有公民、法人、不具有法人资格的其他组织、外国组织和个人等。

案例

2007年某日，吴某到厂长办公室要求分房。厂长刘某以要出去开会为由令吴某离开。吴某不从，刘某遂不耐烦，并向外推吴某。吴某在后退时无意将办公桌撞倒，打破茶杯。刘某见状大怒，向公安机关报警。公安干警赶到后，不容吴某分辩便将其带到派出所。第二天，某市A区公安分局以吴某妨碍公务为由，作出对其行政拘留10日的处罚。

吴某不服，提请行政复议。某市公安局维持原裁决。被处罚后，吴某仍然不服，提起行政诉讼，请求法院撤销行政处罚决定，并要求公安机关赔偿损失。

法院审理后依法撤销了A区公安分局的处罚决定。吴某据此判决可要求作出行政拘留处罚的公安机关赔偿损失。

第二节　行政组织：行政机关与公务员

一、行政组织法概述

行政组织法是行政法的基本制度，主要包括行政组织和公务员问题。行政组织是指以实现国家行政职能为目的，以行政职位为基本构成单位的组织。行政组织的典型和主要形态是行政机关。

行政组织法是关于行政组织的职能和权限、设置权和编制权、公务员录用权和管理权的法律制度，可以分为行政组织（行政机关和非政府公共组织）和公务员两大部分。

行政组织法的基本原则包括：第一，民主集中制原则。这是处理行政机关与其他国家机关、各行政机关之间以及行政机关与公务员相互关系的根本准则。第二，中央与地方行政机关的职权划分，遵循在中央的统一领导下，充分发挥地方的主动性、积极性原则。第三，实行精简的原则。

行政组织法的基本制度是行政首长负责制、行政机关和政府组成人员任期制、民族区域自治制度以及公务员制度等。

二、行政机关

（一）行政机关的概念及结构

行政机关，是指按照宪法和有关组织法的规定而设立的，依法行使国家行政职权、对国家各项行政事务进行组织和管理的国家机关。它是国家权力机关的执行机关，是行政法律关系的主体之一。

在我国，国家行政机关体系的基本结构是：在中央政府一级的机关有国务院、国务院各部委、国务院的直属机构、国务院各部委管理的国家局等。在地方政府一级的行政机关有各省、自治区、直辖市的人民政府，市（设区的市）、自治州的人民政府，县级市、县、自治县的人民政府，乡、民族乡、镇的人民政府；地方各级人民政府的职能部门；地方各级人民政府的派出机关，如行政公署、区公所、街道办事处等。地方各级人民政府是同级人民代表大会的执行机构，受上级人民政府和国务院领导。

（二）行政机关的职权和职责

1. 行政机关的职权（行政职权）

行政职权是国家行政权的具体化，是由各个具体行政机关所享有和行使的国家行政权。按照行政职权的内容，可将其划分为行政规范制定权（亦称“行政立法权”）、行政决定权、行政命令权、行政措施实施权、行政确认权、行政监督权、行政制裁权和行政救济权等。

从国家行政机关体系的整体来看，恰当分配行政职权所应遵循的原则是：分工明确，责任和权限清晰，避免交叉或疏漏；提高行政权的运行效率和效能；调动中央和地方、上级和下级双方的积极性；职权与职责相对应，有权必有责。2019 年党的十九届四中全会提出，优化政府职责体系、政府组织结构，健全充分发挥中央和地方两个积极性体制机制。

2. 行政机关的职责（行政职责）

行政职责是行政机关在行使职权的过程中必须承担的义务。它是由国家法律、法规规定的，行政机关不可推卸。

行政机关的职责至少包括以下方面：（1）忠实履行职责，不得失职；（2）严格遵守权限，不得越权，不得滥用职权；（3）严格遵守程序，不得随意行政、任性用权；（4）遵循合理原则，避免不当行政；（5）自觉接受监督，提高行政公开性；（6）节制行政权力，如减少和规范行政审批，实行政府权责清单制度，厘清政府和市场、政府和社会的关系；（7）提高行政效率，如减少行政层次，降低行政成本，减少机构重叠、职责交叉、政出多门问题。

三、公务员

我国于1993年制定了《国家公务员暂行条例》。2005年第十届全国人大常委会通过了第一部《公务员法》，该法分别于2017年修正、2018年修订。《公务员法》的实施对于规范公务员的管理，保障公务员的合法权益，加强对公务员的监督，促进公务员正确履职尽责，建设信念坚定、为民服务、勤政务实、敢于担当、清正廉洁的高素质专业化公务员队伍，具有重要意义。2018年第十三届全国人大第一次会议通过的《监察法》和2020年第十三届全国人大常委会第十九次会议通过的《公职人员政务处分法》，涉及公务员的管理、监督和处分等问题，对公务员法律制度的完善具有重要意义。

《公务员法》中的公务员，是指依法履行公职，纳入国家行政编制，由国家财政负担工资、福利的工作人员。我国行政机关中的国家公务员依法行使国家行政权力、执行国家公务，是国家行政管理的具体实施者和承担者。

（一）公务员的分类

国家对公务员实行分类管理，以提高管理效能和科学化水平。国家实行公务员职位分类制度。按照公务员职位的性质、特点和管理需要，公务员职位被划分为综合管理类、专业技术类和行政执法类等类别。国家实行公务员职务与职级并行制度，根据公务员职位类别和职责设置公务员领导职务、职级序列。

公务员职务分为领导职务和非领导职务。领导职务根据宪法、有关法律和机构规格设置。领导职务层次分为国家级正职、国家级副职、省部级正职、省部级副职、厅局级正职、厅局级副职、县处级正职、县处级副职、乡科级正职、乡科级副职。他们可以通过被选举或被任命而成为政府组成人员。这类公务员实行任期制，如总理每届任期5年，连选连任不得超过两届等。

非领导职务层次在厅局级以下设置，分为一级巡视员、二级巡视员、一级调研员、二级调研员、三级调研员、四级调研员、一级主任科员、二级主任科员、三级主任科员、四级主任科员、一级科员、二级科员。

公务员的领导职务、职级应当对应相应的级别。根据工作需要和领导职务与职级的对应关系，公务员担任的领导职务和职级可以互相转任、兼任；符合规定资格条件的，可以晋升领导职务或者职级。公务员的级别根据所任领导职务、职级以及其德才表现、工作实绩和资历确定。公务员在同一领导职务、职级上，可以按照国家规定晋升级别。公务员的领导职务、职级与级别是确定公务员工资以及其他待遇的依据。

（二）公务员的义务和权利

公务员的义务和权利是基于公务员的身份而产生的。无论公务员的职务高低，其基本义务和权利都是相同的。

根据《公务员法》的规定，公务员应当履行的义务包括：(1) 忠于宪法，模范遵守、自觉维护宪法和法律，自觉接受中国共产党领导；(2) 忠于国家，维护国家的安全、荣誉和利益；（3）忠于人民，全心全意为人民服务，接受人民监督；（4）忠于职守，勤勉尽责，服从和执行上级依法作出的决定和命令，按照规定的权限和程序履行职责，努力提高工作质量和效率；（5）保守国家秘密和工作秘密；（6）带头践行社会主义核心价值观，坚守法治，遵守纪律，恪守职业道德，模范遵守社会公德、家庭美德；（7）清正廉洁，公道正派；（8）法律规定的其他义务。

按照《公务员法》的规定，公务员享有的权利包括：（1）获得履行职责应当具有的工作条件；（2）非因法定事由、非经法定程序，不被免职、降职、辞退或者处分；（3）获得工资报酬，享受福利、保险待遇；（4）参加培训；（5）对机关工作和领导人员提出批评和建议；（6）提出申诉和控告；（7）申请辞职；（8）法律规定的其他权利。

（三）公务员录用和奖惩制度

1. 录用

报考公务员的人员应当具备国家规定的资格条件。资格条件主要包括：（1）具有中华人民共和国国籍；（2）年满18周岁；（3）拥护中华人民共和国宪法，拥护中国共产党领导和社会主义制度；（4）具有良好的政治素质和道德品行；（5）具有正常履行职责的身体条件和心理素质；（6）具有符合职位要求的文化程度和工作能力；（7）法律规定的其他条件。报考公务员，除应当具备这些一般条件以外，还应当具备省级以上公务员主管部门规定的拟任职位所要求的资格条件。国家对行政机关中初次从事行政处罚决定审核、行政复议、行政裁决、法律顾问的公务员实行统一法律职业资格考试制度，由国务院司法行政部门组织实施。

录用，是指行政机关通过公开考试、严格考核的办法，按照德才兼备的标准，择优录用担任非领导职务公务员的制度。录用公务员有严格的法定程序，如发布招考公告、资格审查、公开考试、考核、审批等。不得录用为公务员的主要情况包括：因犯罪受过刑事处罚的，被开除中国共产党党籍的，被开除公职的，被依法列为失信联合惩戒对象的，有法律规定不得录用为公务员的其他情形的。

案例

2008年年底，在公务员招录考试中，因身高不足1.5米，王某未被某市国税局招录。王某认为，招考公务员设置身高限制是对身材矮小之人就业权的侵犯，于是将某市人事局、国税局告上法庭。2009年2月，王某接到了某市中级人民法院的“不予受理”裁定书：“组织招考并按一定要求录用公务员是国家行政机关内部人事管理行为，对此类行为提起的诉讼，不属于人民法院行政诉讼的受案范围。”

在本案中，法院的裁判有错误。公务员招录并非机关的内部人事管理行为，而是涉及平等就业权、就业歧视、不公平竞争等问题，应当属于法院的受案范围。《公务员法》规定：公务员的管理，坚持公开、平等、竞争、择优的原则，依照法定的权限、条件、标准和程序进行；公务员录用要“平等竞争、择优录取”。

2. 考核

考核，是指行政机关按照管理权限，对公务员的德、能、勤、绩、廉等的全面评价。

对公务员的考核分为平时考核、专项考核和定期考核。平时考核、专项考核是定期考核的基础。定期考核则是对公务员奖惩、培训、辞退以及调整职务、级别和工资的依据。

考核应坚持客观、公正原则，充分发扬民主，实行领导与群众相结合、平时与定期相结合，全面、客观地评价公务员的工作实绩。对公务员的考核结果分为优秀、称职、基本称职和不称职四个等次。

3. 奖励

奖励，是指对有显著成绩和贡献以及有其他突出事迹的公务员所给予的精神或物质鼓励。国家法律、法规规定了给予奖励的诸种情形，如：忠于职守、积极工作、成绩显著的；在工作中进行发明、创造或者提出合理化建议，为国家取得显著经济效益和社会效益的；等等。奖励分为：嘉奖、记三等功、记二等功、记一等功、授予荣誉称号。对受奖励的公务员或者公务员集体予以表彰，并给予一次性奖金或者其他待遇。

4. 惩戒

对公务员进行监督发现问题的，应当区分不同情况，予以谈话提醒、批评教育、责令检查、诫勉、组织调整、处分。对公务员涉嫌职务违法和职务犯罪的，应当依法移送监察机关处理。

公务员如有下列违法违纪行为，应当受到行政处分或政务处分：散布有损宪法权威、中国共产党和国家声誉的言论，组织或者参加旨在反对宪法、中国共产党领导和国家的集会、游行、示威等活动；组织或者参加非法组织，组织或者参加罢工；挑拨、破坏民族关系，参加民族分裂活动或者组织、利用宗教活动破坏民族团结和社会稳定；不担当，不作为，玩忽职守，贻误工作；拒绝执行上级依法作出的决定和命令；对批评、申诉、控告、检举进行压制或者打击报复；弄虚作假，误导、欺骗领导和公众；贪污贿赂，利用职务之便为自己或者他人谋取私利；违反财经纪律，浪费国家资财；滥用职权，侵害公民、法人或者其他组织的合法权益；泄露国家秘密或者工作秘密；在对外交往中损害国家荣誉和利益；参与或者支持色情、吸毒、赌博、迷信等活动；违反职业道德、社会公德和家庭美德；违反有关规定参与禁止的网络传播行为或者网络活动；违反有关规定从事或者参与营利性活动，在企业或者其他营利性组织中兼任职务；旷工或者因公外出、请假期满无正当理由逾期不归。公务员因违纪违法应当承担纪律责任的，可依照《公务员法》《行政公务员处分条例》给予处分或者由监察机关依《公职人员政务处分法》给予政务处分。

对公务员的处分，应当事实清楚、证据确凿、定性准确、处理恰当、程序合法、手续完备。公职人员依法履行职责受法律保护，非因法定事由、非经法定程序，不受政务处分。

行政机关的处分种类包括给予警告、记过、记大过、降级、撤职、开除。公务员在受处分期间不得晋升职务、职级和级别，其中受记过、记大过、降级、撤职处分的，不得晋升工资档次。

《行政公务员处分条例》以及《公职人员政务处分法》对公务员的惩戒和处分的具体情形和程序作了详细的规定。对同一违纪违法行为，监察机关已经作出政务处分决定的，公务员所在机关不再给予处分。

（四）公务员职务升降、交流和回避制度

1. 职务晋升

职务晋升，坚持德才兼备、任人唯贤原则，注重工作实绩。被晋升人员应当具备拟任职务所要求的政治素质、工作能力、文化程度和任职经历等方面的条件和资格。职务晋升要遵守法定程序：晋升一般按照职务序列逐级晋升，但个别德才表现和工作实绩特别突出的可以越一级晋升。

2. 降职

降职是将公务员的职务由高职务降为低职务。一般降职的原因有二：一是公务员在定期考核中被确定为不称职；二是不胜任现职，又不宜转任同级其他职务。

3. 交流

国家实行公务员交流制度。公务员可以在公务员和参照公务员法管理的工作人员队伍内部交流，也可以与国有企业和不参照公务员法管理的事业单位中从事公务的人员交流。交流的方式包括调任、转任。调任，是指行政机关以外单位（如国有企业、高等院校和科研院所等）的工作人员调入行政机关担任领导职务或者四级以上调研员等非领导职务，以及国家公务员调出行政机关任职。转任，是指公务员因工作需要或者其他正当理由在行政机关内部的平级调动。对省部级正职以下的领导成员应当有计划、有重点地实行跨地区、跨部门转任。转任的公务员必须符合担任职务规定的条件要求，经考核合格，方能转任。

挂职锻炼，是指行政机关有计划地选派在职公务员在一定时间内到基层机关或者企业、事业单位担任一定职务、接受锻炼的制度。公务员在挂职期间，不改变与原机关的人事关系。

4. 回避

公务员的回避有三种：任职回避、公务回避和地域回避。

任职回避，是指对相互间有法定亲属关系的公务员在任职时所作的限制。公务员之间有夫妻关系、直系血亲关系、三代以内旁系血亲关系以及近姻亲关系的，不得在同一机关双方直接隶属于同一领导人员的职位或者有直接上下级领导关系的职位工作，也不得在其中一方担任领导职务的机关从事组织、人事、纪检、监察、审计和财务工作。公务员不得在其配偶、子女及其配偶经营的企业、营利性组织的行业监管或者主管部门担任领导成员。

公务回避，是指公务员在执行公务时因出现法定情形而实行的回避。这些法定情形包括：所处理公务涉及本人的利害关系，所处理公务涉及与本人有夫妻关系、直系血亲关系、三代以内旁系血亲及近姻亲关系人员的利害关系。

地域回避，是指对特定公务员在任职时所作的地域限制。公务员担任乡级机关、县级机关、设区的市级机关及其有关部门主要领导职务的，应当按照有关规定实行地域回避。但是，民族区域自治地方人民政府的公务员除外。

（五）公务员辞职、辞退和退休制度

1. 辞职

辞职一般是指公务员依法自愿辞去职务的行为。公务员辞职，应当向任免机关提出书面申请，任免机关应当在 30 日内予以审批，未经审批，公务员不得擅自离职，否则，将受到开除处分。下列公务员不得辞职：未满国家规定的最低服务年限的；在涉及国家秘密等特殊职位任职或者离开上述职位不满国家规定的脱密期限的；重要公务尚未处理完毕，且须由本人继续处理的；正在接受审计、纪律审查、监察调查，或者涉嫌犯罪，司法程序尚未终结的。

引咎辞职：领导成员因工作严重失误、失职造成重大损失或者恶劣社会影响，或者对重大事故负有领导责任的，应当引咎辞去领导职务。领导成员应当引咎辞职或者因其他原因不再适合担任现任领导职务，本人不提出辞职的，应当责令其辞去领导职务。

2. 辞退

辞退是行政机关依照法定程序和法定事由辞去公务员的行为。公务员有以下情形的，应予以辞退：在年度考核中，连续两年被确定为不称职的；不胜任现职工作，又不接受其他安排的；因单位调整、撤销、合并或者缩减编制员额需要调整工作，本人拒绝合理安排的；旷工或者无正当理由逾期不归连续超过 15 天，或者一年内累计超过 30 天的；不履行公务员义务，不遵守公务员纪律，又不宜给予开除处分的。

辞退公务员，应由该公务员所在机关提出建议，按管理权限报任免机关审批，并以书面形式通知本人。被辞退的公务员，可以领取辞退费或者根据国家有关规定享受失业保险。

3. 退休

公务员的退休有两种情形：法定退休和自愿退休。法定退休的条件有两项，满足其中一项即应退休：男年满 60 周岁，女年满 55 周岁；完全丧失工作能力。自愿退休由本人提出申请，经任免机关批准，可以提前退休，条件是：工作年限满 30 年；距国家规定的退休年龄不足 5 年，且工作年限满 20 年。公务员退休后，享受国家规定的养老金和其他待遇，国家为其生活和健康提供必要的服务和帮助，鼓励发挥个人专长，参与社会发展。

第三节 行政行为

一、行政行为的特征

行政行为，是指行政主体在其职权范围内依法对行政相对人实施的具有法律效力的行为。行政行为不同于行政主体的内部行为，也不同于国家的政治行为。行政行为的基本特征有以下几方面。

（一）国家强制性

行政行为是执行宪法和法律的行为。任何行政行为都必须有法律根据。依法行政是现代民主和法治的基本要求。依法作出的行政行为因其法律根据而具有国家强制性。行政行为由国家强制力来保障其实施。这种国家强制力也是行政权的基本属性。

（二）裁量性

由于立法技术的局限性和现代国家行政管理的专业性、技术性、复杂性及多变性等特点，立法机关在立法时总是给行政主体留下相当广泛的裁量余地，以确保行政主体有效地实施国家行政管理，更好地保护国家和社会的公共利益。行政主体应当在法律许可的范围内，主动、及时、合理地执行和适用法律，发挥自己的能动性，以提高行政的效率、效益和公正性。

（三）单方意志性

行政主体在法律、法规授权范围之内实施行政行为，无须与行政相对人协商，也不必征得行政相对人的同意。行政主体根据法律规定的标准和条件，有权自行决定是否作出某种行为，并可以直接实施该行为。

（四）效力先定性

行政行为一经作出，在没有被有权机关宣布撤销或变更之前，对行政主体和行政相对人以及其他国家机关都具有拘束力，任何社会组织和个人都必须遵守、服从。要否定行政行为的效力，需要经过有权机关（如司法机关）依职权和法定程序审查决定。

（五）无偿性

行政行为以无偿为原则，以有偿为例外。行政主体所追求的是国家和社会公共利益，其对社会公共利益的维护和分配，应当都是无偿的。行政相对人无偿地分担了公共负担（如纳税），因而行政主体行使公共权力、履行法定的职责、为行政相对人提供公共服务，一般应是无偿的，行政相对人无偿地享受服务。当然，当特定行政相对人承担了特别公共负担或分享了特殊公共利益时，应是有偿的。

二、行政行为的分类

依据不同的标准，对行政行为可以予以不同的分类。这里依据行政行为的内容把行政行为分为以下种类。

（一）行政许可

行政许可，是指行政主体根据行政相对人的申请，通过颁发许可证或执照的形式，依法赋予特定行政相对人从事某种活动或实施某种行为的权利和资格的行政行为。我国已经制定了《行政许可法》，专门规制行政许可行为。

（二）行政征收

行政征收，是指行政主体凭借国家行政权，依法向行政相对人强制、无偿地征集一定数额金钱或实物的行政行为。行政征收要严格依照法定程序。我国在许多行政立法中，都涉及了行政征收问题。

我国目前的行政征收方式主要是税收和社会费用：(1) 税收。税收是国家税收机关凭借其行政权力，依法强制、无偿地取得财政收入的一种手段。税收只能由税务机关和海关负责。(2) 社会费用。社会费用是一定行政机关凭借国家行政权所确立的地位，为行政相对人提供一定的公益服务或授予国家资源和资金的使用权而收取的代价。

（三）行政确认

行政确认，是指行政主体依法对行政相对人的法律地位、法律关系或有关法律事实进行甄别，给予确定、认定、证明并予以宣告的行政行为。行政确认的形式主要有确定、认定（认证）、证明、登记、批准、鉴证、鉴定等。

行政确认的内容可分为两个方面：(1) 确认法律事实，如技术鉴定（计算鉴定、医疗事故鉴定、交通责任事故鉴定、产品质量鉴定等）、卫生检疫、抚恤性质和等级的鉴定、公证等；(2) 确认法律关系，如不动产所有权的确认、不动产使用权的确认、合同效力的确认、专利权的确认等。

（四）行政强制

行政强制，是指行政主体为实现行政目的，对行政相对人的财产、身体及自由等予以强制而采取的措施。行政强制主要包括行政强制措施和行政强制执行。我国已制定和实施了《行政强制法》。下文会简要介绍行政强制的具体内容和程序。

（五）行政处罚

行政处罚，是指行政主体依法对行政相对人违反行政法律规范、尚未构成犯罪的行为，给予人身的、财产的、名誉的及其他形式的法律制裁的行政行为。我国已经制定和实施了《行政处罚法》。下文会简要介绍行政处罚的内容及程序。

（六）行政给付

行政给付，是指行政主体在公民年老、疾病、丧失劳动力，以及公民下岗失业、低收入、遭受天灾人祸等特殊情况下，依申请人申请，依照法律规定，赋予其一定物质权益的行政行为。诸如发放抚恤金、特定人员离退休金、社会救济金、社会福利金、自然灾害救济金及救济物资等，都属于行政给付。

（七）行政指导

行政指导，是指行政主体依法作出的，旨在引导行政相对人自愿作为或不作为，以实现行政管理目的的一种非职权行为。行政指导的内容包括说服、建议、协商、奖励、帮助等。行政指导要遵循相应的法律程序。行政指导是一种非强制性的行政行为，有助于通过事前引导、帮助或劝告等方式，避免行政相对人的损失，减少纠纷，从而以更灵活、更积极的方式来实现行政管理的目的。

（八）行政合同

行政合同，是指行政主体以实施行政管理为目的，与行政相对人就有关事项经协商一致而达成的协议。缔结和履行行政合同，要遵循公开竞争、全面履行、公益优先等原则。行政合同的类型繁多，其中包括国家采购订货合同、公用征收合同、国有土地使用合同、企业承包管理合同等。我国于 2002 年制定了《政府采购法》，对作为行政合同之一的政府采购的程序及内容等作了明确规定。

行政合同是现代行政法中较为新型且重要的一种行政管理手段。行政合同也是公民参与国家行政治理的一种新方式。行政合同的推广运用，有利于建立政府与公民的新型关系，减少政府单方命令性的行政安排，使公民与政府能够通过契约合意的方式来减少二者之间的可能矛盾。

（九）行政裁决

行政裁决，是指行政主体依照法律授权，以中立的第三方身份，对平等主体之间发生的、与行政管理密切相关的民事及经济纠纷予以审查并作出裁决的行政行为。

行政裁决的种类主要有：权属纠纷的裁决，如对土地所有权或使用权纠纷的裁决；侵权纠纷的裁决，如对商标权、专利权纠纷的裁决；损害赔偿纠纷的裁决，如对食品卫生、药品管理、环境保护、医疗卫生、产品质量、社会福利等方面纠纷的裁决。我国的《土地管理法》《商标法》《专利法》《著作权法》等法律法规对行政裁决问题作了规定。

此外，行政行为还包括行政征用、行政委托、行政调解、行政复议等，这里就不一一介绍了。下文将简要介绍上面提到的其中几种行政行为以及相应的行政程序。

三、行政行为的法律效力

行政行为的法律效力，大致有以下几个方面。

（一）拘束力

行政行为的拘束力，是指行政行为具有法律规定的或行政机关所决定的法律效果，行政机关和行政相对人都必须尊重并遵守之。行政机关有执行所作出行政行为的义务；行政相对人也必须履行行政行为所规定的义务，而不能以这样或那样的借口推诿、拖延。

（二）公定力

行政行为的公定力，指行政行为即使被认为是违法的，在有权机关予以撤销或变更之前，行政相对人及其他人也不能以任何借口否认其存在，必须姑且视其具有行政行为的效力。也就是说，只要行政相对人没有向复议机关申请复议，由有权行政机关作出撤销或变更行政行为的决定或确认该行为违法，也没有向法院提起诉讼，由法院作出撤销判决或部分撤销判决，那么行政行为即使违法，在事实上也依然具有效力。

（三）执行力

行政行为的执行力，是指行政行为生效后，行政主体有权采取一定手段，使行政行为的内容得以实现的效力。当行政相对人不履行其应该履行的法定义务时，行政主体可依法强制其实现该义务的履行。这种行政强制执行是行政主体依职权行使行政权力的一种形式，不需要事先得到法院的判决。

四、行政许可

行政许可是行政机关依法对社会、经济事务实行事前监督管理的一种重要手段。行政许可法对于促进行政审批制度改革、进一步推进行政管理体制改革、从源头上预防和治理腐败，具有重要意义。行政许可制度虽有其不可或缺的积极作用，但行政许可不当也有其消极作用，如可能抑制竞争，降低行政效率和行政效益，滋生行政腐败，助长权钱交易等，因而，必须对行政许可予以严格法律规制。2003 年第十届全国人大常委会第四次会议通过《行政许可法》。2019 年全国人大常委会对该法予以修正。行政许可法所要规范的行政许可，是指行政机关根据公民、法人或者其他组织提出的申请，经依法审查，准予其从事特定活动，认可其资格、资质或者确立其特定主体资格、特定身份的行为。有关行政机关对其他机关或者机关内部人事、财务、外事等事项的审批（属于行政机关内部行为），以及经登记确认特定民事权利义务关系、特定事实，不适用该法。

（一）行政许可的设定权

设定行政许可，应当遵循经济和社会发展规律，有利于调动公民、法人或者其他组织的积极性、主动性，维护公共利益和社会秩序，促进经济、社会和生态环境协调发展。设定和实施行政许可，应当依照法定的权限、范围、条件和程序，应当遵循公开、公平、公正、非歧视的原则。

行政许可的设定包括以下几种：（1）依法律设定行政许可；（2）尚未制定法律的，可依行政法规设定行政许可，必要时，国务院可以采用发布决定的方式设定行政许可；（3）尚未制定法律、行政法规的，可依地方性法规设定行政许可；（4）尚未制定法律、行政法规和地方性法规的，因行政管理的需要，确需立即实施行政许可的，省、自治区、直辖市人民政府规章可以设定临时性的行政许可。

（二）设定行政许可的事项

按照《行政许可法》的规定，可以设定行政许可的事项主要包括：（1）直接涉及国家安全、公共安全、经济宏观调控、生态环境保护以及直接关系人身健康、生命财产安全等特定活动，需要按照法定条件予以批准的事项；（2）有限自然资源开发利用、公共资源配置以及直接关系公共利益的特定行业的市场准入等，需要赋予特定权利的事项；（3）提供公众服务并且直接关系公共利益的职业、行业，需要确定具备特殊信誉、特殊条件或者特殊技能等资格、资质的事项；（4）直接关系公共安全、人身健康、生命财产安全的重要设备、设施、产品、物品，需要按照技术标准、技术规范，通过检验、检测、检疫等方式进行审定的事项；（5）企业或者其他组织的设立等，需要确定主体资格的事项；（6）法律、行政法规规定可以设定行政许可的其他事项。

以上所列事项，通过下列方式能够予以规范的，可以不设行政许可：公民、法人或者其他组织能够自主决定的，市场竞争机制能够有效调节的，行业组织或者中介机构能够自律管理的，行政机关采用事后监督等其他行政管理方式能够解决的。

（三）行政许可设定权的限制

关于对行政许可设定权的限制，《行政许可法》规定：（1）地方性法规和省、自治区、直辖市人民政府规章，不得设定应当由国家统一确定的公民、法人或者其他组织的资格、资质的行政许可；（2）不得设定企业或者其他组织的设立登记及其前置性行政许可；（3）其设定的行政许可，不得限制其他地区的个人或者企业到本地区从事生产经营和提供服务，不得限制其他地区的商品进入本地区市场；（4）法规、规章对实施上位法设定的行政许可作出的具体规定，不得增设行政许可，对行政许可条件作出的具体规定，不得增设违反上位法的其他条件；（5）除法律、行政法规、地方性法规、规章之外，其他规范性文件一律不得设定行政许可。

《立法法》也作出了相关规定。该法第 91 条规定，没有法律或者国务院的行政法规、决定、命令的依据，部门规章不得设定减损公民、法人和其他组织权利或者增加其义务的规范，不得增加本部门的权力或者减少本部门的法定职责。第 93 条规定，没有法律、行政法规、地方性法规的依据，地方政府规章不得设定减损公民、法人和其他组织权利或者增加其义务的规范。

（四）行政许可的实施程序

行政许可的实施程序主要有以下几个步骤。

（1）申请与受理。按照相应的程序申请许可，需要填写书面申请书。符合基本申请条件的，行政机关应当予以受理。

（2）审查与决定。行政机关对行政许可申请进行审查后，除当场作出行政许可决定的外，应当在法定期限内按照规定程序作出行政许可决定。

（3）期限。除可以当场作出行政许可决定的外，行政机关应当自受理行政许可申请之日起 20 日内作出行政许可决定。

（4）听证。对于法律、法规、规章规定实施行政许可应当听证的事项，或者行政机关认为需要听证的其他涉及公共利益的重大行政许可事项，行政机关应当向社会公告，并举行听证。

（5）变更与延续。被许可人要求变更行政许可事项的，应当向作出行政许可决定的行政机关提出申请；符合法定条件、标准的，行政机关应当依法办理变更手续。行政机关应当根据被许可人的申请，在该行政许可有效期届满前作出是否准予延续的决定；逾期未作决定的，视为准予延续。

案例

某省卫生厅向全省所有医院下发文件，规定：凡是在本省医院销售的药品，必须在该省卫生厅办理“登记”手续，否则，医院不得采购。某药品生产企业将其刚投入试产的新药到该省卫生厅备案，结果该省卫生厅要求其提交营业执照等资质文件十余种，并指出其中的3份资质文件不合格，不能办理登记手续，也不能在该省的医疗机构销售。此药品生产企业认为该省卫生厅违法设定行政许可，遂将其告上法庭。

在本案中，该省卫生厅设置的所谓“许可”没有法律根据，是违法设置许可，法院应当判决撤销许可。

五、行政处罚

行政处罚是行政机关行使国家惩罚权的活动；行政处罚是处理公民、法人或其他组织违法行为的管理活动，不同于行政机关对行政机关工作人员的行政处分；行政处罚是维护国家行政管理秩序的行政行为，不同于惩罚犯罪的刑罚。

1996年第八届全国人民代表大会第四次会议通过了《行政处罚法》，2009年、2017年、2021年该法有修正。《行政处罚法》的立法宗旨是，规范行政处罚的设定和实施，保障和监督行政机关有效实施行政管理，维护公共利益和社会秩序，保护公民、法人或者其他组织的合法权益。

行政处罚应当遵循公正、公开的原则；设定和实施行政处罚必须以事实为依据，与违法行为的事实、性质、情节以及社会危害程度相当；实施行政处罚，应当坚持处罚与教育相结合，教育公民、法人或者其他组织自觉守法；公民、法人或者其他组织对行政机关所给予的行政处罚享有陈述权、申辩权，对行政处罚不服的，有权依法申请行政复议或者提起行政诉讼。

（一）行政处罚的种类

行政处罚的种类有：（1）警告；（2）罚款；（3）没收违法所得，没收非法财物；（4）责令停产停业；（5）暂扣或吊销许可证，暂扣或吊销执照；（6）行政拘留；（7）法律、行政法规规定的其他行政处罚。

行政处罚直接关系到行政相对人的人身自由、生产经营和财产权益，因此，设定行政处罚，必须严格按法律规定或基于法律的授权进行。《行政处罚法》规定：法律可以设定各种行政处罚；限制人身自由的行政处罚，只能由法律规定；行政法规可以设定除限制人身自由以外的行政处罚；法律对违法行为已经作出行政处罚规定，行政法规需要作出具体规定的，必须在法律规定的给予行政处罚的行为、种类和幅度的范围内规定。该法也对地方性法规、规章的行政处罚设定权作了规定，此外，还规定除法律、法规、规章外，其他规范性文件不得设定行政处罚。

（二）行政处罚的实施机关及管辖

行政处罚由具有行政处罚权的行政机关在法定职权范围内实施，行政处罚由违法行为发生地的县级以上地方人民政府具有行政处罚权的行政机关管辖，法律、行政法规另有规定的除外。

行政处罚的管辖原则有层级管辖、共同管辖和指定管辖。所谓层级管辖，《行政处罚法》规定，行政处罚由违法行为发生地的县级以上地方人民政府具有行政处罚权的行政机关管辖。共同管辖是指两个以上行政机关对同一违法行为均享有行政处罚权。共同管辖一般由相关机关达成协议或依惯例解决，或依“谁先查处，谁处罚”的原则进行。如仍无法消除机关间的争议，可报请共同上级行政机关指定管辖。

（三）行政处罚的程序

行政处罚的程序由决定程序与执行程序两部分组成，其中，决定程序是整个行政处罚程序的关键环节。决定程序的形式主要包括以下几种。

1. 简易程序

简易程序，也称当场处罚程序，是指行政机关或法律、法规授权的组织对于符合法定条件的行政处罚事项当场作出行政处罚决定的处罚程序；一般适用于违法事实确凿、有法定依据、给予较少数额罚款或警告的行政处罚。《行政处罚法》第 51 条第一句规定：“违法事实确凿并有法定依据，对公民处以二百元以下、对法人或者其他组织处以三千元以下罚款或者警告的行政处罚的，可以当场作出行政处罚决定。”

2. 一般程序

一般程序，即普通程序，是除法律特别规定应当适用简易程序和听证程序以外，行政处罚通常应适用的程序。除《行政处罚法》第 51 条规定的可以当场作出的行政处罚外，行政机关发现公民、法人或者其他组织有依法应当给予行政处罚的行为的，必须全面、客观、公正地调查、收集有关证据；必要时，依照法律、法规的规定，可以进行检查。这种情况下，就要运用一般程序。一般程序主要包括以下几个阶段：立案，调查取证，告知当事人，听取当事人的陈述和申辩或举行听证，作出处罚决定，制作行政处罚决定书，送达行政处罚决定书，等等。

3. 听证程序

行政法上的听证程序是一般程序中的特殊程序。听证程序是指行政机关为了查明案件事实，合法地作出行政决定，公开举行由全部利害关系人参加的听证会，听取各方意见的专门程序。行政机关在作出责令停产停业、吊销许可证或执照、较大数额罚款等行政处罚决定之前，应当告知当事人有要求举行听证的权利。当事人要求听证的，行政机关应当组织听证。

听证程序的主要环节包括：（1）当事人要求听证的，应当在行政机关告知后 5 日内提出。（2）行政机关应当在听证的 7 日前，通知当事人举行听证的时间、地点。（3）除涉及国家秘密、商业秘密或者个人隐私外，听证公开举行。（4）听证由行政机关指定的非本案调查人员主持；当事人认为主持人与本案有直接利害关系的，有权申请回避。（5）当事人可以亲自参加听证，也可以委托一至二人代理。（6）举行听证时，调查人员提出当事人违法的事实、证据和行政处罚建议；当事人进行申辩和质证。（7）听证应当制作笔录，笔录应当交当事人审核无误后签字或者盖章。

（四）治安管理处罚

治安管理处罚是一种典型的行政处罚，与人们的日常生活密切相关。2005 年第十届全国人大常委会第十七次会议通过了《治安管理处罚法》，2012 年第十一届全国人大常委会对该法进行了修正。

《治安管理处罚法》旨在维护社会治安秩序，保障公共安全，保护公民、法人和其他组织的合法权益，规范和保障公安机关及其人民警察依法履行治安管理职责。该法主要针对是扰乱公共秩序、妨害公共安全、侵犯人身及财产权利、妨害社会管理的，尚不构成刑事犯罪的行政违法行为。公安机关实施治安管理处罚，必须以事实为依据，与违反治安管理行为的性质、情节以及社会危害程度相当；应当公开、公正，尊重和保障人权，保护公民的人格尊严；办理治安案件应当坚持教育与处罚相结合的原则。

1. 违反治安管理的行为

依《治安管理处罚法》的规定，应当处罚的行为主要有以下几类。

（1）扰乱公共秩序的行为。这是指故意在公共场所闹事，堵塞交通，抗拒、阻碍国家治安管理人员执行任务，尚不够刑事处罚的行为，如妨碍国家工作人员依法执行公务，扰乱文化、体育比赛等大型群众性活动的秩序等。

（2）妨害公共安全的行为。这是指故意或过失可能给不特定多数人的生命、健康和公私财产安全造成损失的行为，如非法携带、存放枪支弹药等。

（3）侵犯人身权利的行为。这是指故意侵犯他人人身权利和其他与人身有关的权利，危害较小，尚不够刑事处罚的行为，如殴打他人造成轻微伤害，强迫他人劳动以及用暴力威胁他人劳动，偷窥、偷拍他人卧室、浴室等隐私场所或者窃听他人隐私，等等。

（4）侵犯财产权利的行为。这是指故意非法将公私财物据为己有或将财物破坏，情节轻微，尚不够刑事处罚的行为，如偷窃、骗取、抢夺少量公私财物，破坏计算机网络系统，冒领、隐匿、毁弃、私自开拆或者非法检查他人邮件等行为。

（5）妨害社会管理的行为。这是指故意妨害国家机关的正常管理活动和妨害社会秩序，情节轻微，尚不够刑事处罚的行为，如明知是赃物而购买，非法种植、运输、存放、使用罂粟壳，赌博，制作、复制、出售淫秽录像等行为。

2. 治安管理处罚的种类

（1）警告。这是治安管理处罚中最轻的一种，一般适用于初犯、偶犯和情节特别轻微的人。

（2）罚款（1 元以上 200 元以下）。但是，对于卖淫、嫖娼和引诱、容留、介绍他人卖淫等必须严厉禁止的行为，可处以 5 000 元以下罚款。

（3）行政拘留（1 日以上 20 日以下）。对两种以上违反治安管理行为的拘留合并执行的，最长不超过 30 日。

（4）吊销公安机关发放的许可证。

（5）对违反治安管理的外国人，可以附加适用限期出境或者驱逐出境。

3. 治安管理处罚的执行

治安管理处罚的执行机关是市、县公安局、公安分局或者相当于县一级的公安机关，如铁路等部门的公安机关。治安管理处罚的程序有两种：一是简易程序，即对于情节较轻的，可以当场处罚。二是普通程序，包括传唤、讯问、取证、裁决等环节。

《治安管理处罚法》规定：对于违反治安管理行为人，公安机关传唤后应当及时询问查证，询问查证的时间不得超过 8 小时；情况复杂，依法可能适用行政拘留处罚的，询问查证的时间不得超过 24 小时。

治安管理处罚的裁决由公安机关执行，由被裁决人所在单位和常住地公安派出所协助执行。为体现对违反治安管理的未成年人重在教育的精神，《治安管理处罚法》规定，不满 14 周岁的人违反治安管理的，不予处罚，但是应当责令其监护人严加管教；已满 16 周岁不满 18 周岁，初次违反治安管理的，或者已满 14 周岁不满 16 周岁的，不执行行政拘留处罚。

被处罚人对治安管理处罚决定不服的，可以依法申请行政复议或者提起行政诉讼。在申请行政复议或提起行政诉讼期间，原裁决继续执行。

（五）其他主要的违反行政管理的行为

（1）违反消防管理的行为。这是指违反国家对火灾的预防和扑救等工作的管理规定的行为，如在有易燃、易爆物品的地方吸烟、使用明火等。

（2）违反交通管理的行为。这是指违反国家和地方有关交通管理方面的法律、法规等行为，如非法驾驶不合安全要求的机动车辆等。

（3）违反户口管理的行为。这是指违反国家及地方关于户口或居民身份证管理的法律、法规的规定或拒绝公安机关依法管理，依法应予处罚的行为，包括假报户口、冒用他人户口证件等。

（4）违反国家安全管理的行为。这是指国家及地方有关维护国家安全管理的法律、法规的规定的行为，如进行网络攻击、网络入侵、散布谣言破坏民族宗教关系等。

（5）违反证券监督管理的行为。这是指禁止的交易行为，如违法出借自己的证券账户或者借用他人的证券账户从事证券交易等。

以上行为均应按照相关法律、法规的规定接受行政处罚。

六、行政强制

行政强制权是行政机关的一项重要权力。行政强制权既涉及行政管理效率，又涉及对公民人身权、财产权的限制。行政强制制度主要包括行政强制措施和行政强制执行。2011 年第十一届全国人大常委会第二十一次会议通过了《行政强制法》。行政强制法律制度对于保障和监督行政机关严格依法行政，维护公共利益和社会秩序，保护公民、法人和其他组织的合法权益具有重要意义。

（一）设定和实施行政强制的基本原则

1. 法定性原则

法定性原则是指，行政强制的设定和实施，应当依照法定的权限、范围、条件和程序。行政机关实施强制的一切行为，都应当有明确的法律根据。没有法律根据而设定或实施的行政强制，是无效的，也是违法的。

2. 适当性原则

适当性原则要求，行政强制的设定和实施，应当适当，并体现比例原则。具体而言，这要求：（1）节制性，即在采取非行政强制措施能实现行政目的时，应当优先采取非行政强制措施；（2）必要性，即采取行政强制手段为实现行政目的所必需；（3）最小损害性，即在能达到行政目的的前提下，应当采取对当事人损害最小的措施，比如，选择行政强制执行手段时要适当，要优先适用代履行、执行罚等间接强制，间接强制无法实现行政目的的，才适用直接强制执行。

3. 教育与强制相结合原则

这一原则要求，行政强制实施过程中，应当充分发挥教育的功能，促使行政相对人主动履行法律义务。如违法行为轻微或者没有明显社会危害，可以不采取行政强制措施；又如，作出行政强制执行决定前，应当先行催告等。这些都体现了该原则。

4. 禁止谋私利原则

这一原则要求，行政机关及其工作人员不得利用行政强制权为单位或者个人谋取利益。行政强制是国家权力的依法运用，应当以维护国家利益和社会公共利益、公共秩序为目标，应以尊重保障人权及合法权益为基本遵循，而不能公权私用、以权谋私。行政强制中的公权私用既严重损害行政强制的公正性、合法性，也损害行政相对人的合法权益。

5. 权利救济原则

这一原则要求：公民、法人或者其他组织对于行政机关实施行政强制，享有陈述权、申辩权；有权依法申请行政复议或者提起行政诉讼；因行政机关违法实施行政强制受到损害的，有权依法要求赔偿。公民、法人或者其他组织因法院在强制执行中有违法行为或者扩大强制执行范围而受到损害的，有权依法要求赔偿。

（二）行政强制措施

行政强制措施，是指行政机关在行政管理过程中，为了制止违法行为、防止证据毁损、避免危害发生、控制危险扩大等，依法对公民的人身自由实施暂时性限制，或者对公民、法人或者其他组织的财物实施暂时性控制的行为。其特点是：（1）行政强制措施是临时性的行政行为。如：扣押财物，期限不得超过 30 日；情况复杂的，经行政机关负责人批准，可以延长 30 日，法律、行政法规对期限另有规定的除外。（2）行政强制措施是保障确定义务的行政决定作出的行政行为，比如，它为了保证行政处罚决定公正而作出。

1. 行政强制措施的种类

我国行政强制措施主要有以下几种：(1) 限制公民人身自由。如盘问、留置、约束、立即拘留、拘留审查、强制带离现场、强制戒毒、收容教育等，这种限制人身自由的行政强制与行政处罚、刑事强制措施不同，实施的机构也多种多样，如戒严实施机关、公安机关、公安交通管理部门、海关、军事设施管理单位。(2) 查封场所、设施或者财物，如封存、加封、暂时性封存、先行登记保存等。目的是为查处违法行为固定证据。(3) 扣押财物，冻结存款、汇款。(4) 其他行政强制措施。

2. 行政强制措施的设定

设定行政强制措施的权限及法律根据主要包括：(1) 依据法律设定行政强制措施。第一，法律可以设定各种行政强制措施。第二，限制人身自由、冻结存款和汇款以及涉及公民住宅和通信自由的行政强制措施，只能由法律设定。第三，法律对行政强制措施的对象、条件、种类作了规定的，行政法规、地方性法规不得作出扩大规定。第四，法律中未设定行政强制措施的，行政法规、地方性法规不得设定行政强制措施。(2) 依据行政法规设定行政强制措施。尚未制定法律，而且属于国务院行政管理职权事项的，行政法规可以设定查封场所、设施和财物，扣押财物，以及应当由法律规定的限制人身自由、冻结存款/汇款、涉及公民住宅和通信自由以外的其他行政强制措施。(3) 依据地方性法规设定行政强制措施。尚未制定法律、行政法规，且属于地方性事务的，地方性法规可以设定查封场所、设施或者财物，扣押财物的行政强制措施。(4) 禁止性规定。法律、法规以外的规范性文件一律不得设定行政强制措施。

3. 行政强制措施的实施程序

行政强制措施的实施程序应体现正当程序原则的要求。其中，一般程序主要包括：(1) 决定主体与执行主体的分离。除情况紧急，需要当场实施行政强制措施，应当在事后 24 小时内向行政机关负责人批准补办手续外，实施行政强制措施必须事先向行政机关负责人书面或者口头报告并经批准。(2) 公开。行政强制措施要由两名以上的执法人员实施，并表明身份。(3) 告知。实施行政强制措施，要说明理由并当场告知当事人，包括实施行政强制措施的理由、依据以及当事人依法享有的权利、救济途径。(4) 听取当事人的申辩和意见。

法律中对限制人身自由、查封、扣押和冻结等还分别作了更详细的规定。

（三）行政强制执行

行政强制执行，是指行政机关或者行政机关申请法院，对于不按时依法履行行政决定的公民、法人或者其他组织，依法强制履行义务的行为。

1. 行政强制执行的种类

行政强制执行大致可以分为直接强制和间接强制。

直接强制包括：(1) 划拨存款、汇款；(2) 拍卖或者依法处理查封、扣押的场所、设施或者财物；(3) 排除妨碍、恢复原状；(4) 其他强制执行方式，如强制停产、强制收购、强制服兵役等。

间接强制包括：(1) 执行罚。这主要是指加处罚款或者滞纳金。执行罚，是指义务人逾期不履行行政法义务，由行政机关迫使义务人缴纳强制金以促使其履行义务的强制执行制度。执行罚主要适用于当事人不履行不作为义务、不可由他人替代的义务，如特定物的给付义务或者与人身有关的义务等。(2) 代履行。代履行，是指义务人逾期不履行行政法义务，由他人代为履行可以达到相同目的的，行政机关可以自己代为履行或者委托第三人代为履行，向义务人征收代履行费用的强制执行制度。代履行主要适用于该行政法义务属于可以由他人代替履行的作为义务，如排除障碍、强制拆除等。

2. 行政强制执行的程序

行政强制执行的一般程序主要包括：(1) 行政机关在作出强制执行决定前，应当事先催告当事人履行义务。(2) 当事人收到催告书后有权进行陈述和申辩。行政机关应当充分听取当事人的意见，对当事人提出的事实、理由和证据，进行记录、复核。(3) 经催告，当事人逾期仍不履行行政决定，且无正当理由的，行政机关可以作出行政强制执行决定。(4) 催告书、行政强制执行决定书应当直接送达当事人。(5) 遇到相应情况时，可以中止执行或者终结执行。

案例

张某系一个体工商户，经营一个小食品店，一直未向税务机关交足税款。此事被乡政府在一次对市场经营的食品质量的检查中发现。乡政府以自己的名义给张某下达两次补交税款 1 100 元的通知，张某均未按通知补税。乡政府扣押了张某的一台电冰箱与部分食品，当时未办理任何手续。张某对此不服，向县人民法院提起诉讼。县人民法院受理此案。

在本案中，乡人民政府的行为属于超越职权，县人民法院应当撤销其具体行政行为，将扣押张某的财产返还。本案中张某在纳税上的违法行为，应当由税务机关处理，乡政府对此处理违反了行政职权的分工负责原则，是超越职权的违法行为。乡政府作出扣押行为的程序也违法。另外，对张某不按规定纳税的违法行为，县人民法院可以将其移送给对此案有管辖权的税务机关进行处理。

第四节　行政救济

一、行政救济的概念及种类

（一）行政救济的概念

行政救济是国家为了排除行政行为对公民、法人或其他组织的合法权益造成的侵害而采取的各种事后法律补救手段和措施。这种制度对于及时排除行政不法行为、维护和补救行政相对人的合法权益、监督和保障行政主体行政职权的行使、维护社会的公正与安定、促进民主政治的发展，都有重要的作用。

（二）行政救济的种类

行政救济主要包括行政赔偿、行政补偿、行政复议、行政诉讼等，在更广泛的意义上，还可以包括请愿、声明异议、申诉、改正错误等。

1. 行政赔偿

行政赔偿，是指行政机关及其工作人员违法行使职权侵犯公民、法人或其他组织的合法权益，由国家给予受害人的赔偿。我国在《国家赔偿法》中规定了行政赔偿的相关制度，下文将简要介绍。

2. 行政补偿

行政补偿，是指行政机关及其工作人员在行使职权的过程中，因其合法行为给无义务的特定公民、法人或者其他组织的合法权益造成损害，依法由国家给予的补偿。行政补偿的主要特点是：它是对因合法行使行政职权而造成的损害所给予的补救；它是为了公共利益不得已才损害了相关的利益，作为受损害的行政相对人并没有特别的义务承受这一负担；它主要是一种财产上的补偿，且一般是事前补偿。

我国法律法规规定了一些应给予行政补偿的情形：土地征用、房屋拆迁、军事征调、公用征收、公用征调（如因防震、防汛等事件而对财物或人力的紧急征用）、公务合作行为（如公民或组织因协助人民警察执行职务而造成人身或财产损失的，可给予抚恤或补偿）等。

我国对行政合法行为所造成的损失一般给予相应补偿、合理补偿或适当补偿。如《防洪法》第45条规定："在紧急防汛期，防汛指挥机构根据防汛抗洪的需要，有权在其管辖范围内调用物资、设备、交通运输工具和人力……依照前款规定调用的物资、设备、交通运输工具等，在汛期结束后应当及时归还；造成损坏或者无法归还的，按照国务院有关规定给予适当补偿或者作其他处理……"

3. 行政复议

行政复议是行政机关系统内部自我监督的一种主要形式，也是行政相对人对其被侵犯权益的一种救济手段。我国已制定《行政复议法》，对行政复议制度和程序进行了详细规定。下文将作简要介绍。

4. 行政诉讼

行政诉讼，是指公民、法人或者其他组织在认为行政机关或者法律、法规授权的组织所作出的行政行为侵犯自己的合法权益时，依法定程序向人民法院起诉，由人民法院对争议问题进行审理并作出裁决的活动。我国已经制定了《行政诉讼法》，详细规定了行政诉讼的制度和程序。本书第十一章将对行政诉讼制度予以介绍。

二、行政复议

行政复议，是指公民、法人或其他组织认为行政机关的具体行政行为侵犯其合法权益，按照法定的程序与条件向作出该行政行为的上一级行政机关提出申请，受理该申请的行政机关对该行政行为进行复查，并作出复议决定的活动。1999 年第九届全国人大常委会第九次会议通过《行政复议法》，2009 年、2017 年、2023 年全国人大常委会对该法有修正和修订。2007 年国务院制定了《行政复议法实施条例》，对《行政复议法》的相关规定进行了细化。

《行政复议法》的基本宗旨是，防止和纠正违法的或者不当的具体行政行为，保护公民、法人和其他组织的合法权益，保障和监督行政机关依法行使职权。行政复议机关履行行政复议职责，应当遵循合法、公正、公开、及时、便民的原则，坚持有错必纠，保障法律、法规的正确实施。

（一）行政复议的范围

公民、法人或其他组织对行政机关作出的大部分行政行为可以申请复议。行政复议法规定了可申请复议的 15 种情形，包括：（1）对行政机关作出的行政处罚决定不服；（2）对行政机关作出的行政强制措施、行政强制执行决定不服；（3）申请行政许可，行政机关拒绝或者在法定期限内不予答复，或者对行政机关作出的有关行政许可的其他决定不服；（4）对行政机关作出的确认自然资源的所有权或者使用权的决定不服；（5）对行政机关作出的征收征用决定及其补偿决定不服；（6）对行政机关作出的赔偿决定或者不予赔偿决定不服；（7）对行政机关作出的不予受理工伤认定申请的决定或者工伤认定结论不服；（8）认为行政机关侵犯其经营自主权或者农村土地承包经营权、农村土地经营权；（9）认为行政机关滥用行政权力排除或者限制竞争；（10）认为行政机关违法集资、摊派费用或者违法要求履行其他义务；（11）申请行政机关履行保护人身权利、财产权利、受教育权利等合法权益的法定职责，行政机关拒绝履行、未依法履行或者不予答复；（12）申请行政机关依法给付抚恤金、社会保险待遇或者最低生活保障等社会保障，行政机关没有依法给付；（13）认为行政机关不依法订立、不依法履行、未按照约定履行或者违法变更、解除政府特许经营协议、土地房屋征收补偿协议等行政协议；（14）认为行政机关在政府信息公开工作中侵犯其合法权益；（15）认为行政机关的其他行政行为侵犯其合法权益。

公民、法人或者其他组织认为行政机关的行政行为所依据的下列规范性文件不合法，在对行政行为申请行政复议时，可以一并向行政复议机关提出对该规范性文件的附带审查申请：（1）国务院部门的规范性文件；（2）县级以上地方各级人民政府及其工作部门的规范性文件；（3）乡、镇人民政府的规范性文件；（4）法律、法规、规章授权的组织的规范性文件。前述所列规范性文件不含规章。规章的审查依照法律、行政法规办理。

（二）行政复议的管辖

行政复议的管辖主要有以下几个方面的规定。

（1）对县级以上各级人民政府工作部门的具体行政行为不服的，由申请人选择，可以向该部门的本级人民政府申请行政复议，也可以向上一级主管部门申请行政复议。对海关、金融、国税、外汇管理等实行垂直领导的行政机关和国家安全机关的行政行为不服的，向上一级主管机关申请行政复议。

(2) 对地方各级人民政府的具体行政行为不服的，向上一级人民政府申请复议。对省、自治区人民政府依法设立的派出机关下属的县级地方人民政府的行政行为不服的，向该派出机关申请行政复议。

(3) 对县级以上地方人民政府依法设立的派出机关的行政行为不服的，向设立该派出机关的人民政府申请复议。对法律、法规授权的组织的行政行为不服的，分别向直接管理该组织的地方人民政府、地方人民政府工作部门或国务院部门申请行政复议。

(三) 行政复议程序

行政复议程序包括申请与受理程序、审理与决定程序和执行程序。

1. 申请与受理程序

行政复议的申请一般应采用书面形式。行政复议申请应自知道该行政行为之日起 60 日内提出，但法律规定超过 60 日的除外。复议期间不停止行政行为的执行是行政复议的原则。

公民、法人或其他组织提出行政复议申请后，行政复议机关通过审查，认为该申请符合立案条件的，应当立案受理；凡不符合条件的，应当裁定不予受理，并告知行政复议申请人不予受理的理由。

2. 审理与决定程序

行政复议机关受理复议申请后，应全面审查行政行为所依据的事实和规范性文件，并最终作出复议决定。审理程序主要包括被申请人的答辩、书面复议及撤回复议申请。

行政复议机关通过对案件的审理，应当就有关行政争议作出结论性决定，并按照决定内容作出行政复议决定书。行政复议决定主要包括：(1) 决定维持行政行为；(2) 决定被申请人履行法定职责；(3) 决定撤销、变更该行政行为或确认该行政行为违法，并责令重新作出行政行为。

3. 执行程序

行政复议机关作出行政复议决定，应当制作行政复议决定书，并加盖印章。行政复议决定书一经送达，即发生法律效力。被申请人应当履行行政复议决定。

申请人对行政复议决定不服的，可向人民法院提起行政诉讼。《行政诉讼法》第 45 条规定："公民、法人或者其他组织不服复议决定的，可以在收到复议决定书之日起十五日内向人民法院提起诉讼。复议机关逾期不作决定的，申请人可以在复议期满之日起十五日内向人民法院提起诉讼。法律另有规定的除外。"

三、行政赔偿

我国已经建立国家赔偿制度，国家赔偿通常分为行政赔偿和刑事赔偿。1994 年第八届全国人大常委会第七次会议通过《国家赔偿法》。2010 年、2012 年该法有修正。

《国家赔偿法》的立法宗旨是，保障公民、法人和其他组织享有依法取得国家赔偿的权利，促进国家机关依法行使职权。当国家机关及其工作人员违法行使职权而侵犯公民、法人或其他组织的合法权益并造成损害时，受害人可依据该法取得国家赔偿。

这里就行政赔偿作简要介绍。行政赔偿，是指行政机关及其工作人员在行使职权过程中违法侵犯公民、法人或其他组织的合法权益并造成损害，国家对此所给予的赔偿。行政赔偿与行政补偿、民事赔偿以及司法赔偿等制度有所区别。

（一）行政赔偿的赔偿范围

1. 侵害人身权的行政赔偿范围

行政机关及其工作人员在行使行政职权时有下列侵犯人身权情形之一的，受害人有取得赔偿的权利：（1）违法拘留或者违法采取限制公民人身自由的行政强制措施的；（2）非法拘禁或者以其他方法非法剥夺公民人身自由的；（3）以殴打、虐待等行为或者唆使、放纵他人以殴打、虐待等行为造成公民身体伤害或者死亡的；（4）违法使用武器、警械造成公民身体伤害或者死亡的；（5）造成公民身体伤害或者死亡的其他违法行为。

2. 侵害财产权的行政赔偿范围

行政机关及其工作人员在行使行政职权时有下列侵犯财产权情形之一的，受害人享有取得赔偿的权利：（1）违法实施罚款、吊销许可证和执照、责令停产停业、没收财物等行政处罚的；（2）违法对财产采取查封、扣押、冻结等行政强制措施的；（3）违反国家规定征收、征用财产的；（4）造成财产损害的其他违法行为。

3. 例外情形

国家不承担赔偿责任的情形主要包括：（1）行政机关工作人员与行使职权无关的个人行为；（2）因公民、法人或其他组织自己的行为致使损害发生的；（3）法律规定的其他情形。

（二）行政赔偿请求人和赔偿义务机关

行政赔偿请求人，是指依法享有取得国家赔偿的权利，请求赔偿义务机关确认和履行国家赔偿责任的公民、法人或者其他组织。受害的公民、法人和其他组织有权请求国家赔偿。若受害公民死亡，其继承人和其他有扶养关系的亲属有权要求赔偿。若受害的法人或其他组织终止，承受其权利的法人或其他组织有权要求赔偿。

赔偿义务机关，即侵犯公民、法人和其他组织的合法权益并造成损害的行政机关。两个以上行政机关共同侵权的，共负赔偿义务。法律、法规授权的组织侵权的，被授权的组织为赔偿义务机关。受行政机关委托的组织或个人行使受委托的权力时侵权的，委托的行政机关为赔偿义务机关。经行政复议机关复议的，最初实施侵权行为的行政机关为赔偿义务机关，但行政复议机关的复议决定加重损害的，行政复议机关对加重的部分履行赔偿义务。

（三）行政赔偿的程序

行政赔偿请求的提出与实现有两种途径：一是受害人单独提出行政赔偿请求，二是受害人在行政复议、行政诉讼中一并提出。

受害人单独提出行政赔偿请求的，应当首先向赔偿义务机关提出，赔偿义务机关拒绝受理赔偿请求、在法定期限内不作出决定的，受害人可以提起行政诉讼。与一并提出行政赔偿请求的程序相比较，单独提出行政赔偿请求程序的特点是经过赔偿义务机关的先行处理。先行处理程序是指赔偿请求人请求损害赔偿时，先向有关的赔偿义务机关提出赔偿请求，双方就有关赔偿的范围、方式、金额等事项进行自愿协商或由赔偿义务机关决定，从而解决赔偿争议的程序。

一并提出行政赔偿请求的程序，分为行政复议程序和行政赔偿诉讼程序。行政复议法和行政诉讼法分别规定了相应的操作程序。

赔偿义务机关赔偿损失后，应当责令有故意或重大过失的工作人员或者受委托的组织或个人承担部分或全部赔偿的费用。这也被称为行政追偿。对于有故意或重大过失的责任人员，有关机关应当依法给予行政处分；构成犯罪的，应当依法追究刑事责任。

（四）赔偿方式和计算标准

1. 赔偿方式

《国家赔偿法》第 32 条规定：国家赔偿以支付赔偿金为主要方式。能够返还财产或者恢复原状的，予以返还财产或者恢复原状。此外，该法还规定了消除影响、恢复名誉、赔礼道歉、精神损害抚慰金等赔偿方式。

2. 赔偿计算标准

《国家赔偿法》第 33 条和第 34 条分别就计算标准作了规定。侵犯公民人身自由的，每日的赔偿金按照国家上年度职工日平均工资计算。

侵犯公民生命健康权的，赔偿金按照下列规定计算。

（1）造成身体伤害的，应当支付医疗费、护理费，以及赔偿因误工减少的收入。减少的收入每日的赔偿金按照国家上年度职工日平均工资计算，最高额为国家上年度职工年平均工资的 5 倍。

（2）造成部分或者全部丧失劳动能力的，应当支付医疗费、护理费、残疾生活辅助具费、康复费等因残疾而增加的必要支出和继续治疗所必需的费用，以及残疾赔偿金。残疾赔偿金根据丧失劳动能力的程度，按照国家规定的伤残等级确定，最高不超过国家上年度职工年平均工资的 20 倍。造成全部丧失劳动能力的，对于其扶养的无劳动能力的人，还应当支付生活费。

（3）造成死亡的，应当支付死亡赔偿金、丧葬费，总额为国家上年度职工年平均工资的 20 倍。对于死者生前扶养的无劳动能力的人，还应当支付生活费。

赔偿费用，列入各级财政预算，具体办法由国务院规定。赔偿义务机关、复议机关和法院不得向赔偿请求人收取任何费用。

案例

20××年 10 月 11 日晚，王某酒后在某酒店酗酒闹事，砸碎店里玻璃数块。此时某区公安分局太平派出所民警任某、赵某执勤路过酒店，任某等人欲将王某带回派出所处理，王某不从，与任某发生推搡。在双方扭推过程中，王某被推倒，头撞在水泥地上，当时失去知觉，送往医院途中死亡，后被鉴定为颅内出血死亡。20××年 12 月 20 日，王某之父申请国家赔偿。

在本案中，公安机关应当对王某的死亡承担国家赔偿责任。因为公安民警在执行职务过程中与王某发生推搡致王某摔倒死亡，未尽到合理注意义务，其行为构成违法，其行为符合国家赔偿责任构成要件，国家应当承担赔偿责任，虽王某也有过错，但不能免除国家的赔偿责任。

王某的父亲作为王某的近亲属，有权提出国家赔偿请求。赔偿义务机关是某区公安分局。公安机关承担国家赔偿，赔偿方式为支付被害人死亡赔偿金和丧葬费，总额为国家上年度职工年平均工资的 20 倍；对死者生前抚养的无劳动能力的人还应当支付生活费，标准参照当地民政部门有关生活救济规定，被抚养人是未成年人的，支付到 18 周岁为止，对其他无劳动能力的人支付到死亡时止。公安机关对受害人赔偿后，若认为派出所民警具有重大过失，可以责令该民警承担部分或全部赔偿费用。

第五节 行政责任

一、行政责任的概念和特点

行政责任，即行政法律责任，是行政主体及其工作人员因违反行政法律规范或实施不当行政作为而依法必须承担的法律责任。行政责任的基本特点有以下两点。

（一）行政责任是行政主体的责任

行政责任不是行政相对人或其他行政行为主体的责任。行政相对人的权利和义务是一般性的，不是行使国家行政权性质的。行政主体所享有的是行政职权，承担的是行政职责，故行政主体对其行政违法及部分行政不当的行为，依法必须承担法律责任。

（二）行政责任是行政违法或行政不当所引起的法律后果

行政违法和行政不当是行政责任得以形成的前提和根据。行政责任制度的直接目的便是纠正行政违法和行政不当，并补救由此而给行政相对人造成的损害，以及督促行政主体及其工作人员依法行政。

行政违法，是指行政主体所实施的、违反行政法律规范、侵害受法律保护的行政关系，又未构成犯罪的有过错的行为。行政违法可以包括不履行法定职责、超越法定权限、滥用职权、事实依据错误、适用法律法规错误、程序违法和行政侵权等。

行政不当，是指行政主体及其工作人员作出决定虽然合法却不合理、行为内容显失公正的情况。行政不当并不总是引起行政责任，只有某些行政不当才会引起行政责任。

二、追究行政责任的国家机关

（一）权力机关

行政机关是权力机关的执行机关，权力机关有权监督行政机关的活动，有权通过一定程序追究行政机关的法律责任。权力机关追究行政机关的行政责任的主要方式是依法撤销行政机关不适当的决定、命令、法规等。

（二）行政机关

行政机关追究行政责任的情形主要有三种：（1）行政主体的上级主管机关通过监督和检查，以撤销、改变或责令行政主体撤销、改变作出的决定、命令等形式，追究该主体的行政责任；（2）行政复议机关接受复议申请，通过裁决行政争议的方式追究责任；（3）行政主体根据实施违法行政行为的工作人员的主观过错而追究其行政责任。

（三）人民法院

人民法院通过行政诉讼过程可以追究行政机关的行政责任。但人民法院追究行政责任必须以当事人起诉为前提，因而这种追究方式是被动的。人民法院只能追究行政机关的行政责任，不能直接追究行政机关工作人员的行政责任。

三、承担行政责任的方式

行政责任可以分为行政机关的行政责任和行政机关工作人员的行政责任。相应地，行政责任的承担方式，也分为针对行政机关的责任承担方式，以及针对行政机关工作人员的责任承担方式。

行政机关承担行政责任的方式主要有：通报批评；赔礼道歉，承认错误；恢复名誉，消除影响；返还权益，恢复原状；停止违法行政行为；撤销违法决定，撤销违法的抽象行政行为；履行职务，纠正行政不当等。

行政机关工作人员承担行政责任的方式主要有通报批评、赔礼道歉、承认错误、停止违法行为、赔偿损失、行政处分等。

案例

唐某诉永州市劳教管理委员会行政赔偿案

2006 年 10 月，湖南人唐某 11 岁的女儿乐乐失踪。三个多月后，唐某在湖南永州市的一家娱乐场所找到了乐乐，发现乐乐遭到多人强奸，并被逼迫卖淫。唐某认为当地个别民警存在渎职行为，请求法院判处伤害其女儿的犯罪嫌疑人死刑，并严肃处理渎职民警。在随后的 6 年间唐某为此多次上访。2012 年 6 月 5 日，湖南省高级人民法院对其女儿被逼卖淫案作出终审裁定，判处两名被告死刑、四名被告无期徒刑、一名被告有期徒刑 15 年。

2012 年 8 月 2 日，永州市劳教管理委员会（以下简称劳教委）认为，唐某多次扰乱社会秩序，被行政处罚后仍不悔改，继续无理取闹，“缠访”“闹访”，扰乱社会秩序和单位秩序。永州市劳教委决定对其劳动教养 1 年 6 个月。唐某不服该决定，向湖南省劳教委提出书面复议申请。8 月 10 日，湖南省劳教委作出决定，撤销永州市劳教委对唐某的劳教决定。11 月 5 日，唐某向永州市劳教委提出国家赔偿的申请书，要求永州市劳教委赔偿侵犯其人身自由的赔偿金 1 463.85 元，向其书面赔礼道歉，支付精神损害抚慰金 1 000 元。2013 年 1 月 5 日，永州市劳教委作出决定，认为湖南省劳教委撤销其劳教决定，并不是基于劳动教养决定的违法性，而是出于人文关怀，故对唐某不予以国家赔偿。1 月 22 日，唐某对永州市劳教委提起行政诉讼，请求法院支持其获得国家赔偿的要求。湖南省永州市中级人民法院审理后认为，永州市劳教委对唐某的劳教决定事实清楚、证据确凿、程序合法、适用法律正确，只是在作出该决定的具体方式上存在是否合理的问题。同时认定，湖南省劳教委撤销永州市劳教委的劳教决定并非因为永州市劳教委违法行使职权，而是认为其对原告进行训诫、教育更为适宜。该院还认为永州市劳教委作出不予国家赔偿的决定，事实清楚、证据充分、程序合法，应当予以支持。基于此，湖南省永州市中级人民法院判决驳回唐某关于国家赔偿的请求。

唐某上诉。湖南省高级人民法院于 2013 年 7 月作出终审判决，判决唐某胜诉，判决永州市劳教委赔偿唐某侵犯其人身自由的赔偿金 1 641.15 元、精神损害抚慰金 1 000 元。

深度阅读

1. 余凌云．行政法案例分析和研究方法．2 版．北京：清华大学出版社，2019
2. 周佑勇．行政法原论．3 版．北京：北京大学出版社，2018
3. 马怀德，孔祥稳．中国行政法治四十年：成就、经验与展望．法学，2018 (9)
4. 沈岿．论行政法上的效能原则．清华法学，2019 (4)
5. 蒋红珍．正当程序原则司法适用的正当性：回归规范立场．中国法学，2019 (3)
6. 黄建武．论法治政府司法保障制度的完善．东方法学，2015 (1)
7. 吴亮．黑车取证的执法困境及其出路．清华法学，2016 (1)
8. 卡罗尔·哈洛．全球行政法：原则和价值的追问．徐霄飞，译//清华法治论衡：第 14 辑．北京：清华大学出版社，2011

问题与思考

一、思考题

1. 我国行政法的基本原则是什么？
2. 我国国家公务员管理的重要法律制度有哪些？
3. 我国行政行为的主要种类有哪些？
4. 我国行政处罚的主要种类有哪些？你对我国行政处罚实施的现状有何评论？

5. 我国关于行政强制的分类及设定权主要有哪些规定?

6. 我国行政救济的主要种类是什么?

二、论述题

据报道，在城市建设中，有的政府部门发出有关土地使用的许可证照后，因法律、法规、规章的修改、废止，或城市规划的修改等许可所依据的客观情况发生重大变化，为了公共利益而撤回已生效的许可。也曾有个别地方的政府部门在颁发土地使用权证照过程中确有审查不严的问题，为弥补过错而以公共利益需要为由收回已生效的许可；或为了以更高价位将土地出让给他人，而以公共利益需要为由收回已生效的许可。

请就上述情况，根据行政法有关原则，谈谈你的看法及建议。

第五章

民法典

常考知识点

- 民法的概念和基本原则
- 民事主体及其权利能力和行为能力
- 民事法律行为和代理
- 财产所有权和与财产所有权有关的财产权利
- 物权的概念和基本原则
- 债的发生根据
- 合同的履行
- 知识产权
- 侵权责任的种类及承担方式
- 结婚条件和结婚程序
- 收养条件和程序
- 法定继承和遗嘱继承

民法典在中国特色社会主义法律体系中具有重要地位，是一部固根本、稳预期、利长远的基础性法律，对推进全面依法治国、加快建设社会主义法治国家，对发展社会主义市场经济、巩固社会主义基本经济制度，对坚持以人民为中心的发展思想、依法维护人民权益、推动我国人权事业发展，对推进国家治理体系和治理能力现代化，都具有重大意义。①

实施好民法典是坚持以人民为中心、保障人民权益实现和发展的必然要求，是发展社会主义市场经济、巩固社会主义基本经济制度的必然要求，是提高我们党治国理政水平的必然要求。民法典是全面依法治国的重要制度载体，很多规定同有关国家机关直接相关，直接涉及公民和法人的权利义务关系。民法典实施水平和效果，是衡量各级党和国家机关履行为人民服务宗旨的重要尺度。②

①② 习近平．充分认识颁布实施民法典重大意义 依法更好保障人民合法权益．求是，2020（12）．

第一节　民法概述

一、民法的概念和民事法律关系

（一）民法的概念

民法是调整平等主体的自然人、法人和非法人组织之间的人身关系和财产关系的法律规范的总称。民法是一个独立的法律部门，是国家的基本法律之一。2020 年 5 月 28 日第十三届全国人民代表大会第三次会议通过了《中华人民共和国民法典》（以下简称《民法典》），该法自 2021 年 1 月 1 日起施行。《民法通则》《民法总则》《婚姻法》《继承法》《收养法》《担保法》《合同法》《物权法》《侵权责任法》同时废止。民法所调整的社会关系具有以下特点：

1. 民法调整的是平等主体之间的社会关系

平等主体是指当事人在民法上都具有独立的人格，他们彼此之间在法律上的地位是平等的，互相没有隶属关系。尽管当事人之间在所有制性质、企业规模和经济实力等方面存在差别，但是这也不能改变他们作为平等主体的地位。民法调整平等主体之间的社会关系是它区别于其他法律部门如行政法、刑法等的重要标志之一。

2. 民法调整的范围是平等主体之间的财产关系和人身关系

财产关系是指人们在产品的生产、分配、交换和消费过程中所形成的以财产为直接内容的经济关系。人身关系是指与人身不可分离而又不具有直接财产内容的社会关系。这种关系是基于人的一定人格或者人的特定身份而产生的，虽然没有直接财产内容，但通常与民法所调整的财产关系有着密切的联系，从而成为财产关系的前提。

（二）民事法律关系

民事法律关系是由民事法律规范调整所形成的、以民事权利和民事义务为核心内容的社会关系，是民法所调整的平等主体之间的财产关系和人身关系在法律上的表现。民事法律关系由主体、客体和内容三大要素构成。

1. 民事法律关系的主体

民事法律关系的主体，是指在民事法律关系中独立享有民事权利和承担民事义务的当事人。享有权利的一方为权利主体，承担义务的一方为义务主体。

2. 民事法律关系的客体

民事法律关系的客体，是指当事人之间的权利、义务所指向的对象，主要包括物、行为、智力成果、人身利益等。

3. 民事法律关系的内容

民事法律关系的内容，是指民事主体享有的权利和应履行的义务。民事权利是指民事主体在民事法律关系中享有的具体权益，民事义务是指民事主体按照法律或他人的要求为一定民事行为或不为一定民事行为。

上述三大要素相互联系、不可或缺，变更其中任何一个要素，就不再是原来的民事法律关系。

二、民法的基本原则

要加强民法典普法工作。广泛开展民法典普法工作，将其作为“十四五”时期普法工作的重点来抓。把民法典纳入国民教育体系，加强对青少年民法典教育。聚焦民法典总则编和各分编需要把握好的核心要义和重点问题，阐释好民法典的基本原则、基本要求和一系列新规定新概念新精神。①

民法的基本原则是民法基本价值的集中表现，是我国民事立法、执法、司法和守法以及一切民事活动必须遵循的基本准则。《民法典》所规定的民法基本原则有以下几项。

（一）平等原则

平等原则是指当事人在民事活动中的法律地位平等。

在民事活动中，确立当事人平等的法律地位，是商品经济关系的客观要求。实质上，这也是价值规律发生作用的一种反映形式。《民法典》第 4 条规定：“民事主体在民事活动中的法律地位一律平等。”这意味着民事主体都具有平等的法律资格；不论其所有制性质如何和财产多少，民事主体所享有的权利和承担的义务都是平等的；发生诉讼纠纷时，民事主体在法庭上的地位平等，不因当事人职业、身份、年龄、种族的不同或组织与自然人的不同而丧失其合法权益。任何民事主体，无论是自然人还是法人、非法人组织，均具有独立的人格。自然人、法人和非法人组织之间在民事活动中不存在上下级关系，不存在命令与服从的关系，任何一方不得把自己的意志强加于对方，当事人互相之间也不存在依附关系。

（二）自愿原则

自愿原则，是指法律确认民事主体应按照自己的意思设立、变更、终止民事法律关系的基本准则。《民法典》第 5 条规定：“民事主体从事民事活动，应当遵循自愿原则，按照自己的意思设立、变更、终止民事法律关系。”也就是说，在民事关系中，无论是自然人还是法人、非法人组织，在进行各种民事活动时，均应出于自愿，不允许一方当事人将自己的意志强加于另一方。

自愿原则的存在和实现，是以平等原则的存在和实现为前提的。只有在当事人法律地位独立、平等的基础上，才能保障当事人从事民事法律活动时的意志自由。

---

① 习近平．充分认识颁布实施民法典重大意义 依法更好保障人民合法权益．求是，2020（12）.

（三）公平原则

公平原则是指民事主体应依据社会公认的公平观念从事民事活动，以维持当事人之间的利益均衡。《民法典》第 6 条规定："民事主体从事民事活动，应当遵循公平原则，合理确定各方的权利和义务。"如果行为人对行为内容有重大误解，或者是显失公平的民事行为，行为人一方有权请求变更或撤销。

公平原则是对自愿原则的有益补充。公平原则在市场交易中为诚实信用原则和显失公平规则树立了判断的基准。

（四）诚实信用原则

诚实信用原则是指民事主体进行民事活动必须秉持诚实，恪守承诺，行为意图诚实、善意，行使权利时不侵害他人与社会的利益，履行义务时信守承诺和法律规定，最终完成所有获取民事利益的活动，不仅应使当事人之间的利益得到平衡，而且必须使当事人与社会之间的利益得到平衡的基本原则。[①]《民法典》第 7 条规定："民事主体从事民事活动，应当遵循诚信原则，秉持诚实，恪守承诺。"诚实信用原则是市场伦理道德准则和社会主义核心价值观在民法上的反映。在大力发展社会主义市场经济、利用市场机制发挥作用的过程中，遵守诚实信用原则对于限制和制止欺诈、粗制滥造、假冒伪劣、短斤少两等不良商业行为有着重要的意义。

（五）守法原则

守法原则是指民事主体的民事活动应当遵守法律和公序良俗。《民法典》第 8 条规定："民事主体从事民事活动，不得违反法律，不得违背公序良俗。"《民法典》第 10 条规定："处理民事纠纷，应当依照法律；法律没有规定的，可以适用习惯，但是不得违背公序良俗。"民事主体进行民事活动和行使民事权利，均应受到法律和公序良俗的约束，以维护社会和经济秩序、社会公共利益或者他人合法权益。依据《民法典》第 132 条的规定，民事主体不得滥用民事权利损害国家利益、社会公共利益或者他人合法权益。遵守法律和公序良俗有利于弘扬社会主义核心价值观，符合《民法典》的立法宗旨。

（六）民事主体的合法权益受法律保护原则

《民法典》第 3 条规定："民事主体的人身权利、财产权利以及其他合法权益受法律保护，任何组织或者个人不得侵犯。"我国民法将保护民事主体的合法权益原则确定为一项基本原则，目的在于强调民事活动和民事权利的法律效力，强调民事法律规范的广泛制约性。受到法律保护的民事权利是任何组织和个人都不得侵犯的，否则，将依法追究侵害人的法律责任。

---

① 寇志新主编．民法学．西安：陕西人民出版社，1998：63.

（七）节约资源、保护生态环境原则

《民法典》第9条规定："民事主体从事民事活动，应当有利于节约资源、保护生态环境。"民法典这一原则昭示了以习近平同志为核心的党中央加强生态文明建设的意志和决心，为进一步加大环境保护立法力度，落实生态文明体制改革，建设美丽中国新的目标、任务、举措，使环境资源通过市场竞争机制得到更为合理有效的利用，激发生产者扩大技术投资，节约资源、保护生态环境，提供民事法律保护依据。

三、民事主体

民事主体是指在民事法律关系中独立享有民事权利和承担民事义务的自然人、法人和非法人组织。在特定的关系中，国家也可以成为特殊的民事主体，如国家行使财产所有权、发行公债或国库券等。

（一）自然人

1. 自然人的法律地位

自然人是指基于自然状态出生而取得民事主体资格的人。其外延包括本国公民、外国公民和无国籍人。基于自然状态出生，表明了自然人的自然属性，而取得民事主体资格，表明了自然人的社会属性，它意味着自然人在国家中的法律地位。

2. 自然人的民事权利能力

自然人的民事权利能力是指法律赋予自然人享有民事权利和承担民事义务的资格。也可以说，它是自然人取得权利、承担义务的前提或者先决条件。

自然人的民事权利能力是法律所赋予的，具有明显的社会属性。这种属性主要表现为：（1）自然人民事权利能力的平等性。《民法典》第14条规定："自然人的民事权利能力一律平等。"不允许任何人享有民事活动的特权。（2）权利能力和义务能力的一致性。民法规定的自然人的民事权利能力，包括权利能力和义务能力两方面内容，因此，排除了任何自然人只享有权利、不承担义务的可能性。（3）自然人民事权利能力的实现具有物质上和法律上的保障。

自然人的民事权利能力与人的生存有着不可分割的联系。根据《民法典》第13条的规定，"自然人从出生时起到死亡时止，具有民事权利能力"。自然人从出生时起，就具有民事权利能力。涉及遗产继承、接受赠与等胎儿利益保护的，胎儿视为具有民事权利能力。但是，胎儿娩出时为死体的，其民事权利能力自始不存在。

自然人的民事权利能力因死亡而终止。在民法上，自然人的死亡分为两种，即自然死亡和宣告死亡。自然死亡（亦称生理死亡）是指自然人生命的绝对终结。自然人死亡的时间，以死亡证明记载的时间为准。宣告死亡是指自然人离开自己的住所，下落不明达到法定期限，经利害关系人的申请，由法院通过司法程序宣告其死亡的法律制度。宣告死亡引起的法律后果与自然死亡的法律后果相同。

3. 自然人的民事行为能力

自然人的民事行为能力是指自然人能够以自己的行为独立参与民事法律关系，行使民事权利和设定民事义务的资格。民事行为能力包括以下三个互相联系的方面：（1）行为人以自己的行为行使民事权利、承担民事义务的能力；（2）行为人以自己的行为处分其财产的能力；（3）行为人对自己的行为承担独立财产责任的能力。

自然人的民事行为能力与民事权利能力不同。民事行为能力并不是自然人出生就享有的，而是根据自然人对自己的行为及其可能产生的后果是否具有认识、判断能力，以及是否具有审慎地处理自己的事务的能力来确定的，主要有两个标准：一是以年龄为标准；二是以精神是否正常为标准。《民法典》对自然人的民事行为能力作了以下分类：（1）18 周岁以上的自然人是成年人，具有完全民事行为能力；16 周岁以上不满 18 周岁的自然人，以自己的劳动收入为主要生活来源的，视为完全民事行为能力人。（2）8 周岁以上的未成年人是限制民事行为能力人，可以进行与他的年龄、智力相适应的民事活动；不能完全辨认自己行为的精神病人是限制民事行为能力人，可以进行与他的精神健康状况相适应的民事活动；其他民事活动要由其法定代理人代理。（3）不满 8 周岁的未成年人和不能辨认自己行为的精神病人是无民事行为能力人，由其法定代理人代理民事活动。无民事行为能力人、限制民事行为能力人的监护人是其法定代理人。

4. 监护制度

监护是指对未成年人和精神病人的人身权利、财产权利和其他合法权益的监督与保护。为了保护无民事行为能力人和限制民事行为能力人的合法权益，法律设立了监护制度，由监护人代替他们行使民事权利，并且保护他们的合法权益。

《民法典》第 27 条规定：父母是未成年人的监护人；未成年人的父母已经死亡或者没有监护能力的，由有监护能力的祖父母、外祖父母、兄、姐作为监护人。其他愿意担任监护人的个人或者组织，须经未成年人住所地的居民委员会、村民委员会或者民政部门同意。

对于无民事行为能力或限制民事行为能力的成年人，《民法典》第 28 条规定的监护人的顺序是：（1）配偶；（2）父母、子女；（3）其他近亲属；（4）其他愿意担任监护人的个人或者组织，但须经被监护人住所地的居民委员会、村民委员会或者民政部门同意。

监护人是被监护人的法定代理人。监护人的职责是代理被监护人实施民事法律行为，保护被监护人的人身权利、财产权利以及其他合法权益等。监护人依法履行监护职责产生的权利，受法律保护。监护人应当按照最有利于被监护人的原则履行监护职责。监护人除为维护被监护人的利益外，不得处分被监护人的财产。监护人不履行监护职责或者侵害被监护人合法权益的，应当承担法律责任。

5. 个体工商户、农村承包经营户

个体工商户是指依法经核准登记，从事工商业个体经营的自然人。按照法律规定，从事工商业个体经营的自然人，可以是城镇居民，也可以是农村村民。个体工商业者在开业之前，须经市场监督管理机关核准登记，并领取营业执照后才能取得个体工商户的资格。个体工商户可以起字号。

《民法典》第 56 条第 1 款规定：“个体工商户的债务，个人经营的，以个人财产承担；家庭经营的，以家庭财产承担；无法区分的，以家庭财产承担。”

农村承包经营户是指依法取得农村土地承包经营权，从事家庭承包经营的农村集体经济组织的成员。农村承包经营户具有以下法律特征：（1）其经营单位为农民家庭；（2）是按照承包合同的规定从事生产经营的；（3）所从事的是商品生产和经营。

农村承包经营户的债务，以从事农村土地承包经营的农户的财产承担；事实上由农户部分成员经营的，以该部分成员的财产承担。

（二）法人

1. 法人的概念和特征

法人是具有民事权利能力和民事行为能力，依法独立享有民事权利和承担民事义务的组织。

法人的基本法律特征是：（1）法人是依法成立的社会组织。（2）法人要有独立的财产和经费。法人所拥有的独立财产和经费，是指依法归法人自己所有或者依法归法人自己独立经营管理的财产。（3）法人能够以自己的名义参加民事活动。法人有自己的名称、组织机构、住所。法人的名称就是法人的字号，是某一法人区别于其他法人的标志。法人的组织机构是管理法人事务，代表法人参与民事活动的机构总称。法人的住所是法人从事生产经营活动的地方，是法人自己的业务活动或办公地点。（4）法人能够独立承担民事责任。这是指法人以其全部财产独立承担民事责任。

社会组织必须同时具备上述四个条件，才可以成为法人。

2. 法人的民事权利能力和民事行为能力

法人的民事权利能力就是法人所享有的参与民事法律关系并取得民事权利、承担民事义务的资格。法人的民事权利能力从法人成立时产生，在法人因解散、被撤销、被宣告破产或其他原因而终止时消灭。

法人的民事权利能力的内容是由法人成立的宗旨和登记事项决定的，并不是无限的或相同的。法人不得进行违背其宗旨和超越其登记事项的活动，在需要超出其原有的登记事项时，应通过法定程序变更登记。

法人的民事行为能力是指法人通过自己的独立行为取得民事权利并承担民事义务的资格。法人的民事行为能力与自然人的民事行为能力有所不同：法人依法定程序成立后，不仅取得民事权利能力，也具备了民事行为能力。在法人终止时，二者同时终止。

法人的民事行为能力是由法人的机关来实现的。法人的机关是指法人的最高权力机构或者最高管理机构。《民法典》第 61 条规定：“依照法律或者法人章程的规定，代表法人从事民事活动的负责人，为法人的法定代表人。”只有法人的主要行政负责人才是法人的法定代表人，如公司董事长或总经理。他在其权限范围内所进行的活动就是法人的行为，不需要任何其他授权。而法人的各个职能部门只按照代理权进行活动。法定代表人以法人名义从事民事活动，其法律后果由法人承受。

3. 法人的种类

（1）营利法人。营利法人是以取得利润并分配给股东等出资人为目的，经依法登记成立的法人。营利法人包括有限责任公司、股份有限公司和其他企业法人等。

（2）非营利法人。非营利法人是为公益目的或者其他非营利目的，经依法登记成立，不向出资人、设立人或者会员分配所取得利润的法人。它主要包括事业单位、社会团体、基金会、社会服务机构、宗教活动场所等。

（3）特别法人。特别法人是指依法成立的机关法人、农村集体经济组织法人、城镇/农村的合作经济组织法人、基层群众性自治组织法人。

（三）非法人组织

《民法典》第102条第1款规定："非法人组织是不具有法人资格，但是能够依法以自己的名义从事民事活动的组织。"非法人组织包括个人独资企业、合伙企业、不具有法人资格的专业服务机构等。

非法人组织应当依照法律的规定登记。设立非法人组织，法律、行政法规规定须经有关机关批准的，依照其规定。

非法人组织可以确定一人或者数人代表该组织从事民事活动。非法人组织的财产不足以清偿债务的，其出资人或者设立人承担无限责任。法律另有规定的，依照其规定。

四、民事法律行为和代理

（一）民事法律行为

1. 民事法律行为的概念和特征

民事法律行为是民事主体通过意思表示设立、变更、终止民事法律关系的行为。

民事法律行为是最重要、最广泛的民事法律事实，绝大多数民事法律关系的设立、变更、终止，都是通过民事法律行为来实现的。民事主体之间订立买卖、租赁、保管等各种合同的行为以及债权转让和债务转移，公民立遗嘱、放弃继承的行为，均能产生预期的权利义务关系，都属于民事法律行为。

民事法律行为具有下述基本特征：

（1）民事法律行为以意思表示为核心要素。意思表示就是行为人把预期产生民事法律后果的意思表现于外部的行为。意思表示是民事法律行为的基本要素，没有意思表示，就没有民事法律行为。当然，当事人的意思表示必须以适当方式或行为表达出来，让他人知晓；如果只局限于内心设想、打算，便没有任何法律意义。另外，当事人的意思表示必须与内在的意思相一致，必须是关于设立、变更、终止一定的民事法律关系的意思表示。

（2）民事法律行为是能够产生行为人所预期的法律效果的行为。它在性质上不同于事实行为。在现实生活中，并不是一切行为都能产生法律效果。只有能使行为人产生、变更或消灭其权利、义务的行为，才是民事法律行为。

2. 民事法律行为有效的条件

（1）行为人要有实施民事法律行为的民事行为能力。这是主体资格要件。只有精神正常的成年人才具有完全的民事行为能力，从而具有独立的依法为民事法律行为的资格。法人在其章程、条例规定的或市场监督管理机关登记的业务活动范围内进行活动，具有民事行为能力；如果超出了业务经营范围，其行为就属于无效的民事行为。

（2）行为人意思表示真实。所谓意思表示真实，是指行为人的意思表示与其内心的意思相一致。意思表示真实一般要符合下列要求：1）行为人的意思表示应与其内心愿望一致，确系行为人内心真实想法的表述和流露。2）行为人的意思表示必须是自愿的，不是屈从于外界压力的。任何人都不得强迫行为人实施或者不实施某一法律行为。因此，在欺诈、胁迫等条件下所作出的意思表示并不是自愿的，而是不真实和无效的。

（3）行为不违反法律、行政法规的强制性规定，不违背公序良俗。不违反法律、行政法规的强制性规定，是指民事法律行为的内容和形式要符合宪法、法律和有关行政法规的规定。不违背公序良俗，主要是指行为不得违背社会善良风俗、习惯、公共秩序，以及不得损害公益事业和利益等。

3. 民事法律行为的形式

民事法律行为的形式，是指行为人将内在的意思表现于外部的一种形式。民事法律行为可以采用书面形式、口头形式或者其他形式。法律规定用特定形式的，应当依照法律规定。

（1）书面形式。书面形式是当事人借助书面文字来进行意思表示的形式，也称书面的法律行为。它包括文书、证书、合同书、证明、信件、电报、电传等形式。一般说来，书面形式要求有民事主体的签名、盖章。即使是当事人本人亲笔书写的文书、文件，也必须有签名、盖章。书面形式具有明确肯定、有据可查的特点，对于明确和认定权利义务关系、预防和正确处理民事纠纷，具有重要作用。

（2）口头形式。口头形式是指采用语言的方式进行意思表示。它包括当面交谈和电话对讲以及通过录音等形式。凡是法律不要求必须以书面形式进行的法律行为，都可以用口头方式进行。通常，自然人之间数额不大的买卖，或者数额虽然较大，但能够即时结清的，当事人都可以根据自愿原则采用口头形式。

（3）其他形式。它主要指下述两种形式：1）推定。推定也称为推定行为，是指当事人通过有目的、有意义的行为使他人可以推定其真实意思、意图。确切地说，他人可以根据行为人的行为而推定其真实意思表示。如房屋租赁合同的租期届满后，承租人继续交纳租金，出租人接受租金，由此可推定双方有延长房屋租赁合同的意思表示。2）沉默。它是指当事人以不作为的方式所进行的意思表示。通常，沉默不能用来作为意思表示，只有在法律有特别规定或当事人之间有特别约定或符合当事人之间的交易习惯的情况下，才可以作为一种意思表示的形式。例如，《民法典》第1124条第1款规定："继承开始后，继承人放弃继承的，应当在遗产处理前，以书面形式作出放弃继承的表示；没有表示的，视为接受继承。"

4. 民事法律行为的效力以及其法律后果

从民事法律行为的效力和不同法律后果来看，民事法律行为主要可以分为有效的民事法律行为、无效的民事法律行为和可撤销的民事法律行为。

（1）有效的民事法律行为，是指符合民法典规定的有效条件的各种民事法律行为。其法律后果是能够达到行为人的合法目的。

（2）无效的民事法律行为，是指已经成立，但严重欠缺我国《民法典》规定的民事法律行为的有效条件的各种民事法律行为。无效的民事法律行为主要包括：1）无民事行为能力人实施的民事法律行为；2）限制民事行为能力人依法不能独立实施的民事法律行为；3）行为人与相对人以虚假的意思表示实施的民事法律行为；4）行为人与相对人恶意串通，损害他人合法权益的民事法律行为；5）违反法律、行政法规的强制性规定的民事法律行为无效，但是该强制性规定不导致该民事法律行为无效的除外；6）违背公序良俗的民事法律行为；7）以合法形式掩盖非法目的的民事法律行为。《民法典》第 1007 条规定：禁止以任何形式买卖人体细胞、人体组织、人体器官、遗体。违反前述规定的买卖行为无效。

（3）可撤销的民事法律行为，是指虽已成立，但因欠缺民事法律行为的生效要件，可以因行为人撤销权的行使而自始归于无效的民事法律行为。可撤销的民事法律行为主要有：1）行为人对行为内容有重大误解，是指行为人对行为的性质、对方当事人和标的物的品种、质量、规格和数量等的错误认识，使行为的后果与自己的意思相悖，并造成较大损失。2）民事法律行为发生时显失公平，是指出于非自愿的原因，实施民事法律行为的结果对一方当事人过分有利，对他方当事人过分不利。3）一方以欺诈、胁迫的手段或者乘人之危，使对方当事人在违背真实意思的情况下为民事法律行为，并因此给该对方当事人造成损害。

对于可撤销的民事法律行为，当事人有权请求人民法院或者仲裁机构予以撤销。

（4）民事法律行为无效或被撤销的法律后果。无效的或者被撤销的民事法律行为自始没有法律约束力。民事法律行为部分无效，不影响其他部分效力的，其他部分仍然有效。民事法律行为无效、被撤销或者确定不发生效力后，行为人因该行为取得的财产，应当予以返还；不能返还或者没有必要返还的，应当折价补偿。有过错的一方应当赔偿对方由此所受到的损失；各方都有过错的，应当各自承担相应的责任。法律另有规定的，依照其规定。

案例

娄某是某宾馆（国企）的采购科科长，他代表宾馆与姚某签订了一份购买电器的合同。为了得到高额回扣，娄某与姚某商定电器以高于市场价三分之一的价格签订合同，姚某则给娄某 12 万元的辛苦费。电器安装使用后经常发生质量故障，客人意见很大。宾馆调查后发现了娄某与姚某签订的这一合同及他们的违法行为，遂向法院提起诉讼，要求认定合同无效，并由姚某赔偿损失；同时报告了检察院，检察院对娄某立案侦查。

娄某与姚某为了自己的利益，恶意串通，使集体遭受很大的损失。恶意串通，损害他人合法权益的民事法律行为无效。恶意串通，是指行为人故意与他人串通一气，目的在于坑害他人的合法权益而自己获得好处。因此，人民法院判决姚某赔偿宾馆的损失，追缴销售电器所得 120 万元。娄某则以受贿罪被判处有期徒刑 7 年，并没收非法所得 12 万元。

（二）代理

1. 代理的概念及法律特征

代理是代理人依据被代理人的委托或者法律规定，在代理权限范围内，以被代理人的名义独立与第三人从事民事法律行为，由此产生的法律效果直接归属于被代理人的法律制度。代理的主要法律特征有以下几点。

（1）代理人是以被代理人的名义进行活动。在代理关系中，代理人是以被代理人的名义，替被代理人从事民事活动，为被代理人取得民事权利和履行民事义务。“以被代理人的名义”意味着被代理人是所设立的民事法律关系的主体，是权利、义务的享有者、承担者。《民法典》第161条第2款规定：“依照法律规定、当事人约定或者民事法律行为的性质，应当由本人亲自实施的民事法律行为，不得代理。”这种民事法律行为如结婚登记。

（2）代理人在被代理人授权范围内独立作出意思表示。尽管代理人是以被代理人的名义从事民事活动，但代理人在被代理人授权范围内有权决定如何向第三人作出意思表示，从而在被代理人与第三人之间产生权利义务关系。在代理过程中，代理人根据被代理人的授权和第三人提出的条件，综合加以考虑，提出自己的主张，这种主张是代理人独立的意志，而不是被代理人的意志。例如为无民事行为能力人代理实施民事法律行为时，表现的就是代理人独立的意志，并不是被代理人的意志。上述特征可以把代理人与传达人、证人、居间人区别开来，后者无权作出独立意思表示，只能起媒介作用。

（3）代理行为必须是具有法律意义的行为。这是指代理行为能够产生一定的法律后果，即能够在被代理人与第三人之间产生、变更或终止某种民事权利或民事义务。

（4）代理行为产生的法律后果直接由被代理人承受。由于代理是被代理人通过代理人的活动取得民事权利并承担或履行民事义务的一种方式，是被代理人在不能或不愿意自己实施法律行为时，由代理人去辅助完成的法律行为，并且是以被代理人的名义、为了谋求被代理人的利益和满足被代理人的需要而进行的活动，所以，代理人在代理权限内所从事的一切行为之法律后果理应由被代理人承受，包括有利的后果和不利的后果。

2. 代理的种类

按照代理权产生的根据，可以把代理分为以下几种。

（1）委托代理。委托代理是代理人根据被代理人的授权委托行为所产生的代理。这种代理是根据被代理人委托的意思表示，将代理权授予代理人。因此，它也称为授权代理。在委托代理关系中，被代理人称为委托人，代理人称为受托人。

委托代理是实际生活中运用最广泛的一种代理形式，也是最重要的代理形式。它可以采用书面形式，也可以采用口头形式。如果委托代理的事项较为重大或代理期限较长，当事人应当采用书面形式。授权委托书应当载明代理人的姓名或者名称、代理事项、权限和期限，并由被代理人签名或者盖章。《民法典》第170条第1款规定：“执行法人或者非法人组织工作任务的人员，就其职权范围内的事项，以法人或者非法人组织的名义实施的民事法律行为，对法人或者非法人组织发生效力。”

（2）法定代理。法定代理是指法律根据一定的社会关系的存在而设立的代理。一定的社会关系的存在是确定法定代理的前提和依据。法定代理最突出的特点在于，代理权直接根据法律的规定而产生，代理的权限范围也由法律直接规定。法定代理主要是为无民事行为能力人和限制民事行为能力人所设立的代理方式。

（3）表见代理。表见代理是指行为人没有代理权、超越代理权或者代理权终止后，仍然实施代理行为，相对人有理由相信行为人有代理权的，代理行为有效。我国《民法典》第 172 条规定了表见代理制度。

（4）无权代理。行为人没有代理权、超越代理权或者代理权终止后，仍然实施代理行为，未经被代理人追认的，对被代理人不发生效力。

请思考：甲公司业务经理乙长期在丙餐厅签单招待客户，餐费由甲公司按月结清。后乙因故辞职，月底丙餐厅前去结账时甲公司拒付当月餐费。甲公司的下列哪种做法正确？（　　）

A. 甲公司应当付款　　　　B. 甲公司应当付款，乙承担连带责任

C. 甲公司有权拒付当月餐费　　　　D. 甲公司应当承担补充责任

答案：A。

3. 代理关系的消灭

代理关系根据一定的法律事实而产生，也可以根据相应的法律事实的出现而消灭。因为代理关系赖以产生的法律事实不同，所以代理关系终止的原因也有所不同。

委托代理因下述事实的出现而终止：（1）代理期限届满或代理事务完成；（2）被代理人取消委托或者代理人辞去委托；（3）被代理人或代理人一方死亡；（4）代理人丧失民事行为能力；（5）作为被代理人或者代理人的法人、非法人组织终止。

被代理人死亡后，有下列情形之一的，委托代理人实施的代理行为有效：（1）代理人不知道并且不应当知道被代理人死亡；（2）被代理人的继承人予以承认；（3）授权中明确代理权在代理事务完成时终止；（4）被代理人死亡前已经实施，为了被代理人的继承人的利益继续代理。

法定代理因下列情况而终止：（1）被代理人取得或者恢复完全民事行为能力；（2）被代理人或代理人死亡；（3）代理人丧失民事行为能力；（4）法律规定的其他情形。

第二节　民事权利

一、民事权利的概念和种类

（一）民事权利的概念

民事权利是指民法所规定的，民事主体为了满足自己的利益而采取的，由其他民事主体的法律义务所保证的行为自由（作为或不作为）。

民事权利的法律特征在于：第一，它来自民事法律规范的规定，得到国家的确认和

保障。《民法典》第129条规定："民事权利可以依据民事法律行为、事实行为、法律规定的事件或者法律规定的其他方式取得。"第二，它是民事主体实现其利益的行为自由（作为或不作为）。民事权利与民事利益有密切的联系，但并不等同。民事权利是民事利益的法律表现。第三，它是与民事义务相关联的概念。《民法典》第131条规定："民事主体行使权利时，应当履行法律规定的和当事人约定的义务。"第132条规定："民事主体不得滥用民事权利损害国家利益、社会公共利益或者他人合法权益。"

（二）民事权利的种类

民事权利主要可以分为下列几种：（1）人格权（身份权）；（2）财产权（物权、债权）；（3）知识产权；（4）因婚姻家庭关系产生的民事权利；（5）继承权；（6）股权和其他投资性权利；等等。

二、人格权

（一）人格权的概念

人格权是指民事主体依法固有的为维护自身独立人格所必备的、以人格利益为客体的权利。

《民法典》专设人格权编，调整因人格权的享有和保护产生的民事关系。《民法典》第990条规定，人格权是民事主体享有的生命权、身体权、健康权、姓名权、名称权、肖像权、名誉权、荣誉权、隐私权等权利。此外，自然人享有基于人身自由、人格尊严产生的其他人格权益。

（二）人格权的种类

（1）生命权，即指自然人保护自己生命的权利。只有自然人才能享有生命权。

（2）身体权、健康权。自然人享有身体完整和行动自由、身心健康不受非法侵害的权利。

（3）姓名权、名称权。自然人、法人和非法人组织都拥有姓名权，法人和非法人组织的姓名表现为法人和非法人组织的名称，即企业名称或商号，因此，法人和非法人组织的姓名权也称名称权。《民法典》第1014条规定："任何组织或者个人不得以干涉、盗用、假冒等方式侵害他人的姓名权或者名称权。"

（4）肖像权。自然人享有肖像权，未经本人同意，不得以营利为目的使用自然人的肖像。

（5）名誉权。名誉是对民事主体的品德、声望、才能、信用等的社会评价。自然人、法人和非法人组织都享有名誉权，而法人和非法人组织的名誉主要表现为商业信誉。

（6）荣誉权，即指民事主体所获得的光荣称号。于自然人，是指自己所受到的表扬和奖励；于法人，是指自己所获得的光荣称号或质量奖。

（7）隐私权和个人信息保护。隐私是自然人的私人生活安宁和不愿为他人知晓的私密空间、私密活动、私密信息。《民法典》第 1032 条第 1 款规定："自然人享有隐私权。任何组织或者个人不得以刺探、侵扰、泄露、公开等方式侵害他人的隐私权。"自然人的个人信息受法律保护。个人信息是以电子或者其他方式记录的能够单独或者与其他信息结合识别特定自然人的各种信息，包括自然人的姓名、出生日期、身份证件号码、生物识别信息、住址、电话号码、电子邮箱、健康信息、行踪信息等。《民法典》第 111 条规定："自然人的个人信息受法律保护。任何组织或者个人需要获取他人个人信息的，应当依法取得并确保信息安全，不得非法收集、使用、加工、传输他人个人信息，不得非法买卖、提供或者公开他人个人信息。"第 1038 条第 1 款规定："信息处理者不得泄露或者篡改其收集、存储的个人信息；未经自然人同意，不得向他人非法提供其个人信息，但是经过加工无法识别特定个人且不能复原的除外。"

（三）其他人身权利

自然人因婚姻家庭关系等产生的人身权利受法律保护。

身份权是指民事主体以特定身份为客体而享有的维护一定社会关系的权利，主要包括：（1）监护权。监护权是民事权利中的身份权，只有监护人才享有监护权。（2）自然人在婚姻家庭关系中的身份权，表明自然人在婚姻和家庭中的法律地位，如夫妻身份、父母子女身份。

三、物 权

详见本章第三节。

四、债 权

（一）债的概念和特征

《民法典》第 118 条第 1 款规定："民事主体依法享有债权。"债权是因合同、侵权行为、无因管理、不当得利以及法律的其他规定，权利人请求特定义务人为或者不为一定行为的权利。债权人享有的权利称为债权，债务人负担的义务称作债务。债权人有权要求债务人依照法律的规定或者按照合同的约定履行义务，债务人有义务满足债权人的要求，这种关系就称为债或债权关系。债的关系反映的是财产利益从一个主体转移给另一主体的财产流转关系，其目的是保护财产的动态安全。债作为一种民事法律关系，具有以下特征。

（1）债的主体双方都是特定的。也就是说，债权人只享有要求债务人履行一定义务的权利，债务人也只向债权人履行特定的义务。而在所有权关系中，只有权利人是特定的，权利人以外的一切人均为义务人，义务人是不特定的，他们都负有不得侵犯所有权人行使所有权的义务。

（2）债的关系的客体可以是物或知识产权，也可以是行为。所有权关系的客体只能是物或知识产权。

（3）债权的实现必须依靠义务人履行义务的行为，义务人不履行义务，债权人的权利就不能实现。而所有权的实现并不依靠义务人的行为，只要义务人不妨碍或侵犯所有权人行使所有权，其权利就可以实现。

（4）债可以因合法行为而发生，也可以因不法行为而发生，比如因侵权行为所生之债。而财产所有权只能按照法律规定、根据合法行为而发生，根据非法行为不会产生所有权。

（5）债具有平等性和相容性。物权具有优先性和不相容性，在同一物上不能成立内容不相容的数个物权关系，同一物上有数个物权关系时，其效力有先后之分。而债的关系具有相容性和平等性，在同一物上不仅可成立内容相同的数个债，并且债的关系相互间是平等的，不存在优先性和排他性。

（二）债的发生根据

债作为一种民事法律关系，它的发生必须以一定的法律事实为根据。依照《民法典》的规定，产生债权债务关系的主要根据有以下几种。

1. 合同

合同也称契约，是当事人之间设立、变更、终止民事法律关系的协议。当事人之间可以通过订立合同来确立债权债务关系，也可以根据合同变更债权债务关系，又可以通过合同消灭或终止债权债务关系。合同是一种双方当事人意思表示一致的法律行为，是最普遍的法律事实，也是债的最重要、最为普遍的发生根据。

合同在我国社会经济生活中具有重要的作用，所以它在我国债的法律制度中是一个重要的部分（合同法律制度详见本章第四节）。

2. 侵权行为

侵权行为是指民事主体非法侵害自然人、法人或其他组织的财产所有权、人身权利或知识产权而应负民事责任的行为。如果一方行为人侵犯了他人的财产所有权或人身权利或知识产权，侵权行为人就与遭受损害的受害人之间发生一定的权利义务关系，受害人成为债权人，侵权行为人成为债务人，双方这种权利义务关系就是因侵权行为所生之债（详见本章第七节）。

3. 不当得利

不当得利是指没有法律上和合同上的根据，取得不应获得的利益而使他人受到损失的行为。《民法典》第122条规定："因他人没有法律根据，取得不当利益，受损失的人有权请求其返还不当利益。"在这种法律事实发生后，即在不当得利者与利益所有人之间发生了债的关系，利益所有人有权请求不当得利者返还其不当得利，不当得利者有义务将其不应获得的利益返还给利益所有人。二者之间的权利义务关系，属于债的法律关系。《民法典》第986条规定："得利人不知道且不应当知道取得的利益没有法律根据，取得的利益已经不存在的，不承担返还该利益的义务。"

4. 无因管理

无因管理是指没有法定的或者约定的义务，为避免他人的利益遭受损失，自愿为他人管理事务的行为。这种行为通常是一种乐于助人的表现，理应得到法律的确认和保护。《民法典》第121条规定："没有法定的或者约定的义务，为避免他人利益受损失而进行管理的人，有权请求受益人偿还由此支出的必要费用。"在无因管理发生后，管理人和受益人之间产生债的法律关系，管理人是债权人，他有权要求受益人偿付因管理其事务而支付的必要费用；受益人是债务人，他负有向管理人偿还该项管理费用的义务。《民法典》第982条规定："管理人管理他人事务，能够通知受益人的，应当及时通知受益人。管理的事务不需要紧急处理的，应当等待受益人的指示。"

案例

陈某外出期间家中失火。邻居家10岁的女儿刘某呼叫邻居救火，并取自家衣物扑火。刘某手被烧伤，花了医疗费200元，衣物损失100元。

请思考：陈某应否偿付刘某300元？

提示：未成年人的行为可以成立无因管理。

---

5. 缔约过失

缔约过失是指当事人在缔约过程中具有过失，从而导致合同不成立、无效或被撤销，致使他方当事人受到损害的行为。有过失的一方负有向受害一方赔偿的义务，受害一方享有请求有过失的一方赔偿的权利，从而形成债的关系。这属于一种依法律规定所生之债。《民法典》第500条规定："当事人在订立合同过程中有下列情形之一，造成对方损失的，应当承担赔偿责任：（一）假借订立合同，恶意进行磋商；（二）故意隐瞒与订立合同有关的重要事实或者提供虚假情况；（三）有其他违背诚信原则的行为。"

（三）债的担保

债的担保是指法律为保证特定债权人利益的实现而特别规定的，以第三人的信用或者以特定财产保障债务人履行义务、债权人实现权利的制度。债的担保方式有保证、抵押、质押、定金、留置（详见本章第四节）。

（四）债的消灭

债可以因下列法律事实的出现而消灭：

（1）履行。债因履行而消灭，即债的关系中所规定的义务已经完成、权利已经实现。

（2）双方协议。债因双方协议而消灭，即通过双方当事人的协议解除债的关系或免除债务人的义务。但这种协议不得违反法律和公序良俗。

（3）当事人死亡。具有严格的人身性质的债，可随着债权人或债务人的死亡而消灭，如委托合同、出版合同、演出合同、抚养/赡养合同等。

（4）抵销。凡是同种类并已届履行期的对待之债，均可以互相抵销而消灭。数额不相同的对待之债，可以采用支付差额的方法消灭。抵销可以根据双方协议或一方请求而实现。但与身份有关的债务不能采用抵销的方法消灭。

五、知识产权

（一）知识产权的概念、特征和种类

知识产权是民事主体对基于智力的创造性活动所取得的成果，依法享有的专有权利。知识产权是一种民事权利，它除具有民事权利的共同特点外，还具有一些独有的特点。

（1）知识产权的客体是一种无形的财产，既不是物，也不是行为，其表现形式是智力成果。这种成果可以从它的物质载体中独立出来，成为一种独立的财产形态，称为无形财产。

（2）知识产权具有双重的内容，既有人身权，又有财产权。这种权利是与特定权利主体的身份相联系的，因而具有人身权的性质。

（3）知识产权必须经国家主管机关依法直接确认才能产生，因而不是一种自然权利。没有国家颁布的专利法，就不会有专利权；没有著作权法，也不会保护著作权。

（4）知识产权具有专有性，即由法律规定这种权利只授予智力成果的创造者，而且只授予一次。这是知识产权的客体具有独创性的必然要求。

（5）知识产权具有地域性，是一种受地域限制的权利。依一个国家的法律获得的知识产权，只能在本国范围内有效。要得到其他国家的保护，必须按照其他国家的法律规定或国际协定，经特定程序。

（6）知识产权具有时间性，只在法定的期限内有效。对于超过法定期限的知识产权的客体，任何人都可以自由使用，无须向创作人支付报酬。

知识产权分为两大类：第一类是著作权（版权）；第二类是工业产权，主要包括专利权和商标权。根据《民法典》第 123 条的规定，我国民法所保护的知识产权的客体有：（1）作品；（2）发明、实用新型、外观设计；（3）商标；（4）地理标志；（5）商业秘密；（6）集成电路布图设计；（7）植物新品种；（8）法律规定的其他客体。

（二）著作权

1. 著作权的概念

著作权也称版权，是指自然人、法人或非法人组织创作了某种作品，可以依法享有署名、发表、保护作品完整、修改、复制、发行、出租、展览、表演、放映、广播、信息网络传播、摄制、改编、翻译、汇编、获取报酬等权利。

《著作权法》由第七届全国人民代表大会常务委员会第十五次会议于 1990 年 9 月 7 日通过，该法自 1991 年 6 月 1 日起施行。2001 年 10 月 27 日第九届全国人民代表大会常务委员会第二十四次会议对《著作权法》作了第一次修正。2010 年 2 月 26 日第十一届全国人民代表大会常务委员会第十三次会议对《著作权法》作了第二次修正，该法自 2010 年 4 月 1 日起施行。2020 年 11 月 11 日第十三届全国人民代表大会常务委员会第二十三次会议对《著作权法》作了第三次修正，该法自 2021 年 6 月 1 日起施行。《著作权法实施条例》由国务院于 2002 年 8 月 2 日发布施行，2011 年 1 月 8 日、2013 年 1 月 30 日国

务院进行了修订。

2. 著作权的主体

著作权的主体就是作品的作者及其他依法享有著作权的人。中国自然人、法人或者非法人组织的作品，不论是否发表，都受到著作权法的保护。作者等著作权人可以向国家著作权主管部门认定的登记机构办理作品登记。

作者可以是自然人，也可以是法人或者非法人组织，还可以是若干个自然人、法人或非法人组织（合著）。国家在一定情况下也可成为著作权的主体。合作作品不可以分割使用的，其著作权由各合作作者共同享有，通过协商一致行使；不能协商一致，又无正当理由的，任何一方不得阻止他方行使除转让、许可他人专有使用、出质以外的其他权利，但是所得收益应当合理分配给所有合作作者。

两人以上合作创作的作品，著作权由合作作者共同享有。没有参加创作的人，不能成为合作作者。

合作作品可以分割使用的，作者对各自创作的部分可以单独享有著作权，但行使著作权时不得侵犯合作作品整体的著作权。

著作权的主体还可以分为原始的著作权主体和继受的著作权主体。原始的著作权主体，就是作品的作者，可以享有包括人身权和财产权在内的全部著作权；继受的著作权主体，则是通过合同或继承等方式而取得著作权的人，只能享有著作权中的部分权利。

著作权属于自然人的，自然人死亡后，除署名权、发表权、修改权、保护作品完整权以外的权利，在著作权法规定的保护期内，依法转移给继受的著作权主体。

著作权属于法人或者非法人组织的，法人或者非法人组织变更、终止后，除署名权、发表权、修改权、保护作品完整权以外的权利，在著作权法规定的保护期内，由承受其权利义务的法人或者非法人组织享有；没有承受其权利义务的法人或者非法人组织的，由国家享有。

作品原件所有权的转移，不改变作品著作权的归属，但美术、摄影作品原件的展览权由原件所有人享有。

作者将未发表的美术、摄影作品的原件所有权转让给他人，受让人展览该原件不构成对作者发表权的侵犯。

改编、翻译、注释、整理、汇编已有作品而产生的作品的著作权主体为改编、翻译、注释、整理、汇编人，但行使著作权时不得侵犯原作品的著作权。使用改编、翻译、注释、整理、汇编已有作品而产生的作品进行出版、演出和制作录音录像制品，应当取得该作品的著作权人和原作品的著作权人许可，并支付报酬。

视听作品中的电影作品、电视剧作品的著作权由制作者享有，但编剧、导演、摄影、作词、作曲等作者享有署名权，并有权按照与制作者签订的合同获得报酬。视听作品中的剧本、音乐等可以单独使用的作品的作者有权单独行使其著作权。

自然人为完成法人或者非法人组织的工作任务所创作的作品是职务作品。利用法人或者非法人组织的物质条件创作，并由法人或者非法人组织承担责任的工程设计图、产品设计图、地图、示意图、计算机软件等职务作品，报社、期刊社、通讯社、广播电台、电视台的工作人员创作的职务作品，以及法律、行政法规规定或者合同约定著作权由法人或者非法人组织享有的职务作品，其著作权归法人或非法人组织所有，作者享有署名权并可以获得奖励。除上述情形外的职务作品，著作权由作者享有，但法人或者非法人组织有权在其业务范围内优先使用。作品完成两年内，未经单位同意，作者不得许可第三人以与单位使用的相同方式使用该作品。

受委托创作的作品，著作权的归属由委托人和受托人通过合同约定。合同未作明确约定或者没有订立合同的，著作权属于受托人。

外国人、无国籍人的作品首先在中国境内出版的，作者依法在中国享有著作权。外国人、无国籍人的作品根据其作者所属国或者经常居住地国同中国签订的协议或者共同参加的国际条约享有的著作权，受著作权法保护。

请思考：甲、乙、丙、丁四人合作创作一部小说。甲欲将该小说许可给某电影制片厂改编后拍成电影，乙则想把它许可给某网站在网络上传播，丙对这两种做法均表示反对，丁则不置可否。下列哪种做法正确？（　　）

A. 因丙反对，甲、乙均不能将小说许可他人使用

B. 甲、乙有权不顾丙的反对，将小说许可他人使用

C. 如果丁同意，甲、乙则可不顾丙的反对，将小说许可他人使用

答案：B。

3. 著作权的客体

著作权的客体就是作品，是指文学、艺术和科学领域内，具有独创性并能以一定形式表现的智力成果。从内容上作品可以分为社会科学方面的论著，自然科学方面的论著，文学艺术方面的各种创作，工程技术设计作品，计算机软件，编辑、改编、翻译、整理、注释已有作品而产生的演绎作品等。

根据著作权法规定，作品的表现形式主要有：(1) 文字作品，如小说、剧本、科学论著等；(2) 口述作品；(3) 音乐、戏剧、曲艺、舞蹈、杂技艺术作品；(4) 美术、建筑作品；(5) 摄影作品；(6) 视听作品；(7) 工程设计图、产品设计图、地图、示意图等图形作品和模型作品；(8) 计算机软件；(9) 符合作品特征的其他智力成果。

法律、法规，国家机关的决议、决定、命令和其他具有立法、行政、司法性质的文件，及其官方正式译文，单纯事实消息，历法、通用数表、通用表格和公式等，不属于著作权的客体。

著作权人和与著作权有关的权利人行使著作权，不得违反宪法和法律，不得损害公共利益。国家对作品的出版、传播依法进行监督管理。

4. 著作权的内容

著作权的内容包括人身权利和财产权利。(1) 人身权利包括署名权、发表权、保护作品完整权、修改权、复制权、发行权、出租权、展览权、表演权、放映权、广播权、信息网络传播权、摄制权、改编权、翻译权、汇编权等。作者有权自己使用或允许他人使用自己的作品，有权决定自己的作品是否传播或用何种方式传播。(2) 财产权利包括对作品的使用权、收益权以及获得报酬权。著作权人可以许可（或转让）他人行使除署名权、发表权、修改权、保护作品完整权以外的权利，并依照约定或者著作权法有关规

定获得报酬。

图书出版者出版图书应当和著作权人订立出版合同，并支付报酬。使用他人作品演出，表演者应当取得著作权人许可，并支付报酬。演出组织者组织演出，由该组织者取得著作权人许可，并支付报酬。

著作权人和与著作权有关的权利人可以自己行使著作权，也可以授权著作权集体管理组织行使著作权或者与著作权有关的权利。著作权集体管理组织是非营利法人，被授权后可以以自己的名义为著作权人和与著作权有关的权利人主张权利，并可以作为当事人进行涉及著作权或者与著作权有关的权利的诉讼、仲裁、调解活动。

5. 著作权的法律保护

（1）国家著作权主管部门负责全国的著作权管理工作，县级以上地方主管著作权的部门主管本行政区域的著作权管理工作。

（2）著作权自作品完成创作之日起产生，并受著作权法的保护。作者的署名权、修改权、保护作品完整权的保护期不受限制。著作权的其他权利，对于自然人单独创作的作品，权利的保护期为作者终生及其死亡后 50 年，截止于作者死亡后第 50 年的 12 月 31 日；合作作品，截止于最后死亡的作者死亡后第 50 年的 12 月 31 日。对于法人或者非法人组织的作品，著作权（署名权除外）由法人或者非法人组织享有的职务作品，其发表权的保护期为 50 年，截止于作品创作完成后第 50 年的 12 月 31 日；其他权利的保护期为 50 年，截止于作品首次发表后第 50 年的 12 月 31 日，但作品自创作完成后 50 年内未发表的，著作权法不再予以保护。

（3）为保护著作权和与著作权有关的权利，权利人可以采取技术措施，即用于防止、限制未经权利人许可浏览、欣赏作品、表演、录音录像制品或者通过信息网络向公众提供作品、表演、录音录像制品的有效技术、装置或者部件。未经权利人许可，任何组织或者个人不得故意避开或者破坏该技术措施。但法律、行政法规规定可以避开的情形除外。

6. 侵犯著作权的行为及法律责任

（1）未经著作权人许可，发表其作品；未经合作作者许可，将与他人合作创作的作品当作自己单独创作的作品发表；没有参加创作，在他人作品上署名；歪曲、篡改他人作品；剽窃他人作品；未经著作权人许可，以展览、摄制视听作品的方法使用作品，或者以改编、翻译、注释等方式使用作品；使用他人作品，应当支付报酬而未支付；未经视听作品、计算机软件、录音录像制品的著作权人、表演者或者录音录像制作者许可，出租其作品或者录音录像制品的原件或者复制件；未经出版者许可，使用其出版的图书、期刊的版式设计；未经表演者许可，复制、发行录有其表演的录音录像制品，或者通过信息网络向公众传播其表演，或者从现场直播或公开传送其现场表演，或者录制其表演；制作、出售假冒他人署名的作品等。上述行为都是侵犯他人著作权的行为，侵权人应当承担相应的法律责任。

（2）侵犯著作权或者与著作权有关的权利的，侵权人应当按照权利人因此受到的实际损失或者侵权人的违法所得给予赔偿；权利人可以直接向人民法院起诉，要求责令侵权人承担停止侵害、消除影响、赔礼道歉、赔偿损失等民事责任。人民法院审理案件，对于侵犯著作权或者与著作权有关的权利的，可以没收违法所得、侵权复制品以及进行违法活动的财物。权利人的实际损失、侵权人的违法所得、权利使用费难以计算的，由人民法院根据侵权行为的情节，判决给予500元以上500万元以下的赔偿。赔偿数额还应当包括权利人为制止侵权行为所支付的合理开支。

复制品的出版者、制作者不能证明其出版、制作有合法授权的，复制品的发行者或者视听作品、计算机软件、录音录像制品的复制品的出租者不能证明其发行、出租的复制品有合法来源的，应当承担法律责任。在诉讼程序中，被诉侵权人主张其不承担侵权责任的，应当提供证据证明已经取得权利人的许可，或者具有《著作权法》规定的不经权利人许可而可以使用的情形。

（3）侵犯著作权的行为构成犯罪的，依法追究刑事责任。

（三）专利权

1. 专利权的概念

专利权是指专利人对取得专利的发明享有专有利用的权利。《专利法》由第六届全国人民代表大会常务委员会第四次会议于1984年3月12日通过，自1985年4月1日起施行。1992年9月4日第七届全国人民代表大会常务委员会第二十七次会议对《专利法》作了修正。2000年8月25日第九届全国人民代表大会常务委员会第十七次会议对《专利法》作了第二次修正。2008年12月27日第十一届全国人民代表大会常务委员会第六次会议对《专利法》作了第三次修正。2020年10月17日第十三届全国人民代表大会常务委员会第二十二次会议对《专利法》作了第四次修正。《专利法实施细则》由国务院于2001年6月15日发布、施行，并于2002年12月28日第一次修订，于2010年1月9日第二次修订，于2023年12月11日第三次修订。

2. 专利权的主体

专利权的主体是指能够提出专利申请和获得专利权的自然人、法人或非法人组织，主要有下列几种。

（1）发明人或设计人，即对发明创造的实质性特点作出创造性贡献的人。专利申请权和专利权归属情况可分为：1）对于非职务发明创造，申请专利的权利属于发明人或者设计人；申请被批准后，该发明人或者设计人为专利权人。2）共同发明创造，即两个以上单位或者个人合作完成的发明创造、一个单位或者个人接受其他单位或者个人委托所完成的发明创造。除另有协议的以外，申请专利的权利属于完成或者共同完成的单位或者个人；申请被批准后，申请的单位或者个人为专利权人。3）职务发明创造，即执行本单位的任务或者主要是利用本单位的物质技术条件完成的发明创造。职务发明创造申请专利的权利属于该单位；申请被批准后，该单位为专利权人。对于利用本单位的物质技术条件所完成的发明创造，单位与发明人或者设计人订有合同，对申请专利的权利和专利权的归属作出约定的，从其约定。

（2）专利申请权和专利权的合法受让人，即通过各种合法的形式取得专利申请权和专利权的人。转让专利申请权或者专利权的，当事人应当订立书面合同，并向国务院专利行政部门登记，由国务院专利行政部门予以公告。专利申请权或者专利权的转让自登记之日起生效。中国单位或者个人向外国人、外国企业或者外国其他组织转让专利申请权或者专利权的，应当依照有关法律、行政法规的规定办理手续。

两个以上的申请人分别就同样的发明创造申请专利的，专利权授予最先申请人。

3. 专利权的客体

专利权的客体是指能够取得专利权的发明创造，包括三种：（1）发明，是指对产品、方法或者其改进所提出的新的技术方案；（2）实用新型，是指对产品的形状、构造或者其结合所提出的适于实用的新的技术方案；（3）外观设计，是指对产品的形状、图案或者其结合以及色彩与形状、图案的结合所作出的富有美感并适于工业应用的新设计。

对于违反法律、社会公德或者妨害公共利益的发明创造，不授予专利权。

对于违反法律、行政法规的规定获取或者利用遗传资源，并依赖该遗传资源完成的发明创造，不授予专利权。

4. 专利权的内容

专利权的内容指专利权人的权利和义务。

专利权人享有下列权利：（1）专利权人在专利有效期限内，享有为生产经营目的专有制造、使用和销售其专利产品或专有使用其专利方法的权利。其他任何单位或个人未经许可，不得实施该项专利。（2）专利权人有权转让或许可他人使用其专利权，并收取专利使用费。转让专利权时，当事人必须订立书面合同，经国务院专利行政部门登记和公告后生效。自然人的专利权中的财产权利可以继承。（3）发明人或者设计人有权在专利文件中写明自己是发明人或者设计人。专利权人有权在其专利产品或者该产品的包装上标明专利标识。（4）发明专利申请公布后，申请人可以要求实施其发明的单位或者个人支付适当的费用。

专利权人负有下述主要义务：（1）实施专利发明。发明和实用新型专利权人自专利权被授予之日起满 3 年，且自提出专利申请之日起满 4 年，无正当理由未实施或充分实施其专利的，国务院专利行政部门根据具备实施条件的单位或者个人的申请，可以给予其实施该专利的强制许可。（2）专利权人应当自被授予专利权的当年开始缴纳年费。如未按照规定缴纳年费，其专利权在期限届满前终止。（3）被授予专利权的单位应当对职务发明创造的发明人或者设计人给予奖励；发明创造专利实施后，根据其推广应用的范围和取得的经济效益，对发明人或者设计人给予合理的报酬。

5. 对专利权的法律保护

专利法规定，发明专利权的保护期限为 20 年，实用新型和外观设计专利权的保护期限为 10 年，自专利申请日起计算。过了这个期限，专利权就归于消灭。

未经专利权人许可，实施其专利，即侵犯其专利权，引起纠纷的，由当事人协商解决；不愿协商或者协商不成的，专利权人或者利害关系人可以向人民法院起诉，也可以请求管理专利工作的部门处理。管理专利工作的部门处理时，认定侵权行为成立的，可以责令侵权人立即停止侵权行为，当事人不服的，可以自收到处理通知之日起 15 日内依照《行政诉讼法》向人民法院起诉；侵权人期满不起诉又不停止侵权行为的，管理专利工作的部门可以申请人民法院强制执行。进行处理的管理专利工作的部门应当事人的请求，可以就侵犯专利权的赔偿数额进行调解；调解不成的，当事人可以依照《民事诉讼法》向人民法院起诉。侵犯专利权的诉讼时效为3年，自专利权人或者利害关系人知道或者应当知道侵权行为以及侵权人之日起计算。

假冒专利的，除依法承担民事责任外，由管理专利工作的部门责令改正并予公告，没收违法所得，可以并处违法所得5倍以下的罚款；没有违法所得或者违法所得在5万元以下的，可以处25万元以下的罚款；构成犯罪的，依法追究刑事责任。

（四）商标权

1. 商标权的概念

商标权是指商标注册后所取得的商标专用权利。只有经过商标局核准注册的商标，才能取得商标权，受法律保护。未经注册的商标可以使用，但发生纠纷时不受法律保护。

《商标法》由第五届全国人民代表大会常务委员会第二十四次会议于1982年8月23日通过，自1983年3月1日起施行。1993年2月22日第七届全国人民代表大会常务委员会第三十次会议对该法进行了修正。2001年10月27日第九届全国人民代表大会常务委员会第二十四次会议对该法进行了第二次修正。2013年8月30日第十二届全国人民代表大会常务委员会第四次会议对该法进行了第三次修正。2019年4月23日第十三届全国人民代表大会常务委员会第十次会议对该法进行了第四次修正。2002年8月3日《商标法实施条例》由国务院颁布、施行，2014年4月29日进行修订并施行。

2. 商标权的主体、客体、内容

（1）商标权的主体是自然人、法人或者其他组织。外国人或者外国企业在我国也可以依法取得商标权，从而成为商标权的主体。两个以上的自然人、法人或者其他组织可以共同向商标局申请注册同一商标，共同享有和行使该商标专用权。

（2）商标权的客体是经过注册的商标，分为商品商标、服务商标、集体商标、证明商标等。集体商标，是指以团体、协会或者其他组织名义注册，供该组织成员在商事活动中使用，以表明使用者在该组织中的成员资格的标志。证明商标，是指由对某种商品或者服务具有监督能力的组织所控制，而由该组织以外的单位或者个人使用于其商品或者服务，用以证明该商品或者服务的原产地、原料、制造方法、质量或者其他特定品质的标志。

商标的文字和图形均受法律规定的限制。任何能够将自然人、法人或者其他组织的商品与他人的商品区别开的标志，包括文字、图形、字母、数字、三维标志、颜色组合和声音等，以及上述要素的组合，均可以作为商标申请注册。申请注册的商标，应当有显著特征，便于识别，并不得与他人在先取得的合法权利相冲突。

商标不得使用下列标志：1）同中华人民共和国的国家名称、国旗、国徽、国歌、军旗、军徽、军歌、勋章等相同或者近似的，以及同中央国家机关的名称、标志、所在地特定地点的名称或者标志性建筑物的名称、图形相同的；2）同外国的国家名称、国旗、国徽、军旗等相同或者近似的，但经该国政府同意的除外；3）同政府间国际组织的名称、旗帜、徽记等相同或者近似的，但经该组织同意或者不易误导公众的除外；4）与表明实施控制、予以保证的官方标志、检验印记相同或者近似的，但经授权的除外；5）同“红十字”“红新月”的名称、标志相同或者近似的；6）带有民族歧视性的；7）带有欺骗性，容易使公众对商品的质量等特点或者产地产生误认的；8）有害于社会主义道德风尚或者有其他不良影响的。

县级以上行政区划的地名或者公众知晓的外国地名，不得作为商标。但是，地名具有其他含义或者作为集体商标、证明商标组成部分的除外；已经注册的使用地名的商标继续有效。

下列标志不得作为商标注册：1）仅有本商品的通用名称、图形、型号的；2）仅直接表示商品的质量、主要原料、功能、用途、重量、数量及其他特点的；3）其他缺乏显著特征的。但上述标志经过使用取得显著特征，并便于识别的，可以作为商标注册。

（3）商标权的内容是指商标权人的权利和义务。

商标权人所享有的权利是：1）商标专用权。商标注册人有权标明“注册商标”或者注册标记。2）商标转让权。转让注册商标的，转让人和受让人应当签订转让协议，并共同向商标局提出申请，经商标局核准后予以公告。3）许可他人使用注册商标并取得使用费的权利。商标使用许可应当报商标局备案。

商标权人所负担的义务是：1）确保使用商标的商品的质量。转让注册商标的，受让人应当确保使用该注册商标的商品的质量；签订商标使用许可合同的，许可人应当监督被许可人使用其注册商标的商品的质量，被许可人应当保证使用该注册商标的商品的质量，并且必须在该商品上标明被许可人的名称和商品产地。2）缴纳规定的各项费用。

3. 对商标权的法律保护

（1）国家知识产权局商标局为商标注册和管理的主管部门。自然人、法人或者其他组织要取得商标权，须向商标局提出申请，由商标局初步审定，予以公告。两个或者两个以上的申请人申请注册相同或者近似的商标，商标局公告申请在先的商标；同一天申请的，公告使用在先的商标。经公告后 3 个月内无异议或异议不成立的，商标局予以核准注册，发给商标注册证，并予以公告。

（2）注册商标的有效期为 10 年。期满需要继续使用的，应当在期满前 12 个月内申请续展注册；在此期间未能提出申请的，可以给予 6 个月的宽展期。宽展期满仍未提出申请的，注销其注册商标。每次续展注册的有效期为 10 年。续展注册经核准后，予以公告。

（3）未经商标注册人的许可，在同一种商品或者类似商品上使用与其注册商标相同或者近似的商标；销售侵犯注册商标专用权的商品；伪造、擅自制造他人注册商标标识或者销售伪造、擅自制造的注册商标标识；未经商标注册人同意，更换其注册商标并将该更换商标的商品又投入市场。此等行为，均属于侵犯注册商标专用权的行为，侵权人应当承担相应的民事责任。

对于有上述侵犯注册商标专用权行为之一的，被侵权人可以向市场监督管理部门要求处理，也可以直接向人民法院起诉。2019 年《商标法》第 63 条第 3 款将侵犯注册商标专用权的法定赔偿额的上限从 300 万元提高到 500 万元。对于侵犯注册商标专用权的行为，市场监督管理部门有权依法查处。市场监督管理部门处理时，认定侵权行为成立的，责令立即停止侵权行为，没收、销毁侵权商品和专门用于制造侵权商品、伪造注册商标标识的工具，并可处以罚款。涉嫌犯罪的，应当及时移送司法机关依法处理。

第三节 物 权

一、物权的概念及物权法律制度的基本原则

（一）物权的概念

物权，是指权利人依法对特定的物享有直接支配和排他的权利，包括所有权、用益物权和担保物权。

物权通常分为完全物权（自物权）和限制物权（他物权）。财产所有权是物权中内容最广泛、最充分的一种权利，包括占有、使用、收益和处分的权利。享有了财产所有权，也就享有了对该所有物完全支配的权利，因此，财产所有权也就是民法上的完全物权，又称为自物权。

除财产所有权外，还有一些不完全物权，如担保物权、用益物权等。这些物权的特点是：（1）权利人往往不是物的所有者，但对物享有财产所有权的一项或几项权能，如依法占有、使用、收益。这些物权是在他人（所有人）的所有物上享有的某种有限的权利，故又称为“他物权”“限制物权”。（2）这种权利，一方面具有物权的一般性质，权利人可以对抗任何不特定的相对人；另一方面又不像财产所有权那样包括四项完整的权能，在通常情况下，这种权利人没有对财产的处分权。

我国《民法典》中所规定的“用益物权”和各种“担保物权”，就是财产所有权以外的不完全物权。

《民法典》物权编是调整因物的归属和利用而产生的民事法律关系的法律规范的总称，包括明确国家、集体、私人和其他权利人的物权以及对物权的保护。

（二）物权法律制度的基本原则

《民法典》物权编在坚持《民法典》的基本原则外，还特别规定：

（1）从我国的国情和实际出发，全面、准确地体现和坚持社会主义基本经济制度。《民法典》第 206 条第 1 款规定：“国家坚持和完善公有制为主体、多种所有制经济共同发展，按劳分配为主体、多种分配方式并存，社会主义市场经济体制等社会主义基本经济制度。”国家巩固和发展公有制经济，鼓励、支持和引导非公有制经济的发展，保障一切市场主体的平等法律地位和发展权利。

（2）依据宪法和法律规定，对国家、集体和私人的物权实行平等保护。《民法典》第 207 条规定：“国家、集体、私人的物权和其他权利人的物权受法律平等保护，任何组织或者个人不得侵犯。”

（3）不动产物权的设立、变更、转让和消灭，应当依照法律规定登记；动产物权的设立和转让，应当依照法律规定交付。

二、物权的设立、变更、转让和消灭

（一）不动产物权登记

1. 不动产物权登记的效力

国家对不动产实行统一登记制度。统一登记的范围、登记机构和登记办法，由法律、行政法规规定。

《民法典》第 209 条规定："不动产物权的设立、变更、转让和消灭，经依法登记，发生效力；未经登记，不发生效力，但是法律另有规定的除外。依法属于国家所有的自然资源，所有权可以不登记。"

处分不动产物权，依照法律规定需要办理登记的，未经登记，不发生物权效力。

因合法建造、拆除房屋等事实行为设立或者消灭物权的，自事实行为成就时发生效力。

因继承取得物权的，自继承开始时发生效力。

因人民法院、仲裁机构的法律文书或者人民政府的征收决定等，导致物权设立、变更、转让或者消灭的，自法律文书或者人民政府的征收决定等生效时发生效力。

《民法典》第 214 条规定："不动产物权的设立、变更、转让和消灭，依照法律规定应当登记的，自记载于不动产登记簿时发生效力。"

不动产登记簿是物权归属和内容的根据。不动产登记簿由登记机构管理。

不动产权属证书是权利人享有该不动产物权的证明。不动产权属证书记载的事项，应当与不动产登记簿一致；记载不一致的，除有证据证明不动产登记簿确有错误外，以不动产登记簿为准。

2. 不动产物权登记的实施

《民法典》第 210 条规定："不动产登记，由不动产所在地的登记机构办理。"

登记机构应当履行下列职责：查验申请人提供的权属证明和其他必要材料，就有关登记事项询问申请人，如实、及时登记有关事项，法律、行政法规规定的其他职责。申请登记的不动产的有关情况需要进一步证明的，登记机构可以要求申请人补充材料，必要时可以实地查看。

权利人、利害关系人可以申请查询、复制不动产登记资料，登记机构应当提供。利害关系人不得公开、非法使用权利人的不动产登记资料。

当事人申请登记，应当根据不同登记事项提供权属证明和不动产界址、面积等必要材料。

当事人之间订立有关设立、变更、转让和消灭不动产物权的合同，除法律另有规定或者当事人另有约定外，自合同成立时生效；未办理物权登记的，不影响合同效力。

当事人签订买卖房屋的协议或者签订其他不动产物权的协议，为保障将来实现物权，按照约定可以向登记机构申请预告登记。预告登记后，未经预告登记的权利人同意，处分该不动产的，不发生物权效力。预告登记后，债权消灭或者自能够进行不动产登记之日起 90 日内未申请登记的，预告登记失效。

《民法典》第 222 条第 1 款规定："当事人提供虚假材料申请登记，造成他人损害的，应当承担赔偿责任。"因登记错误，造成他人损害的，登记机构应当承担赔偿责任。登记机构赔偿后，可以向造成登记错误的人追偿。

不动产登记费按件收取，不得按照不动产的面积、体积或者价款的比例收取。

（二）动产物权交付

《民法典》第 224 条规定："动产物权的设立和转让，自交付时发生效力，但是法律另有规定的除外。"

船舶、航空器和机动车等物权的设立、变更、转让和消灭，未经登记，不得对抗善意第三人。

动产物权设立和转让前，权利人已经依法占有该动产的，物权自民事法律行为生效时发生效力。

动产物权设立和转让前，第三人依法占有该动产的，负有交付义务的人可以通过转让请求第三人返还原物的权利代替交付。

动产物权转让时，双方又约定由出让人继续占有该动产的，物权的转让自该约定生效时发生效力。

三、财产所有权

（一）财产所有权的概念、内容和分类

1. 财产所有权的概念

财产所有权是指所有权人依法享有的对自己的不动产或者动产行使占有、使用、收益和处分的权利。财产所有权也是一种民事法律关系，是指民事主体之间因占有、使用、收益和处分财产而产生的权利义务关系。财产所有权是物权的一种，它是物权中内容最广泛、最充分的一种权利。享有了财产所有权，也就享有了对该所有物完全支配的权利，因此，财产所有权也就是民法上的完全物权。一定的所有权关系是一定的所有制关系在法律上的体现。财产所有权的特征在于其权利主体（所有人）总是特定的，而义务主体是不特定的。

2. 财产所有权的内容

财产所有权的内容包括对物的占有、使用、收益和处分。

（1）占有。所谓占有，是指民事主体对财产的实际控制和管领的事实状态。占有通常是行使所有权的前提条件。所有权人有权占有财产，但是非所有权人占有财产的情况也是常见的，例如借用、租赁、保管等，财产都是由他人占有。法律保护合法占有关系，所有权人不能请求返还。对于无权占有，则要根据该占有是恶意或善意来确定是否应向所有权人或合法占有人返还财产或赔偿损失。

（2）使用。使用就是民事主体按照物的性能和用途加以利用，以满足生产或生活的

某种需要。财产所有人有权对所有物即财产加以使用，以便获取财产的使用价值，满足财产所有人的需要。这是财产所有人的权利。但是，非财产所有人享有使用权的情况也很多，例如，承租人、借用人等也有权使用所租赁或借用的财产。

占有是使用的前提，不占有财产就无法使用，因而财产所有人没有实际占有自己的财产，就不能行使使用权。

（3）收益。收益就是指民事主体通过合法途径获取基于财产而产生的物质利益。收益的表现形式很多，如所有权人出租其房屋而收取租金、出借金钱而取得利息、养鸡生蛋等。

（4）处分。处分权就是所有权人对其财产进行消费和转让的权利。处分是四种权能中最重要的权能，狭义的财产所有权就是指处分权。一般情况下，处分权只能由所有权人行使。

3. 财产所有权的分类

按照《民法典》的规定，财产所有权分为三种：国家所有权、集体所有权和私人所有权。

（1）国家所有权，是指法律所确认和保护的国家对全民的财产享有的占有、使用、收益和处分的权利。它是国家所有制在法律上的表现。《民法典》第 242 条规定：“法律规定专属于国家所有的不动产和动产，任何组织或者个人不能取得所有权。”例如，矿藏、水流、海域、无居民海岛、城市的土地、无线电频谱资源、国防资产、铁路、公路、电力设施、电信设施和油气管道基础设施等财产属于国家所有，森林、山岭、草原、荒地、滩涂、野生动植物等自然资源属于国家所有，但是法律规定属于集体所有的除外。

国家所有即全民所有，国有财产由国务院代表国家行使所有权。履行国有财产管理、监督职责的机构及其工作人员，应当依法加强对国有财产的管理、监督，促进国有财产保值增值，防止国有财产损失；滥用职权，玩忽职守，造成国有财产损失的，应当依法承担法律责任。

（2）集体所有权，是指集体组织对它们自己所有的财产享有的占有、使用、收益和处分的权利。它是集体所有制在法律上的体现。《民法典》第 261 条第 1 款规定：“农民集体所有的不动产和动产，属于本集体成员集体所有。”对于集体所有的土地和森林、山岭、草原、荒地、滩涂等，依照下列规定行使所有权：属于村农民集体所有的，由村集体经济组织或者村民委员会依法代表集体行使所有权；分别属于村内两个以上农民集体所有的，由村内各该集体经济组织或者村民小组依法代表集体行使所有权；属于乡镇农民集体所有的，由乡镇集体经济组织代表集体行使所有权。

（3）私人所有权，是指自然人、法人、非法人组织对其所有的合法财产享有的占有、使用、收益和处分的权利。它是保护私人所有的合法财产的法律制度。《民法典》第 266 条规定：“私人对其合法的收入、房屋、生活用品、生产工具、原材料等不动产和动产享有所有权。”私人的合法财产受法律保护，禁止任何组织或者个人侵占、哄抢、破坏。

国家、集体和私人依法可以出资设立有限责任公司、股份有限公司或者其他企业。国家、集体和私人所有的不动产或者动产投到企业的，由出资人按照约定或者出资比例享有资产收益、重大决策以及选择经营管理者等权利并履行义务。

（二）所有权取得的特别规定

1. 所有权的善意取得

所有权的善意取得是指所有权是合法取得的，具有合法性。所有权的善意取得制度体现了物权的取得和行使应当遵守法律、尊重社会公德，不得损害公共利益和他人的合法权益的基本原则。

《民法典》第 311 条第 1、2 款规定："无处分权人将不动产或者动产转让给受让人的，所有权人有权追回；除法律另有规定外，符合下列情形的，受让人取得该不动产或者动产的所有权：（一）受让人受让该不动产或者动产时是善意；（二）以合理的价格转让；（三）转让的不动产或者动产依照法律规定应当登记的已经登记，不需要登记的已经交付给受让人。""受让人依据前款规定取得不动产或者动产的所有权的，原所有权人有权向无处分权人请求损害赔偿。"

善意受让人取得动产后，该动产上的原有权利消灭，但善意受让人在受让时知道或者应当知道该权利的除外。

所有权人或者其他权利人有权追回遗失物。该遗失物通过转让被他人占有的，权利人有权向无处分权人请求损害赔偿，或者自知道或应当知道受让人之日起 2 年内向受让人请求返还原物，但受让人通过拍卖或者向具有经营资格的经营者购得该遗失物的，权利人请求返还原物时应当支付受让人所付的费用。权利人向受让人支付所付费用后，有权向无处分权人追偿。

2. 拾得遗失物

拾得遗失物，应当返还权利人。拾得人应当及时通知权利人领取，或者送交公安等有关部门。有关部门收到遗失物，知道权利人的，应当及时通知其领取；不知道的，应当及时发布招领公告。拾得人在将遗失物送交有关部门前，有关部门在遗失物被领取前，应当妥善保管遗失物。因故意或者重大过失致使遗失物毁损、灭失的，应当承担民事责任。拾得漂流物、发现埋藏物或者隐藏物的，参照适用拾得遗失物的有关规定。《文物保护法》等法律另有规定的，依照其规定。

权利人领取遗失物时，应当向拾得人或者有关部门支付保管遗失物等支出的必要费用。权利人悬赏寻找遗失物的，领取遗失物时应当按照承诺履行义务。

拾得人侵占遗失物的，无权请求支付保管遗失物等支出的费用，也无权请求权利人按照承诺履行义务。

遗失物自发布招领公告之日起 1 年内无人认领的，归国家所有。

3. 主物转让的，从物随主物转让

主物转让的，从物随主物转让，但当事人另有约定的除外。

天然孳息，由所有权人取得；既有所有权人又有用益物权人的，由用益物权人取得。当事人另有约定的，按照其约定。

法定孳息，当事人有约定的，按照约定取得；没有约定或者约定不明确的，按照交

易习惯取得。

（三）相邻关系和共有

1. 相邻关系

相邻关系是指，不动产的相邻权利人应当按照有利生产、方便生活、团结互助、公平合理的原则，正确处理截水、排水、通行、通风、采光和日照等方面的相邻关系，相邻关系中的一方不得无理损害他方权益。

不动产权利人因用水、排水、通行、铺设管线等必须利用相邻土地、建筑物的，该相邻土地、建筑物的权利人应当尽量为他方提供必要的便利，该不动产权利人应当尽量避免对相邻土地、建筑物的权利人造成损害；造成损害的，应当给予赔偿。

2. 共有

共有是指，同一财产属于两个以上的自然人、法人或非法人组织所有。

按照《民法典》的规定，共有可以采用按份共有和共同共有两种形式。

（1）按份共有，是指两个以上的自然人、法人或非法人组织对同一项财产按照份额享有权利和承担义务的共有。其特点在于，这种共有的财产，事先有明确的份额之分。按份共有人只对属于自己份额内的共有财产享受权利和承担义务。《民法典》第 309 条规定："按份共有人对共有的不动产或者动产享有的份额，没有约定或者约定不明确的，按照出资额确定；不能确定出资额的，视为等额享有。"

（2）共同共有，是指两个以上的自然人、法人或非法人组织基于某种共同关系，共同享有同一项财产的所有权，也可以说，它是不分份额的共有。在共同共有关系中，只要共有关系存在，就无法划分出哪个共有人享有多少份额；只有在共有关系终止时，才可以确定共有人各自应得的份额。共同共有人对共有财产享有共同的权利，承担共同的义务。在共同共有关系存续期间，部分共有人擅自处分共有财产的，一般认定无效。共同共有产生的主要根据是夫妻关系和血缘关系，因而它的主要表现形式是夫妻共同共有和家庭成员共同共有。

3. 共有财产的管理

共有人按照约定管理共有的不动产或者动产；没有约定或者约定不明确的，各共有人都有管理的权利和义务。

处分共有的不动产或者动产以及对共有的不动产或者动产作重大修缮、变更性质或者用途的，应当经占份额 2/3 以上的按份共有人或者全体共同共有人同意，但是共有人之间另有约定的除外。

4. 共有人的债务

《民法典》规定：因共有的不动产或者动产产生的债权债务，在对外关系上，共有人享有连带债权、承担连带债务，但是法律另有规定或者第三人知道共有人不具有连带债权债务关系的除外；在共有人内部关系上，除共有人另有约定外，按份共有人按照份额享有债权、承担债务，共同共有人共同享有债权、承担债务。偿还债务超过自己应当承担份额的按份共有人，有权向其他共有人追偿。

5. 共有财产的分割

共有人约定不得分割共有的不动产或者动产，以维持共有关系的，应当按照约定，但是共有人有重大理由需要分割的，可以请求分割；没有约定或者约定不明确的，按份共有人可以随时请求分割，共同共有人在共有的基础丧失或者有重大理由需要分割时可以请求分割。因分割造成其他共有人损害的，应当给予赔偿。共有人可以协商确定分割方式。达不成协议，共有的不动产或者动产可以分割且不会因分割减损价值的，应当对实物予以分割；难以分割或者因分割会减损价值的，应当对折价或者拍卖、变卖取得的价款予以分割。

共有人分割所得的不动产或者动产有瑕疵的，其他共有人应当分担损失。

6. 按份共有人的优先购买权

按份共有人在将自己的份额分出或转让时，不得损害其他共有人的利益，其他共有人在同等条件下，有优先购买的权利。按份共有人转让其享有的共有的不动产或者动产份额的，应当将转让条件及时通知其他共有人。其他共有人应当在合理期限内行使优先购买权。两个以上其他共有人主张行使优先购买权的，协商确定各自的购买比例；协商不成的，按照转让时各自的共有份额比例行使优先购买权。

（四）业主的建筑物区分所有权

1. 业主的建筑物区分所有权的概念

业主的建筑物区分所有权是指业主对其建筑物内的住宅、经营性用房等专有部分享有单独的占有、使用、收益和处分的权利，对专有部分以外的共有部分享有共有和共同管理的权利。

业主对建筑物专有部分以外的共有部分享有权利、承担义务，不得以放弃权利为由而不履行义务。

《民法典》第 274 条规定：“建筑区划内的道路，属于业主共有，但是属于城镇公共道路的除外。建筑区划内的绿地，属于业主共有，但是属于城镇公共绿地或者明示属于个人的除外。建筑区划内的其他公共场所、公用设施和物业服务用房，属于业主共有。”占用业主共有的道路或者其他场地用于停放汽车的车位，属于业主共有。建筑物及其附属设施的维修资金，属于业主共有。建设单位、物业服务企业或者其他管理人等利用业主的共有部分产生的收入，在扣除合理成本之后，属于业主共有。

2. 业主的建筑物区分所有权的行使

业主应当遵守法律、法规以及管理规约。业主行使权利不得危及建筑物的安全，不得损害其他业主的合法权益。

业主不得违反法律、法规以及管理规约，将住宅改变为经营性用房。业主将住宅改变为经营性用房的，除遵守法律、法规以及管理规约外，应当经有利害关系的业主一致同意。

维修资金经业主共同决定，可以用于电梯、屋顶、外墙、无障碍设施等共有部分的维修、更新和改造。建筑物及其附属设施的维修资金的筹集、使用情况应当定期公布。

紧急情况下需要维修建筑物及其附属设施的，业主大会或者业主委员会可以依法申请使用建筑物及其附属设施的维修资金。

业主转让建筑物内的住宅、经营性用房，其对共有部分享有的共有和共同管理的权利一并转让。

建筑区划内，规划用于停放汽车的车位、车库应当首先满足业主的需要。建筑区划内，规划用于停放汽车的车位、车库的归属，由当事人通过出售、附赠或者出租等方式约定。

建筑物及其附属设施的费用分摊、收益分配等事项，有约定的，按照约定；没有约定或者约定不明确的，按照业主专有部分占建筑物总面积的比例确定。

请思考：甲、乙、丙、丁分别购买了某住宅楼（共四层）的一至四层，并各自办理了房产证。下列哪些说法是正确的？（　　）

A. 甲、乙、丙、丁有权分享该住宅楼的外墙、楼顶和楼道广告收入

B. 一层住户甲对三、四层楼间板不享有民事权利

C. 若甲出卖其住宅，乙、丙、丁享有优先购买权

D. 如四层住户丁欲在楼顶建一花圃，须得到甲、乙、丙的同意

答案：ABD。

3. 业主大会及业主委员会

业主可以设立业主大会，并选举业主委员会。

业主大会和业主委员会，对任意弃置垃圾、排放污染物或者噪声、违反规定饲养动物、违章搭建、侵占通道、拒付物业费等损害他人合法权益的行为，有权依照法律、法规以及管理规约，请求行为人停止侵害、消除危险、排除妨害、恢复原状、赔偿损失。

业主可以自行管理建筑物及其附属设施，也可以委托物业服务企业或者其他管理人管理。对建设单位聘请的物业服务企业或者其他管理人，业主有权依法更换。

物业服务企业或者其他管理人根据业主的委托，依照《民法典》第三编有关物业服务合同的规定管理建筑区划内的建筑物及其附属设施，接受业主的监督，并及时答复业主对物业服务情况提出的询问。

业主对建设单位、物业服务企业或者其他管理人以及其他业主侵害自己合法权益的行为，有权请求其承担民事责任。

四、用益物权

（一）用益物权的概念

用益物权是指用益物权人对他人所有的不动产或者动产，依法享有占有、使用和收益的权利。用益物权包括自然资源使用权、土地承包经营权、建设用地使用权、宅基地使用权、地役权、居住权等权利。根据《民法典》第 241 条的规定，所有权人有权在自己的不动产或者动产上设立用益物权。用益物权人行使权利，不得损害所有权人的权益。

《民法典》第 327 条规定："因不动产或者动产被征收、征用致使用益物权消灭或者

影响用益物权行使的，用益物权人有权依据本法第二百四十三条、第二百四十五条的规定获得相应补偿。”

（二）自然资源使用权

国家实行自然资源有偿使用制度。国家所有或者国家所有由集体使用以及法律规定属于集体所有的自然资源，组织、个人依法可以占有、使用和收益。依法取得的海域使用权、探矿权、采矿权、取水权和使用水域、滩涂从事养殖、捕捞的权利受法律保护。

用益物权人行使权利，应当遵守法律有关保护和合理开发利用资源、保护生态环境的规定。所有权人不得干涉用益物权人行使权利。

（三）土地承包经营权

农村集体经济组织实行家庭承包经营为基础、统分结合的双层经营体制。农民集体所有和国家所有由农民集体使用的耕地、林地、草地以及其他用于农业的土地，依法实行土地承包经营制度。

土地承包经营权自土地承包经营权合同生效时设立。耕地的承包期为 30 年。草地的承包期为 30 年至 50 年。林地的承包期为 30 年至 70 年。承包期限届满，由土地承包经营权人依照农村土地承包的法律规定继续承包。

县级以上地方人民政府应当向土地承包经营权人发放土地承包经营权证、林权证、草原使用权证，并登记造册，确认土地承包经营权。

土地承包经营权人依照法律规定，有权将土地承包经营权采取互换、转让等方式流转。流转的期限不得超过承包期的剩余期限。未经依法批准，不得将承包地用于非农建设。土地承包经营权人可以自主决定依法采取出租、入股或者其他方式向他人流转土地经营权。

土地承包经营权互换、转让的，当事人可以向登记机构申请登记；未经登记，不得对抗善意第三人。通过招标、拍卖、公开协商等方式承包农村土地，经依法登记取得权属证书的，可以依法采取出租、入股、抵押或者其他方式流转土地经营权。

（四）建设用地使用权

《民法典》第 344 条规定：“建设用地使用权人依法对国家所有的土地享有占有、使用和收益的权利，有权利用该土地建造建筑物、构筑物及其附属设施。”建设用地使用权可以在土地的地表、地上或者地下分别设立。新设立的建设用地使用权，不得损害已设立的用益物权，非经批准，不得改变土地用途。

设立建设用地使用权的，应当向登记机构申请建设用地使用权登记。建设用地使用权自登记时设立。登记机构应当向建设用地使用权人发放建设用地使用权证书。

设立建设用地使用权，可以采取出让或者划拨等方式。工业、商业、旅游、娱乐和商品住宅等经营性用地以及同一土地有两个以上意向用地者的，应当采取招标、拍卖等公开竞价的方式出让。采取招标、拍卖、协议等出让方式设立建设用地使用权的，当事人应当采取书面形式订立建设用地使用权出让合同。建设用地使用权人应当依照法律规定以及合同约定支付出让金等费用。《民法典》第 352 条规定：“建设用地使用权人建造的建筑物、构筑物及其附属设施的所有权属于建设用地使用权人，但是有相反证据证明的除外。”

建设用地使用权人有权将建设用地使用权转让、互换、出资、赠与或者抵押，但法律另有规定的除外。建设用地使用权转让、互换、出资、赠与或者抵押的，当事人应当采取书面形式订立相应的合同，并应当向登记机构申请变更登记（不包括抵押）。建设用地使用权人建造的建筑物、构筑物及其附属设施的所有权属于建设用地使用权人，但有相反证据证明的除外。建筑物、构筑物及其附属设施转让、互换、出资或者赠与的，该建筑物、构筑物及其附属设施占用范围内的建设用地使用权一并处分。《民法典》第 359 条规定：“住宅建设用地使用权期限届满的，自动续期。续期费用的缴纳或者减免，依照法律、行政法规的规定办理。”

（五）居住权

居住权是指为满足生活居住的需要，居住权人有权按照合同约定，对他人的住宅享有占有、使用的用益物权。

《民法典》第 367 条规定：“设立居住权，当事人应当采用书面形式订立居住权合同。居住权合同一般包括下列条款：（一）当事人的姓名或者名称和住所；（二）住宅的位置；（三）居住的条件和要求；（四）居住权期限；（五）解决争议的方法。”

居住权无偿设立，但是当事人另有约定的除外。设立居住权的，应当向登记机构申请居住权登记。居住权自登记时设立。

居住权不得转让、继承。设立居住权的住宅不得出租，但是当事人另有约定的除外。

居住权期限届满或者居住权人死亡的，居住权消灭。居住权消灭的，应当及时办理注销登记。

五、担保物权

（一）担保物权的概念、设立

1. 担保物权的概念

担保物权是指债务人或债务人以外的第三人将特定的财产作为履行债务的担保，债务人未履行到期债务时，债权人享有依照法定程序就担保财产优先受偿的权利。担保物权包括抵押权（一般抵押权、最高额抵押权）、质权（动产质权、权利质权）、留置权等。《民法典》第 241 条规定，所有权人有权在自己的不动产或者动产上设立担保物权。担保物权人行使权利，不得损害所有权人的权益。

2. 担保物权的设立

债权人在借贷、买卖等民事活动中，为保障实现其债权，设立担保物权，应当依照《民法典》和其他法律的规定订立担保合同。

担保合同是主债权债务合同的从合同。主债权债务合同无效，担保合同无效，但法律另有规定的除外。担保合同被确认无效后，债务人、担保人、债权人有过错的，应当根据其过错各自承担相应的民事责任。

第三人为债务人向债权人提供担保的，可以要求债务人提供反担保。反担保适用《民法典》和其他法律的规定。

（二）抵押权

1. 抵押权的概念

抵押权是指为担保债务的履行，债务人或者第三人不转移财产的占有，将自己特定的财产抵押给债权人，债务人不履行到期债务或者发生当事人约定的情形，债权人享有就该财产优先受偿的权利。债务人或者第三人为抵押人，债权人为抵押权人，提供担保的财产为抵押财产。

《民法典》第395条规定：“债务人或者第三人有权处分的下列财产可以抵押：（一）建筑物和其他土地附着物；（二）建设用地使用权；（三）海域使用权；（四）生产设备、原材料、半成品、产品；（五）正在建造的建筑物、船舶、航空器；（六）交通运输工具；（七）法律、行政法规未禁止抵押的其他财产。抵押人可以将前款所列财产一并抵押。”以建筑物抵押的，该建筑物占用范围内的建设用地使用权一并抵押。以建设用地使用权抵押的，该土地上的建筑物一并抵押。

2. 抵押权的设立、实现

设立抵押权，当事人应当采用书面形式订立抵押合同。抵押合同一般包括下列条款：（1）被担保债权的种类和数额；（2）债务人履行债务的期限；（3）抵押财产的名称、数量等情况；（4）担保的范围。

以不动产抵押的抵押合同应当办理抵押登记，以免重复抵押，抵押权自登记时设立。以动产（如车、船）抵押的，抵押权自抵押合同生效时设立；未经登记，不得对抗善意第三人。

债务人不履行到期债务或者发生当事人约定的实现抵押权的情形，抵押权人可以与抵押人协议以抵押财产折价或者以拍卖、变卖该抵押财产所得的价款优先受偿。协议损害其他债权人利益的，其他债权人可以请求人民法院撤销该协议。

抵押权人与抵押人未就抵押权实现方式达成协议的，抵押权人可以请求人民法院拍卖、变卖抵押财产。

抵押财产折价或者变卖的，应当参照市场价格。抵押财产折价或者拍卖、变卖后，其价款超过债权数额的部分归抵押人所有，不足部分由债务人清偿。抵押权人应当在主债权诉讼时效期间行使抵押权；未行使的，人民法院不予保护。

（三）质权

1. 质权的概念

质权是指债务人或第三人将其动产或有价权利的凭证出质移交给债权人占有，将该动产或者有价权利作为债权的担保，当债务人不履行债务或发生当事人约定的情形时，债权人享有依法以该动产或有价权利折价或者以拍卖、变卖该动产或有价权利的价款优先受偿的权利。债务人或者第三人为出质人，债权人为质权人，交付的动产为质押财产。质权分为动产质权和权利质权两种。

2. 动产质权

设立动产质权，当事人应当采用书面形式订立质押合同，自出质人交付质押财产时设立。质权人有权收取质押财产的孳息，但是合同另有约定的除外。

《民法典》第 431 条规定："质权人在质权存续期间，未经出质人同意，擅自使用、处分质押财产，造成出质人损害的，应当承担赔偿责任。"质权人负有妥善保管质押财产的义务；因保管不善致使质押财产毁损、灭失的，应当承担赔偿责任。质权人的行为可能使质押财产毁损、灭失的，出质人可以请求质权人将质押财产提存，或者请求提前清偿债务并返还质押财产。债务人履行债务或者出质人提前清偿所担保的债权的，质权人应当返还质押财产。

3. 权利质权

《民法典》第 440 条规定："债务人或者第三人有权处分的下列权利可以出质：（一）汇票、本票、支票；（二）债券、存款单；（三）仓单、提单；（四）可以转让的基金份额、股权；（五）可以转让的注册商标专用权、专利权、著作权等知识产权中的财产权；（六）现有的以及将有的应收账款；（七）法律、行政法规规定可以出质的其他财产权利。"

以汇票、本票、支票、债券、存款单、仓单、提单出质的，质权自权利凭证交付质权人时设立；没有权利凭证的，质权自办理出质登记时设立。法律另有规定的，依照其规定。以基金份额、股权出质的，质权自办理出质登记时设立；以注册商标专用权、专利权、著作权等知识产权中的财产权出质的，质权自办理出质登记时设立；以应收账款出质的，质权自办理出质登记时设立。

权利质权的实施，适用动产质权的规定。

（四）留置权

留置权是指债务人不履行到期债务时，债权人可以留置已经合法占有的债务人的动产，并享有就该动产优先受偿的权利。债权人为留置权人，占有的动产为留置财产。

《民法典》第 448 条规定："债权人留置的动产，应当与债权属于同一法律关系，但是企业之间留置的除外。"留置财产为可分物的，留置财产的价值应当相当于债务的金额。留置权人负有妥善保管留置财产的义务；因保管不善致使留置财产毁损、灭失的，应当承担赔偿责任。

留置权人与债务人应当约定留置财产后的债务履行期限；没有约定或者约定不明确的，留置权人应当给债务人 60 日以上履行债务的期限，但是鲜活易腐等不易保管的动产除外。债务人逾期未履行的，留置权人可以与债务人协议以留置财产折价，也可以就拍卖、变卖留置财产所得的价款优先受偿。留置财产折价或者变卖的，应当参照市场价格。

六、占 有

（一）有权占有与无权占有

有权占有是指基于法律的规定或合同的约定对物的占有。基于合同关系等产生的占有，有关不动产或者动产的使用、收益、违约责任等，按照合同约定；合同没有约定或者约定不明确的，依照有关法律规定。

无权占有是指没有法律的规定或合同的约定为根据而对物的占有。无权占有又分为善意占有与恶意占有。善意占有是指无权占有人不知道或者不应当知道自己没有合法根据而从事的无权占有。恶意占有是指无权占有人知道或者应当知道自己没有合法根据而从事的无权占有。

（二）占有权的行使与保护

不动产或者动产被占有人占有的，权利人可以请求返还原物及其孳息，但应当支付善意占有人因维护该不动产或者动产支出的必要费用。

占有人返还原物的请求权，自侵占发生之日起 1 年内未行使的，该请求权消灭。

占有的不动产或者动产被侵占的，占有人有权请求返还原物；对妨害占有的行为，占有人有权请求排除妨害或者消除危险；因侵占或者妨害造成损害的，占有人有权依法请求损害赔偿。

占有人因使用占有的不动产或者动产，致使该不动产或者动产受到损害的，恶意占有人应当承担赔偿责任。

占有的不动产或者动产毁损、灭失，该不动产或者动产的权利人请求赔偿的，占有人应当将因毁损、灭失取得的保险金、赔偿金或者补偿金等返还给权利人；权利人的损害未得到足够弥补的，恶意占有人还应当赔偿损失。

七、物权的保护

《民法典》第 233 条规定："物权受到侵害的，权利人可以通过和解、调解、仲裁、诉讼等途径解决。"

因物权的归属、内容发生争议的，利害关系人可以请求确认权利；无权占有不动产或者动产的，权利人可以请求返还原物；妨害物权或者可能妨害物权的，权利人可以请求排除妨害或者消除危险；造成不动产或者动产毁损的，权利人可以依法请求修理、重作、更换或者恢复原状；侵害物权，造成权利人损害的，权利人可以依法请求损害赔偿，也可以依法请求承担其他民事责任。

《民法典》规定的物权保护方式，可以单独适用，也可以根据权利被侵害的情形合并适用。侵害物权，除承担民事责任外，违反行政管理规定的，依法承担行政责任；构成犯罪的，依法追究刑事责任。

第四节 合 同

一、合同的概念和特点

（一）合同的概念

合同是指平等民事主体之间设立、变更、终止民事权利义务关系的协议。

（二）合同的特点

（1）合同是平等的民事主体所实施的一种民事法律行为。

（2）合同以设立、变更或终止民事权利义务关系为目的和宗旨。合同不仅导致民事权利义务关系的产生，而且可以成为民事权利义务关系变更和终止的原因。所谓产生民事权利义务关系，是指当事人订立合同旨在形成某种民事法律关系（如买卖关系、租赁关系），从而具体地享受民事权利、承担民事义务。所谓变更民事权利义务关系，是指当事人通过订立合同使原有的合同关系在内容上发生变化。所谓终止民事权利义务关系，是指当事人通过订立合同消灭原合同关系。

（3）合同是当事人协商一致的产物或意思表示一致的协议。合同的成立必须有两个以上的当事人，各方当事人必须互相作出意思表示，各个意思表示必须是一致的，各方当事人必须达成一致的协议。①

（4）依法成立的合同，受法律保护，仅对当事人具有法律约束力，但是法律另有规定的除外。当事人应当按照约定履行自己的义务，不得擅自变更或者解除合同。

二、合同的订立

（一）合同订立的程序

当事人订立合同，通常分为要约和承诺两个阶段。

（1）要约，是要约人希望和他人订立合同的意思表示，也称为订约提议、发盘或发价。要约邀请是希望他人向自己发出要约的表示。拍卖公告、招标公告、招股说明书、债券募集办法、基金招募说明书、商业广告和宣传、寄送的价目表等为要约邀请。商业广告和宣传的内容符合要约条件的，构成要约。要约到达受要约人时生效。在要约的有效期内，要约人不得随意变更或撤回要约，如必须撤回要约，其通知应当在要约到达受要约人之前或者与要约同时到达受要约人。要约可以撤销，但是要约人以确定承诺期限或者其他形式明示要约不可撤销或受要约人有理由认为要约是不可撤销的，并已经为履行合同做了合理准备工作的除外。

---

① 王利明主编．民法．5版．北京：中国人民大学出版社，2010：328-329.

（2）承诺，是受要约人同意要约的意思表示，也称为接受提议或接盘。《民法典》第488条规定：“承诺的内容应当与要约的内容一致。受要约人对要约的内容作出实质性变更的，为新要约。有关合同标的、数量、质量、价款或者报酬、履行期限、履行地点和方式、违约责任和解决争议方法等的变更，是对要约内容的实质性变更。”合同的内容以承诺的内容为准。承诺应当在要约规定的期限内到达要约人，承诺自到达要约人时生效。承诺生效时合同成立。承诺生效的地点为合同成立的地点。

（二）合同订立的形式

当事人订立合同，有书面形式、口头形式和其他形式。书面形式是合同书、信件、电报、电传、传真等可以有形地表现所载内容的形式。以电子数据交换、电子邮件等方式能够有形地表现所载内容，并可以随时调取查用的数据电文，视为书面形式。书面形式的合同，自双方当事人签名、盖章或者按指印时成立。在签名、盖章或者按指印之前，当事人一方已经履行主要义务，对方接受时，该合同成立。

《民法典》第491条规定：“当事人采用信件、数据电文等形式订立合同要求签订确认书的，签订确认书时合同成立。当事人一方通过互联网等信息网络发布的商品或者服务信息符合要约条件的，对方选择该商品或者服务并提交订单成功时合同成立，但是当事人另有约定的除外。”

（三）合同的必备条款

合同的内容由当事人约定，一般应当包括以下条款：（1）当事人的名称或者姓名和住所；（2）标的，即当事人的权利、义务共同指向的对象，包括物、行为和智力成果；（3）标的物的数量；（4）标的物的质量；（5）标的物的价款或者劳务报酬、智力成果的价款；（6）合同的履行期限、履行地点和方式；（7）违约责任；（8）解决争议的方法。当事人可以参照各类合同的示范文本订立合同。

（四）合同的担保

合同的担保是督促债务人履行债务、保障债权得以实现的法律手段。《民法典》规定了几种担保方式：定金、保证、留置、抵押、质押。

（1）定金合同。定金是为确保合同履行，一方向对方支付的货币。给付定金的一方不履行合同的，无权请求返还定金。接受定金的一方不履行合同的，应当双倍返还定金。定金的数额由当事人约定，但不得超过主合同标的额的20%。《民法典》第586条规定：定金合同自实际交付定金时成立。

（2）保证合同。保证合同是指为保障债权的实现，保证人和债权人约定，当债务人不履行到期债务或者发生当事人约定的情形时，保证人按照约定履行债务或承担责任的合同。保证合同是主债权债务合同的从合同。主债权债务合同无效的，保证合同无效。保证合同必须以书面约定为凭。《民法典》第685条第1款规定：“保证合同可以是单独订立的书面合同，也可以是主债权债务合同中的保证条款。”国家机关、学校、医院等不得作为保证人。

（3）留置。留置是指合同的一方当事人由于对方不履行合同义务，对已经占有的对方的财产采取的扣留处置措施。扣留期限届满，对方当事人仍不履行合同义务时，留置权人有权依法变卖扣留的财产，并从价款中优先得到清偿。

（4）抵押。抵押是指合同的一方当事人或者第三人（抵押人），用自己特定的财产向对方当事人（抵押权人）保证履行合同义务，但不转移财产占有的一种担保方式。根据《民法典》第400条的规定，设立抵押权，应当采用书面形式签订抵押合同。抵押人不履行合同，抵押权人有权变卖抵押物，并享有优先受偿的权利；于不足部分，有权向抵押人请求给付；如有剩余，退还抵押人。《民法典》第419条规定："抵押权人应当在主债权诉讼时效期间行使抵押权；未行使的，人民法院不予保护。"

（5）质押。质押是指债务人或第三人将其动产或有价权利的凭证移交债权人占有，将该动产或者有价权利作为债权的担保。根据《民法典》第427条的规定，设立质权，应当采用书面形式订立质押合同。债务人不履行债务时，债权人有权依法以该动产或有价权利折价或者以拍卖、变卖该动产或有价权利的价款优先受偿。

案例

甲为装修房屋向乙借款10万元，双方签订合同，规定1年后归还，并由丙作为连带责任保证人。丙在合同上签字确认并写明所有个人信息及账号。6个月后甲出国留学，合同到期时仍未归国。乙要求丙归还10万元。丙以应让甲先偿还为由拒绝履行合同。

请思考：丙是否应当偿还这10万元？为什么？

答案：丙应当偿还。因为丙不是一般保证人，而是连带责任保证人。

三、合同的效力

合同的效力主要有以下几种情况。

（一）合同生效

（1）依法成立的合同，自成立时生效，但是法律另有规定或者当事人另有约定的除外。（2）依法律、行政法规的规定，合同的变更、转让、解除等情形应当办理登记、批准手续的，依照其规定。应当办理申请批准等手续的当事人未履行义务的，对方可以请求其承担违反该义务的责任。（3）采用合同书形式订立合同，在签字或者盖章之前，当事人一方已经履行主要义务且对方接受的，该合同有效。（4）无权代理人以被代理人的名义订立合同，被代理人已经开始履行合同义务或者接受相对人履行的，视为对合同的追认。

《民法典》第504条规定："法人的法定代表人或者非法人组织的负责人超越权限订立的合同，除相对人知道或者应当知道其超越权限外，该代表行为有效，订立的合同对法人或者非法人组织发生效力。"当事人超越经营范围订立合同的，不得仅以超越经营范围确认合同无效。

（二）合同无效

合同无效是指合同虽经当事人协商成立，但因违反法律的规定，从订立时起就没有法律效力。

（1）有下列情形之一的，合同无效：1）行为人与相对人以虚假的意思表示订立；2）行为人与相对人恶意串通，损害他人合法权益；3）违背公序良俗；4）无民事行为能力人实施；5）违反法律、行政法规的强制性规定。

（2）合同中的下列免责条款无效：1）造成对方人身伤害的；2）因故意或重大过失给对方造成财产损失的。

（3）格式条款是当事人为了重复使用而预先拟定，并在订立合同时未与对方协商的条款。有下列情形之一的，该格式条款无效：1）具有《民法典》第一编第六章第三节和《民法典》第506条规定的无效情形；2）提供格式条款一方不合理地免除或者减轻其责任、加重对方责任、限制对方主要权利；3）提供格式条款一方排除对方主要权利。

（三）合同可撤销

因下列事由订立合同的，当事人有权请求人民法院或者仲裁机构变更或者撤销合同：1）重大误解；2）乘人之危，在订立合同时显失公平；3）一方或第三人以欺诈、胁迫的手段。

当事人自知道或者应当知道撤销事由之日起1年内、重大误解的当事人自知道或者应当知道撤销事由之日起90日内，或当事人受胁迫，自胁迫行为终止之日起1年内，应当行使撤销权。《民法典》第152条第2款规定："当事人自民事法律行为发生之日起五年内没有行使撤销权的，撤销权消灭。"

（四）对合同无效或被撤销的处理

（1）无效的合同及被撤销的合同自始没有法律约束力。（2）合同部分无效，不影响其他部分效力的，其他部分仍然有效。（3）合同无效或者被撤销后，因该合同取得的财产，应当予以返还；不能返还或者没必要返还的，应当折价补偿。有过错的一方应当赔偿对方因此所受的损失；双方都有过错的，应当各自承担相应的责任。（4）合同的无效或撤销，由人民法院或仲裁机构确认。

案例

A与B签订了房屋买卖合同，并收取了B支付的全额房款。后A与C恶意串通，另行订立了房屋买卖合同且收取了C支付的全额房款，并将已出售给B的房屋交付给C使用。

请思考：该两份合同哪份无效？

答案：A与C订立的房屋买卖合同无效。

四、合同的履行

（一）合同实际履行原则

依法成立的合同，对当事人具有法律约束力。当事人应当按照合同的约定全面履行自己的义务，不得擅自变更或者解除合同。当事人应当遵循诚实信用原则，根据合同的性质、目的和交易习惯履行通知、协助、保密等义务。

《民法典》第 495 条第 1 款规定："当事人约定在将来一定期限内订立合同的认购书、订购书、预订书等，构成预约合同。"当事人一方不履行预约合同约定的订立合同义务的，对方可以请求其承担预约合同的违约责任。

悬赏人以公开方式声明对完成特定行为的人支付报酬的，完成该行为的人可以请求其支付。

（二）协议补充原则

合同生效后，当事人就质量、价款或者报酬、履行地点等内容没有约定或者约定不明确的，可以协议补充；不能达成补充协议的，按照合同有关条款或者交易习惯确定。

（三）可以中止履行的法定情形

应当先履行债务的当事人，有确切证据证明对方有下列情形之一的，可以中止履行：（1）经营状况严重恶化；（2）转移财产、抽逃资金，以逃避债务；（3）丧失商业信誉；（4）有丧失或者可能丧失履行债务能力的其他情形。

中止履行的一方应当及时通知对方。对方提供适当担保时，应当恢复履行。中止履行后，对方在合理期限内未恢复履行能力并且未提供适当担保的，中止履行的一方可以解除合同。

（四）合同的保全（债权人代位权）

《民法典》第 535 条第 1 款规定："因债务人怠于行使其债权或者与该债权有关的从权利，影响债权人的到期债权实现的，债权人可以向人民法院请求以自己的名义代位行使债务人对相对人的权利，但是该权利专属于债务人自身的除外。"代位权的行使范围以债权人的到期债权为限。债权人行使代位权的必要费用，由债务人负担。

五、合同的变更、转让和终止、解除

（一）合同的变更

当事人协商一致，可以变更合同。当事人对合同变更的内容约定不明确的，推定为未变更。

（二）合同的转让

债权人可以将合同的权利全部或者部分转让给第三人，但有下列情形之一的除外：（1）根据合同的性质不得转让；（2）按照当事人的约定不得转让；（3）依照法律的规定不得转让。债权人转让权利应当通知债务人，未经通知，该转让对债务人不发生效力。债务人将合同的义务全部或者部分转移给第三人的，应当经债权人同意。

（三）合同的终止

合同的终止即合同的权利、义务终止。有下列情形之一的，合同的权利、义务终止：（1）债务已经按照约定履行；（2）合同解除；（3）债务相互抵销；（4）债务人依法将标的物提存；（5）债权人免除债务；（6）债权、债务同归于一人；（7）法律规定或者当事人约定终止的其他情形。

合同的权利、义务终止后，当事人应当遵循诚实信用原则，根据交易习惯履行通知、协助、保密等义务。合同的权利、义务终止，不影响合同中结算和清理条款的效力。

（四）合同的解除

当事人协商一致，可以解除合同。当事人可以约定一方解除合同的事由。解除合同的事由发生时，解除权人可以解除合同。有下列情形之一的，当事人可以解除合同：（1）因不可抗力致使不能实现合同目的；（2）在履行期限届满前，当事人一方明确表示或者以自己的行为表明不履行主要债务；（3）当事人一方迟延履行主要债务，经催告后在合理期限内仍未履行；（4）当事人一方迟延履行债务或者有其他违约行为致使不能实现合同目的；（5）法律规定的其他情形。以持续履行的债务为内容的不定期合同，当事人可以随时解除合同，但是应当在合理期限之前通知对方。

合同解除后，尚未履行的，终止履行；已经履行的，根据履行情况和合同性质，当事人可以请求恢复原状或者采取其他补救措施，并有权请求赔偿损失。

六、合同纠纷的解决、违约的概念及违约责任

（一）合同纠纷的解决

合同发生纠纷时，当事人可以通过和解或者调解解决。当事人和解、调解不成的，可以依据事先达成的仲裁协议向仲裁机构申请仲裁。当事人事先没有订立仲裁协议或者仲裁协议无效的，亦可以直接向人民法院起诉。涉外合同的当事人可以根据仲裁协议向中国仲裁机构或者其他仲裁机构申请仲裁。当事人应当履行发生法律效力的判决、仲裁裁决、调解书，一方拒不履行的，另一方可以请求人民法院强制执行。

因国际货物买卖合同和技术进出口合同争议提起诉讼或者申请仲裁的期限为 4 年。因其他合同争议提起诉讼或者申请仲裁的期限，一般是 3 年。

（二）违约的概念

违约是指合同当事人没有履行或者没有适当地履行自己依照合同应履行的合同义务。违反合同的形式主要有三种：全部不履行，不适当履行，迟延履行。

（三）违约责任

《民法典》第577条规定：当事人一方不履行合同义务或者履行合同义务不符合约定的，应当承担继续履行、采取补救措施或者赔偿损失等违约责任。

可见，违约的情况不同，由此而产生的法律后果也不同。归纳起来，违约的后果主要有以下几种：（1）继续全面履行合同义务；（2）支付违约金；（3）赔偿损失，即在履行义务或者采取补救措施后，对方还有其他损失的，应当赔偿损失；（4）对违约责任没有约定或者约定不明确，受损害方可以合理选择请求对方承担修理、重作、更换、退货、减少价款或者报酬等违约责任；（5）替代履行，即可以请求违约方负担由第三人替代履行的费用；（6）定金担保。当事人既约定违约金，又约定定金的，一方违约时，对方可以选择适用违约金或者定金条款。

七、合同的种类

我国《民法典》规定了19类合同。

（一）买卖合同

买卖合同是出卖人转移标的物的所有权于买受人，买受人支付价款的合同。买卖合同的内容除包括当事人的名称或者姓名和住所，标的及其数量、质量、价款或者报酬，履行期限、地点和方式，违约责任，解决争议的方法外，还包括包装方式、检验标准和方法、结算方式、合同使用的文字及其效力等条款。

（二）供用电、水、气、热力合同

供用电合同是供电人向用电人供电，用电人支付电费的合同。供用电合同的内容包括供电的方式、质量、时间，用电容量、地址、性质，计量方式，电价、电费的结算方式，供用电设施的维护责任等条款。供用水、气、热力合同与此类同。

（三）赠与合同

赠与合同是赠与人将自己的财产无偿给予受赠人，受赠人表示接受赠与的合同。赠与人在赠与财产的权利转移之前可以撤销赠与，但具有救灾、扶贫等社会公益、道德义务性质的赠与合同或者经过公证的赠与合同，不能撤销赠与。

（四）借款合同

借款合同是借款人向贷款人借款，到期返还借款并支付利息的合同。借款合同的内容包括借款种类、币种、用途、数额、利率、期限和还款方式等条款。特别需要注意，民间借贷除适用《民法典》外，主要适用最高人民法院《关于审理民间借贷案件适用法律若干问题的规定》。

（五）租赁合同

租赁合同是出租人将租赁物交付承租人使用、收益，承租人支付租金的合同。租赁合同的内容包括租赁物的名称、数量、用途，租赁期限，租金及支付期限和方式，租赁物维修等条款。

（六）融资租赁合同

融资租赁合同是出租人根据承租人对出卖人、租赁物的选择，向出卖人购买租赁物，提供给承租人使用，承租人支付租金的合同。融资租赁合同的内容包括租赁物的名称、数量、规格、技术性能、检验方法，租赁期限，租金构成及支付期限和方式、币种，租赁期间届满租赁物的归属等条款。

（七）承揽合同

承揽合同是承揽人按照定作人的要求完成工作，交付工作成果，定作人给付报酬的合同。承揽合同的内容包括承揽的标的、数量、质量，报酬，承揽方式，材料的提供，履行期限，验收标准和方法等条款。

（八）建设工程合同

建设工程合同是承包人进行工程建设，发包人支付价款的合同。建设工程合同包括勘察、设计、施工合同。勘察、设计合同的内容包括提交有关基础资料和文件（包括概预算）的期限、质量要求、费用以及其他协作条件等条款。施工合同的内容包括工程范围、建设工期、中间交工工程的开工和竣工时间、工程质量、工程造价、技术资料交付时间、材料和设备供应责任、拨款和结算、竣工验收、质量保修范围和质量保证期、双方相互协作等条款。

（九）运输合同

运输合同是承运人将旅客或者货物从起运地点运输到约定地点，旅客、托运人或者收货人支付票款或者运输费用的合同。运输合同包括客运合同、货运合同、多式联运合同。

（十）技术合同

技术合同是当事人就技术开发、转让、许可、咨询或者服务订立的确立相互之间的权利和义务的合同。技术合同包括技术开发合同、技术转让合同、技术许可合同、技术咨询合同和技术服务合同。

（十一）保管合同

保管合同是保管人保管寄存人交付的保管物，并返还该物的合同。寄存人应当按照约定向保管人支付保管费。

（十二）仓储合同

仓储合同是保管人储存存货人交付的仓储物，存货人支付仓储费的合同。储存易燃、易爆、有毒、有腐蚀性、有放射性等危险物品或者易变质物品，存货人应当说明该物品的性质，提供有关资料。

（十三）委托合同

委托合同是委托人和受托人约定，由受托人处理委托人事务的合同。委托人可以特别委托受托人处理一项或者数项事务，也可以全权委托受托人处理一切事务。

（十四）行纪合同

行纪合同是行纪人以自己的名义为委托人从事贸易活动，委托人支付报酬的合同。行纪人处理委托事务支出的费用，由行纪人负担，但当事人另有约定的除外。

（十五）中介合同

中介合同是中介人向委托人报告订立合同的机会或者提供订立合同的媒介服务，委托人支付报酬的合同。中介人应当就有关订立合同的事项向委托人如实报告，中介人促成合同成立的，委托人应当按照约定支付报酬。

（十六）保证合同

《民法典》第 681 条规定：“保证合同是为保障债权的实现，保证人和债权人约定，当债务人不履行到期债务或者发生当事人约定的情形时，保证人履行债务或者承担责任的合同。”

（十七）保理合同

《民法典》第 761 条规定：“保理合同是应收账款债权人将现有的或者将有的应收账款转让给保理人，保理人提供资金融通、应收账款管理或者催收、应收账款债务人付款担保等服务的合同。”

（十八）物业服务合同

《民法典》第 937 条第 1 款规定：“物业服务合同是物业服务人在物业服务区域内，为业主提供建筑物及其附属设施的维修养护、环境卫生和相关秩序的管理维护等物业服务，业主支付物业费的合同。”

（十九）合伙合同

《民法典》第 967 条规定：“合伙合同是两个以上合伙人为了共同的事业目的，订立的共享利益、共担风险的协议。”合伙人应当按照约定的出资方式、数额和缴付期限，履行出资义务。合伙人的出资、因合伙事务依法取得的收益和其他财产，属于合伙财产。合伙合同终止前，合伙人不得请求分割合伙财产。

合伙人就合伙事务作出决定的，除合伙合同另有约定外，应当经全体合伙人一致同意。合伙人不得因执行合伙事务而请求支付报酬，但是合伙合同另有约定的除外。

合伙的利润分配和亏损分担，按照合伙合同的约定办理；合伙合同没有约定或者约定不明确的，由合伙人协商决定；协商不成的，由合伙人按照实缴出资比例分配、分担；无法确定出资比例的，由合伙人平均分配、分担。

合伙人对合伙债务承担连带责任。清偿合伙债务超过自己应当承担份额的合伙人，有权向其他合伙人追偿。

除合伙合同另有约定外，合伙人向合伙人以外的人转让其全部或者部分财产份额的，须经其他合伙人一致同意。

第五节　婚姻家庭

一、婚姻家庭概述

（一）婚姻家庭的概念与婚姻家庭制度的特点

1. 婚姻家庭的概念

婚姻是一定社会制度所确认的男女两性结合的一种社会形式。家庭是基于婚姻关系、血缘关系、收养关系而发生的，由一定范围内的亲属组成的共同生活单位。

婚姻关系是男女两性基于婚姻成立、存续而发生于夫妻双方之间的权利义务关系。家庭关系是基于婚姻、血缘、收养而产生于家庭成员之间的权利义务关系，包括夫妻关系、父母子女关系、兄弟姐妹关系、祖父母孙子女关系和外祖父母外孙子女关系等。

2. 婚姻家庭制度的特点

婚姻家庭制度是调整婚姻家庭关系的法律制度的总称。《民法典》第五编“婚姻家庭”专门调整因婚姻家庭而产生的民事关系，更具体地说，是调整婚姻家庭方面的人身关系和财产关系，其中，人身关系是主要的，财产关系从属于人身关系。婚姻家庭中的人身关系，只存在于具有特定身份的亲属之间。

婚姻家庭关系的特殊性，决定了婚姻家庭制度具有普遍性和伦理性的特点。人们一般都要结婚并生活在家庭中，因此，婚姻家庭制度与每个社会成员都有密切关系，在适用范围上具有普遍性。同时，《民法典》第 1043 条第 1 款规定：“家庭应当树立优良家风，弘扬家庭美德，重视家庭文明建设。”家庭成员间的权利和义务包含着社会道德规范的要求，所以婚姻家庭制度也具有伦理性。

《民法典》于2021年1月1日起施行，同时，《婚姻法》废止。

（二）婚姻家庭制度的基本原则

《民法典》第1041条第2、3款规定：“实行婚姻自由、一夫一妻、男女平等的婚姻制度。”“保护妇女、未成年人、老年人、残疾人的合法权益。”这些内容就是我国婚姻家庭制度的基本原则。

1. 婚姻自由

婚姻自由是指男女双方有权依照法律的规定，自主决定婚姻问题，不受任何人的强制或干涉。这是宪法赋予公民的一项基本权利。婚姻自由包括结婚自由和离婚自由两个方面的内容。

结婚自由是指男女双方有自主缔结婚姻的权利。离婚自由是指男女双方有决定解除婚姻关系的权利。婚姻自由是相对的，结婚、离婚都必须严格按照婚姻法规定的法定程序办理。

为了保障婚姻自由原则，《民法典》第1042条第1款规定：禁止包办、买卖婚姻和其他干涉婚姻自由的行为。禁止借婚姻索取财物。

2. 一夫一妻制

一夫一妻制是指一男一女结为夫妻的婚姻制度，任何人不得同时有两个以上的配偶，有夫之妇或有妇之夫在配偶死亡或离婚之前不得再行结婚，未婚男女也不得同时与两个以上的人结婚。《民法典》第1042条第2款中明确规定：“禁止重婚。”所谓重婚，是指有配偶者与他人结婚，或者明知他人有配偶而与之结婚的行为。重婚在法律上不仅无效，而且当事人要受到法律制裁。《民法典》还规定：“禁止有配偶者与他人同居。”这就是说，无论公开的或隐蔽的一夫多妻或一妻多夫的两性关系，都是违法的。

3. 男女平等

我国《宪法》第48条第1款规定：“中华人民共和国妇女在政治的、经济的、文化的、社会的和家庭的生活等各方面享有同男子平等的权利。”婚姻家庭中男女平等原则是宪法精神在婚姻家庭关系中的具体体现。

男女平等是指男女双方在婚姻家庭方面享有平等的权利、履行平等的义务，其主要内容表现为：男女双方在结婚、离婚问题上的权利和义务是平等的；夫妻在人身关系、财产关系上的权利、义务是平等的；父母抚养、教育子女的权利、义务是平等的；其他不同性别的家庭成员在家庭中的权利和义务也是平等的；等等。《民法典》第1043条第2款还特别规定，“夫妻应当互相忠实，互相尊重，互相关爱；家庭成员应当敬老爱幼，互相帮助，维护平等、和睦、文明的婚姻家庭关系”，专门强调了夫妻及家庭成员之间平等地维护家庭和睦的相互义务。

4. 保护妇女、未成年人、老年人、残疾人的合法权益

保护妇女、未成年人、老年人、残疾人的合法权益是婚姻家庭法的一项基本原则，也是社会主义精神文明的一个重要标志。它是指国家对妇女、未成年人、老年人、残疾人在婚姻家庭方面的权利和利益，给予特别的重视和保护。

保护妇女的合法权益是男女平等原则的重要补充。从现实看，目前男女两性在婚姻家庭生活中的地位还存在某些实际差别。同时，考虑到女性在生理和心理上与男性的差异，从实际出发，对妇女的合法权益加以特殊保护是完全必要的。因此，《民法典》中关于妇女在怀孕期间、分娩后1年内或终止妊娠后6个月内，男方不得提出离婚，以及离婚时分配共同财产，法院根据财产的具体情况，依据照顾女方权益的原则判决的规定等，都体现了特别保护妇女权益这一原则。

未成年人是国家和民族的未来，保护未成年人的合法权益是整个社会的任务，也是家庭的重要职能。为了保护未成年人的合法权益，法律规定：父母有教育、保护子女的权利和义务；子女有继承父母遗产的权利，非婚生子女、养子女享有和婚生子女同等的权利等。

尊敬老年人是中华民族的传统美德，保护老年人的合法权益也是社会和家庭的责任。为了保护老年人的合法权益，成年子女有赡养、扶助父母的义务，对于失去子女或者子女无力赡养的祖父母、外祖父母，有负担能力的孙子女、外孙子女有赡养义务。

残疾人是指在心理、生理、人体结构上，某种组织、功能丧失或者不正常，全部或者部分丧失以正常方式从事某种活动能力的人，包括视力残疾、听力残疾、言语残疾、肢体残疾、智力残疾、精神残疾、多重残疾和其他残疾的人。理解、尊重、帮助和保护残疾人，是社会和家庭的共同责任。保护残疾人的合法权益，是《民法典》婚姻家庭编新增加的内容，体现了国家对残疾人群体的特殊保护。残疾人的扶养人必须对残疾人履行扶养义务。禁止对残疾人实施家庭暴力，禁止虐待、遗弃残疾人。

广大家庭都要重言传、重身教，教知识、育品德，身体力行、耳濡目染，帮助孩子扣好人生的第一粒扣子，迈好人生的第一个台阶。要在家庭中培育和践行社会主义核心价值观，引导家庭成员特别是下一代热爱党、热爱祖国、热爱人民、热爱中华民族。要积极传播中华民族传统美德，传递尊老爱幼、男女平等、夫妻和睦、勤俭持家、邻里团结的观念，倡导忠诚、责任、亲情、学习、公益的理念，推动人们在为家庭谋幸福、为他人送温暖、为社会作贡献的过程中提高精神境界、培育文明风尚。①

二、结　婚

结婚是男女双方按照法律规定的条件和程序，确立婚姻关系的重要法律行为。结婚必须符合法定的条件和程序，否则，得不到国家承认和法律保护。

（一）结婚的条件

按照《民法典》的规定，结婚的条件分为结婚必须具备的条件和禁止结婚的条件。

---

① 习近平．在会见第一届全国文明家庭代表时的讲话．北京：人民出版社，2016：5.

1. 结婚必须具备的条件

（1）结婚必须男女双方完全自愿。这是婚姻自由原则的体现。《民法典》第 1046 条规定："结婚应当男女双方完全自愿，禁止任何一方对另一方加以强迫，禁止任何组织或者个人加以干涉。"这条内容包含三层含义：一是双方自愿而不是一厢情愿；二是本人自愿，而不是依他人的意愿；三是双方自愿是完全的，没有任何勉强或受欺诈的成分。双方完全自愿才能给未来的家庭打下良好基础。

（2）结婚必须达到法定年龄。法定年龄是法律上规定的男女双方结婚的最低年龄。男女结婚必须达到一定的年龄，才能具备适合的生理条件和心理条件，履行夫妻义务，承担对家庭和社会的责任。根据男女的生理和心理条件以及充分考虑到我国的社会现状，我国《民法典》第 1047 条规定的男女结婚的最低年龄为，男不得早于 22 周岁，女不得早于 20 周岁。

（3）结婚必须符合一夫一妻制。这一条件要求，男女双方必须在均无配偶即各自未婚、离婚或丧偶的情况下才能结婚。《民法典》在"结婚"一章中对此虽未作专条规定，但在前面的一般规定中已明确规定实行一夫一妻制，第 1042 条第 2 款规定："禁止重婚。禁止有配偶者与他人同居。"因此在审查结婚申请时，必须掌握这个条件，避免发生重婚。

2. 禁止结婚的条件

我国的亲属关系：亲属包括配偶、姻亲和血亲三类。夫妻互为配偶。姻亲是指因婚姻关系而产生的亲属，包括血亲的配偶、配偶的血亲、配偶的血亲的配偶。血亲是与自己有血缘关系的亲属。配偶、父母、子女、兄弟姐妹、祖父母、外祖父母、孙子女、外孙子女为近亲属。

《民法典》第 1048 条规定：直系血亲或者三代以内的旁系血亲禁止结婚。血亲可分为直系血亲和旁系血亲两类。直系血亲是指与自己有直接血缘关系的亲属，即生育自己和自己所生育的上下各代亲属，如父母、子女、祖父母、孙子女、外祖父母、外孙子女等。旁系血亲是指与自己有间接血缘关系的亲属，即除直系血亲外，在血缘上与自己出于同源的亲属，如自己的同胞兄弟姐妹、堂兄弟姐妹、表兄弟姐妹、叔、伯、姑、舅、姨等。三代以内的旁系血亲，是指从自己算起往上数三代的血亲，即与自己同源于祖父母、外祖父母的亲属，如堂兄弟姐妹和表兄弟姐妹。同胞兄弟姐妹同源于父母，是二代以内的旁系血亲。

禁止近亲结婚是优生学的要求，有利于民族健康、社会发展。大量科学研究结果已经证实，近亲结婚的遗传病发病率远远大于非血缘婚姻的。

请思考：老白的儿子与老白妹妹的孙女谈恋爱，遭到家人的强烈反对。两人可以结婚吗？

答案：他们可以结婚。

（二）结婚的法定程序

1. 结婚登记

结婚的法定程序是指法律规定的男女双方建立婚姻关系所必须履行的程序。《民法典》第1049条规定："要求结婚的男女双方应当亲自到婚姻登记机关申请结婚登记。符合本法规定的，予以登记，发给结婚证。完成结婚登记，即确立婚姻关系。未办理结婚登记的，应当补办登记。"可见，结婚登记是婚姻关系成立的必经程序，是国家对婚姻关系的成立进行审查和监督的必要措施，目的在于使合乎结婚条件的婚姻产生法律上的效力，避免违法婚姻。

2. 结婚登记机关

婚姻登记管辖按照行政区域划分，中国居民办理结婚登记的机关是县、不设区的市、市辖区人民政府民政部门或者乡（镇）人民政府。

中国自然人同外国人，中国内地/大陆居民同中国香港居民、澳门居民、"台湾居民"以及华侨办理婚姻登记的机关是省、自治区、直辖市人民政府民政部门或者省、自治区、直辖市人民政府民政部门确定的机关。

3. 结婚登记程序

结婚登记的程序分为申请、审查和登记（发证）三个步骤。

（1）申请。男女双方应当共同到一方常住户口所在地的婚姻登记机关申请结婚登记，应当出具本人的户口簿、身份证，本人无配偶以及与对方没有直系血亲和三代以内旁系血亲关系的签字声明。

（2）审查。婚姻登记机关对于结婚登记当事人出具的证件、证明材料必须认真审查并询问相关情况，目的是查明当事人是否符合结婚条件。

（3）登记。婚姻登记机关审查后，对于符合结婚条件的应当当场予以登记，发给结婚证；凡不符合结婚登记条件的，不予登记。

登记结婚后，根据男女双方的约定，女方可以成为男方家庭的成员，男方也可以成为女方家庭的成员。

离婚后，男女双方自愿恢复婚姻关系的，应当到婚姻登记机关重新进行结婚登记。

（三）无效婚姻、可撤销婚姻

1. 无效婚姻

符合法定条件、履行了婚姻登记手续的合法婚姻关系受到法律保护，不符合法定条件的婚姻无效。《民法典》第1051条规定，有下列情形之一的，婚姻无效：（1）重婚，即一个人在同一段时间内存在两个以上婚姻关系；（2）有禁止结婚的亲属关系；（3）未到法定婚龄。

对于无效婚姻，当事人以及利害关系人可以向婚姻登记机关或人民法院提出确认该婚姻无效的申请，婚姻登记机关或人民法院应当宣告该婚姻无效。对于未到法定婚龄结婚的，应当在法定婚龄届至前提出或宣告该婚姻无效。

以重婚为由申请宣告婚姻无效的，申请人为当事人的近亲属及基层组织。以未到法定婚龄为由申请宣告婚姻无效的，申请人为未达法定婚龄者的近亲属。以有禁止结婚的亲属关系为由申请宣告婚姻无效的，申请人为当事人的近亲属。

请思考：甲与乙登记结婚3年后，乙向法院请求确认该婚姻无效。乙提出的下列哪

一理由可以成立？（　　）

A. 乙登记结婚的实际年龄离法定婚龄相差 2 年

B. 甲婚前谎称是海归博士且有车有房，乙婚后发现上当受骗

C. 甲与乙是表兄妹关系

D. 甲以揭发乙父受贿为由胁迫乙结婚

答案：C。

2. 可撤销婚姻

（1）因胁迫结婚。结婚应当出于当事人的自愿，《民法典》第 1052 条第 1 款规定："因胁迫结婚的，受胁迫的一方可以向人民法院请求撤销婚姻。"受胁迫的一方撤销婚姻的请求，应当自胁迫行为终止之日起一年内提出。被非法限制人身自由的当事人请求撤销婚姻的，应当自恢复人身自由之日起一年内提出。

（2）未履行告知义务。结婚意味着男女共同亲密生活，生育后代。从医学角度看，重大疾病可能影响到配偶及后代的健康。同时，疾病治疗费用很有可能给家庭带来巨大的经济负担，使当事人生活陷入困顿。因此，在结婚前男女双方应当将自己身体健康的真实情况，如实告知对方，以利于对方作出真实的意思表示。一方的欺骗行为，可能会导致另一方对结婚对象产生错误认识，从而无法作出对自己有利的正确判断。《民法典》第 1053 条规定："一方患有重大疾病的，应当在结婚登记前如实告知另一方；不如实告知的，另一方可以向人民法院请求撤销婚姻。请求撤销婚姻的，应当自知道或者应当知道撤销事由之日起一年内提出。"

3. 无效或可撤销婚姻的后果

《民法典》第 1054 条规定：无效的或者被撤销的婚姻自始没有法律约束力，当事人不具有夫妻的权利和义务。同居期间所得的财产，由当事人协议处理；协议不成的，由人民法院根据照顾无过错方的原则判决。对有过错的一方，可以少分或不分财产。当事人所生的子女，适用《民法典》有关父母子女的规定。

人民法院审理重婚导致的无效婚姻案件时，涉及财产处理的，不得侵害合法婚姻当事人的财产权益，应当准许合法婚姻当事人作为有独立请求权的第三人参加诉讼。

婚姻无效或者被撤销的，无过错方有权请求损害赔偿。

三、家庭关系

家庭是社会的细胞，担负着诸如人口再生产、经济消费、未成年人教育等社会职能。家庭由以婚姻、血缘为纽带的亲属组成，亲属之间在日常生活中的各种权利义务关系构成家庭关系。家庭关系中最基本的关系是夫妻关系，此外还有父母子女关系、兄弟姐妹关系和祖孙关系等。家庭成员之间应当敬老爱幼，维护平等、和睦、文明的婚姻家庭关系。

（一）夫妻关系

夫妻是家庭的基本成员，夫妻关系构成家庭关系的基础。夫妻关系是指由合法婚姻

而产生的男女之间在人身和财产方面的权利义务关系。按照《民法典》的规定，夫妻在婚姻家庭中地位平等，任何一方都不能只享有权利而不承担义务，或只承担义务而不享有权利。这是处理夫妻关系的基本原则，也是建立民主、和睦家庭的必要条件。

1. 夫妻间的人身关系

（1）夫妻在婚姻家庭中地位平等。夫妻双方在家庭中平等地享有法律赋予的各项权利，平等地履行法律规定的各项义务。

（2）姓名权。男女结婚以后，女方可以成为男方家庭的成员，男方也可以成为女方家庭的成员，各自的姓名不因结婚而改变。《民法典》第1056条规定："夫妻双方都有各自使用自己姓名的权利。"夫妻双方在结婚后始终都可以保持自己姓名的独立。双方所生子女可以随父姓，也可以随母姓。

（3）参加生产、工作、学习和社会活动的自由。《民法典》第1057条规定："夫妻双方都有参加生产、工作、学习和社会活动的自由，一方不得对另一方加以限制或者干涉。"这条规定虽然适用于夫妻双方，但主要是为了保护已婚妇女按自己的意愿学习、就业或参加社会活动的权利，禁止丈夫对妻子的人身自由加以限制和干涉。只有妇女的人身自由权得到切实的法律保障，妇女才能真正在家庭中同丈夫处于平等地位。

2. 夫妻间的财产关系

（1）夫妻共同财产。夫妻对共同财产，享有平等的处理权。《民法典》第1062条规定，夫妻在婚姻关系存续期间所得的财产，为夫妻共同财产，归夫妻共同所有。夫妻共同财产包括：工资、奖金、劳务报酬，生产、经营、投资的收益，知识产权的收益，除《民法典》另有规定以外的继承或者受赠的财产，其他应当归夫妻共同所有的财产（包括一方以个人财产投资取得的收益，男女双方实际取得或应当取得的住房补贴、住房公积金，男女双方实际取得或应当取得的养老保险金、破产安置补偿费等）。夫妻对婚姻关系存续期间所得的上述财产没有约定或者约定不明确的，归夫妻共同所有。

对夫妻共同财产，不论是一方的或是双方的收入，也不论收入的多少，双方都有平等地占有、使用和处分的权利。因日常生活需要而处理夫妻共同财产的，任何一方均有权决定。如果非因日常生活需要对夫妻共同财产作出重要处理决定，夫妻双方应当平等协商，取得一致意见。他人有理由相信其为夫妻双方共同意思表示的，另一方不得以不同意或不知道为由对抗善意第三人。

（2）夫妻一方的财产。夫妻共同财产不包括夫或妻个人所有的财产、子女的财产和其他家庭成员的财产。《民法典》第1063条规定，下列财产为夫妻一方的个人财产，双方另有约定的除外：一方的婚前财产，一方因受到人身损害获得的赔偿或者补偿，遗嘱或者赠与合同中确定只归一方的财产，一方专用的生活用品，其他应当归一方的财产。

对于婚前财产及婚姻关系存续期间所得的财产，夫妻可以书面约定归共同所有、各自所有、部分共同所有、部分各自所有。该约定对双方都有法律约束力。

（3）夫妻有相互扶养的义务。扶养是指夫妻双方在物质上和生活上的互相扶助、互相供养。当一方因患病、年老等生活困难需要扶养时，另一方应承担扶养义务。《民法典》第1059条第2款规定，如果一方不履行扶养义务，需要扶养的一方，有向人民法院提起诉讼、要求对方给付扶养费的权利。

(4) 夫妻双方有相互继承遗产的权利。夫妻双方相互继承遗产的权利是以夫妻间的人身关系为前提的，夫妻一方死亡后，另一方有继承死亡一方遗产的权利。

(5) 夫妻债务。男女结婚后，组成一个家庭经济共同体，可能因家庭生活原因负债，对于夫妻共同债务应当由夫妻共同偿还。《民法典》第1064条第1款规定："夫妻双方共同签名或者夫妻一方事后追认等共同意思表示所负的债务，以及夫妻一方在婚姻关系存续期间以个人名义为家庭日常生活需要所负的债务，属于夫妻共同债务。"

在婚姻关系存续期间，夫妻一方以个人名义超出家庭日常生活需要所负的债务，不属于夫妻共同债务。但是，如果债权人能够证明该债务用于夫妻共同生活、共同生产经营或者基于夫妻双方共同意思表示，则该债务也属于夫妻共同债务。

夫妻对婚姻关系存续期间所得的财产约定各自所有的，夫或妻一方对外所负的债务为个人债务，相对人知道该约定的，以夫或妻一方的个人财产清偿。

(6) 婚内共同财产分割。《民法典》第1066条规定，婚姻关系存续期间，出现以下情形之一的，夫妻一方可以向人民法院请求分割共同财产：(a) 一方有隐藏、转移、变卖、毁损、挥霍夫妻共同财产或者伪造夫妻共同债务等严重损害夫妻共同财产利益的行为。(b) 一方负有法定扶养义务的人患有重大疾病需要治疗，另一方不同意支付相关医疗费用的，可以向人民法院请求分割夫妻共同财产。这两种情况，是对夫妻一方财产权益的严重损害，因此，法律赋予受损害方请求司法救济的权利。

（二）父母子女关系

父母子女关系也称亲子关系，是指父母子女之间基于身份而产生的权利义务关系。其又分为自然血亲的父母子女关系和拟制血亲的父母子女关系。自然血亲的父母子女关系是基于子女出生的事实而发生的，子女包括婚生子女和非婚生子女。拟制血亲指本无血缘关系，但法律上确认其与自然血亲有同等权利义务关系的亲属。拟制血亲的父母子女关系包括养父母养子女关系和继父母继子女关系。父母子女关系是家庭关系的一个重要组成部分，它包括以下几个方面。

1. 父母对未成年子女有抚养、教育和保护的权利和义务

男女结婚以后，生儿育女，父母双方平等享有对未成年子女抚养、教育和保护的权利，共同承担对未成年子女抚养、教育和保护的义务。《民法典》第1067条第1款规定："父母不履行抚养义务的，未成年子女或者不能独立生活的成年子女，有要求父母给付抚养费的权利。"这一规定表明，父母对未成年子女的抚养责任是无条件的，而对成年子女的抚养责任是有条件的。如果成年子女没有能力或基于某种原因不能维持生活，父母可根据自己的能力和意愿，负担其生活费或适当给予物质帮助。

父母是未成年子女的法定监护人，有保护和教育未成年子女的权利和义务。在未成年子女对他人造成损害时，父母有依法承担民事责任的义务。

请思考：李明19岁，父母离婚多年，李明与母亲生活。2020年李明考入大学，他是否有权请求父亲支付其生活费？

答案：李明已无法定权利请求父亲支付其生活费。

2. 成年子女对父母有赡养的义务

成年子女对父母有赡养的义务，《民法典》第1067条第2款规定："成年子女不履行赡养义务的，缺乏劳动能力或者生活困难的父母，有要求成年子女给付赡养费的权利。"赡养是指子女在物质上和经济上为父母提供必要的生活条件，以及在精神上和生活上对父母的关心、帮助和照料。《民法典》第1069条还规定：子女应当尊重父母的婚姻权利，不得干涉父母离婚、再婚以及婚后的生活。子女对父母的赡养义务，不因父母的婚姻关系变化而终止。

3. 父母和子女有相互继承遗产的权利

父母和子女是最近的直系血亲，有着极为密切的人身关系和财产关系。父母或子女死亡后，他们相互之间都有继承遗产的权利。

4. 非婚生子女与父母、继父母与继子女、养父母与养子女之间的关系

非婚生子女是指合法婚姻关系之外所生的子女。《民法典》第1071条规定，非婚生子女享有与婚生子女同等的权利，任何组织或者个人不得加以危害和歧视。不直接抚养非婚生子女的生父或者生母，应当负担未成年子女或者不能独立生活的成年子女的抚养费。非婚生子女和父母之间具有最近的直系血亲关系，父母对自己所生子女的抚养、教育义务，不受父母婚姻关系存在与否的影响。

继父或继母和受其抚养、教育的继子女之间的权利义务关系，适用民法对父母子女关系的有关规定。继父母与继子女之间，不得虐待或歧视。

亲子关系可以通过人民法院确认。《民法典》第1073条规定，对亲子关系有异议且有正当理由的，父亲或者母亲可以向人民法院提起诉讼，请求确认或者否认亲子关系。成年子女对亲子关系有异议且有正当理由的，也可以向人民法院提起诉讼，请求确认亲子关系。

养父母和养子女之间的权利、义务关系，也适用民法关于父母子女关系的规定。养子女和生父母之间的权利和义务关系，因收养关系的成立而消除。

（三）其他家庭成员之间的关系

1. 祖父母与孙子女、外祖父母与外孙子女间的关系

祖孙是三代以内的直系血亲，在家庭关系中，祖孙关系是除父母子女以外最为亲近的血亲关系，所以在特定条件下，祖孙之间有抚养和赡养的义务。《民法典》第1074条规定：有负担能力的祖父母、外祖父母，对于父母已经死亡或父母无力抚养的未成年孙子女、外孙子女，有抚养的义务。有负担能力的孙子女、外孙子女，对于子女已经死亡或者子女无力赡养的祖父母、外祖父母，有赡养的义务。抚养子女、赡养父母首先是父母、子女的义务，祖孙之间的抚养和赡养义务是第二位的、有条件的。其条件如下：其一，被抚养、赡养人生活困难，没有独立生活能力。其二，有抚养、赡养义务的当事人无力履行抚养、赡养义务。其三，承担抚养、赡养义务的人有负担能力。

2. 兄弟姐妹间的关系

兄弟姐妹是最近的旁系血亲，在同一家庭中生活，关系密切，所以在特定条件下，相互之间存在扶养的义务。《民法典》第1075条规定：有负担能力的兄、姐，对于父母已经死亡或者父母无力抚养的未成年弟、妹，有扶养的义务。由兄、姐扶养长大的有负担能力的弟、妹，对于缺乏劳动能力又缺乏生活来源的兄、姐，有扶养的义务。这项规定，充分体现了权利义务的一致性。抚养未成年子女是父母的法定义务，但是，在父母已经死亡或者不能履行抚养义务时，有负担能力的兄、姐有扶养未成年弟、妹的义务。而在兄、姐年老体迈缺乏劳动能力又没有生活来源时，由兄、姐扶养长大的弟、妹，在有负担能力的情况下，有义务扶养兄、姐。

四、离　婚

离婚是夫妻双方依法定程序解除夫妻关系的法律行为。离婚不仅使夫妻人身关系、财产关系发生一系列的变化，还涉及子女的抚养、教育和亲属关系等问题，对家庭和社会也会产生一定的影响。因此，正确处理离婚问题，对于保护夫妻双方的合法权益、促进社会安定，有着重要的现实意义。《民法典》既保障离婚自由，又反对轻率离婚，保护婚姻关系中的无过错方、女方及子女的利益。

（一）离婚程序

1. 离婚登记

夫妻双方自愿协议离婚，适用行政程序办理。《民法典》第1076条第1款规定："夫妻双方自愿离婚的，应当签订书面离婚协议，并亲自到婚姻登记机关申请离婚登记。"

（1）签订离婚协议。夫妻双方自愿离婚，必须符合以下条件：第一，双方当事人必须具有民事行为能力。离婚是法律行为，只有当事人具有完全民事行为能力时，才能签订离婚协议。一方为限制民事行为能力人和无民事行为能力人的离婚，应按诉讼程序处理，以保障限制民事行为能力人和无民事行为能力人的合法权益。第二，必须当事人双方自愿，并签订书面离婚协议。第三，夫妻双方对子女的抚养、财产以及债务处理等事项已经协商一致。

（2）30天离婚冷静期。夫妻自愿离婚，必须男女双方共同到婚姻登记机关申请离婚登记，申请时，应持有离婚协议书、结婚证、与结婚登记相同要求的证件和证明材料。《民法典》新增了离婚冷静期的规定，第1077条第1款规定："自婚姻登记机关收到离婚登记申请之日起三十日内，任何一方不愿意离婚的，可以向婚姻登记机关撤回离婚登记申请。"这项规定，给申请离婚登记的夫妻增加了30天的离婚冷静期。设置离婚冷静期的目的，是给予当事人一个冷静思考的时间，以确定其是否真心离婚，从而减少冲动离婚，保障婚姻家庭的稳定。

（3）办理离婚登记。在30天离婚冷静期届满之后的30日内，自愿协议离婚的夫妻双方应当亲自到婚姻登记机关申请发给离婚证；未到婚姻登记机关申请的，视为撤回离婚登记申请。

婚姻登记机关查明夫妻双方确实是自愿离婚，符合离婚条件的，予以离婚登记，发给离婚证。当事人从完成离婚登记时起，解除婚姻关系。

2. 离婚诉讼

夫妻一方要求离婚的，可由有关组织进行调解或直接向人民法院提起离婚诉讼。人民法院审理离婚案件，应当进行调解；如果感情确已破裂，调解无效，应准予离婚。《民法典》第 1079 条第 3 款列举了感情确已破裂的几种情况：（1）重婚或者与他人同居；（2）实施家庭暴力或者虐待、遗弃家庭成员；（3）有赌博、吸毒等恶习屡教不改；（4）因感情不和分居满 2 年；（5）其他导致夫妻感情破裂的情形。

经人民法院判决不准离婚后，当事人又分居满一年，一方再次向人民法院提起离婚诉讼的，应当准予离婚。一方被宣告失踪，另一方提起离婚诉讼的，应准予离婚。离婚判决书、调解书生效，即解除婚姻关系。

3. 有关离婚的特别规定

《民法典》第 1081 条规定，现役军人的配偶要求离婚，应当征得军人同意，但是军人一方有重大过错的除外。现役军人承担着保卫祖国的重任，因此，法律特别尊重他们对离婚的意见，对现役军人的婚姻给予特殊保护。这对于保护军人的合法权益、安定军心、巩固国防具有重要意义。

为保护妇女、未成年人的合法权益，《民法典》第 1082 条还规定：女方在怀孕期间、分娩后 1 年内或终止妊娠后 6 个月内，男方不得提出离婚；但是，女方提出离婚或人民法院认为确有必要受理男方离婚请求的除外。

（二）离婚后对子女的抚养、探望

1. 离婚后对子女的抚养

离婚只解除夫妻的婚姻关系，父母与子女间的关系不因父母离婚而消除。《民法典》第 1084 条明确：离婚后，子女无论由父或者母直接抚养，仍是父母双方的子女。父母对于子女仍有抚养、教育、保护的权利和义务。

父母离婚，对于未成年子女的成长可能会造成一定的影响，因此，父母双方应当就未成年子女抚养问题进行协商，尽量避免影响子女的身心健康。人民法院须按照最有利于未成年子女的原则审理离婚案件。《民法典》第 1084 条规定，离婚后，不满 2 周岁的子女，以由母亲直接抚养为原则。已满 2 周岁的子女，父母双方对抚养问题协议不成的，由人民法院根据双方的具体情况，按照最有利于未成年子女的原则判决。子女已满 8 周岁的，应当尊重其真实意愿。

离婚后，对于一方直接抚养的子女，另一方应负担抚养费的一部分或全部，负担费用的多少和期限的长短，由双方协议；协议不成时，由人民法院判决。关于子女抚养费的协议或判决，不妨碍子女在必要时向父母任何一方提出超过协议或判决原定数额的合理要求。

2. 离婚后对子女的探望

探望权是指不直接抚养子女的父亲或者母亲可以看望由另一方直接抚养的子女，或者将子女暂时接回共同生活的权利。《民法典》第 1086 条规定：离婚后，不直接抚养子女的父或母，有探望子女的权利，另一方有协助的义务。行使探望权利的方式、时间由当事人协议；协议不成时，由人民法院判决。父母与子女的关系不因父母离婚而消除，不直接抚养子女的一方，可以通过探望子女这一重要途径，把自己的关爱传递给子女，对子女的健康成长是非常有利的。现实生活中，有一些离婚后直接抚养子女的一方，把抚养权利视为自己独有的权利，禁止对方探视子女，甚至以此作为惩罚对方的一种手段，这种做法不利于子女的身心健康。

但是，法律也限制探望权的滥用。父或母探望子女，不利于子女身心健康的，经人民法院裁定可以中止探望，中止的事由消失后，应当恢复探望。

（三）离婚时的财产处理

协商处理。离婚时，夫妻的共同财产由双方协议处理。

法院判决。夫妻双方就共同财产分割达不成协议时，根据《民法典》第 1087 条的规定，由人民法院根据财产的具体情况，按照照顾子女、女方和无过错方权益的原则判决。现实生活中，女性既要生育抚养子女，又要参加工作，在多数情况下，是弱势群体，需要社会给予更多的帮助。照顾子女权益是尽量减少父母离异给未成年子女造成的生活困难和心理负担。

请求补偿。《民法典》第 1088 条规定：夫妻一方因抚育子女、照料老年人、协助另一方工作等负担较多义务的，离婚时有权向另一方请求补偿，另一方应当予以补偿。在现实生活中，往往一方承担较多家务劳动，而这种劳动投入是无形的，难以量化，法律承认家务劳动的社会价值，符合权利义务对等原则及公平原则，有利于保护从事家务劳动较多的夫妻一方。

损害赔偿。因夫妻一方有过错而导致离婚，给另一方造成精神或者身体上伤害的，无过错方有权要求过错方赔偿损害。《民法典》第 1091 条规定的一方有过错主要有以下几种情况：（1）重婚；（2）与他人同居；（3）实施家庭暴力；（4）虐待、遗弃家庭成员；（5）有其他重大过错。离婚损害赔偿是法律对于婚姻关系中无过错方权利受到侵害的救济，体现了我国民法的公平原则和保护弱者原则，有利于维护婚姻家庭的稳定。

债务承担。离婚时，原为夫妻所欠的共同债务，应当以共同财产偿还；共同财产不足清偿，或财产归各自所有的，由双方协议清偿；协议不成时，由人民法院判决。夫妻离婚，并不意味着他们的共同债务消灭，他们依然应当共同偿还夫妻关系存续期间所欠的共同债务，以保护债权人的合法权益。

请思考：王某以个人名义向张某独资设立的飞跃百货有限公司借款 10 万元，期限 1 年。不久，王某与李某结婚，将上述借款全部用于婚房的装修。婚后半年，二人欲协议离婚。下列哪一选项是正确的？（　　）

A. 由张某向王某请求偿还

B. 由张某向王某和李某请求偿还

C. 由飞跃百货有限公司向王某和李某请求偿还

D. 飞跃百货有限公司只能向王某请求偿还

答案：C。

适当帮助。《民法典》第1090条规定："离婚时，如果一方生活困难，有负担能力的另一方应当给予适当帮助。具体办法由双方协议；协议不成的，由人民法院判决。"离婚可能给一方带来较大的生活困难，使其依靠个人财产和离婚时分得的财产无法维持当地基本生活水平，有负担能力的一方可以从个人财产中给予困难方一次性的经济帮助，帮助对方解决在离婚时遇到的一些实际困难。

离婚后再次分割共同财产。离婚时，夫妻一方隐藏、转移、变卖、毁损、挥霍夫妻共同财产，或伪造夫妻共同债务，企图侵占另一方财产的，在分割夫妻共同财产时，有上述行为的一方，可以少分或不分。离婚后，另一方发现一方有隐藏、转移、变卖、毁损、挥霍夫妻共同财产，或伪造共同债务，企图侵占另一方财产的行为的，可以向人民法院提起诉讼，请求再次分割夫妻共同财产。

五、收　养

收养是指将他人的子女作为自己的子女，使收养人和被收养人之间建立拟制亲子关系的一种民事法律行为。收养他人子女的人为收养人，即养父母；被他人收养的人为被收养人，即养子女；将子女或未成年人送给他人收养的父母、监护人、社会福利机构为送养人。

收养制度是我国婚姻家庭制度的重要组成部分。收养这一民事法律行为，一方面可以使那些失去父母的孤儿、弃婴，以及父母无力抚养的未成年人，能够体会到家庭的温暖，在养父母的抚养教育下，健康成长；另一方面，也可以使无子女的收养人，满足其想拥有子女的愿望，从而获得精神慰藉，并在年老时能够得到养子女的赡养和扶助。因此，国家保护合法的收养关系。

正因为收养是一种能够引起身份关系改变的重要民事法律行为，所以，收养必须符合法定的条件和履行法定程序。

（一）收养条件

1. 被收养人的条件

没有父母抚养或者父母无力抚养的未成年人可以被他人收养。被收养人未成年，容易与养父母建立感情，有利于稳定收养关系。

《民法典》第1093条规定："下列未成年人，可以被收养：（一）丧失父母的孤儿；（二）查找不到生父母的未成年人；（三）生父母有特殊困难无力抚养的子女。"

2. 送养人的条件

送养必须符合法定的条件，《民法典》第1094条规定，个人或者组织符合下列情形之一的，可以作送养人：（1）孤儿的监护人；（2）儿童福利机构；（3）有特殊困难无力抚养子女的生父母。

未成年人的父母均不具备完全民事行为能力且可能严重危害该未成年人的，该未成年人的监护人可以将其送养。生父母送养子女，应当双方共同送养。生父母一方不明或者查找不到的，可以单方送养。

3. 收养人的条件

收养他人作为自己的养子女，是为了被收养人能够更好地健康成长。因此，对收养人有个人品行、身体健康、经济收入等方面的要求，《民法典》第 1098 条规定收养人必须同时具备下列条件：（1）无子女或者只有一名子女；（2）有抚养、教育和保护被收养人的能力；（3）未患有在医学上认为不应当收养子女的疾病；（4）无不利于被收养人健康成长的违法犯罪记录；（5）年满 30 周岁。

收养三代以内旁系同辈血亲的子女，不受送养人抚养能力的限制。华侨收养三代以内旁系同辈血亲的子女，可以不受收养人无子女或者只有一名子女的限制。

无子女的收养人可以收养两名子女，有子女的收养人只能收养一名子女。收养孤儿、残疾未成年人或者儿童福利机构抚养的查找不到生父母的未成年人，数量不受限制。

有配偶者收养子女，应当夫妻共同收养。无配偶者收养异性子女，收养人与被收养人的年龄应当相差 40 周岁以上。继父或者继母经继子女的生父母同意，可以收养继子女。

（二）收养程序

1. 收养应当自愿

收养人收养与送养人送养，应当双方自愿。《民法典》第 1104 条规定：收养 8 周岁以上未成年人的，应当征得被收养人的同意。收养人、送养人要求保守收养秘密的，其他人应当尊重其意愿，不得泄露。

2. 收养登记

收养应当向县级以上人民政府民政部门登记。县级以上人民政府民政部门应当依法进行收养评估。收养关系自登记之日起成立。收养查找不到生父母的未成年人的，办理登记的民政部门应当在登记之前予以公告。

收养关系当事人愿意签订收养协议的，可以签订收养协议。收养关系当事人各方或者一方要求办理收养公证的，应当办理收养公证。

外国人依法可以在中国收养子女，但要经外国人所在国主管机关依照该国法律审查同意。收养人应当提供由其所在国有权机构出具的有关其年龄、婚姻、职业、财产、健康、有无受到过刑事处罚等状况的证明材料，并与送养人签订书面协议，亲自向省、自治区、直辖市人民政府民政部门登记。

（三）收养的效力

自收养关系成立之日起，养父母与养子女之间的法定权利义务关系即告成立。按照

《民法典》第 1111 条的规定，养父母与养子女之间的权利义务关系，适用《民法典》关于父母子女关系的规定；养子女与养父母的近亲属之间的权利义务关系，适用《民法典》关于子女与父母的近亲属关系的规定。养子女与生父母以及其他近亲属间的权利义务关系，因收养关系的成立而消除。

养子女可以随养父或者养母的姓氏，经当事人协商一致，也可以保留原姓氏。

（四）收养关系的解除

收养关系经法定程序确立，必须经法定程序解除。《民法典》第 1114 条第 1 款规定："收养人在被收养人成年以前，不得解除收养关系，但是收养人、送养人双方协议解除的除外。养子女八周岁以上的，应当征得本人同意。"当事人协议解除收养关系的，应当到民政部门办理解除收养关系登记。

收养是为了未成年人的健康成长，收养人不履行抚养义务，有虐待、遗弃等侵害未成年养子女合法权益行为的，送养人有权要求解除养父母与养子女间的收养关系。送养人、收养人不能达成解除收养关系协议的，可以向人民法院提起诉讼。

养父母与成年养子女关系恶化、无法共同生活的，可以解除收养关系。不能达成协议的，可以向人民法院提起诉讼。

收养关系解除后，养子女与养父母以及其他近亲属间的权利义务关系即行消除，与生父母以及其他近亲属间的权利义务关系自行恢复。但是，成年养子女与生父母以及其他近亲属间的权利义务关系是否恢复，可以协商确定。

《民法典》第 1118 条第 1 款规定：收养关系解除后，经养父母抚养的成年养子女，对缺乏劳动能力又缺乏生活来源的养父母，应当给付生活费。因养子女成年后虐待、遗弃养父母而解除收养关系的，养父母可以要求养子女补偿收养期间支出的抚养费。这条规定，体现了权利义务相一致的原则，对辛辛苦苦抚养养子女长大成人的养父母也是公平的。

生父母要求解除收养关系的，养父母可以要求生父母适当补偿收养期间支出的抚养费；但是，因养父母虐待、遗弃养子女而解除收养关系的除外。

请思考： 2010 年张某夫妇收养李某（当时 2 岁）为养女，一直共同生活。2019 年李某的生父母与张某夫妇达成解除收养关系协议。2 年后，李某的生父母相继去世。李某有无权利继承其生父母的遗产？

答案： 李某有权利继承其生父母的遗产。

六、反家庭暴力

平等、和睦、文明的婚姻家庭关系是构建和谐社会的坚实基础。家庭成员的人格权受法律保护，任何组织或者个人不得侵害。《民法典》第 1001 条明确规定，"对自然人因婚姻家庭关系等产生的身份权利的保护，适用本法第一编、第五编和其他法律的相关规定"。

（一）家庭暴力的预防

家庭暴力是指家庭成员之间以殴打、捆绑、残害、限制人身自由以及经常性谩骂、恐吓等方式实施的身体、精神等侵害行为。持续性、经常性的家庭暴力，构成虐待。家庭成员之间应当互相帮助，互相关爱，和睦相处，履行家庭义务。

反家庭暴力是国家、社会和每个家庭成员的共同责任。国家应当通过各种社会组织（工会、共青团、妇女联合会、残疾人联合会、学校、幼儿园等）和各种形式（广播、电视、报刊、网络等）开展家庭美德和反家庭暴力教育，增强公民反家庭暴力意识。

各级人民政府应当支持社会工作服务机构等社会组织开展心理健康咨询、家庭关系指导、家庭暴力预防知识教育等服务。医疗机构应当做好家庭暴力受害人的诊疗记录。人民调解组织应当依法调解家庭纠纷，预防和减少家庭暴力的发生。未成年人的父母应当以文明的方式进行家庭教育，依法履行监护和教育职责，不得实施家庭暴力。

（二）家庭暴力的处置

国家禁止任何形式的家庭暴力。《民法典》第 1042 条第 3 款规定："禁止家庭暴力。禁止家庭成员间的虐待和遗弃。"《中华人民共和国反家庭暴力法》（以下简称《反家庭暴力法》）第 13 条赋予了家庭暴力受害人请求帮助的权利，以及有关机关相应的救助义务：家庭暴力受害人及其法定代理人、近亲属可以向加害人或者受害人所在单位、居民委员会、村民委员会、妇女联合会等单位投诉、反映或者求助。有关单位接到家庭暴力投诉、反映或者求助后，应当给予帮助、处理。家庭暴力受害人及其法定代理人、近亲属也可以向公安机关报案，公安机关接到报案后应当及时出警，制止家庭暴力，按照规定调查取证，协助受害人就医、鉴定伤情。情节较轻的，对加害人给予批评教育或者出具告诫书。

学校、幼儿园、医疗机构、居民委员会、村民委员会、社会工作服务机构、救助管理机构、福利机构及其工作人员在工作中发现无民事行为能力人、限制民事行为能力人遭受或者疑似遭受家庭暴力的，应当及时向公安机关报案。公安机关应当对报案人的信息予以保密。

无民事行为能力人、限制民事行为能力人因家庭暴力身体受到严重伤害、面临人身安全威胁或者处于无人照料等危险状态的，公安机关应当通知并协助民政部门将其安置到临时庇护场所、救助管理机构或者福利机构。

家庭暴力受害人及其法定代理人、近亲属可以依法向人民法院起诉。人民法院应当依法对家庭暴力受害人缓收、减收或者免收诉讼费用。

监护人实施家庭暴力严重侵害被监护人合法权益的，人民法院可以根据被监护人的近亲属、居民委员会、村民委员会、县级以上人民政府民政部门等有关人员或者单位的申请，依法撤销其监护人资格，另行指定监护人。被撤销监护人资格的加害人，对被害人应当负担的相应的赡养、扶养、抚养等费用，必须继续负担。

（三）人身安全保护令

当家庭成员因遭受家庭暴力或者面临家庭暴力而处于现实的危险之中时，当事人可以向人民法院申请人身安全保护令，人民法院应当受理。当事人是无民事行为能力人、限制民事行为能力人，或者因受到强制、威吓等原因无法申请人身安全保护令的，其近亲属、公安机关、妇女联合会、居民委员会、村民委员会、救助管理机构可以代为申请。

申请人身安全保护令应当以书面形式向申请人或者被申请人居住地、家庭暴力发生地的基层人民法院提出，书面申请确有困难的，可以口头申请，由人民法院记入笔录。人民法院受理申请后，应当在72小时内作出人身安全保护令或者驳回申请；情况紧急的，应当在24小时内作出。

《反家庭暴力法》第29条规定人身安全保护令包括以下措施：(1) 禁止被申请人实施家庭暴力；(2) 禁止被申请人骚扰、跟踪、接触申请人及其相关近亲属；(3) 责令被申请人迁出申请人住所；(4) 保护申请人人身安全的其他措施。

人身安全保护令自作出之日起生效，其有效期不超过6个月。人身安全保护令失效前，人民法院可以根据申请人的申请撤销、变更或者延长。

人民法院作出人身安全保护令后，应当送达申请人、被申请人、公安机关以及居民委员会、村民委员会等有关组织。人身安全保护令由人民法院执行，公安机关以及居民委员会、村民委员会等应当协助执行。

加害人实施家庭暴力，构成违反治安管理行为的，依法给予治安管理处罚；构成犯罪的，依法追究刑事责任。

七、涉及华侨和港、澳、台居民婚姻的有关规定

（一）华侨及港、澳、台居民与内地/大陆居民结婚

在中国内地/大陆结婚的，男女双方应当共同到内地/大陆居民常住户口所在地的省、自治区、直辖市人民政府民政部门或省、自治区、直辖市人民政府民政部门确定的婚姻登记机关申请办理结婚登记。

办理结婚登记的内地/大陆居民应当出具本人的户口簿、身份证，本人无配偶以及与对方没有直系血亲和三代以内旁系血亲关系的签字声明。香港居民、澳门居民、台湾居民应当出具本人的有效通行证、身份证，经居住地公证机构公证的本人无配偶以及与对方没有直系血亲和三代以内旁系血亲关系的声明。华侨应当出具本人的有效护照，居住国公证机构或有权机关出具的、经中国驻该国使（领）馆认证的本人无配偶以及与对方没有直系血亲和三代以内旁系血亲关系的证明，或中国驻该国使（领）馆出具的本人无配偶以及与对方没有直系血亲和三代以内旁系血亲关系的证明。

（二）华侨及港、澳、台居民与内地/大陆居民离婚

双方自愿离婚并已对子女的抚养和财产作了妥善处理的，须共同到婚姻登记机关申请离婚登记。内地/大陆居民应当出具本人的户口簿、身份证，本人的结婚证，双方当事人共同签署的离婚协议书。香港居民、澳门居民、台湾居民、华侨除出具本人的结婚证、离婚协议书外，香港居民、澳门居民、台湾居民还应当出具本人的有效通行证、身份证，华侨还应当出具本人的有效护照或其他有效国际旅行证件。

一方要求离婚或不能到婚姻登记机关申请离婚的，可由有关部门进行调解或直接到内地/大陆一方户口所在地的人民法院提起离婚诉讼。

离婚后，男女双方自愿恢复夫妻关系的，按照申请结婚登记办理。

第六节　继　承

一、继承概述

（一）继承的概念

继承从法律上讲是指财产继承，即自然人死亡后依法或依其生前所立的合法遗嘱，将其遗留的个人合法财产和其他合法权益转移给他人所有的一种法律制度。遗留财产的人，叫作被继承人；依法或依遗嘱取得财产的人，叫作继承人；被继承人遗留的个人合法财产和其他合法权益，叫作遗产；继承人依照法律规定或依照被继承人生前所立遗嘱的指定而取得遗产的权利，叫作继承权。

自然人有通过劳动和其他合法途径取得和占有财产的权利。自然人的财产继承权是以自然人的个人财产所有权为基础和前提的，是个人财产所有权的延伸，国家保护自然人的个人财产所有权，也必然保护自然人的财产继承权。《宪法》第 13 条第 2 款规定："国家依照法律规定保护公民的私有财产权和继承权。"《民法典》第六编"继承"，是专门调整因继承产生的民事关系的法律规范。《民法典》于 2021 年 1 月 1 日起施行，同时，《继承法》废止。

（二）继承的基本原则

1. 继承权男女平等原则

继承权男女平等原则，是指被继承人不论男女，有同样的处分自己遗产的权利；同一顺序继承人，不分男女，都享有平等的继承权；夫妻都有继承对方遗产的权利。

2. 养老育幼的原则

养老育幼是中华民族的传统美德，继承法也把它作为一项重要原则，规定对生活有特殊困难的缺乏劳动能力的继承人，分配遗产时应当适当予以照顾，并为未出生的胎儿保留继承份额。对继承人以外的依靠被继承人扶养的人，可以分给适当的遗产。

3. 互谅互让、和睦团结的原则

继承人应当本着互谅互让、和睦团结的精神，协商处理遗产继承问题。分割遗产时适当考虑各继承人的经济状况、与被继承人的关系、对家庭的贡献等各种因素，互相协商确定各自的继承份额，对生活有特殊困难的缺乏劳动能力的继承人，分配遗产时应予以照顾。在一般情况下，同一顺序的继承人间采取平均分配的办法。

4. 权利和义务相一致的原则

继承充分体现了权利和义务相一致的原则，主要表现在：第一，继承人的范围、继承顺序的划分，除依据血缘关系和亲属关系以外，还依据权利义务关系。一般情况下，第一顺序继承人与被继承人之间的生活依赖程度及所尽扶养义务要大于第二顺序继承人与被继承人之间的，所以优先继承；继父母与继子女之间的继承权根据双方是否形成扶养关系来确定；丧偶儿媳对公、婆，丧偶的女婿对岳父、岳母尽了主要赡养义务的，列为第一顺序继承人；在同一顺序中，对被继承人尽了主要扶养义务的可多分遗产。第二，有扶养能力和扶养条件而不尽扶养义务的继承人，应当不分或少分遗产；继承人对被继承人有遗弃、虐待甚至故意杀害行为的，其继承权依法丧失。第三，继承人以外的对被继承人扶养较多的人，可以分给适当的遗产。

（三）遗产

1. 遗产的概念

《民法典》第 1122 条第 1 款明确规定："遗产是自然人死亡时遗留的个人合法财产。"也就是说，只有自然人死亡（包括自然死亡和宣告死亡），他的财产才是遗产。遗产必须是被继承人个人所有的合法财产。如果是被继承人生前以非法手段获得的财产，不能算作遗产，应按有关规定处理。依照法律规定或者根据其性质不得继承的遗产，不得继承。

2. 遗产的范围

遗产的范围是指遗产包括哪些方面的内容。遗产一般包括：自然人的合法收入；自然人的房屋、储蓄和生活用品；自然人的林木、牲畜和家禽；自然人的文物、图书资料；法律允许自然人所有的生产资料；自然人的著作权、专利权中的财产权利；自然人的其他合法财产，如债权和有价证券；等等。

个人承包应得的个人收益可以继承。个人承包，依照法律允许由继承人继续承包的，按照承包合同办理。自然人生前承包的山林、养殖等，承包人死亡时尚未取得承包收益的，可把死者生前对承包投入的资金和所付出的劳动及其增殖和孳息，由发包单位或继续承包的人合理折价、补偿，其价额作为遗产。

（四）继承的开始和继承权的丧失

《民法典》第 1121 条第 1 款规定："继承从被继承人死亡时开始。"因失踪被宣告死亡的，以法院判决中确定的失踪人死亡日期为继承开始的时间。只有被继承人的死亡时间确定，才能确定被继承人的遗产的范围，才能最终确定继承人的范围和顺序，因此，确定继承从被继承人死亡时开始具有重要的法律意义。相互有继承关系的数人在同一事件中死亡，难以确定死亡时间的，推定没有其他继承人的人先死亡。都有其他继承人的，辈分不同的，推定长辈先死亡；辈分相同的，推定同时死亡，相互不发生继承。

继承开始后，知道被继承人死亡的继承人应当及时通知其他继承人和遗嘱执行人。继承人中无人知道被继承人死亡或者知道被继承人死亡而不能通知的，由被继承人生前所在的单位或者住所地的居民委员会、村民委员会负责通知。

继承开始以后并不是所有有继承权的人都能继承遗产。如果继承人实施了某些与继承有关的违法犯罪行为，依照法律规定，他就丧失了继承遗产的权利。这就是继承权的丧失。继承人有下列行为之一的，丧失继承权：(1) 故意杀害被继承人。继承人故意杀害被继承人不论是既遂还是未遂，都应确认其丧失继承权。而过失致被继承人死亡的，不丧失继承权。受遗赠人有故意杀害遗赠人行为的，丧失受遗赠权。(2) 为争夺遗产而杀害其他继承人。不是出于争夺遗产而杀害其他继承人的，不丧失继承权。(3) 遗弃被继承人，或者虐待被继承人情节严重，如继承人有扶养义务而对没有生活来源或无法独立生活的被继承人拒绝扶养、遗弃不管，或者对被继承人有折磨、摧残的行为。(4) 伪造、篡改、隐匿或者销毁遗嘱，情节严重。(5) 以欺诈、胁迫手段迫使或者妨碍被继承人设立、变更或者撤回遗嘱，情节严重。

《民法典》新增了被继承人对继承人宽恕的规定。继承人有上述第 3～5 项行为，确有悔改表现，被继承人表示宽恕或者事后在遗嘱中将其列为继承人的，该继承人不丧失继承权。

需要指出的是，继承人有上述行为的，被剥夺继承权的决定只能由人民法院依法通过判决作出，其他任何人、任何单位都无权剥夺公民的合法继承权。

继承权是自然人的一项重要权利，继承人可以放弃自己的继承权，但要以书面形式表示。《民法典》第 1124 条规定："继承开始后，继承人放弃继承的，应当在遗产处理前，以书面形式作出放弃继承的表示；没有表示的，视为接受继承。受遗赠人应当在知道受遗赠后六十日内，作出接受或者放弃受遗赠的表示；到期没有表示的，视为放弃受遗赠。"

二、法定继承

（一）法定继承的概念

按照《民法典》的规定，我国的财产继承有法定继承和遗嘱继承两种方式。法定继承是指直接按照法律规定的继承人的范围、继承顺序、遗产分配原则，将遗产转归继承人的一种继承方式，又称无遗嘱继承。

法定继承以继承人与被继承人之间的婚姻关系和血缘关系为前提，其特点是：(1) 继承人必须是被继承人一定范围内的亲属；(2) 法定继承人的范围、继承顺序和遗产分配都由法律直接规定，除被继承人生前以遗嘱方式改变外，其他人无权变更。

《民法典》第 1154 条规定，有下列情形之一的，遗产中的有关部分按照法定继承办理：(1) 遗嘱继承人放弃继承或者受遗赠人放弃受遗赠；(2) 遗嘱继承人丧失继承权或者受遗赠人丧失受遗赠权；(3) 遗嘱继承人、受遗赠人先于遗嘱人死亡或者终止；(4) 遗嘱无效部分所涉及的遗产；(5) 遗嘱未处分的遗产。

（二）法定继承人的范围和顺序

法定继承人是指按照法律规定有资格继承被继承人遗产的人。法定继承人必须是被继承人的亲属，《民法典》第 1127 条规定被继承人的下列亲属为法定继承人：配偶、子女（包括婚生子女、非婚生子女、养子女和有扶养关系的继子女）、父母（包括生父母、养父母和有扶养关系的继父母）、兄弟姐妹（包括同父母的兄弟姐妹、同父异母或同母异父的兄弟姐妹、养兄弟姐妹、有扶养关系的继兄弟姐妹）、祖父母、外祖父母。

继承开始后，不是所有的法定继承人都能同时继承被继承人的遗产。法律规定了法定继承人继承遗产的两个顺序：第一顺序为配偶、子女、父母。这部分人与被继承人的人身关系最密切，相互之间享有的权利和所尽的义务最多，因此被法律规定为第一顺序继承人。《民法典》第1129条还规定：丧偶儿媳对公婆，丧偶女婿对岳父母，尽了主要赡养义务的，作为第一顺序继承人。第二顺序为兄弟姐妹、祖父母、外祖父母。兄弟姐妹是被继承人的二代以内旁系血亲，祖父母与孙子女、外祖父母与外孙子女之间的关系，仅次于父母与子女之间的直系血亲关系，所以，法律规定兄弟姐妹、祖父母、外祖父母为第二顺序继承人。继承开始后，由第一顺序继承人继承，第二顺序继承人不能继承。没有第一顺序继承人继承的，由第二顺序继承人继承。

（三）代位继承和转继承

1. 代位继承

代位继承是指被继承人的子女先于被继承人死亡，由被继承人子女的直系晚辈血亲代替继承被继承人的子女应继承的遗产。在代位继承关系中，已先于被继承人死亡的继承人叫作被代位继承人，简称被代位人；代替被代位人继承被继承人遗产的人叫作代位继承人，简称代位人；代位人代替被代位人继承被继承人遗产的权利，叫作代位继承权。

代位继承，原来法律规定只适用于被继承人的子女先于被继承人死亡的情况，即代位继承人，只能是被继承人子女的直系晚辈血亲（如被继承人的孙子女、外孙子女、曾孙子女、曾外孙子女等），被继承人的旁系血亲或长辈直系血亲都没有代位继承权。《民法典》扩大了代位继承人的适用范围，允许被继承人的侄甥成为代位继承人。《民法典》第1128条第2款规定：被继承人的兄弟姐妹先于被继承人死亡的，由被继承人的兄弟姐妹的子女代位继承。

代位继承只适用于法定继承，而不适用于遗嘱继承。遗嘱继承人、受遗赠人先于遗嘱人死亡的，遗产中的有关部分按法定继承办理。

代位继承人无论多少，一般只能继承被代位人所应当继承的遗产份额。婚生子女、非婚生子女、养子女和有扶养关系的继子女具有同等的代位继承权。

2. 转继承

转继承是指被继承人死亡后，继承人还没有来得及接受遗产就死亡，他所应继承的遗产份额转归他的继承人继承。转继承又称再继承、连续继承。

继承人在继承开始以后、遗产分割前死亡，并且继承人没有丧失或放弃继承权才发生转继承。

代位继承与转继承有两个区别：(1) 被继承人与继承人死亡时间不同。在代位继承中，继承人先于被继承人死亡；而转继承是继承人死于被继承人之后。(2) 继承人的范围不同。在代位继承中，作为被代位人的继承人必须是被继承人的子女，或被继承人的兄弟姐妹，代位人只能是继承人的直系晚辈血亲或被继承人的侄甥。而在转继承中，继承人不仅可以是被继承人的子女，也可以是配偶、父母、兄弟姐妹、祖父母、外祖父母等有继承权的人。

三、遗嘱继承和遗赠

（一）遗嘱和遗嘱继承

遗嘱是自然人生前按照法律规定的方式对其个人财产和其他事务预先作出处分，并于其死亡时发生法律效力的一种法律行为。《民法典》第1133条第1款规定："自然人可以依照本法规定立遗嘱处分个人财产，并可以指定遗嘱执行人。"

遗嘱继承是自然人死亡后，按其生前所立遗嘱的内容将其遗产指定由继承人中的一人或数人继承的一种方式。遗嘱继承又称指定继承。立遗嘱的被继承人叫遗嘱人，接受遗嘱指定继承遗产的人叫遗嘱继承人。

遗嘱继承的特点是：(1) 遗嘱继承人只能是法定继承人范围内的一人或数人。(2) 遗嘱继承人继承遗产时，不受法定继承顺序的限制。(3) 遗嘱继承人按遗嘱得到遗产后，仍有权按照法定继承顺序取得遗嘱未处分或遗嘱无效部分所涉及的遗产。(4) 遗嘱继承人的法律地位不能被替代，即在遗嘱继承中不适用代位继承。

遗嘱继承和法定继承都是继承的方式，但遗嘱继承优于法定继承。被继承人生前立有合法遗嘱的，应当首先按遗嘱的内容进行继承。在没有遗嘱或遗嘱被人民法院判决无效时，才按照法定继承方式办理。

案例

王老先生夫妇生育有三个子女：儿子王杰，长女王娟，次女王萍。王老先生在长春市朝阳区曙光里有一套单位分配的三居室住房，于1995年按"房改"政策买下。2018年5月王老先生的妻子因病去世，王老先生就搬到儿子王杰处居住，由儿子、儿媳妇照顾他的全部生活。王老先生曾当着三个子女的面明确表示：由儿子王杰为他养老送终，两个女儿不必负责；同时，朝阳区的三居室由儿子继承。两个女儿当时都表示同意父亲的安排。

2021年1月，王老先生因病去世，王杰料理了老人的后事，便去国外出差，半年后回国，担心房价要大跌，于是准备把父亲留下的房子卖掉。经咨询后，找到两个妹妹，请她们协助自己去公证机关办理房屋继承公证。让王杰始料不及的是，两个妹妹同时否认父亲要把房子留给他的说法。

请思考：就此房屋应如何继承？王老先生生前要把朝阳区曙光里的三居室房屋留给儿子王杰的表示是否有效？

答案：王老先生生前的表示无效；应由儿子、女儿三人共同继承，儿子应多分。

（二）遗嘱的有效条件和形式

1. 遗嘱的有效条件

遗嘱是一种民事法律行为，它要发生法律效力，就必须具备法定的条件。有效遗嘱必须具备下列条件。

（1）遗嘱人立遗嘱时必须具有民事行为能力。无民事行为能力人或者限制民事行为能力人所立的遗嘱无效。遗嘱人立遗嘱时有民事行为能力，后来丧失了民事行为能力的，不影响遗嘱的效力。

（2）遗嘱必须是遗嘱人真实意思的表示。立遗嘱是遗嘱人按自己的意愿处分自己身后财产的法律行为。因受胁迫、欺诈所立的遗嘱不可能反映遗嘱人的真实意思，所以无效。伪造的遗嘱无效。遗嘱被篡改的，篡改的内容无效。

（3）遗嘱不得取消或减少缺乏劳动能力又没有生活来源的继承人以及未出生的胎儿对遗产应继承的份额。

（4）遗嘱人必须按照法律规定的程序和方式立遗嘱，遗嘱的内容必须合法。

遗嘱人可以在遗嘱中对继承人附加义务。《民法典》第1144条规定：遗嘱继承或者遗赠附有义务的，继承人或者受遗赠人应当履行义务。没有正当理由不履行义务的，经利害关系人或者有关组织请求，人民法院可以取消其接受附义务部分遗产的权利。

2. 遗嘱的形式

自然人立遗嘱的形式有6种。

（1）公证遗嘱。公证遗嘱是经公证机关办理公证手续的遗嘱。遗嘱人必须亲自到公证机关或者请公证人员到现场办理遗嘱公证，不能委托他人办理。遗嘱人要在所立遗嘱上签字、盖章，注明年、月、日，经公证机关确认遗嘱的有效性后，由公证机关出具公证书。

（2）自书遗嘱。自书遗嘱是由遗嘱人亲自书写的遗嘱，要有本人亲笔签名，注明年、月、日。

（3）代书遗嘱。代书遗嘱是委托他人代笔书写的遗嘱，应当由遗嘱人指定两个以上见证人在场见证，由其中一人代书，注明年、月、日，代书人宣读遗嘱，遗嘱人认定无误后，由代书人、其他见证人和遗嘱人签名。

（4）打印遗嘱。打印遗嘱是使用机器打印出来的遗嘱，应当有两个以上见证人在场见证，遗嘱人和见证人应当在遗嘱每一页签名，注明年、月、日。

（5）录音录像遗嘱。录音录像遗嘱是以录音录像形式制作的遗嘱。录音录像遗嘱应当有两个以上见证人在场见证。遗嘱人和见证人应当在录音录像中记录其姓名或者肖像，以及年、月、日。

（6）口头遗嘱。口头遗嘱是遗嘱人用口述的方式表示其对遗产进行处分的遗嘱。《民法典》规定，口头遗嘱只能在危急情况下采用，如生命垂危或自然灾害、军事战争等危及生命的情况，而且应当有两个以上见证人在场见证。在危急情况解除后，遗嘱人能够用书面或录音录像形式立遗嘱的，所立的口头遗嘱无效。

为保证遗嘱的真实有效性，《民法典》第1140条规定三种人不能作为遗嘱见证人：（1）无民事行为能力人、限制民事行为能力人以及其他不具有见证能力的人；（2）继承人、受遗赠人；（3）与继承人、受遗赠人有利害关系的人。

遗嘱人立遗嘱后，有权变更或撤回所立的遗嘱，变更或撤回遗嘱只能由遗嘱人亲自进行。立遗嘱后，遗嘱人实施与遗嘱内容相反的民事法律行为的，视为对遗嘱相关内容的撤回。如果遗嘱人先后立了数份内容相抵触的遗嘱，以最后一份遗嘱为准。

撤回遗嘱后未立新遗嘱的，被继承人的财产按法定继承的方式办理。

请思考：梁某生前先立了一份公证遗嘱，后又自书一份遗嘱，最后又以录音录像形式留下一份遗嘱，内容相抵触，应以哪份遗嘱为准？

答案：以录音录像遗嘱为准。

（三）遗赠

遗赠是自然人以遗嘱形式将自己财产的一部分或全部赠与国家、集体或法定继承人以外的组织、个人，并于该自然人死亡时生效的法律行为。设立遗嘱的人称为遗赠人，接受遗赠的人称为受遗赠人。

遗赠是自然人用遗嘱方式处分自己财产的特殊方式。遗赠与遗嘱继承的主要区别是：（1）遗嘱继承人与受遗赠人的范围不同。遗嘱继承人只能是法定继承人范围以内的人，而受遗赠人是国家、集体或法定继承人以外的组织、个人。（2）取得遗产的方式和途径不同。遗嘱继承人可以依照遗嘱的内容直接取得遗产；遗赠中的受遗赠人并不直接参与遗产的分配，而是从遗嘱继承人或遗嘱执行人处取得遗产。

（四）遗赠扶养协议

遗赠扶养协议是自然人与扶养人（继承人以外的个人或组织）之间签订的关于扶养和遗赠的民事权利义务关系的协议。协议约定，扶养人（该组织或者个人）自愿承担被扶养人生养死葬的义务，并享有接受被扶养人遗赠财产的权利。设立遗赠扶养协议制度，有利于保证孤寡老人安度晚年。

遗赠扶养协议与遗赠是有区别的：（1）遗赠扶养协议是双方、有偿的法律行为，遗赠是单方、无偿的法律行为。（2）遗赠扶养协议中的扶养人只有履行了约定的义务，才有权接受遗赠；而遗赠中的受遗赠人一般只享有接受遗赠的权利，不承担任何义务，除非遗赠人在遗赠中附加义务。（3）遗赠扶养协议自协议订立时起即具有法律效力，而遗赠自遗嘱人死亡时生效。

四、遗产处理

（一）设立遗产管理人

被继承人死亡以后，为了确保遗产得到妥善管理，顺利分割遗产，更好地保护继承人、债权人的合法权益，避免和减少纠纷，《民法典》增加了遗产管理人制度。《民法典》第1145条规定：继承开始后，遗嘱执行人为遗产管理人；没有遗嘱执行人的，继承人应当及时推选遗产管理人；继承人未推选的，由继承人共同担任遗产管理人；没有继承人或者继承人均放弃继承的，由被继承人生前住所地的民政部门或者村民委员会担任遗产管理人。

对遗产管理人的确定有争议的，利害关系人可以向人民法院申请指定遗产管理人。

遗产管理人可以依照法律规定或者按照约定获得报酬。

《民法典》第1147条明确规定了遗产管理人应当履行的职责：（1）清理遗产并制作遗产清单；（2）向继承人报告遗产情况；（3）采取必要措施防止遗产毁损、灭失；（4）处理被继承人的债权债务；（5）按照遗嘱或者依照法律规定分割遗产；（6）实施与管理遗产有关的其他必要行为。

遗产管理人依法履行职责，并受到监督，如果因故意或者重大过失造成继承人、受遗赠人、债权人损失，应当承担民事责任。

（二）遗产分割

继承开始后，遗产的所有权由被继承人转移到继承人，因此，在有两个以上继承人时，就要对遗产进行分割。遗产的分割，必须按各继承人或受遗赠人应得的份额或比例进行。在分割被继承人的遗产时，应先从共有财产中分出属于他人的财产，比如除夫妻有约定的外，应当先将夫妻共同所有的财产的一半分出为配偶所有，其余的属于被继承人的那部分财产为遗产，然后进行遗产分割。遗产分割时应注意两点：一是遗产分割时，应当保留未出生胎儿的继承份额。胎儿娩出时是死体的，为其保留的份额按照法定继承办理。二是遗产分割应当有利于生产和生活需要，不损害遗产的效用。不宜分割的遗产，可以采取折价、适当补偿或者共有等方法处理。

（三）被继承人债务的清偿

继承开始后，只要继承人没有书面表示放弃继承，就意味着接受继承，即继承人全面继承了被继承人的权利和义务，应负责清偿被继承人生前所欠税款和债务。清偿的原则是以遗产的实际价值为限。超过遗产实际价值部分，继承人可以不承担偿还的责任，但继承人自愿偿还的，不在此限。继承人放弃继承的，对被继承人依法应当缴纳的税款和债务可以不负偿还责任。

清偿债务时应注意：（1）仅限于被继承人生前的个人债务。（2）即使遗产不足以清偿债务，也应为胎儿或缺乏劳动能力又无生活来源的继承人保留适当的遗产。（3）执行遗赠不得妨碍清偿遗赠人依法应缴纳的税款和债务。（4）既有法定继承又有遗嘱继承和遗赠的，首先由法定继承人以其所得遗产清偿被继承人应当依法缴纳的税款和债务；不足清偿时，剩余的债务由遗嘱继承人和受遗赠人按比例以其所得遗产偿还；如果只有遗嘱继承和遗赠，由遗嘱继承人和受遗赠人按比例以所得遗产偿还。

（四）无人继承又无人受遗赠的遗产的处理

对于这类遗产，首先应用于支付死者的丧葬费、缴纳税款和清偿债务，剩余部分若死者生前是集体所有制组织成员的，归其所在组织所有，否则，归国家所有，国家将其用于公益事业。

请选择：下列哪一行为可引起放弃继承权的后果？（　　）

A. 张某口头放弃继承权，本人承认说过

B. 王某在遗产分割后放弃继承权

C. 李某以不再赡养父母为前提，书面表示放弃其对父母的继承权
D. 赵某与父亲共同发表书面声明断绝父子关系
答案：ABCD。

第七节　侵权责任及诉讼时效

一、侵权责任

（一）侵权责任的概念

侵权行为的民事责任，是指行为人因自己的过错，实施侵犯他人民事权利的行为，在对他人的权益造成损害时，行为人应对受害人承担的民事责任。

侵权行为的民事责任具有以下特点：

（1）强制性。民事责任作为法律责任之一，以国家强制力为保障，具有强制性。

（2）财产性。民事责任以财产责任为主，以非财产责任为辅。

（3）补偿性。补偿性是指民事责任以补足民事主体所受损失为限。但法律规定惩罚性赔偿的，依照其规定。

（二）侵权责任的构成要件

只有确定侵权行为的民事责任，才能依法处理赔偿问题。对于一般侵权行为来说，其民事责任由下列要件构成。

1. 损害事实的发生

这里所说的损害，是指财产上的损失和心理上的损害。损害事实的发生，是确定赔偿责任的一个先决条件。

2. 致害行为的违法性

行为人只应对自己的违法行为承担法律责任。对于行为的违法性，应当作广义的解释。判断行为是否违法，既要以我国宪法，民事法律、法规，以及其他法律、法规为依据，也要以现行政策和公共生活准则为依据。

侵害行为往往都具有违法的性质，但也有一些能够造成财产损失和人身损害的行为是合法的。因合法行为致人损害，行为人不负赔偿责任。这些合法行为主要包括执行职务的行为、正当防卫行为、紧急避险行为等。

3. 违法行为和损害事实之间存在因果关系

也就是说，违法行为与损害事实之间有必然的联系。

4. 侵害人主观上有过错

过错是行为人主观上的一种心理状态，包括故意和过失两种形式。

例如，《民法典》第 185 条规定：“侵害英雄烈士等的姓名、肖像、名誉、荣誉，损

害社会公共利益的，应当承担民事责任。”

《民法典》第 1166 条规定：“行为人造成他人民事权益损害，不论行为人有无过错，法律规定应当承担侵权责任的，依照其规定。”

（三）责任主体的特殊规定

《民法典》第 1188 条第 1 款规定：“无民事行为能力人、限制民事行为能力人造成他人损害的，由监护人承担侵权责任。监护人尽到监护职责的，可以减轻其侵权责任。”

完全民事行为能力人因醉酒、滥用麻醉药品或者精神药品对自己的行为暂时没有意识或者失去控制造成他人损害的，应当承担侵权责任。

用人单位的工作人员因执行工作任务造成他人损害的，由用人单位承担侵权责任。用人单位承担侵权责任后，可以向有故意或者重大过失的工作人员追偿。

网络用户、网络服务提供者利用网络侵害他人民事权益的，应当承担侵权责任。法律另有规定的，依照其规定。权利人有权通知网络服务提供者采取删除、屏蔽、断开链接等必要措施。通知应当包括构成侵权的初步证据及权利人的真实身份信息。

宾馆、商场、银行、车站、机场、体育场馆、娱乐场所等经营场所、公共场所的经营者、管理者或者群众性活动的组织者，未尽到安全保障义务，造成他人损害的，应当承担侵权责任。

无民事行为能力人、限制民事行为能力人在幼儿园、学校或者其他教育机构学习、生活期间受到人身损害的，幼儿园、学校或者其他教育机构应当承担侵权责任；但是，能够证明尽到教育、管理职责的，不承担侵权责任。

二、侵权行为的种类

侵权行为主要包括侵犯物权的行为，侵害自然人人身权（包括人格权、身份权）的行为，侵害知识产权的行为。侵权行为的民事责任包括产品责任，机动车交通事故责任，医疗损害责任，环境污染和生态破坏责任，高度危险责任，饲养动物损害责任，建筑物和物件损害责任等。

《民法典》第 1254 条规定：“禁止从建筑物中抛掷物品。从建筑物中抛掷物品或者从建筑物上坠落的物品造成他人损害的，由侵权人依法承担侵权责任；经调查难以确定具体侵权人的，除能够证明自己不是侵权人的外，由可能加害的建筑物使用人给予补偿。可能加害的建筑物使用人补偿后，有权向侵权人追偿。”“物业服务企业等建筑物管理人应当采取必要的安全保障措施防止前款规定情形的发生；未采取必要的安全保障措施的，应当依法承担未履行安全保障义务的侵权责任。”“发生本条第一款规定的情形的，公安等机关应当依法及时调查，查清责任人。”

三、侵权损害赔偿的原则

侵害人向受害人赔偿损失，是侵害人承担侵权行为的民事责任的重要方式。因此，在处理侵权损害赔偿纠纷时，应当分清是非、明确责任、依法处理。一般说来，应遵循下列原则。

1. 完全赔偿的原则

侵害人对于给受害人造成的财产损失，应负责全部赔偿。《民法典》第 1179 条规定："侵害他人造成人身损害的，应当赔偿医疗费、护理费、交通费、营养费、住院伙食补助费等为治疗和康复支出的合理费用，以及因误工减少的收入。造成残疾的，还应当赔偿辅助器具费和残疾赔偿金；造成死亡的，还应当赔偿丧葬费和死亡赔偿金。"

2. 公平、合理的原则

确定赔偿数额时，既要考虑当事人的过错程度和性质，也要适当考虑当事人的经济状况。

3. 对精神损害应适当给予赔偿的原则

根据不同的侵权行为，侵权人除了应承担全部财产责任，还应承担停止侵害、消除影响、恢复名誉、赔礼道歉等其他民事责任。

《民法典》第 996 条规定："因当事人一方的违约行为，损害对方人格权并造成严重精神损害，受损害方选择请求其承担违约责任的，不影响受损害方请求精神损害赔偿。"

四、承担侵权责任的方式

侵权行为危及他人人身、财产安全的，被侵权人有权请求侵权人承担停止侵害、排除妨碍、消除危险等侵权责任。

《民法典》第 1171 条规定："二人以上分别实施侵权行为造成同一损害，每个人的侵权行为都足以造成全部损害的，行为人承担连带责任。"二人以上分别实施侵权行为造成同一损害，能够确定责任大小的，各自承担相应的责任；难以确定责任大小的，平均承担责任。

侵害他人造成人身损害的，应当赔偿医疗费、护理费、交通费、营养费、住院伙食补助费等为治疗和康复支出的合理费用，以及因误工减少的收入。造成残疾的，还应当赔偿辅助器具费和残疾赔偿金；造成死亡的，还应当赔偿丧葬费和死亡赔偿金。

《民法典》第 1184 条规定："侵害他人财产的，财产损失按照损失发生时的市场价格或者其他合理方式计算。"故意侵害他人知识产权，情节严重的，被侵权人有权请求相应的惩罚性赔偿。侵害自然人人身权益造成严重精神损害的，被侵权人有权请求精神损害赔偿。

五、诉讼时效

（一）诉讼时效的概念

诉讼时效是指权利人经过法定期限不行使自己的权利，依法律的规定其胜诉权便归于消灭的时效制度。在权利人得知自己的权利受到侵犯后，必须在法律规定的诉讼时效期间内向法院提出保护其合法权益的请求。超过法定期限以后再提出请求的，除法律有特别规定的以外，人民法院不再予以保护，即权利人的胜诉权归于消灭，义务人可以不再履行义务。但义务人自愿继续履行的，不受诉讼时效限制。

人民法院不得主动适用诉讼时效的规定。诉讼时效的期间、计算方法以及中止、中断的事由由法律规定，当事人约定无效。当事人对诉讼时效利益的预先放弃无效。

（二）诉讼时效的种类

诉讼时效分为一般诉讼时效和特殊诉讼时效两类。一般诉讼时效是指由人民法统一规定的诉讼时效期限。《民法典》规定的一般诉讼时效期间为 3 年。

特殊诉讼时效是指区别于一般诉讼时效的时效期限。《民法典》第 594 条规定：“因国际货物买卖合同和技术进出口合同争议提起诉讼或者申请仲裁的时效期间为四年。”第 191 条规定：“未成年人遭受性侵害的损害赔偿请求权的诉讼时效期间，自受害人年满十八周岁之日起计算。”

（三）诉讼时效的开始、中止、中断和延长

诉讼时效期间从知道或者应当知道权利被侵害以及义务人时起计算。但是，从权利被侵害之日起超过 20 年的，当事人便丧失起诉权，人民法院不再受理其提出的起诉。

诉讼时效中止是指在诉讼时效期间的最后 6 个月内，因不可抗力或其他障碍不能行使请求权的，诉讼时效停止计算。从中止时效的原因消除之日起，诉讼时效期间继续计算。

诉讼时效中断是指在诉讼时效进行中，由于发生法定事由，使以前经过的时效期限统归于无效，时效期间从中断之时起重新计算。法定事由包括提起诉讼或申请仲裁、当事人一方提出履行要求和义务人同意履行义务、与提起诉讼或者申请仲裁具有同等效力的其他情形四种情况。

诉讼时效延长是指因有特殊情况，权利人不可能按诉讼时效期限行使请求权的，人民法院可以适当延长诉讼时效期间。如权利人因出国、战争等情况而不能行使请求权时，人民法院可以允许延长诉讼时效期间，以保障其合法权益。

《民法典》第 995 条规定：“人格权受到侵害的，受害人有权依照本法和其他法律的规定请求行为人承担民事责任。受害人的停止侵害、排除妨碍、消除危险、消除影响、恢复名誉、赔礼道歉请求权，不适用诉讼时效的规定。”

总之，民法典系统整合了新中国成立 70 多年来长期实践形成的民事法律规范，汲取了中华民族 5 000 多年优秀法律文化，借鉴了人类法治文明建设有益成果，是一部体现我国社会主义性质、符合人民利益和愿望、顺应时代发展要求的民法典，是一部体现对生命健康、财产安全、交易便利、生活幸福、人格尊严等各方面权利平等保护的民法典，是一部具有鲜明中国特色、实践特色、时代特色的民法典。[①]

---

① 习近平．充分认识颁布实施民法典重大意义 依法更好保障人民合法权益．求是，2020（12）.

深度阅读

1. 王利明主编．民法．10版．北京：中国人民大学出版社，2023
2.《中华人民共和国民法典》
3. 杨大文主编．婚姻家庭法．8版．北京：中国人民大学出版社，2020
4.《中华人民共和国著作权法》
5.《中华人民共和国专利法》
6.《中华人民共和国商标法》

问题与思考

一、思考题

1. 自然人民事权利能力与民事行为能力是同时产生、同时终止吗?

2. 企业的民事行为能力怎样实现?

3. 代理行为产生的法律后果由谁承受?

4. 财产所有权既可以合法取得，也可以非法取得吗?

5. 债权可以由债权人自己实现吗?

6. 著作权又称版权，是出版社享有的权利还是作者享有的权利?

7. 侵权行为是侵权人侵害自然人、法人或非法人组织的物权、人身权或知识产权的行为吗?

8. 侵害英雄烈士等的姓名、肖像、名誉、荣誉，损害社会公共利益的，是否承担民事责任?

9. 权利人在得知自己的权利被侵害后3年内不起诉，就丧失胜诉权了吗?

10. 不动产物权的设立、变更、转让和消灭，未经登记，是否发生法律效力?

11. 离婚后，一方发现了另一方隐藏、转移、变卖、毁损、挥霍夫妻共同财产的行为，可否向人民法院提起诉讼，请求再次分割夫妻共同财产?

12. 被继承人的孙子女和被继承人的祖父母都是法定的第二顺序继承人吗?

二、选择题

王某以5万元从甲商店购得标注为明代制品的瓷瓶一件，放置于家中客厅。李某好奇把玩，不慎将瓷瓶摔坏。经鉴定，瓷瓶为赝品，市场价值为100元，甲商店系知假卖假。王某下列请求哪些是合法的?(　　)

A. 要求甲商店赔偿10万元　　B. 要求甲商店赔偿5万元及利息

C. 要求李某赔偿5万元　　D. 要求李某赔偿100元

答案：ABD。

第六章
商　法

常考知识点

- 证券法的基本原则
- 证券交易
- 违反证券法的行为
- 保险法的基本原则
- 保险合同
- 票据法的基本原则
- 有限责任公司
- 股份有限公司

要处理好政府和市场的关系。使市场在资源配置中起决定性作用和更好发挥政府作用，是推进供给侧结构性改革的重大原则。我们既要遵循市场规律、善用市场机制解决问题，又要让政府勇担责任、干好自己该干的事。市场作用和政府作用是相辅相成、相互促进、互为补充的。要坚持使市场在资源配置中起决定性作用，完善市场机制，打破行业垄断、进入壁垒、地方保护，增强企业对市场需求变化的反应和调整能力，提高企业资源要素配置效率和竞争力。发挥政府作用，不是简单下达行政命令，要在尊重市场规律的基础上，用改革激发市场活力，用政策引导市场预期，用规划明确投资方向，用法治规范市场行为。①

第一节　商法概述

一、商法的概念和调整对象

商法有广义和狭义之分。广义的商法是指调整各种商事关系的法律规范的总称。狭义的商法是指调整国内商事关系的法律规范的总称。随着经济全球化的发展，国际性商

① 习近平．把改善供给侧结构作为主攻方向 推动经济朝着更高质量方向发展．人民日报，2017－01－23.

事法律规范和国内商事法律规范日益融合，广义的商法概念成为通说。

商法的调整对象是由商法规范所调整的商事关系。商事关系具有下列特点：(1) 商事关系是发生在平等商事主体之间的社会经济关系。(2) 商事关系是商事主体以营利为目的而建立的经济关系。

根据商事关系的性质，商事关系可分为基本商事关系和辅助商事关系。基本商事关系是指在直接社会生产过程中形成的商事关系，辅助商事关系是指在准备、销售、服务等辅助性活动中形成的商事关系。

二、我国的商法体系

我国在立法上采用民商法合一制度。商事法律规范除编入《民法典》的以外，均采取单行法律的形式，主要有公司法、证券法、保险法、票据法、银行法、海商法、拍卖法、破产法等法律以及有关商事登记方面的法规，形成了实质意义上的商法体系。

三、商法与民法典的关系

1. 民法典的基本原则适用于商法

在商事关系的法律调整中，民法典的一般适用是一个重要原则，诸如民事主体的权利能力、行为能力以及平等原则、诚实信用原则、公平原则、守法原则和节约资源、保护生态环境原则等，均适用于商事活动。

2. 商法的适用和效力优先于民法典的适用和效力

由于商法是民法典的特别法，依照特别法优于一般法的原则，关于商事行为应首先适用商法，商法无规定的，则适用民法典的一般规定。例如，公司法上关于公司的登记许可、内部组织等的规定，应先于民法典上关于法人制度的规定而适用；关于海商事件，应先于民法典上关于运输合同的规定而适用海商法上关于运输合同的规定等。再如，公司法关于设立程序的规定，公司法、票据法、保险法、海商法关于商事登记、行政处罚、刑事处罚的规定等，都涉及行政法、刑法、诉讼法，此类规定的效力无疑优先于民法典的相关规定的效力。

第二节 公司法

一、公司法概述

（一）公司的概念和特征

公司是依法定条件和程序成立的，以营利为目的的企业法人。公司是适应现代化大生产需要的现代企业的基本形式，它在筹集资本、优化资源配置、分散风险、科学管理、提高效益等方面，具有其他企业形式不可比拟的优越性。公司具有的特征是：集合性、营利性、独立性和合法性。

（二）公司法的概念和特征

公司法是规定公司的组织与活动的法律规范的总称。

公司法具有以下特征：(1) 公司法体现着组织管理要素与财产要素的结合；(2) 公司法体现着组织法与行为法的结合；(3) 公司法体现着强制性规范与任意性规范的结合；(4) 公司法体现着实体法与程序法的结合。

1993 年 12 月 29 日第八届全国人民代表大会常务委员会第五次会议通过了《公司法》，1999 年、2004 年、2005 年、2013 年、2018 年、2023 年全国人民代表大会常务委员会分别对《公司法》进行了修订。我国《公司法》所指的公司主要是有限责任公司和股份有限公司。

二、有限责任公司

（一）有限责任公司的概念及特点

有限责任公司是指两个以上股东共同出资，每个股东以其出资额为限对公司承担责任，公司以其全部资产对公司债务承担责任的企业法人。其特征有以下几点。

(1) 公司不公开发行股票，出资人在公司成立后领取出资证明书。

(2) 有限责任公司由 50 个以下股东出资设立，股东共同制定公司章程。

(3) 股东认购股份后仅以其出资额为限对公司承担有限责任。

(4) 股东之间可以相互转让其全部或部分股权，但向股东以外的人转让股权，必须经其他股东过半数同意，并在公司登记方可进行；经股东同意转让的股权，在同等条件下，其他股东有优先购买权。

(5) 有限责任公司的设立程序和公司的组织较为简单。

请思考：某有限责任公司的股东有甲、乙、丙三人，乙欲对外转让自己拥有的股权，丙表示同意，甲表示反对，但又不愿意购买该股权。乙便与丁签订了一份股权转让协议，约定丁一次性将股权转让款支付给乙。此时甲表示愿以同等价格购买，只是要求分期付款。下列哪些选项是正确的？（　　）

A. 甲最初表示不愿意购买即应视为同意转让

B. 甲后来表示愿以同等价格购买，则乙只能将股权转让给甲，因为甲有优先购买权

C. 乙与丁签订的股权转让协议有效

D. 一次性支付股权转让款与分期付款不属于同等条件

答案：ACD。

（二）有限责任公司的资产制度

资产制度是指以法律形式明确规定公司资产的出资者与经营者，以及各个出资者相

互之间对公司资产占有、使用、收益和处分等关系的一项法律制度。有限责任公司的注册资本为在公司登记机关登记的全体股东认缴的出资额；法律、行政法规以及国务院决定对有限责任公司注册资本实缴、注册资本最低限额另有规定的，从其规定。股东可以用货币出资，也可以用实物、知识产权、土地使用权等可以用货币估价并可以依法转让的非货币财产作价出资，但是，法律、行政法规规定不得作为出资的财产除外。对作为出资的非货币财产应当评估作价，核实财产，不得高估或者低估作价；法律、行政法规对评估作价有规定的，从其规定。股东应当按期足额缴纳公司章程中规定的各自所认缴的出资额。股东以货币出资的，应当将货币出资足额存入有限责任公司在银行开设的账户；以非货币财产出资的，应当依法办理其财产权的转移手续。股东不按照前述规定缴纳出资的，除应当向公司足额缴纳外，还应当向已按期足额缴纳出资的股东承担违约责任。

公司依法享有股东投资形成的全部法人财产权。法人财产是指已明确界定在有限责任公司名下的独立财产，即资本，它由股东投资、公司贷款和公司收益组成。公司以法人财产对外经营、收益和承担责任。股东按出资额享有对公司财产的所有权，以出资额为限获得利益并承担风险。

（三）有限责任公司的组织机构

有限责任公司设立股东会、董事会和监事会等组织机构。股东会由全体股东组成，是公司的最高权力和决策机构。除股东人数较少和规模较小的有限责任公司不设董事会外，一般有限责任公司设立董事会。董事会是公司的常设业务执行机关，其成员为 3 人至 13 人；董事长、副董事长的产生办法由公司章程规定。董事会或由董事会聘任的经理依法对公司进行经营管理。董事长为公司的法定代表人。监事会是有限责任公司的监督机构，由股东代表和适当比例的职工代表组成，监督公司的经营管理。

（四）有限责任公司股东的权利和义务

有限责任公司股东会由全体股东组成，是公司的权力机构，依照公司法行使职权。

有限责任公司的股东主要享有以下权利：共同制定公司章程；出席股东会，参与公司重大决策和选择管理者；被选举为董事会成员和监事会成员；按照出资比例分取红利；查阅股东会会议记录和公司财务会计报告；对公司的经营活动进行监督；公司解散时，分配剩余资产；股东之间可以相互转让其全部或部分股权，但向股东以外的人转让股权，必须经其他股东过半数同意，并在公司登记方可进行；经股东同意转让的股权，在同等条件下，其他股东有优先购买权；自然人股东死亡后，其合法继承人可以继承股东资格；其他依法应享有的权利。

股东主要应履行以下义务：按照公司章程中规定的出资方式、出资额和出资时间，缴纳所认缴的出资；在公司登记后，不得抽回出资；遵守公司章程；对公司及其他股东诚实信任；依法定程序行使权利；其他依法应履行的义务。

（五）一人有限责任公司的特别规定

一人有限责任公司，是指只有一个自然人股东或者一个法人股东的有限责任公司。

一人有限责任公司不设股东会，应当在每一会计年度终了时编制财务会计报告，并经会计师事务所审计。股东不能证明公司财产独立于股东自己的财产的，应当对公司债务承担连带责任。

一个自然人只能投资设立一个一人有限责任公司，该一人有限责任公司不能投资设立新的一人有限责任公司。

（六）国有独资公司

国有独资公司，是指国家单独出资，由国务院或者地方人民政府授权本级人民政府国有资产监督管理机构履行出资人职责的有限责任公司。

国有独资公司章程由国有资产监督管理机构制定，或者由董事会制订并报国有资产监督管理机构批准。国有独资公司不设股东会，由国有资产监督管理机构行使股东会职权。国有资产监督管理机构可以授权公司董事会行使股东会的部分职权，决定公司的重大事项，但公司的合并、分立、解散、增加或者减少注册资本和发行公司债券，必须由国有资产监督管理机构决定；其中，国有独资公司合并、分立、解散、申请破产的，应当由国有资产监督管理机构审核后，报本级人民政府批准。

国有独资公司设立董事会，董事每届任期不得超过 3 年。董事会成员中应当有公司职工代表。董事会成员由国有资产监督管理机构委派；但是，董事会成员中的职工代表由公司职工代表大会选举产生。董事会设董事长一人，可以设副董事长；董事长、副董事长由国有资产监督管理机构从董事会成员中指定。国有独资公司设经理，由董事会聘任或者解聘。经国有资产监督管理机构同意，董事会成员可以兼任经理。国有独资公司的董事长、副董事长、董事、高级管理人员，未经国有资产监督管理机构同意，不得在其他有限责任公司、股份有限公司或者其他经济组织兼职。

国有独资公司监事会成员不得少于 5 人，其中职工代表的比例不得低于 1/3，具体比例由公司章程规定。监事会成员由国有资产监督管理机构委派；但是，监事会中的职工代表由公司职工代表大会选举产生。监事会主席由国有资产监督管理机构从监事会成员中指定。

三、股份有限公司

（一）股份有限公司的概念及特点

股份有限公司是指其全部资本分为等额股份，通过发行股票（或股权证）筹集资本，股东以其所认购股份为限对公司承担责任，公司以其全部资产对公司的债务承担责任的企业法人。其特征包括以下几点。

（1）股份有限公司的全部资本分为等额股份。公司的股份采取股票的形式。股票是公司签发的证明股东所持股份的凭证。

（2）设立股份有限公司，可以采取发起设立或者募集设立的方式。发起设立，是指由发起人认购公司应发行的全部股份而设立公司。募集设立，是指由发起人认购公司应发行股份的一部分，认购的股份不得少于公司股份总数的 35%（法律、行政法规另有规定的除外)，其余股份向社会公开募集或者向特定对象募集而设立公司。

(3) 设立股份有限公司，应当有 2 人以上、200 人以下为发起人，其中须有半数以上的发起人在中国境内有住所。发起人应当签订发起人协议，明确各自在公司设立过程中的权利和义务。发起人制订公司章程。采用募集方式设立的，公司章程须经创立大会通过。

(4) 股份有限公司的股票可以依法自由转让，但股东不能抽回其股份（除特殊情形以外)。

(5) 股份有限公司股东只以其所认购的股份为限对公司承担有限责任。

(6) 以募集方式设立股份有限公司公开发行股票的，应当向公司登记机关报送国务院证券监督管理机构的核准文件。

(二) 股份有限公司的资产制度

以发起设立方式设立股份有限公司的，发起人应当书面认足公司章程规定其认购的股份，并按照公司章程规定缴纳出资；以非货币财产出资的，应当依法办理其财产权的转移手续。发起人不依照前述规定缴纳出资的，应当按照发起人协议承担违约责任。

股份有限公司享有法人财产权，公司以法人财产对外经营、收益和承担责任。股东按投入公司的资本额享有资产受益、重大决策和选择管理者等权利，但股东不能直接控制与支配股权名下的财产，其可以依法自由转让其股份，但不能抽回其股份（除特殊情形以外)。股东以其出资额为限承担责任。

(三) 股份有限公司的组织机构

股份有限公司设立股东会、董事会和监事会等组织机构。股东会是股份有限公司的权力机构，由全体股东组成。董事会是公司的经营决策和业务执行机构，董事会或由董事会聘任的经理依法对公司进行经营管理。董事会由 5 名至 19 名董事组成，董事会成员中可以有公司职工代表。董事会中的职工代表由公司职工通过职工代表大会、职工大会或者其他形式民主选举产生。董事会对股东会负责。董事长是公司的法定代表人，负责董事会的具体工作。监事会是公司的内部监督机构，行使对公司经营管理的监督权。监事会的成员不得少于 3 人。监事会应当包括股东代表和适当比例的公司职工代表，其中职工代表的比例不得低于 1/3，具体比例由公司章程规定。监事会中的职工代表由公司职工通过职工代表大会、职工大会或者其他形式民主选举产生。

第三节　证券法

一、证券法的概念和基本原则

(一) 证券法的概念

证券法是调整我国境内企业的股票、债券和国务院认定的其他证券依法发行与交易的法律规范的总称，是专门规范投资行为的法律。《证券法》于1998年12月29日由第九届全国人民代表大会常务委员会第六次会议通过，自1999年7月1日起施行。2004年、2005年、2013年、2014年、2019年全国人民代表大会常务委员会分别对《证券法》进行了修订。

（二）证券法的基本原则

1. 公开原则

企业股票、证券发行和交易的信息、企业经营资料等均应依法公开，使投资者可以据以作出合理判断和决策。禁止虚假陈述、误导投资者的行为。

2. 平等、公平、公正原则

保证证券交易双方法律地位平等、交易等价，保护投资者的合法利益。

3. 自愿、有偿、诚实信用原则

证券发行、交易活动的当事人应当遵守自愿、有偿、诚实信用的原则，遵守法律、行政法规，禁止欺诈、内幕交易和操纵证券交易市场的行为。

二、证券的发行、上市与交易

（一）证券的发行

证券的发行，是指企业或政府依法定的条件和程序向他人要约发售证券的行为。证券发行市场是证券市场的一级市场。我国证券发行市场由发行人、投资人、中介机构等参加者组成。发行人是指为筹措资金而发行证券的企业、政府。投资人是指认购证券的个人或其他机构投资人，如企业、投资基金等。中介机构是指依法为发行人、投资人提供专业服务的机构，主要包括证券承销商（证券公司）、律师事务所、会计师事务所、证券投资咨询机构、资产评估机构等。

发行证券的目的是筹集资金。证券发行分为公募发行和私募发行两种。公募发行，是指发行人通过中介机构向不特定的社会公众发售证券的行为；私募发行，是指发行人通过中介机构向机构投资者等特定的投资人发售证券的行为。

证券发行由审批制改为注册制。《证券法》第21条规定，国务院证券监督管理机构或者国务院授权的部门依照法定条件负责证券发行申请的注册。证券公开发行注册的具体办法由国务院规定。国务院证券监督管理机构或者国务院授权的部门应当自受理证券发行申请文件之日起3个月内，依照法定条件和法定程序作出予以注册或者不予注册的决定，发行人根据要求补充、修改发行申请文件的时间不计算在内。不予注册的，应当说明理由。

证券发行申请经注册后，发行人应当依照法律、行政法规的规定，在证券公开发行前公告公开发行募集文件，并将该文件置备于指定场所供公众查阅。发行证券的信息依法公开前，任何知情人不得公开或者泄露该信息。发行人不得在公告公开发行募集文件前发行证券。

证券发行的方式有两种：（1）直接发行，是指由发行人直接将其发行的证券出售给投资人；（2）间接发行，又称承销，是指由发行人委托证券公司向机构投资人和社会公众发售股票的行为。股票发行采取溢价发行的，其发行价格由发行人与承销的证券公司协商确定。股票依法发行后，发行人经营与收益的变化，由发行人自行负责；由此变化引致的投资风险，由投资者自行负责。

（二）证券的上市

证券上市交易，应当向证券交易所提出申请，由证券交易所依法审核同意，并由双方签订上市协议。申请证券上市交易，应当符合证券交易所上市规则规定的发行人的经营年限、财务状况、最低公开发行比例和公司治理、诚信记录等上市条件。

发生可能对上市公司股票交易价格产生较大影响而投资者尚未得知的重大事件时，上市公司应当立即将有关该重大事件的情况向国务院证券监督管理机构和证券交易场所提交临时报告，并予公告，说明事件的实质。

（三）证券的交易

证券交易，是指证券持有人在其指定的证券公司营业部将其证券出售给投资人，并由投资人支付价款的法律行为。经依法核准的上市交易证券，应当在证券交易所挂牌交易。我国（港、澳、台地区除外）现有上海、深圳两个证券交易所。证券交易市场是证券市场的二级市场。

非依法发行的证券，不得买卖。

证券交易可分为场内交易与场外交易。场内交易，是指在证券交易所市场内进行的交易。场外交易，是指在证券交易所市场以外利用计算机自动报价系统进行的交易。我国有全国证券交易自动报价系统和全国电子交易系统两个自动报价系统，其功能有即时报价、自动交易、清算交割、信息发布。

请思考：证券公司的下列行为，哪些是证券法所禁止的？（　　）

A. 为客户买卖证券提供融资融券服务

B. 有偿使用客户的交易结算资金

C. 将自营账户借给他人使用

D. 违背客户的委托为其买卖证券

答案：BCD。

证券交易的程序是：投资人在证券公司营业处开设账户；投资人向证券公司报单；证券公司根据投资者的委托，按照时间优先的规则提出交易申报，参与证券交易所市场内的集中竞价交易；证券登记结算机构根据成交结果，按照清算交割规则，进行证券和资金的清算交割，办理证券的登记过户手续；投资人在证券公司营业处或通过自动报价系统查验交易结果。

证券法规定，交易各方主体应按照依法制定的交易规则进行交易，不得改变交易结果（特殊情况除外）。交易中违规交易者应负的民事责任不得免除；在违规交易中所获利益，依照有关规定处理。

三、证券市场的管理

中国证券监督管理委员会是国务院证券监督管理机构，有权依法对全国证券市场实行集中、统一的监督管理和执法，维护证券市场的运行秩序，维护证券市场公开、公平、公正，防范系统性风险，维护投资者的合法权益。

国务院证券监督管理机构根据需要可以设立派出机构，按照授权履行监督管理职责。

国家审计机关对于证券交易所、证券公司、证券登记结算机构、证券监督管理机构，依法进行审计监督。

四、禁止的交易行为及法律责任

（一）禁止的交易行为

禁止证券交易内幕信息的知情人和非法获取内幕信息的人利用内幕信息从事证券交易活动；禁止任何人操纵证券市场，影响或者意图影响证券交易价格或者证券交易量；禁止任何单位和个人编造、传播虚假信息或者误导性信息，扰乱证券市场；禁止证券公司及其从业人员从事损害客户利益的行为；禁止任何单位和个人违反规定，出借自己的证券账户或者借用他人的证券账户从事证券交易；禁止投资者违规利用财政资金、银行信贷资金买卖证券。

证券交易场所、证券公司、证券登记结算机构、证券服务机构及其从业人员对证券交易中发现的禁止的交易行为，应当及时向证券监督管理机构报告。

（二）法律责任

内幕交易行为给投资者造成损失的；操纵证券市场行为给投资者造成损失的；编造、传播虚假信息或者误导性信息，扰乱证券市场，给投资者造成损失的；证券公司及其从业人员从事损害客户利益的行为，给投资者造成损失的，应当依法承担赔偿责任。

普通投资者与证券公司发生纠纷，证券公司应当证明其行为符合法律、行政法规以及国务院证券监督管理机构的规定，不存在误导、欺诈等情形。证券公司不能证明的，应当承担相应的赔偿责任。

投资者与发行人、证券公司等发生纠纷，双方可以向投资者保护机构申请调解。普通投资者与证券公司发生证券业务纠纷，普通投资者提出调解请求的，证券公司不得拒绝。

投资者保护机构对损害投资者利益的行为，可以依法支持投资者向人民法院提起诉讼。投资者提起虚假陈述等证券民事赔偿诉讼时，诉讼标的是同一种类，且当事人一方人数众多的，可以依法推选代表人进行诉讼。投资者保护机构受 50 名以上投资者委托，可以作为代表人参加诉讼，并为经证券登记结算机构确认的权利人依照前述规定向人民法院登记，但投资者明确表示不愿意参加该诉讼的除外。

国务院证券监督管理机构可作出下列处罚决定：证券交易内幕信息的知情人或者非

法获取内幕信息的人从事内幕交易的，责令依法处理非法持有的证券，没收违法所得，并处以违法所得 1 倍以上 10 倍以下的罚款；没有违法所得或者违法所得不足 50 万元的，处以 50 万元以上 500 万元以下的罚款。单位从事内幕交易的，还应当对直接负责的主管人员和其他直接责任人员给予警告，并处以 20 万元以上 200 万元以下的罚款。国务院证券监督管理机构工作人员进行内幕交易的，从重处罚。

第四节 保险法

一、保险法的概念和基本原则

（一）保险法的概念

保险，是指投保人根据合同约定向保险人支付保险费，保险人对于合同约定的可能发生的事故因其发生所造成的财产损失承担赔偿保险金责任，或者当被保险人死亡、伤残、疾病或者达到合同约定的年龄、期限时，承担给付保险金责任的商业保险行为。

保险法是调整保险活动中保险法律关系主体之间权利义务关系的法律规范的总称。《保险法》于 1995 年 6 月 30 日由第八届全国人民代表大会常务委员会第十四次会议通过，自 1995 年 10 月 1 日起施行。2002 年、2009 年、2014 年、2015 年全国人民代表大会常务委员会分别对《保险法》进行了修订。

（二）保险法的基本原则

1. 公平互利、协商一致、自愿原则

投保人与保险人应根据公平互利、协商一致、自愿原则签订或解除保险合同，遵守法律、行政法规，尊重社会公德，不得损害社会公共利益。除法律、行政法规规定必须投保的以外，保险公司和其他单位不得强制他人订立保险合同。

2. 保险利益原则

保险利益是指投保人或者被保险人对保险标的具有的法律上承认的利益。人身保险的投保人在保险合同订立时，对被保险人应当具有保险利益；财产保险的被保险人在保险事故发生时，对保险标的应当具有保险利益，否则，保险合同无效。

3. 诚实信用原则

保险人应当向投保人如实说明保险条款的内容，投保人对于保险标的或者被保险人的有关情况应当向保险人如实告知，双方均不得故意隐瞒。禁止保险代理人和经纪人对保险人、投保人、被保险人和受益人实施欺诈、强迫、引诱或者限制投保人订立保险合同的行为。保险合同成立后，投保人可以解除保险合同，保险人不得解除保险合同，法律另有规定或者保险合同另有约定的除外。

4. 公平竞争原则

保险公司开展业务，应当遵循公平竞争原则，不得从事不正当竞争。

5. 保险业务专营原则

保险业务由依照保险法设立的保险公司以及法律、行政法规规定的其他保险组织经营，其他单位和个人不得经营保险业务。在中华人民共和国境内的法人和其他组织需要办理境内保险的，应当向中华人民共和国境内的保险公司投保。国家金融监督管理总局依法负责对保险业实施监督管理。

二、保险法律关系

（1）保险法律关系的主体，是指投保人、保险人、保险代理人、保险经纪人、被保险人和受益人。1）投保人，是指与保险人订立保险合同，并按照保险合同负有支付保险费义务的人。2）保险人，是指与投保人订立保险合同，并按照合同约定承担赔偿或者给付保险金责任的保险公司。3）保险代理人，是指根据保险人的委托，向保险人收取代理手续费，并在保险人授权的范围内代为办理保险业务的单位或者个人。4）保险经纪人，是指基于投保人的利益，为投保人与保险人订立保险合同提供中介服务，并依法收取佣金的单位。保险代理人、保险经纪人应当具备保险监督管理机构规定的资格条件，并取得保险监督管理机构颁发的经营保险代理业务或者经纪业务许可证，并缴存保证金或者投保职业责任保险。保险代理人、保险经纪人应当有自己的经营场所，设立专门账簿记载保险代理业务或者经纪业务的收支情况，并接受保险监督管理机构的监督。保险代理手续费和经纪人佣金，只限于向具有合法资格的保险代理人、保险经纪人支付，不得向其他人支付。5）被保险人，是指其财产或者人身受保险合同保障，享有保险金请求权的人。被保险人可以是投保人。6）受益人，是指人身保险合同中由被保险人或者投保人指定的享有保险金请求权的人。受益人可以是投保人、被保险人。

（2）保险法律关系的客体，是指保险法律关系的主体的权利、义务所指向的标的，也就是可保险的财产以及有关的利益或被保险人的寿命、身体健康和安全。

（3）保险法律关系的内容，是指保险法律关系主体的权利、义务。

三、财产保险合同与人身保险合同

（一）财产保险合同

财产保险合同是以财产及其有关利益为保险标的，投保人与保险人约定保险权利义务关系的书面协议，包括财产损失保险合同和责任保险合同。责任保险是指以被保险人对第三者依法应负的赔偿责任为保险标的的保险，如交通事故第三者责任险等。

财产保险合同主体的权利和义务：

（1）投保人、受益人的权利和义务有：1）在发生保险合同中列明的各种保险事故后依法获得保险人的赔偿；2）对于保险标的或者被保险人的有关情况应当向保险人如实告知；3）按期限缴付保险费；4）维护保险标的的安全；5）保险标的危险程度增加时及时通知保险人；6）保险事故发生时有及时通知和防灾减损义务；7）保险事故发生后有向保险人提供有关证明、资料和单证的义务；8）保险合同成立后、保险责任开始前有权要求变更、解除保险合同，但应支付手续费。

（2）保险人的义务和权利有：1）订立合同时有义务及时向投保人说明保险合同条款的内容。保险合同中规定有关于保险人责任免除条款的，保险人在订立保险合同时应当向投保人明确说明，未明确说明的，该条款不产生效力。2）保险合同成立后，有义务及时向投保人签发保险单或其他保险凭证，并载明当事人双方约定的合同内容，且无权要求解除合同（除另有规定或约定外）。3）收到投保人、被保险人和受益人的赔偿请求后，有义务及时理赔。保险合同对保险金额及赔偿或者给付期限有约定的，保险人应当依照保险合同的约定，履行赔偿或者给付保险金义务。保险人未及时履行前述规定义务的，除支付保险金外，应当赔偿被保险人或者受益人因此受到的损失。4）保险责任开始前投保人要求解除保险合同并支付了手续费的，有义务退还保险费。5）有义务对委托保险代理人在授权范围内办理保险业务的行为承担责任。6）有行使代位请求赔偿的权利，即赔付了保险金后，可以代投保人、被保险人和受益人向第三人请求赔偿。7）因投保人、被保险人和受益人故意不履行如实告知义务，或者故意制造保险事故的，有权解除保险合同。对于保险合同解除前发生的保险事故，不承担赔偿的责任，并不退还保险费。保险事故发生后，投保人、被保险人或者受益人以伪造、变造的有关证明、资料或者其他证据，编造虚假的事故原因或者夸大损失程度的，保险人对其虚报的部分不承担赔偿或者给付保险金的责任。8）保险事故发生后，保险人已支付了全部保险金额，并且保险金额等于保险价值的，受损保险标的的全部权利归于保险人。

（二）人身保险合同

人身保险合同是以人的寿命或身体为保险标的，投保人与保险人约定保险权利义务关系的书面协议。人身保险合同可分为人寿保险、人身伤害保险和死亡保险等合同。

人身保险合同有以下特征：（1）合同的保险金额具有固定性。投保人在一定期限内，缴纳固定数额的保险金。（2）合同的保险期限具有长期性。（3）合同的订立和履行具有一定的储蓄性。（4）合同的投保人、被保险人、受益人可以不同一。

投保人，即对被保险人具有保险利益的人。投保人对于本人和与投保人有扶养、赡养、抚养关系的家庭成员、近亲属以及与投保人有劳动关系的劳动者，具有保险利益。此外，被保险人同意投保人为其订立合同的，视为投保人对被保险人具有保险利益。订立合同时，投保人对被保险人不具有保险利益的，合同无效。投保人可以按照合同约定向保险人一次支付全部保险费或者分期支付保险费。保险人对人寿保险的保险费，不得用诉讼方式要求投保人支付。

被保险人，即被投保的自然人。保险法规定：投保人不得为无民事行为能力人投保以死亡为给付保险金条件的人身保险，保险人也不得承保；父母为其未成年子女投保的人身保险除外。投保人指定、变更受益人时，必须经被保险人同意；以死亡为给付保险金条件的合同，未经被保险人同意并认可保险金额的，合同无效，父母为其未成年子女投保的人身保险除外。按照以死亡为给付保险金条件的合同所签发的保险单，未经被保险人书面同意，不得转让或者质押。

受益人，是指人身保险合同中由被保险人或者投保人指定的享有保险金请求权的人。人身保险的受益人由被保险人或者投保人指定。投保人、被保险人可以为受益人。投保人指定受益人时须经被保险人同意。投保人为与其有劳动关系的劳动者投保人身保险，不得指定被保险人及其近亲属以外的人为受益人。被保险人为无民事行为能力人或者限制民事行为能力人的，可以由其监护人指定受益人。被保险人或者投保人可以指定一人或者数人为受益人。受益人为数人的，被保险人或者投保人可以确定受益顺序和受益份额；未确定受益份额的，受益人按照相等份额享有受益权。

除保险法另有规定或者保险合同另有约定外，保险合同成立后，投保人可以解除合同，保险人不得解除合同。

请思考：张某在保险公司为其母投保了意外伤害险，在续交保费满两年后，由于经济不支无力续保，遂要求解除该人身保险合同并退还已交的保费。应如何认定？（　　）

A. 张某有权解除该人身保险合同，但无权要求退还任何费用

B. 张某有权解除该人身保险合同，保险公司应当退还已交的保费

C. 张某有权解除该人身保险合同，保险公司应当退还保险单的现金价值

D. 张某有权解除该人身保险合同并要求退还保费，但保险公司有权收取违约金

答案：C。

四、法律责任

保险法规定：投保人、受益人、被保险人故意进行保险欺诈活动，构成犯罪的，依法追究刑事责任；保险公司及其工作人员故意欺诈投保人、受益人、被保险人，或者拒不履行依合同给付保险金或赔偿义务，或者承诺给予非法回扣及其他利益，或者故意进行虚假理赔骗取保险金，或者非法、超范围经营，构成犯罪的，依法追究刑事责任；违反法律，擅自设立保险公司或者非法从事商业保险业务活动，构成犯罪的，依法追究刑事责任；等等。

上述行为等不构成犯罪的，由保险监督管理机构没收非法所得，并处以违法所得 1 倍以上 5 倍以下、5 万元以上 100 万元以下罚款；情节严重的，责令停业整顿或者吊销业务许可证。

对于对违反保险法规定尚未构成犯罪的行为负有直接责任的保险公司高级管理人员和其他直接责任人员，保险监督管理机构可以区别不同情况予以警告，并处以 1 万元以上 10 万元以下的罚款；情节严重的，撤销任职资格。

第五节　票据法

一、票据的概念与分类

票据，是指出票人依法签发的，由自己承诺或委托他人无条件支付确定金额的特种有价证券。根据《票据法》第 2 条第 2 款的规定，票据仅指本票、汇票和支票，而不包

括股票、债券、提单、仓单和发票以及结算中的各种收、付款凭证。

本票，又称银行本票，是指出票人依法签发的承诺在自己见票时依法无条件支付票据金额给持票人的票据。汇票，是指出票人依法签发的，委托付款人在指定日期依法无条件支付确定金额给持票人的票据。汇票分为商业汇票和银行汇票两种。支票，是指出票人依法签发的委托银行或其他金融机构在见票时依法无条件支付票据金额给持票人的票据。支票分为现金支票和转账支票两种。

二、票据法

票据法，是指调整票据当事人之间对本票、汇票和支票的收受关系与货币支付关系的法律规范的总称。《票据法》于 1995 年 5 月 10 日由第八届全国人民代表大会常务委员会第十三次会议通过，自 1996 年 1 月 1 日起施行；2004 年 8 月 28 日第十届全国人民代表大会常务委员会第十一次会议作了修订。

票据法律关系是一种债权债务关系：债权人享有票据权利，是指持票人向票据债务人请求支付票据金额和有关费用的权利，包括付款请求权和追索权；债务人承担票据义务，是指票据债务人有依法向持票人支付票据金额和有关费用的义务，票据债务人不履行付款义务而造成损失的，应当承担赔偿责任。

三、票据行为

票据行为，是指以产生、变更或消灭票据法律关系为目的的票据法律行为和准票据法律行为。票据法律行为，是指承担责任的法律行为，以行为人的意思表示为要素，包括出票、背书、承兑、保证和付款 5 种。其中，出票是基本票据行为，其余为附属票据行为。准票据法律行为，是指不以行为人的意思表示为要素，而由法律直接规定其法律效力的票据行为，包括签收、划线和涂销等。

票据行为具有以下特点：（1）要式性。各种票据行为都必须按照法定的内容和格式记载于票据上并签章。（2）文义性。出票人应依票据所记载的事项承担票据义务。

四、法律责任

票据法规定：对票据欺诈行为，依法追究刑事责任。金融机构工作人员在票据业务中玩忽职守，对违法票据予以承兑、付款或者保证的，给予行政处分；造成重大损失，构成犯罪的，依法追究刑事责任；给当事人造成损失的，由该金融机构和直接责任人员依法承担赔偿责任。票据的付款人故意压票、拖延支付，给持票人造成损失的，依法承担赔偿责任。

深度阅读

1. 赵中孚主编．商法总论．4 版．北京：中国人民大学出版社，2015

2.《中华人民共和国公司法》
3.《中华人民共和国证券法》
4.《中华人民共和国保险法》
5.《中华人民共和国票据法》

问题与思考

一、辨析题

1. 我国在立法上采用民商法合一制度，商事法律规范均采取单行法律的形式。
2. 由于商法是特别法，商法的适用优先于民法典的适用。
3. 证券法的调整对象包括股票、公司债券、商业票据和保险单证。
4. 证券交易应当在证券商营业部内进行。
5. 人身保险合同和财产保险合同的诉讼时效均为5年。
6. 国有独资公司应属于有限责任公司。

二、案例分析

张某的弟弟未婚，与张某同住，登记入张某家的户籍。张某的弟弟是大货车驾驶员，长年跑长途去外地，工作十分辛苦和危险。去年5月，张某的弟弟为了结婚买房，将他的身份证放在张某处。张某遂以其弟为被保险人，以自己为投保人和受益人，向某保险公司投保4份人身意外伤害险。张某和保险公司签订了保险合同，并预缴了全部保险费。保险公司在核保时发现投保书上被保险人的签字与张某的笔迹完全相同，张某又不能提供其弟的“同意投保书”，遂决定不予承保。

请思考：张某和保险公司签订的保险合同是否成立？为什么？

答案：保险合同不成立。因为张某不能提供其弟的“同意投保书”，对其弟没有保险利益。保险公司应当退还张某预缴的全部保险费。

第七章
经济法

常考知识点

- 经济法的基本原则
- 国有企业的性质和法律地位
- 合伙企业的财产和债务
- 个人独资企业的财产和事务管理
- 税收征收管理
- 环境保护法的基本制度

“用最严格制度最严密法治保护生态环境，加快制度创新，强化制度执行，让制度成为刚性的约束和不可触碰的高压线。”①“推动绿色发展，建设生态文明，重在建章立制，用最严格的制度、最严密的法治保护生态环境，健全自然资源资产管理体制，加强自然资源和生态环境监管，推进环境保护督察，落实生态环境损害赔偿制度，完善环境保护公众参与制度。”②“要建立健全资源生态环境管理制度，加快建立国土空间开发保护制度，强化水、大气、土壤等污染防治制度，建立反映市场供求和资源稀缺程度、体现生态价值、代际补偿的资源有偿使用制度和生态补偿制度，健全生态环境保护责任追究制度和环境损害赔偿制度，强化制度约束作用。”③

第一节　经济法概述

一、经济法的概念和调整对象

（一）经济法的概念

经济法是调整国家在对经济实行宏观调控和对经济活动进行协调过程中所发生的经

① 习近平：坚决打好污染防治攻坚战 推动生态文明建设迈上新台阶. 人民日报，2018-05-20 (01).
② 习近平总书记 2017 年 5 月 26 日在十八届中央政治局第四十一次集体学习时的讲话.
③ 习近平总书记 2013 年 5 月 24 日在十八届中央政治局第六次集体学习时的讲话.

济关系的法律规范的总称。

经济法是国家为促进和保障市场经济的健康发展、维护经济秩序而制定的，经济法的本质是国家对经济的干预和协调。

（二）经济法的调整对象

经济法调整的是特定的经济关系，是国家在宏观调控和协调社会经济运行过程中发生的经济关系。具体来说，有以下几种经济关系。

1. 市场主体的组织管理关系

市场主体的组织管理关系是指市场主体的设立、变更、终止和市场主体内部组织机构在管理过程中发生的经济关系。调整这一关系的主要有国有企业法、集体企业法、合伙企业法、个人独资企业法、外商投资法和公司法等。

2. 市场管理关系

市场管理关系是指国家为了建立社会主义市场经济秩序，维护国家、生产经营者和消费者的合法权益而干预市场所发生的经济关系。发挥市场机制在资源配置中的基础性作用，必须建立统一、开放的市场体系。培育市场体系要求各种生产要素的自由流动，规范市场行为，打破市场分割与封锁，制止不正当竞争。与此相适应，经济法把影响市场秩序的不正当竞争关系、垄断关系、产品质量关系、广告关系、价格关系、消费者利益保护等关系纳入自己的调整范围，调整这些关系的主要有产品质量法、反不正当竞争法、消费者权益保护法、广告法、证券法等。

3. 政府宏观调控关系

政府宏观调控关系是指政府代表国家从长远利益和公共利益出发，在对国民经济全局所进行的组织、监督和协调过程中所发生的经济关系。生产的优化配置和效率的提高主要依靠市场的自发调节，但是各国市场经济运作的实践表明，市场调节具有自身的局限性和消极方面，尤其是随着自由竞争发展到垄断阶段，对市场机制具有决定作用的竞争受到限制，并影响正常的价格机制，从而导致市场失灵。这就需要通过“国家之手”克服市场调节的盲目性和局限性，以保证市场的健康发展和国家经济战略的实现。有关宏观调控的法律主要有计划法、金融法、税法、价格法、外汇管理法等。

二、经济法的基本原则和作用

（一）经济法的基本原则

经济法的基本原则是贯穿于经济法始终的、经济主体在经济活动中应当遵循的基本行为准则。我国经济法的基本原则包括以下几项。

1. 保障和促进以公有制为主体、多种所有制经济共同发展的原则

建立社会主义市场经济体制，就是要使市场在国家宏观调控下对资源配置起基础性作用。为此，在经济法中必须反映以公有制为主体、多种所有制经济共同发展的基本经济制度。经济法保护一切合法的财产所有权。公有制的主体地位主要体现在国家和集体的资产在社会总资产中占有质的优势，国有经济控制国民经济的命脉及其对经济发展的指导作用等方面。在积极促进公有制经济发展的同时，还要大力鼓励、支持和引导非公有制经济的发展。

2. 国家适度干预原则

现代市场经济是以市场主体的自主自治为前提的，但仍需要国家的干预以避免或预防市场失灵的缺欠。国家干预既要防止干预过多，也要防止干预过少，因此，要将国家适度干预作为经济法的原则，强调干预范围和干预手段的法律化，避免干预的随意性。

3. 鼓励自由竞争与反不正当竞争相结合原则

市场经济的生机和活力来源于自由竞争。因此，经济法赋予各种市场主体竞争的自由，鼓励市场主体之间相互竞争。但竞争自由必须是在法律允许范围内的自由，不能为所欲为、不择手段。经济法维护在公平、公正、公开基础上的竞争，制止一切可能妨碍竞争、限制竞争的不正当竞争行为。

4. 经济公平与效率相统一原则

经济公平是指任何一个法律关系的主体，在以一定的物质利益为目标的活动中，都能够在同等的法律条件下，实现建立在价值规律基础之上的利益平衡。经济效率是指经济产出和经济投入的比例，包括社会经济效益和企业经济效益。经济活动的目标是追求经济利益的最大化，但是为了维护社会的稳定，在注重效率的同时，必须维护公平。因此，经济法坚持经济公平与效率相统一原则，既不能一味追求效率而忽视公平，也不能片面强调公平而影响效率，力争借助法律手段使整个社会经济活动在公平与效益方面最大限度地统一起来。

（二）经济法的作用

经济法在建立和完善社会主义市场经济体制中具有重要作用，是国家领导、组织和管理社会主义市场经济的重要手段。具体来说，在经济建设中经济法主要有以下几方面的作用。

第一，确立各类市场主体的法律地位，巩固和发展社会主义公有制和其他非公有制经济形式，促进生产力的发展。

第二，促进和保障社会主义市场经济体制的建立、完善和运行，维护社会主义市场经济秩序。

第三，对国民经济实行全面、系统的宏观调控，保证国民经济持续、稳定、协调、有序地发展。

第四，促进现代企业制度的建立，完善企业的法律行为机制，把企业搞活，加强企业的自我约束，促进企业管理现代化。

第五，维护科学技术的发展进步，保证科技成果的广泛应用。

第六，促进和推动对外开放和涉外经济的发展，加强我国的对外经济技术合作。

第二节 企业法

一、企业和企业法的概念

（一）企业的概念与特征

企业是以营利为目的从事生产、流通或服务等经济活动，依法自主经营、自负盈亏的经济组织。企业与国家机关、事业单位、社会团体等组织不同，它具有以下特征。

（1）企业是从事生产、流通、服务等经济活动的经济组织，是现代社会人们进行生产经营活动的基本单位。

（2）企业是营利性的经济组织，企业通过自己的活动，以尽可能少的投入获取尽可能多的收益，盈利是企业存在和发展的直接动力。

（3）企业是独立核算的经济实体。企业无论以什么形式存在，都必须拥有自己的财产，自主经营，自负盈亏，独立核算。

（二）企业法的概念

企业法是调整国家在组织管理企业及企业在生产、经营活动中所发生的各种经济关系的法律规范的总称。我国现行的企业法律制度除公司法外，主要有全民所有制企业法、集体所有制企业法、合伙企业法、个人独资企业法和外商投资法。

二、全民所有制企业（国有企业）法

国有企业是中国特色社会主义的重要物质基础和政治基础，是我们党执政兴国的重要支柱和依靠力量。新中国成立以来特别是改革开放以来，国有企业发展取得巨大成就。我国国有企业为我国经济社会发展、科技进步、国防建设、民生改善作出了历史性贡献，功勋卓著，功不可没。要坚持有利于国有资产保值增值、有利于提高国有经济竞争力、有利于放大国有资本功能的方针，推动国有企业深化改革、提高经营管理水平，加强国有资产监管，坚定不移把国有企业做强做优做大。①

全民所有制企业，也称国有企业，是指以生产资料的全民所有为基础从事商品生产和经济活动的企业。国有企业是我国国民经济的主导力量，搞好国有企业是经济体制改革的重要任务。按照法律规定，国有企业的性质和法律地位具有以下内容：（1）企业财产为全民所有，国有企业是全民所有制经济组织；（2）国有企业在经济上自主经营、自负盈亏、独立核算，是社会主义商品生产和经营单位；（3）国有企业在法律上具有法人

① 习近平：坚持党对国有企业的领导不动摇. 人民日报，2016－10－12.

主体资格，对国家授予其经营管理的财产享有经营权，并独立承担民事责任。全民所有制企业法主要有1988年4月13日第七届全国人民代表大会第一次会议通过的《全民所有制工业企业法》（2009年修正），以及国务院于1992年7月23日发布的《全民所有制工业企业转换经营机制条例》（2011年修订）。

（一）国有企业的设立、变更和终止

国有企业设立必须具备一定条件。根据《企业法人登记管理条例》的规定，设立企业的条件是：（1）有企业名称、组织机构和章程；（2）有固定的生产经营场所和必要的设施；（3）有符合国家规定的资金和从业人员；（4）能够独立承担民事责任；（5）有符合国家法律、法规和政策规定的经营范围。除具备上述条件外，国有企业的设立还必须报请政府主管部门审核批准，经市场监督管理部门核准登记，领取营业执照。

国有企业的变更，是指国有企业组织机构及其他重要事项的变更。企业的变更主要有合并、分立两种。企业的合并、分立应报请政府主管部门批准，在市场监督管理机关办理变更登记手续。

国有企业的终止，是指国有企业法律主体资格的消失。企业终止的原因有：（1）出现章程或协议规定的解散事由；（2）企业歇业；（3）企业因违法被撤销；（4）政府主管部门依法决定解散企业；（5）企业依法被宣告破产；（6）其他原因。企业终止时应依法对企业财产进行清算，清理资产，收回债权，偿还债务，最后必须报请政府主管部门审核批准，向市场监督管理机关办理注销登记。

（二）国有企业和政府的关系

国有企业的财产属于国家所有，包括国家以各种形式对企业的投资和投资收益形成的财产，以及其他依据法律、法规属于全民所有、由企业经营管理的财产。国务院代表国家行使企业财产所有权。按照政企职责分开的原则，政府不得干预企业的生产经营活动，但应加强宏观调控和行业管理，培育完善市场体系，建立和完善社会保障体系，为企业提供服务。

三、集体所有制企业法

（一）集体所有制企业与集体所有制企业法

集体所有制企业是指以生产资料的劳动群众集体所有制为基础的企业。集体所有制企业按设置区域主要分为城镇集体企业和乡镇集体企业。

集体所有制企业法是调整国家在协调经济运行中发生的关于集体企业经济关系的法律规范的总称。目前，我国调整集体企业经济关系的法律规范主要有1991年9月9日国务院颁布的《城镇集体所有制企业条例》（2011年1月8日、2016年2月6日修订），1996年10月29日第八届全国人民代表大会常务委员会第二十二次会议通过的《乡镇企业法》等。

（二）城镇集体企业

城镇集体企业是指在城镇区域内设立的，企业财产由城镇劳动群众集体所有的企业。

城镇集体企业经有关部门批准，依法在市场监督管理机关核准登记后，就可以从事生产经营活动。其主要权利有依法对其全部财产享有占有、使用、收益和处分的权利，自主安排生产、经营、服务活动，等等。城镇集体企业的其他权利和义务与国有企业的权利和义务基本相同。

城镇集体企业实行民主管理。企业必须建立、健全职工代表大会制度。与全民所有制企业的职工代表大会不同，城镇集体企业的职工代表大会是企业的权力机构，有权决定企业经营管理的重大问题，有权依法选举、罢免或聘用、解聘厂长、副厂长等。企业实行厂长负责制，厂长对职工代表大会负责，定期报告工作。

（三）乡镇集体企业（乡镇企业）

乡镇企业是指以农村集体经济组织或者农民投资为主，在乡镇（包括所辖村）开办的承担支援农业义务的各类企业。乡镇企业是农村经济的重要支柱和国民经济的重要组成部分。农村集体经济组织投资设立乡镇企业，其企业财产权属于设立该企业的全体农民集体所有。农村集体经济组织与其他企业、组织或者个人共同投资设立乡镇企业，其财产权按照出资份额属于投资者所有。乡镇企业在城市设立的分支机构，或者农村集体经济组织在城市开办的并承担支援农业义务的企业，按照乡镇企业对待。

乡镇企业应当依法设立。具备法人条件的，核准登记后取得法人资格，领取企业法人营业执照；不具备法人条件的，经核准登记领取营业执照。乡镇企业依法独立核算，自主经营，自负盈亏。乡镇集体企业所享受的权利和承担的义务与城镇集体企业所享受的权利和承担的义务基本相同。

四、合伙企业法

（一）合伙企业与合伙企业法

合伙企业是依照《合伙企业法》在中国境内设立的，由各合伙人订立合伙协议，共同出资、合伙经营、共享收益、共担风险，并对合伙债务承担无限连带责任的营利性组织。

合伙企业法是调整国家管理合伙企业及合伙企业在组织与活动中所发生的经济关系的法律规范的总称。1997 年 2 月 23 日第八届全国人民代表大会常务委员会第二十四次会议通过了《合伙企业法》，2006 年 8 月 27 日进行了修订。

（二）合伙企业的设立

设立合伙企业应具备下列条件：（1）有两个以上具有完全民事行为能力的合伙人，并且都是依法承担无限责任者；（2）有书面合伙协议；（3）有各合伙人实际缴付的出资；（4）有合伙企业的名称；（5）有经营场所和从事合伙经营的必要条件。合伙企业经过注册登记，并由登记机关签发合伙企业营业执照，方为成立。

（三）合伙企业的财产

合伙企业存续期间，合伙人的出资和所有以合伙企业名义取得的收益均为合伙企业的财产。

请思考：如果合伙人在合伙协议中没有约定合伙企业的利润分配，在协商不成的情况下，对于合伙企业的利润分配应该按全体合伙人的实际出资比例分配还是平均分配？

答案：按实际出资比例分配。

合伙企业的财产由全体合伙人共同管理和使用。合伙企业存续期间，合伙人向合伙人以外的人转让其在合伙企业中的全部或部分财产份额时，须经其他合伙人一致同意。合伙人之间转让其在合伙企业中的全部财产份额时，应通知其他合伙人。合伙人依法转让其财产份额的，在同等条件下，其他合伙人有优先受让的权利。

合伙人以其在合伙企业中的财产份额出质的，须经全体合伙人一致同意，否则，其出质行为无效，或作为退伙处理。由此给其他合伙人造成损失的，依法承担赔偿责任。

（四）合伙企业的债务

合伙企业对其债务，应先以其全部财产进行清偿。合伙企业的财产不足清偿到期债务的，各合伙人应当承担无限连带清偿责任。合伙人由于承担连带责任，所清偿数额超过其应当承担的数额的，有权向其他合伙人追偿。

请思考：刘某向钱某借人民币 30 万元作为出资，与张某、李某共同成立一合伙企业。1 年后借款到期，刘某无力偿还借款。刘某可否经张某与李某的同意，将自己在合伙企业中的财产份额作价转让给钱某，以抵销债务？

答案：可以。

五、个人独资企业法

（一）个人独资企业的概念与特征

个人独资企业是依照《个人独资企业法》在中国境内设立，由一个自然人投资，财产为投资人个人所有，投资人以其个人财产对企业债务承担无限责任的经营主体。

个人独资企业法是国家调整个人独资企业经济活动的法律规范的总称。1999 年 8 月 30 日第九届全国人民代表大会常务委员会第十一次会议通过了《个人独资企业法》，为个人独资企业的存在和发展提供了法律依据和保障。

（二）个人独资企业的设立

个人独资企业的设立应具备下列条件：（1）投资人为一个具有完全民事行为能力的自然人；（2）有合法的企业名称；（3）有投资人申报的出资；（4）有固定的生产经营场所和必要的生产经营条件；（5）有必要的从业人员。个人独资企业经过注册登记，取得营业执照，方为成立。

（三）个人独资企业的财产

个人独资企业的财产由投资人依法享有所有权，投资人的相关权利可以依法进行转让或继承。

个人独资企业的财产不足清偿债务的，投资人应以其个人的其他财产予以清偿。个人独资企业的投资人在申请企业设立登记时明确以其家庭共有财产作为个人出资的，应依法以家庭共有财产对企业债务承担无限责任。

（四）个人独资企业的事务管理

个人独资企业的投资人可以自行管理事务，也可以委托或聘用其他具有民事行为能力的人管理企业。

投资人委托或聘用他人管理个人独资企业，应与受托人或被聘用的人签订书面合同，明确委托的具体内容和授予的权利范围。

个人独资企业招用职工的，应当依法与职工签订劳动合同，按照国家规定参加社会保险，为职工缴纳社会保险费。

请思考：张某以个人独资企业形式设立“金地”肉制品加工厂。2011 年 5 月，因瘦肉精事件影响，张某为减少风险，打算将加工厂改换成一人有限公司形式。对此，下列哪一表述是错误的？（　　）

A. 因原投资人和现股东均为张某一人，故加工厂不必进行清算即可变更登记为一人有限公司

B. 新成立的一人有限公司仍可继续使用原商号“金地”

C. 张某为设立一人有限公司，须一次足额缴纳其全部出资额

D. 如张某未将一人有限公司的财产独立于自己的财产，则应对公司债务承担连带责任

答案：A。

六、外商投资法

自改革开放以来，中国一直扩大对外开放，积极促进外商在中国的投资，保护外国投资者的合法权益，规范外商投资管理。所谓外商投资，是指外国的自然人、企业或者其他组织直接或者间接在中国境内进行的投资活动，主要包括以下几种情况：（1）外国投资者单独或者与其他投资者共同在中国境内设立外商投资企业；（2）外国投资者取得中国境内企业的股份、股权、财产份额或者其他类似权益；（3）外国投资者单独或者与其他投资者共同在中国境内投资新建项目；（4）法律、行政法规或者国务院规定的其他方式的投资。

2019 年 3 月 15 日第十三届全国人民代表大会第二次会议通过了《中华人民共和国外商投资法》（以下简称《外商投资法》），该法自 2020 年 1 月 1 日起施行。2019 年 12 月 12 日国务院第 74 次常务会议通过了《外商投资法实施条例》，该条例自 2020 年 1 月 1 日

起施行。《中外合资经营企业法》、《中外合作经营企业法》、《外资企业法》、《中外合资经营企业法实施条例》和《外资企业法实施细则》等同时废止。

（一）外商投资管理

国家秉持对外开放的基本原则，鼓励外国投资者在中国境内依法投资。建立和完善外商投资促进机制，营造稳定、透明、可预期和公平竞争的市场环境。

《外商投资法》第 4 条第 1 款规定："国家对外商投资实行准入前国民待遇加负面清单管理制度。"所谓准入前国民待遇，是指在投资准入阶段给予外国投资者及其投资不低于本国投资者及其投资的待遇。所谓负面清单，是指国家规定在特定领域对外商投资实施的准入特别管理措施。国家对负面清单之外的外商投资，给予国民待遇。外商投资准入负面清单规定禁止投资的领域，外国投资者不得投资。外商投资企业的注册资本可以用人民币表示，也可以用可自由兑换货币表示。

外国投资者并购中国境内企业或者以其他方式参与经营者集中的，应当依照《反垄断法》的规定接受经营者集中审查。国家建立外商投资安全审查制度，对影响或者可能影响国家安全的外商投资进行安全审查，依法作出的安全审查决定为最终决定。

国务院商务主管部门、投资主管部门按照职责分工，开展外商投资促进、保护和管理工作；国务院其他有关部门在各自职责范围内，负责外商投资促进、保护和管理的相关工作。县级以上地方人民政府有关部门依照法律法规和本级人民政府确定的职责分工，开展外商投资促进、保护和管理工作。

任何国家或者地区在投资方面对中华人民共和国采取歧视性的禁止、限制或者其他类似措施的，中华人民共和国可以根据实际情况对该国家或者该地区采取相应的措施。

（二）外商投资促进

中国政府采取各种措施，积极促进外商在中国的投资。国家根据国民经济和社会发展的需要，鼓励和引导外国投资者在特定行业、领域、地区投资。外国投资者、外商投资企业可以依照法律、行政法规或者国务院的规定享受财政、税收、金融、用地等方面的优惠待遇。外国投资者以其在中国境内的投资收益在中国境内扩大投资的，依法享受相应的优惠待遇。国家根据需要，可以设立特殊经济区域，或者在部分地区实行外商投资试验性政策措施，促进外商投资。

《外商投资法》第 11 条规定："国家建立健全外商投资服务体系，为外国投资者和外商投资企业提供法律法规、政策措施、投资项目信息等方面的咨询和服务。"制定与外商投资有关的法律、法规、规章，应当采取适当方式征求外商投资企业的意见和建议。与外商投资有关的规范性文件、裁判文书等，应当依法及时公布。国家保障外商投资企业依法平等参与标准制定工作，对于标准制定方面的信息应当公开和接受社会监督。国家制定的强制性标准平等适用于外商投资企业。

外商投资企业依法平等适用国家支持企业发展的各项政策。国家保障外商投资企业依法通过公平竞争参与政府采购活动。政府采购依法对外商投资企业在中国境内生产的产品、提供的服务平等对待。外商投资企业可以依法通过公开发行股票、公司债券等证券和其他方式进行融资。

县级以上地方人民政府在法律规定的权限内制定外商投资促进和便利化政策措施。各级人民政府及其有关部门要在简化办事程序，提高办事效率，优化政务服务方面，进一步提高外商投资服务水平。有关主管部门应当编制和公布外商投资指引，为外国投资者和外商投资企业提供服务和便利。

（三）外商投资保护

国家依法保护外国投资者在中国境内的投资、收益和其他合法权益。《外商投资法》第 20 条明确规定："国家对外国投资者的投资不实行征收。在特殊情况下，国家为了公共利益的需要，可以依照法律规定对外国投资者的投资实行征收或者征用。征收、征用应当依照法定程序进行，并及时给予公平、合理的补偿。"

外国投资者在中国境内的出资、利润、资本收益、资产处置所得、取得的知识产权许可使用费、依法获得的补偿或者赔偿、清算所得等，可以依法以人民币或者外汇自由汇入、汇出。外商投资企业的外籍职工和中国香港、澳门、台湾地区职工的工资收入和其他合法收入，可以依法自由汇出。

国家保护外国投资者和外商投资企业的知识产权，保护知识产权权利人和相关权利人的合法权益。对于侵犯知识产权的行为，严格依法追究法律责任。国家鼓励在外商投资过程中基于自愿原则和商业规则开展技术合作。投资各方应遵循公平原则，经平等协商确定技术合作的条件，行政机关及其工作人员不得利用行政手段强制转让技术。

各级人民政府及其有关部门制定涉及外商投资的规范性文件，没有法律、行政法规依据的，不得减损外商投资企业的合法权益或者增加其义务，不得设置市场准入和退出条件，不得干预外商投资企业的正常生产经营活动。对于向外国投资者、外商投资企业依法作出的政策承诺以及依法签订的各类合同，地方各级人民政府及其有关部门应当履行。因国家利益、社会公共利益需要改变政策承诺、合同约定的，应当依照法定权限和程序进行，并依法对外国投资者、外商投资企业因此受到的损失予以补偿。

国家建立外商投资企业或者外国投资者投诉工作机制，及时处理外商投资企业或者外国投资者反映的问题，协调完善相关政策措施。外商投资企业或者外国投资者认为行政机关及其工作人员的行政行为侵犯其合法权益的，可以通过外商投资企业或者外国投资者投诉工作机制申请协调解决，还可以依法申请行政复议、提起行政诉讼。

外商投资企业的职工依法建立工会组织，开展工会活动，维护职工的合法权益。外商投资企业应当为本企业工会提供必要的活动条件。

外商投资企业可以依法成立和自愿参加商会、协会。商会、协会依照法律法规和章程的规定开展活动，维护会员的合法权益。

（四）法律责任

在中国境内进行投资的外国投资者、外商投资企业，应当遵守中国法律法规，不得危害中国国家安全、损害社会公共利益。

外国投资者违反中国法律法规的，应当依法承担相应的法律责任。《外商投资法》第36条第1款规定："外国投资者投资外商投资准入负面清单规定禁止投资的领域的，由有关主管部门责令停止投资活动，限期处分股份、资产或者采取其他必要措施，恢复到实施投资前的状态；有违法所得的，没收违法所得。"外国投资者、外商投资企业违反投资信息报告制度，未按照外商投资信息报告制度的要求报送投资信息的，由商务主管部门责令限期改正；逾期不改正的，处10万元以上50万元以下的罚款。

对外国投资者、外商投资企业违反法律法规的行为，有关部门依法查处，并按照国家有关规定纳入信用信息系统。

《外商投资法》第39条规定："行政机关工作人员在外商投资促进、保护和管理工作中滥用职权、玩忽职守、徇私舞弊的，或者泄露、非法向他人提供履行职责过程中知悉的商业秘密的，依法给予处分；构成犯罪的，依法追究刑事责任。"

政府和有关部门及其工作人员有下列情形之一的，依法依规追究责任：（1）制定或者实施的有关政策不依法平等对待外商投资企业和内资企业；（2）违法限制外商投资企业平等参与标准制定、修订工作，或者专门针对外商投资企业适用高于强制性标准的技术要求；（3）违法限制外国投资者汇入、汇出资金；（4）不履行向外国投资者、外商投资企业依法作出的政策承诺及依法订立的各类合同，超出法定权限作出政策承诺，或者政策承诺的内容不符合法律法规规定。

政府采购的采购人、采购代理机构以不合理的条件对外商投资企业实行差别待遇或者歧视待遇的，依照《政府采购法》及其实施条例的规定追究其法律责任；影响或者可能影响中标、成交结果的，依照《政府采购法》及其实施条例的规定处理。政府采购监督管理部门对外商投资企业的投诉逾期未作处理的，对直接负责的主管人员和其他直接责任人员依法给予处分。

行政机关及其工作人员利用行政手段强制或者变相强制外国投资者、外商投资企业转让技术的，对直接负责的主管人员和其他直接责任人员依法给予处分。

第三节 税 法

一、税收的概念和特征

税收是国家为了实现其职能，凭借国家权力，无偿向纳税人征收货币或实物，参与国民收入分配和再分配的一种形式。税收具有的特征是：强制性、无偿性和固定性。

税收具有重要作用，它是国家组织财政收入的主要和固定来源；它是调节社会经济活动，均衡分配，正确处理国家、集体、个人三者经济利益关系的重要手段。税收能够在一定程度上调节社会成员的收入差距。税收还是国家调控宏观经济的杠杆：国家通过税种、税目、税率的设置与调整，调整产业结构，达到社会总需求和总供给的基本平衡。国家通过税收征管活动，保护合法经营，促进企业在公平税负的基础上展开竞争，制裁越权减免税、欠税、逃税、抗税等不法行为。

二、税法的概念和构成要素

税法是国家调整税务机关与纳税人之间产生的税收征纳关系的法律规范的总称。我国目前调整税收关系的法律规范主要有：《个人所得税法》（1980年制定，2018年修正）、《个人所得税法实施条例》（1994年国务院发布，2018年修订）、《企业所得税法》（2007年制定，2018年修正）、《税收征收管理法》（1992年颁布，2015年修正）、《海关法》（1987年颁布，2021年修正）、《进出口关税条例》（2003年颁布，2017年修订）、《增值税暂行条例》（1993年颁布，2017年修订）、《消费税暂行条例》（1993年颁布，2008年修订）、《资源税法》（2019年颁布）、《土地增值税暂行条例》（1993年颁布，2011年修订）、《城镇土地使用税暂行条例》（1988年颁布，2019年修订）、《城市维护建设税法》（2020年颁布）、《契税法》（2020年颁布）、《环境保护税法》（2016年颁布，2018年修正）等。

税法的构成要素主要有以下几种。

（1）税法主体，是指税法规定享有权利和承担义务的当事人，一方为代表国家行使税收征管权的各级征税机关，另一方为负有纳税义务或代扣代缴、代收代缴税款义务的人。

（2）征税对象，是指税法确定的产生纳税义务的标的或依据。

（3）税率，是指纳税额占征税对象数额的比例。

（4）纳税环节，是指在应纳税的产品整个流转过程中，税法规定应缴税款的环节。

（5）纳税期限，是指税法规定纳税人缴纳税款的具体时限。

（6）纳税地点，是指纳税人申报、缴纳税款的场所。

（7）税收优惠，是指国家在税收方面采取的鼓励和照顾措施。税法规定的主要税收优惠形式有减税、免税、退税、投资抵免、快速折旧、亏损结转抵补和延期纳税等。

（8）法律责任，是指税法规定的纳税人和征税工作人员违反税法规定应当承担的法律后果。

三、我国现行税收种类

（一）流转税

流转税是以流转额为征税对象，选择其在流转过程中的特定环节加以征收的税。流转额包括商品销售收入额，各种劳务、服务的业务收入额。计税依据是商品的价格或服务收费。流转税包括增值税、消费税、关税。

（二）个人所得税

所得税又称收益税，是以纳税人的纯收益为征收对象的一种税。所得税主要包括企业所得税和个人所得税。

个人所得税的纳税主体分为居民个人和非居民个人。按照《个人所得税法》第1条的相关规定，在中国境内有住所，或者无住所而一个纳税年度内在中国境内居住累计满183天的个人为居民个人。在中国境内无住所又不居住，或者无住所而一个纳税年度在中国境内居住累计不满 183 天的个人，为非居民个人。居民个人从中国境内和境外取得的所得，非居民个人从中国境内取得的所得，都需要依照《个人所得税法》缴纳个人所得税。

个人所得税以所得人为纳税人，以支付所得的单位或个人为扣缴义务人。中国公民以身份号码为纳税人识别号。纳税人没有中国公民身份号码的，由税务机关赋予其纳税人识别号。对扣缴义务人按照所扣缴的税款，付给 2%的手续费。

下列各项个人所得，应当缴纳个人所得税：(1) 工资、薪金所得，指个人因任职或者受雇取得的工资、薪金、奖金、年终加薪、劳动分红、津贴、补贴以及与任职或者受雇有关的其他所得。(2) 劳务报酬所得，指个人从事劳务取得的所得，包括从事设计、装潢、安装、制图、化验、测试、医疗、法律、会计、咨询、讲学、翻译、审稿、书画、雕刻、影视、录音、录像、演出、表演、广告、展览、技术服务、介绍服务、经纪服务、代办服务以及其他劳务取得的所得。(3) 稿酬所得，指个人因其作品以图书、报刊等形式出版、发表而取得的所得。(4) 特许权使用费所得，指个人提供专利权、商标权、著作权、非专利技术以及其他特许权的使用权取得的所得。提供著作权的使用权取得的所得，不包括稿酬所得。(5) 经营所得，指：1) 个体工商户从事生产、经营活动取得的所得，个人独资企业的投资人、合伙企业的个人合伙人来源于境内注册的个人独资企业、合伙企业生产、经营的所得；2) 个人依法从事办学、医疗、咨询以及其他有偿服务活动取得的所得；3) 个人对企业、事业单位承包经营、承租经营以及转包、转租取得的所得；4) 个人从事其他生产、经营活动取得的所得。(6) 利息、股息、红利所得，指个人拥有债权、股权等而取得的利息、股息、红利所得。(7) 财产租赁所得，指个人出租不动产、机器设备、车船以及其他财产取得的所得。(8) 财产转让所得，指个人转让有价证券、股权、合伙企业中的财产份额、不动产、机器设备、车船以及其他财产取得的所得。(9) 偶然所得，指个人得奖、中奖、中彩以及其他偶然性质的所得。

应纳税所得额的计算：(1) 居民个人的综合所得，以每一纳税年度的收入额减除费用 6 万元以及专项扣除、专项附加扣除和依法确定的其他扣除后的余额，为应纳税所得额。专项扣除，包括居民个人按照国家规定的范围和标准缴纳的基本养老保险、基本医疗保险、失业保险等社会保险费和住房公积金等；专项附加扣除，包括子女教育、继续教育、大病医疗、住房贷款利息或者住房租金、赡养老人、3 岁以下婴幼儿照护等支出。(2) 非居民个人的工资、薪金所得，以每月收入额减除费用 5 000 元后的余额为应纳税所得额；劳务报酬所得、稿酬所得、特许权使用费所得，以每次收入额为应纳税所得额。(3) 经营所得，以每一纳税年度的收入总额减除成本、费用以及损失后的余额，为应纳税所得额。(4) 财产租赁所得，每次收入不超过 4 000 元的，减除费用 800 元；4 000 元以上的，减除 20%的费用，其余额为应纳税所得额。(5) 财产转让所得，以转让财产的收入额减除财产原值和合理费用后的余额，为应纳税所得额。(6) 利息、股息、红利所得和偶然所得，以每次收入额为应纳税所得额。

劳务报酬所得、稿酬所得、特许权使用费所得以收入减除 20%的费用后的余额为收入额。稿酬所得的收入减除按 70%计算。

个人将其所得对教育、扶贫、济困等公益慈善事业进行捐赠，捐赠额未超过纳税人申报的应纳税所得额的30%的部分，可以从其应纳税所得额中扣除；国务院规定对公益慈善事业捐赠实行全额税前扣除的，从其规定。

《个人所得税法》第4条规定，下列各项个人所得，免征个人所得税：（1）省级人民政府、国务院部委和中国人民解放军军以上单位，以及外国组织、国际组织颁发的科学、教育、技术、文化、卫生、体育、环境保护等方面的奖金；（2）国债和国家发行的金融债券利息；（3）按照国家统一规定发给的补贴、津贴；（4）福利费、抚恤费、救济金；（5）保险赔款；（6）军人的转业费、复员费、退役金；（7）按照国家统一规定发给干部、职工的安家费、退职费、基本养老金或退休费、离休费、离休生活补助费；（8）依照有关法律规定应予免税的各国驻华使馆、领事馆的外交代表、领事官员和其他人员所得；（9）中国政府参加的国际公约、签订的协议中规定免税的所得；（10）国务院规定的其他免税所得。第10项免税规定，需要由国务院报全国人大常委会备案。

有下列情形之一的，可以减征个人所得税，具体幅度和期限，由省、自治区、直辖市人民政府规定，并报同级人大常委会备案：（1）残疾、孤老人员和烈属的所得；（2）因自然灾害遭受重大损失的。国务院可以规定其他减税情形，报全国人大常委会备案。

请思考： 中科院院士王某完成某项国家级研究课题，将研究成果出版而获得1万元稿酬，应当缴纳个人所得税吗？

答案： 应当。

（三）财产税

财产税是指以纳税人拥有或支配的应税财产的数量或价值额为征税对象的一种税。财产税主要包括房产税、遗产税等。

（四）资源税

资源税是指在我国境内开采应税矿产品和生产盐的单位和个人，就其应税数量征收的一种税。征收资源税的目的在于通过提高资源成本，提高资源的开采利用效率，降低国内资源储备日益增长的压力，保持经济的可持续发展。2019年8月26日第十三届全国人大常务委员会第十二次会议通过了《资源税法》，该法自2020年9月1日起施行。按照《资源税法》的规定，资源税的征税范围为能源矿产、金属矿产、非金属矿产、水气矿产、盐五大类。

（五）行为税

行为税是指对某些法定行为征收的一种税。行为税主要包括印花税、车船购置税和城市维护建设税等。

四、税收征收管理

税收征收管理是国家税务机关对纳税人依法征收税款和进行税务监督管理的活动。

我国税收征收管理的主要内容包括以下几个方面。

（一）税务管理

税务管理是指税务机关根据税法对税收进行组织、指挥、协调和监督的基本措施，包括税务登记、纳税申报、建立账簿、凭证管理等。

1. 税务登记

税务登记是指税务机关按照税收征管法的规定，对纳税人生产、经营活动的基本状况进行登记管理的一项制度。通过这项制度，建立法定的税收征纳关系。

从事生产、经营的纳税人，自领取营业执照之日起30日内，持有关证件，向税务机关申报办理税务登记。税务机关审核后发给税务登记证件。不得转借、涂改、损毁、买卖或伪造税务登记证件。

从事生产、经营的纳税人，税务登记内容发生变化的，自市场监督管理机关办理变更之日起30日内或在向市场监督管理机关申请办理注销登记之前，持有关证件向税务机关申报办理变更或注销税务登记。

2. 纳税申报

纳税人或扣缴义务人必须在法律、行政法规规定或税务机关依照法律、行政法规的规定确定的申报期限内办理纳税申报，报送纳税申报表、财务会计报表，或报送代扣代缴、代收代缴税款报告表，以及税务机关根据实际需要要求纳税人报送的其他纳税资料。纳税人或扣缴义务人不能按期办理纳税申报或报送代扣代缴、代收代缴税款报告表的，经税务机关核准，可延期申报。

3. 建立账簿、凭证管理

从事生产、经营的纳税人、扣缴义务人按照国务院财政、税务主管部门的规定设置账簿，根据合法、有效凭证记账，进行核算。个体工商户确实不能设置账簿的，经税务机关核准，可以不设账簿。从事生产、经营的纳税人的财务、会计制度或财务、会计处理办法，应报送税务机关备案。

发票必须由指定的企业印制，未经指定，不得印制。非法印制发票，由税务机关进行销毁，没收违法所得，并处罚款。

纳税人、扣缴义务人必须按规定的保管期限保管账簿、记账凭证、完税凭证及其他有关资料，不得伪造、变造或擅自损毁。

（二）税款征收

税款征收是税收征收管理的一个重要环节。税款征收的方式主要有查账征收、查实征收、查验征收、定期定额征收等。税务机关必须依法征税，不得违反法律、行政法规的规定开征、停征、多征或少征税款。税务机关在税款征收过程中可以根据不同情况依法采取必要的法律措施，如核定应纳税额、责令限期缴纳、加收滞纳金、责成提供担保、税收保全以及强制执行等，以保证税款征收的顺利进行和税款的及时入库。

扣缴义务人依照法律、行政法规的规定履行代扣、代收税款的义务。对于法律、行政法规没有规定负有代扣、代收税款义务的单位和个人，税务机关不得要求其履行代扣、代收税款义务。扣缴义务人依法履行代扣、代收税款义务时，纳税人不得拒绝；纳税人拒绝的，扣缴义务人应当及时报告税务机关处理。违反法律、行政法规的规定，擅自决定税收的开征、停征或者减税、免税、退税、补税的，除依法撤销其擅自作出的决定外，还应补征应征而未征税款，退还不应征收而征收的税款，并由上级机关追究直接责任人员的行政责任。

（三）税务检查

税务检查是指税务机关根据税法的规定，检查纳税人履行纳税义务的一项监督制度，是税收征管的一个重要环节。税收征管法赋予了税务机关检查权，规定了税务机关的检查范围和方式。

税务机关有权检查纳税人、扣缴义务人代扣代缴、代收代缴税款的账簿、记账凭证、报表和有关资料，检查纳税人应纳税的商品、货物和其他财产，检查扣缴义务人与代扣代缴、代收代缴税款有关的经营情况；经县以上税务局（分局）局长批准，凭全国统一格式的检查存款账户许可证明，查核从事生产、经营的纳税人、扣缴义务人在银行或者其他金融机构的存款账户；查核从事生产、经营的纳税人的储蓄存款，须经银行县、市支行或者市分行的区办事处核对，指定所属储蓄所提供资料。纳税人、扣缴义务人必须接受税务机关依法进行的税务检查，如实反映情况，提供有关资料，不得拒绝、隐瞒。

（四）违反税法的法律责任

违反税法的法律责任，是指违反税法的行为人所应承担的行政责任和刑事责任。根据违反税法的行为的不同，当事人所应承担的法律责任也有所不同。对于违反税收征收管理程序的行为，如纳税人未按规定的期限办理纳税申报，未按规定期限办理税务登记、变更或者注销登记，未按规定设置、保管账簿或者保管记账凭证和有关资料等，由税务机关责令限期改正，并可处以 2 000 元以下的罚款；情节严重的，处 2 000 元以上 1 万元以下的罚款。

纳税人逃税、欠税、抗税，未构成犯罪的，由税务机关追缴其不缴、少缴、欠缴、拒缴的税款、滞纳金，并处不缴、少缴、欠缴、拒缴的税款 50%以上 5 倍以下的罚款；构成犯罪的，依法追究刑事责任。

税务人员在核定应纳税额、调整税收定额、进行税务检查、实施税务行政处罚、办理税务行政复议时，与纳税人、扣缴义务人或者其法定代表人、直接责任人有下列关系之一的，应当回避：(1) 夫妻关系；(2) 直系血亲关系；(3) 三代以内旁系血亲关系；(4) 近姻亲关系；(5) 可能影响公正执法的其他利害关系。

税务机关及其工作人员利用职权营私舞弊，违反税法规定任意减税、免税，串通进行逃税等活动，都是违反税法的，应承担行政责任或刑事责任。

第四节 环境保护法

一、环境保护法的概念及基本原则

法律意义上的环境是指影响人类生存、发展的各种天然的和经过人工改造的自然因素的总体，包括大气、水、海洋、土地、矿藏、森林、草原、湿地、野生生物、自然遗迹、人文遗迹、自然保护区、风景名胜区、城市和乡村等。

环境保护法是调整因保护和改善生活环境、生态环境，防治环境污染和其他公害所产生的各种社会关系的法律规范的总称。环境保护法的目的是：合理地利用环境与资源，防止环境污染和生态破坏；建设清洁适宜的环境，保护公众健康；推进生态文明建设，促进经济社会可持续发展。

环境保护法的特征主要有综合性、技术性、社会性、共同性等。

自改革开放以来，1979 年 9 月 13 日第五届全国人大常委会第十一次会议就制定了保护环境的《环境保护法（试行）》（已失效）。经过十年的试运行，1989 年 12 月 26 日第七届全国人大常委会第十一次会议正式通过了《中华人民共和国环境保护法》（以下简称《环境保护法》）。此外，全国人大常委会还陆续颁布了《环境噪声污染防治法》（1996 年制定，2018 年修正，已为《噪声污染防治法》所取代）、《海洋环境保护法》（1982 年制定，2023 年修订）、《大气污染防治法》（1987 年制定，2018 年修正）、《固体废物污染环境防治法》（1995 年制定，2020 年修订）、《水污染防治法》（1984 年制定，2017 年修正）等。国务院也颁布了二十多件环境保护方面的行政法规，地方人民代表大会也制定有上百件关于环境保护的地方性法规。

党的十八大报告把生态文明建设纳入中国特色社会主义事业总体布局，确立了生态文明建设的战略地位。2014 年 4 月 24 日第十二届全国人大常委会第八次会议对《环境保护法》进行了全面修订，该法自 2015 年 1 月 1 日起施行。修订后的《环境保护法》条文从 47 条增加到 70 条，第一次规定保护环境是国家的基本国策。

《环境保护法》规定的基本原则是：（1）保护优先原则。环境污染和破坏一旦发生，往往难以消除和恢复，所以要把生态环境保护放在优先的地位。各级人民政府组织制定经济、技术政策，应当充分考虑对环境的影响，对生态环境实行优先保护。（2）预防为主原则。坚决改变“先污染后治理”的现象，实行“三同时”制度与环境影响评价制度。（3）综合治理原则。用系统论的方法来解决环境问题。在治理环境时要考虑影响环境的各种因素，综合运用法律、经济、技术等手段，形成环保部门统一监管、其他部门各有分工、企业承担社会责任、公众积极参与其中的治理格局，尤其要加强对跨行政区域的环境污染的联防联治。（4）公众参与原则。《环境保护法》新增加“信息公开和公众参与”一章，明确规定各级人民政府环境保护主管部门和其他负有环境保护监督管理职责的部门是环境信息公开的义务主体。公民、法人和其他组织依法享有获取环境信息、参与和监督环境保护、举报污染环境和破坏生态行为的权利。新闻媒体应当开展环境保护法律法规和环境保护知识的宣传，对环境违法行为进行舆论监督。教育行政部门、学校应当将环境保护知识纳入学校教育内容，培养学生的环境保护意识。公民应当增强环境保护意识，采取低碳、节俭的生活方式，自觉履行环境保护义务。(5) 损害担责原则。环境损害者要为自己造成的损害承担全部责任。该原则有别于过去实行的“谁污染，谁治理”原则，环境损害者不仅要承担污染的治理责任，而且要依照《民法典》的有关规定承担侵权责任。

二、环境保护法的基本制度

（一）环境保护主体责任制、目标责任制和考核评价制度

一切单位和个人都有保护环境的义务。国务院环境保护主管部门，对全国环境保护工作实施统一监督管理；县级以上地方人民政府环境保护主管部门，对本行政区域环境保护工作实施统一监督管理。地方各级人民政府应当对本行政区域的环境质量负责。县级以上人民政府应当将环境保护目标完成情况纳入对本级人民政府负有环境保护监督管理职责的部门及其负责人和下级人民政府及其负责人的考核内容，作为对其考核评价的重要依据，考核结果应当向社会公开。企业事业单位和其他生产经营者应当防止、减少环境污染和生态破坏，对所造成的损害依法承担责任。排放污染物的企业事业单位，应当建立环境保护责任制度，明确单位负责人和相关人员的责任。

（二）重点污染物排放总量控制制度和环境监测制度

《环境保护法》第 44 条规定：国家实行重点污染物排放总量控制制度。重点污染物排放总量控制制度是指通过向一定地区和排污单位分配特定污染物排放量指标，将该地区和单位的特定污染物排放数量控制在规定限度内的污染控制方式和制度。目前《水污染防治法》《大气污染防治法》《海洋环境保护法》中都规定了此项制度。重点污染物排放总量控制指标由国务院下达，省、自治区、直辖市人民政府分解落实。企业事业单位应当遵守分解落实到本单位的重点污染物排放总量控制指标。对于超过国家重点污染物排放总量控制指标或者未完成国家确定的环境质量目标的地区，省级以上人民政府环境保护主管部门应当暂停审批其新增重点污染物排放总量的建设项目环境影响评价文件。

环境监测是指在一定时间内，连续或间接地测定代表环境质量的各种指标数据，从而达到对环境质量进行综合分析的系列活动的总称。《环境保护法》第 17 条规定：国务院环境保护主管部门制定监测规范，会同有关部门组织监测网络，统一规划国家环境质量监测站（点）的设置，建立监测数据共享机制，加强对环境监测的管理。环境监测是国家环境管理和污染治理的基础。监测机构及其负责人对监测数据的真实性和准确性负责。

（三）环境影响评价制度和“三同时”制度

环境影响评价制度是指对规划和建设项目实施后可能造成的环境影响进行分析、预测和评估，提出预防或者减轻不良环境影响的对策和措施，进行跟踪监测的方法和制度。

环境影响评价制度是决定项目能否开工的具有强制性的法律制度。2002 年 10 月 28 日第九届全国人大常委会第三十次会议通过了《环境影响评价法》，该法自 2003 年 9 月 1 日起实施，2018 年 12 月 29 日第十三届全国人大常委会第七次会议第二次修正。《环境保护法》第 19 条规定：编制有关开发利用规划，建设对环境有影响的项目，应当依法进行环境影响评价。未依法进行环境影响评价的开发利用规划，不得组织实施；未依法进行环境影响评价的建设项目，不得开工建设。

“三同时”是指一切开发和建设项目的防治污染和生态破坏的设施，必须与主体工程同时设计、同时施工、同时投产使用。防治污染的设施应当符合经批准的环境影响评价文件的要求，不得擅自拆除或者闲置。

环境影响评价制度与“三同时”制度构成建设项目环境管理的两个衔接环节：前者是建设项目实施前的环境污染预防手段，体现预防为主原则，也是具有中国特色的环境管理制度。后者是建设项目实施阶段的管理措施。

（四）排污许可管理制度和环境质量标准、污染物排放标准制度

排污许可管理制度是指需要向环境排放特定污染物的单位或者个人，必须事先向环境保护主管部门申请，经批准后才能排放污染物的制度。《环境保护法》第 45 条规定：国家依照法律规定实行排污许可管理制度。实行排污许可管理的企业事业单位和其他生产经营者应当按照排污许可证的要求排放污染物；未取得排污许可证的，不得排放污染物。

国务院环境保护主管部门制定国家环境质量标准和国家污染物排放标准，省、自治区、直辖市人民政府可以制定地方环境质量标准和地方污染物排放标准。

（五）跨行政区域的联合防治协调机制和划定生态保护红线机制

《环境保护法》第 20 条第 1 款规定：“国家建立跨行政区域的重点区域、流域环境污染和生态破坏联合防治协调机制，实行统一规划、统一标准、统一监测、统一的防治措施。”目前，京津冀、长三角地区都建立了大气污染区域联防联控机制，协同行动，共同应对环境问题。

生态保护红线对维护国家和区域生态安全及经济社会可持续发展具有重要战略意义。实行严格保护的国土空间及其界限。《环境保护法》第 29 条规定：国家在重点生态功能区、生态环境敏感区和脆弱区等区域划定生态保护红线，实行严格保护。各级人民政府对具有代表性的各种类型的自然生态系统区域，珍稀、濒危的野生动植物自然分布区域，重要的水源涵养区域，具有重大科学文化价值的地质构造、著名的溶洞和化石分布区、冰川、火山、温泉等自然遗迹，以及人文遗迹、古树名木，负有保护责任，应当采取保护措施，严禁破坏。

三、环境公益诉讼

《民事诉讼法》第 58 条第 1 款规定：“对污染环境、侵害众多消费者合法权益等损害

社会公共利益的行为，法律规定的机关和有关组织可以向人民法院提起诉讼。”国家第一次在法律上明确了民事公益诉讼制度。

《环境保护法》将环境公益诉讼的起诉主体具体化。《环境保护法》第 58 条规定：“对污染环境、破坏生态，损害社会公共利益的行为，符合下列条件的社会组织可以向人民法院提起诉讼：（一）依法在设区的市级以上人民政府民政部门登记；（二）专门从事环境保护公益活动连续五年以上且无违法记录。”“符合前款规定的社会组织向人民法院提起诉讼，人民法院应当依法受理。”“提起诉讼的社会组织不得通过诉讼牟取经济利益。”

最高人民法院《关于审理环境民事公益诉讼案件适用法律若干问题的解释》规定，环境民事公益诉讼案件一审由污染环境、破坏生态行为发生地、损害结果地或者被告住所地的中级以上人民法院管辖，中级人民法院认为确有必要的，可以在报请高级人民法院批准后，裁定将本院管辖的第一审环境民事公益诉讼案件交由基层人民法院审理。经最高人民法院批准，高级人民法院可以根据本辖区环境和生态保护的实际情况，在辖区内确定部分中级人民法院受理第一审环境民事公益诉讼案件。

但是，法律同时要求提起环境公益诉讼的社会组织不得通过诉讼牟取经济利益。社会组织有通过诉讼违法收受财物等牟取经济利益行为的，人民法院可以根据情节轻重依法收缴其非法所得、予以罚款；涉嫌犯罪的，依法移送有关机关处理。社会组织通过诉讼牟取经济利益的，人民法院还应当向登记管理机关或者有关机关发送司法建议书，由其依法处理。

建立环境公益诉讼制度，不仅使社会组织可以通过诉讼解决环保问题，更重要的是增加了公众参与环境监督的手段和途径。通过环境公益诉讼，一方面，加大社会对企业的监督，加大社会对政府的监督；另一方面，对广大民众进行很好的法制宣传教育。

四、法律责任

“对那些不顾生态环境盲目决策、造成严重后果的人，必须追究其责任，而且应该终身追究。真抓就要这样抓，否则就会流于形式。不能把一个地方环境搞得一塌糊涂，然后拍拍屁股走人，官还照当，不负任何责任。组织部门、综合经济部门、统计部门、监察部门等都要把这个事情落实好。”①

违反环境保护法，必须承担相应的法律责任。根据违法行为的性质和情节的不同，对违法单位可以分别给予责令改正、罚款、限制生产、停产整顿、责令停业、关闭、停止建设、责令恢复原状、责令公开环境信息等处罚措施；对有关责任人员可以根据情节处以拘留，构成犯罪的，依法追究刑事责任。

因污染环境和破坏生态造成损害的，依照《民法典》的有关规定承担侵权责任。环境影响评价机构、环境监测机构以及从事环境监测设备和防治污染设施维护、运营的机构，在有关环境服务活动中弄虚作假，对造成的环境污染和生态破坏负责任的，除依法

① 习近平总书记 2013 年 5 月 24 日在十八届中央政治局第六次集体学习时的讲话.

受到处罚外，还要与造成环境污染和生态破坏的其他责任者承担连带责任。

提起环境损害赔偿诉讼的时效期间为 3 年，从当事人知道或者应当知道其受到损害时起计算。

地方各级人民政府、县级以上人民政府环境保护主管部门和其他负有环境保护监督管理职责的部门享有对环境监督管理的权力，同时承担相应的环境监督管理职责；不依法履行监督管理职责的，应当承担相应的法律责任。

请思考：某化工厂将废水直接排入河道，流进王某的养殖场，造成里面的螃蟹全部死亡。化工厂承认螃蟹死亡是废水造成的，但对王某提出的赔偿数额不接受。请问：下列哪些选项是正确的？（　　）

A. 王某可以请求环境保护行政主管部门处理

B. 王某对环境保护行政主管部门的处理决定不服的，可以向法院起诉

C. 王某可以不经过环境保护行政主管部门处理而直接向法院起诉

D. 王某要求损害赔偿的诉讼时效期间为 2 年

答案：ABC。

第五节　反不正当竞争法和消费者权益保护法

一、反不正当竞争法

（一）不正当竞争及反不正当竞争法

经济竞争是商品生产经营者之间为争取有利的产销条件和投资场所而进行的斗争。正当竞争将促使经济主体采用新技术，提高劳动生产率和产品质量，降低成本，提高效益。但是竞争也会带来唯利是图、巧取豪夺、尔虞我诈、重利轻义、不择手段等不正当行为。因此，需要法律鼓励和保护公平竞争，制止不正当竞争行为，保护经营者和消费者的合法权益。

不正当竞争行为，是指经营者在生产经营活动中，违反法律规定，扰乱市场竞争秩序，损害其他经营者或者消费者的合法权益的行为。

反不正当竞争法是指调整在制止不正当竞争行为过程中发生的社会关系的法律规范的总称。1993 年 9 月 2 日第八届全国人民代表大会常务委员会第三次会议通过了《中华人民共和国反不正当竞争法》（以下简称《反不正当竞争法》）。该法自 1993 年 12 月 1 日起施行，于 2017 年 11 月 4 日第十二届全国人民代表大会常务委员会第三十次会议修订，于 2019 年 4 月 23 日第十三届全国人民代表大会常务委员会第十次会议修正，现共 5 章 33 条。

（二）不正当竞争行为的种类

《反不正当竞争法》第 2 条第 1 款明确要求：“经营者在生产经营活动中，应当遵循

自愿、平等、公平、诚信的原则，遵守法律和商业道德。”经营者是指从事商品生产、经营或者提供服务的自然人、法人和非法人组织。经营者不得采用不正当手段从事市场交易，损害竞争对手。

《反不正当竞争法》第6条到第12条列举出不正当竞争行为的种类，归纳起来主要有：(1) 实施引人误认为是他人商品或者与他人存在特定联系的混淆行为：1) 擅自使用与他人有一定影响的商品名称、包装、装潢等相同或者近似的标识；2) 擅自使用他人有一定影响的企业名称（包括简称、字号等）、社会组织名称（包括简称）、姓名（包括笔名、艺名、译名等），引人误认为是他人的商品；3) 擅自使用他人有一定影响的域名主体部分、网站名称、网页等；4) 其他足以引人误以为是他人商品或者与他人存在特定联系的混淆行为。(2) 经营者采用财物或其他手段对交易相对方的工作人员、受交易相对方委托办理相关事务的单位或个人、利用职权或者影响力影响交易的单位或者个人进行贿赂以谋取交易机会或者竞争优势。(3) 经营者对商品的质量、性能、功能、销售状况、用户评价、曾经获得的荣誉等作虚假或者引人误解的商业宣传，欺骗、误导消费者。(4) 经营者通过组织虚假交易等方式，帮助其他经营者进行虚假或者引人误解的商业宣传。(5) 经营者以盗窃、贿赂、欺诈、胁迫、电子侵入或者其他不正当手段获取权利人的商业秘密。(6) 经营者披露、使用或者允许他人使用以前项手段获取的权利人的商业秘密。(7) 经营者违反保密义务或者违反权利人有关保守商业秘密的要求，披露、使用或者允许他人使用其所掌握的商业秘密。(8) 经营者教唆、引诱、帮助他人违反保密义务或者违反权利人有关保守商业秘密的要求，获取、披露、使用或者允许他人使用权利人的商业秘密。(9) 经营者进行有奖销售，所设奖的种类、兑奖条件、奖金金额或者奖品等有奖销售信息不明确，影响兑奖。(10) 经营者采用谎称有奖或者故意让内定人员中奖的欺骗方式进行有奖销售。(11) 经营者采用抽奖式的有奖销售，最高奖的金额超过5万元。(12) 经营者编造、传播虚假信息或者误导性信息，损害竞争对手的商业信誉、商品声誉。(13) 未经其他经营者同意，经营者在其合法提供的网络产品或者服务中，插入链接、强制进行目标跳转。(14) 经营者误导、欺骗、强迫用户修改、关闭、卸载其他经营者合法提供的网络产品或者服务。(15) 经营者恶意对其他经营者合法提供的网络产品或者服务实施不兼容。(16) 其他妨碍、破坏其他经营者合法提供的网络产品或者服务正常运行的行为。

（三）对不正当竞争行为的监督检查

监督检查部门对不正当竞争行为进行监督检查，监督检查部门调查涉嫌不正当竞争行为，应当遵守《行政强制法》和其他有关法律、行政法规的规定，并将查处结果及时向社会公开。监督检查部门工作人员调查涉嫌不正当竞争行为时，应当出示检查证件。监督检查部门在监督检查不正当竞争行为时，有权行使下列职权：(1) 进入涉嫌不正当竞争行为的经营场所进行检查；(2) 按照规定程序询问被检查的经营者、利害关系人及其他有关单位、个人，要求其说明有关情况或者提供与被调查行为有关的其他资料；(3) 查询、复制与涉嫌不正当竞争行为有关的协议、账簿、单据、文件、记录、业务函电和其他资料；(4) 查封、扣押与涉嫌不正当竞争行为有关的财物；(5) 查询涉嫌不正当竞争行为经营者的银行账户。

（四）法律责任

1. 民事责任

经营者的合法权益受到不正当竞争行为损害的，可以向人民法院提起诉讼。经营者违反反不正当竞争法的规定，给其他经营者造成损害的，应当承担损害赔偿责任；被侵害的经营者的损失难以计算的，赔偿额为侵权人在侵权期间因侵权所获得的利润，以及被侵害的经营者因调查侵害其合法权益的不正当竞争行为所支付的合理费用。

2. 行政责任

不正当竞争行为不但侵犯了其他经营者的合法权益，也侵害了社会公共利益，破坏了国家的行政管理活动，因此行为人应承担行政责任。监督检查部门对违法经营者可以采取责令停止违法行为、没收违法所得、依法处以罚款、吊销营业执照等措施以追究其行政责任。

3. 刑事责任

对于违反法律规定，情节严重，构成犯罪的经营者，国家依法追究其刑事责任。监督检查不正当竞争行为的国家机关工作人员滥用职权、玩忽职守，构成犯罪的，依法追究刑事责任；不构成犯罪的，给予行政处分。

二、消费者权益保护法

（一）消费者与消费者权益保护法

消费者是指为生活需要而购买、使用商品或者接受服务的单位和个人。消费者权益是指消费者依法享有的权利及应得利益。

消费者权益保护法是国家调整在保护消费者权益过程中发生的经济关系的法律规范的总称。经营者与消费者进行交易，应当遵循自愿、平等、公平、诚实信用的原则。国家保护消费者的合法权益不受侵害。

1993 年 10 月 31 日第八届全国人民代表大会常务委员会第四次会议通过了《中华人民共和国消费者权益保护法》（以下简称《消费者权益保护法》），该法自 1994 年 1 月 1 日起施行。2013 年 10 月 25 日第十二届全国人大常委会第五次会议通过了新修订的《消费者权益保护法》，共 8 章 63 条，该法自 2014 年 3 月 15 日起施行。

（二）消费者的权利

根据《消费者权益保护法》第 7 条到第 15 条的规定，我国消费者主要享有以下权利：（1）人身、财产的安全权。消费者在购买、使用商品和接受服务时享有人身、财产安全不受损害的权利。（2）商品服务的知悉权。消费者享有知悉其购买、使用的商品或者接受的服务的真实情况的权利，即消费者有权要求经营者提供商品的价格、产地、生产者、用途、性能、规格、等级、主要成分、生产日期、有效期限、检验合格证明、使用方法说明书、售后服务，或者服务的内容、规格、费用等有关情况。(3) 自主选择权。消费者享有自主选择商品或者服务的权利。(4) 公平交易权。消费者享有公平交易的权利，有权拒绝经营者的强制交易行为。(5) 获得赔偿权。消费者因购买、使用商品或者接受服务受到人身、财产损害的，享有依法获得赔偿的权利。(6) 结社权。消费者享有依法成立维护自身合法权益的社会组织的权利。(7) 知识获得权。消费者享有获得有关消费和消费者权益保护方面的知识的权利。(8) 人格尊严、民族风俗习惯维护权。消费者在购买、使用商品和接受服务时，享有人格尊严、民族风俗习惯得到尊重的权利。(9) 信息保护权。消费者享有个人信息依法得到保护的权利。(10) 监督权。消费者享有对商品和服务以及保护消费者权益工作进行监督的权利。(11) 检举、控告权。对于侵害消费者权益的行为和国家机关及其工作人员在保护消费者权益工作中的违法失职行为，消费者享有检举、控告的权利。(12) 批评、建议权。消费者对保护消费者权益工作享有提出批评、建议的权利。

请思考：某公司生产销售一款新车，该车在有些新设计上不够成熟，造成部分车辆在行驶中出现故障，甚至因此造成交通事故。出现这些问题后，该公司拒绝就故障原因作出说明，也拒绝对受害人提供赔偿。该公司的行为侵犯了消费者的哪些权利？(　　)

A. 安全保障权　　B. 知悉真情权

C. 公平交易权　　D. 获取赔偿权

答案：ABD。

(三) 经营者应当履行的义务

《消费者权益保护法》第 16 条到第 29 条列举了经营者在经营活动中应当履行的义务，归纳起来主要有：

(1) 向消费者提供商品或服务，履行法定或约定的义务，经营者和消费者有约定的，应当按照约定履行义务，但双方的约定不得违背法律、法规的规定，不得设定不公平、不合理的交易条件，不得强制交易。

(2) 听取消费者对其提供的商品或者服务的意见，接受消费者的监督。

(3) 保证其提供的商品或服务符合保障人身、财产安全的要求，宾馆、商场、餐馆、银行、机场、车站、港口、影剧院等经营场所的经营者，应当对消费者尽到安全保障义务。

(4) 经营者发现其提供的商品或者服务存在缺陷，有危及人身、财产安全危险的，应当立即向有关行政部门报告和告知消费者，并采取停止销售、警示、召回、无害化处理、销毁、停止生产或者服务等措施。采取召回措施的，经营者应当承担消费者因商品被召回支出的必要费用。

(5) 向消费者提供有关商品或服务的真实信息，明码标价，不作引人误解的虚假宣传。

(6) 标明经营者真实名称和标记。

(7) 向消费者出具发票等购货凭证或者服务单据，消费者索要发票等购货凭证或者服务单据的，经营者必须出具。

(8) 保证商品或服务的质量，但消费者在购买该商品或者接受该服务前已经知道其存在瑕疵，且存在该瑕疵不违反法律强制性规定的除外。经营者提供的机动车、计算机、电视机、电冰箱、空调器、洗衣机等耐用商品或者装饰装修等服务，消费者自接受商品或者服务之日起 6 个月内发现瑕疵，发生争议的，由经营者承担有关瑕疵的举证责任。

(9) 履行法定或约定的修理、更换、退货服务和损害赔偿责任。经营者提供的商品或者服务不符合质量要求的，消费者可以依照国家规定、当事人的约定退货，或者要求经营者履行更换、修理等义务。没有国家规定和当事人约定的，消费者可以自收到商品之日起 7 日内退货；7 日后符合法定解除合同条件的，消费者可以及时退货，不符合法定解除合同条件的，可以要求经营者履行更换、修理等义务。

(10) 经营者采用网络、电视、电话、邮购等方式销售商品，消费者有权自收到商品之日起 7 日内退货，且无须说明理由，但下列商品除外：1) 消费者定作的；2) 鲜活易腐的；3) 在线下载或者消费者已经拆封的音像制品、计算机软件等数字化商品；4) 已经交付的报纸、期刊。消费者退货的商品应当保持完好。经营者应当自收到退回商品之日起 7 日内返还消费者支付的商品价款。退回商品的运费由消费者承担；经营者和消费者另有约定的，按照约定。

(11) 不得以格式合同、通知、声明、店堂告示等方式作出排除或者限制消费者权利、减轻或者免除经营者责任、加重消费者责任等对消费者不公平、不合理的规定，不得利用格式条款并借助技术手段强制交易。

(12) 不得对消费者进行侮辱、诽谤，不得搜查消费者的身体及携带的物品，不得侵犯消费者的人身自由。

(13) 采用网络、电视、电话、邮购等方式提供商品或者服务的经营者，以及提供证券、保险、银行等金融服务的经营者，应当向消费者提供经营地址、联系方式、商品或者服务的数量和质量、价款或者费用、履行期限和方式、安全注意事项和风险警示、售后服务、民事责任等信息。

(14) 经营者收集、使用消费者个人信息，应当公开其收集、使用规则，并经消费者同意，不得违反法律、法规的规定和双方的约定收集、使用信息。

(15) 经营者及其工作人员对收集的消费者个人信息必须严格保密，不得泄露、出售或者非法向他人提供。经营者应当采取技术措施和其他必要措施，确保信息安全，防止消费者个人信息泄露、丢失。在发生或者可能发生信息泄露、丢失的情况时，应当立即采取补救措施。

(16) 经营者未经消费者同意或者请求，或者消费者明确表示拒绝的，不得向其发送商业性信息。

请思考：某理发店向孙某推荐一种“黑柔牌”染发产品。孙某对该品牌产品比市场上便宜许多表示怀疑，店员表明是因为国庆节优惠。孙某买回家使用后，头部皮肤出现红肿、瘙痒难忍。其将产品拿到质检部门检验，质检部门认定该染发产品为假冒伪劣产品。孙某向理发店索赔。请问：下列哪一选项是正确的？(　　)

A. 理发店不知道该产品是假名牌，不应承担责任

B. 理发店不是假名牌的生产者，不应承担责任

C. 孙某对该产品有怀疑，仍然购买使用该产品，应承担部分责任

D. 理发店违反了保证商品和服务安全的义务，应当承担全部责任

答案：D。

（四）消费者权益的保护

1. 国家对消费者权益的保护

国家通过各种方式和有关机关的活动，保护消费者的权益。有关行政部门在各自的职责范围内，应当定期或者不定期对经营者提供的商品和服务进行抽查检验，并及时向社会公布抽查检验结果。行政部门发现并认定经营者提供的商品或者服务存在缺陷，有危及人身、财产安全危险的，应当立即责令经营者采取停止销售、警示、召回、无害化处理、销毁、停止生产或者服务等措施。国家机关依照法律、法规的规定，惩处经营者在提供商品和服务中侵害消费者合法权益的违法犯罪行为。

2. 消费者组织的保护

消费者协会和其他消费者组织是依法成立的、对商品和服务进行社会监督的、保护消费者合法权益的社会团体。消费者协会履行公益性的职责：（1）向消费者提供消费信息和咨询服务，提高消费者维护自身合法权益的能力，引导文明、健康、节约资源和保护环境的消费方式；（2）参与制定有关消费者权益的法律、法规、规章和强制性标准；（3）参与有关行政部门对商品和服务的监督、检查；（4）就有关消费者合法权益的问题，向有关部门反映、查询，提出建议；（5）受理消费者的投诉，并对投诉事项进行调查、调解；（6）投诉事项涉及商品和服务质量问题的，可以委托具备资格的鉴定人鉴定，鉴定人应当告知鉴定意见；（7）就损害消费者合法权益的行为，支持受损害的消费者提起诉讼或者依法提起诉讼；（8）对损害消费者合法权益的行为，通过大众传播媒介予以揭露、批评。

消费者组织不得从事商品经营和营利性服务，不得以收取费用或者其他牟取利益的方式向消费者推荐商品和服务。

3. 社会监督和舆论监督

保护消费者的合法权益是全社会的共同责任。大众传播媒介应做好维护消费者合法权益的宣传，对损害消费者合法权益的行为进行舆论监督。

（五）争议的解决

消费者与经营者之间发生消费者权益争议时，可通过下列途径解决：

（1）与经营者协商和解；

（2）请求消费者协会或者依法成立的其他调解组织调解；

（3）向有关行政部门（市场监督管理部门，物价部门，标准、计量部门等）投诉；

（4）根据与经营者达成的仲裁协议提请仲裁机构仲裁；

（5）向人民法院提起诉讼。

（六）法律责任

1. 民事责任

经营者提供商品或者服务，造成消费者财产损害的，应当依照法律规定或者当事人约定承担修理、重作、更换、退货、补足商品数量、退还货款和服务费用或者赔偿损失等民事责任。消费者在购买、使用商品时，其合法权益受到损害的，可以向销售者要求赔偿。销售者赔偿后，属于生产者的责任或者属于向销售者提供商品的其他销售者的责任的，销售者有权向生产者或者其他销售者追偿。消费者或者其他受害人因商品缺陷造成人身、财产损害的，既可以向销售者要求赔偿，也可以向生产者要求赔偿。属于生产者责任的，销售者赔偿后，有权向生产者追偿。属于销售者责任的，生产者赔偿后，有权向销售者追偿。消费者在接受服务时，其合法权益受到损害的，可以向服务者要求赔偿。

消费者通过网络交易平台购买商品或者接受服务，其合法权益受到损害的，可以向销售者或者服务者要求赔偿。网络交易平台提供者不能提供销售者或者服务者的真实名称、地址和有效联系方式的，消费者也可以向网络交易平台提供者要求赔偿；网络交易平台提供者作出更有利于消费者的承诺的，应当履行承诺。网络交易平台提供者赔偿后，有权向销售者或者服务者追偿。网络交易平台提供者明知或者应知销售者或者服务者利用其平台侵害消费者合法权益，未采取必要措施的，依法与该销售者或者服务者承担连带责任。

经营者提供商品或者服务有欺诈行为的，应当按照消费者的要求增加赔偿其受到的损失，增加赔偿的金额为消费者购买商品的价款或者接受服务的费用的 3 倍；增加赔偿的金额不足 500 元的，为 500 元。

经营者侵害消费者的人格尊严、侵犯消费者人身自由或者侵害消费者个人信息依法得到保护的权利的，应当停止侵害、恢复名誉、消除影响、赔礼道歉，并赔偿损失。

经营者有侮辱诽谤、搜查身体、侵犯人身自由等侵害消费者或者其他受害人人身权益的行为，造成严重精神损害的，受害人可以要求精神损害赔偿。

经营者提供商品或者服务，造成消费者或者其他受害人人身伤害的，应当赔偿医疗费、护理费、交通费等为治疗和康复支出的合理费用，以及因误工减少的收入。造成残疾的，还应当赔偿残疾生活辅助具费和残疾赔偿金。造成死亡的，还应当赔偿丧葬费和死亡赔偿金。

2. 其他责任

经营者有下列情形之一，除承担相应的民事责任外，其他有关法律、法规对处罚机关和处罚方式有规定的，依照法律、法规的规定执行；法律、法规未作规定的，由市场监督管理部门或者其他有关行政部门责令改正，可以根据情节单处或者并处警告、没收违法所得、处以违法所得 1 倍以上 10 倍以下的罚款，没有违法所得的，处以 50 万元以下的罚款；情节严重的，责令停业整顿、吊销营业执照：（1）提供的商品或者服务不符合保障人身、财产安全要求的；（2）在商品中掺杂、掺假，以假充真，以次充好，或者以不合格商品冒充合格商品的；（3）生产国家明令淘汰的商品或者销售失效、变质的商品的；（4）伪造商品的产地，伪造或者冒用他人的厂名、厂址，篡改生产日期，伪造或者冒用认证标志等质量标志的；（5）销售的商品应当检验、检疫而未检验、检疫或者伪造检验、检疫结果的；（6）对商品或者服务作虚假或者引人误解的宣传的；（7）拒绝或者拖延有关行政部门责令对缺陷商品或者服务采取停止销售、警示、召回、无害化处理、销毁、停止生产或者服务等措施的；（8）对消费者提出的修理、重作、更换、退货、补足商品数量、退还货款和服务费用或者赔偿损失的要求，故意拖延或者无理拒绝的；（9）侵害消费者人格尊严、侵犯消费者人身自由或者侵害消费者个人信息依法得到保护的权利的；（10）法律、法规规定的对损害消费者权益应当予以处罚的其他情形。

经营者对行政处罚决定不服的，可以依法申请行政复议或者提起行政诉讼。以暴力、威胁等方法阻碍有关行政部门工作人员依法执行职务的，依法追究刑事责任；拒绝、阻碍有关行政部门工作人员依法执行职务，未使用暴力、威胁方法的，由公安机关依照《治安管理处罚法》的规定处罚。经营者违反消费者权益保护法，侵害消费者合法权益，构成犯罪的，依法追究刑事责任。国家机关工作人员玩忽职守或者包庇经营者侵害消费者合法权益的行为的，由其所在单位或者上级机关给予行政处分；情节严重，构成犯罪的，依法追究刑事责任。

深度阅读

1. 潘静成，刘文华主编．经济法．3版．北京：中国人民大学出版社，2008
2. 徐孟洲，徐阳光主编．税法．7版．北京：中国人民大学出版社，2019
3. 《中华人民共和国个人所得税法》
4. 《中华人民共和国税收征收管理法》
5. 《中华人民共和国反不正当竞争法》
6. 《中华人民共和国消费者权益保护法》
7. 《中华人民共和国环境保护法》

问题与思考

一、辨析题

1. 中华人民共和国的税收主体是中华人民共和国税务局。

2. 个人取得的应纳税所得包括现金、实物和有价证券。

3. 根据我国税收征收管理法的有关规定，税务管理包括税务登记、建立账簿、凭证管理和纳税申报。

4. 受害人可以作为公益诉讼的原告。

5. 各级人民政府应当采取措施，制止不正当竞争行为，为公平竞争创造良好的环境和条件。

6. 消费者有知悉其购买、使用的商品或者接受的服务的真实情况的权利。

二、选择题

甲、乙、丙、丁打算设立一家普通合伙企业。对此，下列哪一表述是正确的？（　　）

A. 各合伙人不得以劳务作为出资

B. 如乙仅以其房屋使用权作为出资，则不必办理房屋产权过户登记

C. 该合伙企业名称中不得以任何一个合伙人的名字作为商号或字号

D. 合伙协议经全体合伙人签名、盖章并经登记后生效

答案：B。

三、案例分析

王某以夫妻共同购买的底层商铺作为出资设立个人独资企业。1 年后妻子向法院提起诉讼要和王某离婚。此时王某的个人独资企业因经营不善解散，经清算尚欠银行 30 万元。

请思考：王某应当以全部家庭共有财产承担无限责任，还是以他在家庭共有财产中所占的份额对银行承担无限责任？

答案：王某应当以全部家庭共有财产承担无限责任。

第八章
社会法

常考知识点

- 劳动者的基本权利和义务
- 劳动合同的订立和履行
- 劳动争议的处理
- 我国社会保障法律制度的主要内容

形势在不断发展，任务也在不断发展，很多矛盾和问题是我们没有遇到、没有处理过的。如果固守着过去的认识和经验不动，守株待兔，刻舟求剑，就难以适应变化了的实际，也难以有效推动工作。党员干部一定要加强理论学习、厚实理论功底，自觉用新时代党的创新理论观察新形势、研究新情况、解决新问题，使各项工作朝着正确方向、按照客观规律推进。①

第一节　社会法概述

一、社会法的概念和性质

社会法是调整因维护劳动权利、救助待业者而产生的各种社会关系的法律规范的总称。它的法律性质介于公法与私法之间，其目的在于从社会整体利益出发，保护劳动者，维护社会安定，保障社会健康发展。

自 20 世纪以来，特别是第二次世界大战以后，随着社会经济的发展和社会观念的变化而出现了社会法。社会法是由现代大陆法系国家首先提出的。现代社会法律主要解决经济规划、环境保护、就业、社会保障等社会性的问题，它既不是公法，也不是私法，而是具有公法、私法相互交融的特征，因此，欧洲大陆法系国家的法学家在公法和私法之外，就有了“社会法”的提法。

对于社会法的概念，至今学界未有完全一致的共识。从目前学者对社会法的理解和

① 习近平．努力成长为对党和人民忠诚可靠、堪当时代重任的栋梁之才．求是，2023（13）.

研究来看，有三种意义上的理解：狭义层面的社会法，专指劳动法和社会保障法；中义层面的社会法，指规范劳动关系、社会保障、社会福利和特殊群体权益保障方面的法律规范的总和，除劳动法和社会保障法外，还包括妇女权益保障法、未成年人保护法、残疾人保护法等；广义层面的社会法，除上述法律之外，还包括义务教育法、环境保护法、消费者权益保护法、反不正当竞争法等。本书采用狭义层面的社会法。

我国建立和完善社会法的目的是坚持社会公平，从社会整体利益出发，保护弱势群体的合法权益，维护社会安定，促进社会的全面进步与发展。

二、社会法的特点

（一）社会法是公法、私法相互交融的法域

公法与私法的划分，最早由古罗马法学家乌尔比安提出。他认为公法是规定国家公务、公共财产的管理、宗教祭仪等的规范，私法是调整个人利益的规范。现代法学理论中，公法、私法的划分基本依据他的主张，并进一步完善。一般认为：私法是以保护公民私人利益和主体地位平等为特征的法，如民法和商法；公法是以规定国家利益和公权力行使为特征的法，如行政法。

社会法既不是单纯的公法，也不是单纯的私法，而是公法、私法相互交融的法，如劳动合同法，它调整劳动关系，既有主体之间平等、自愿的相同于私法的规范，又有国家的强制性规范，平等性规范与强制性规范有机地结合在一起，二者缺一不可。

（二）个人权利保护与社会整体利益保护相一致

社会法的主旨为保护公民个人的经济、社会、文化权利，而这种保护与对社会整体利益的保护相一致。公法范围内的很多法律虽立法主旨各不相同，但都是为了保护社会的整体利益。而私法的施行，主要是为了保护私人利益。社会法不同于公法和私法之处，在于它以保护公民个人权利和社会整体利益的一致性为其立法的直接宗旨。

第二节　劳动法

要大力弘扬劳模精神、劳动精神、工匠精神，充分发挥工人阶级和广大劳动群众主力军作用，建设高素质劳动大军，切实实现好、维护好、发展好劳动者合法权益。[①]

一、劳动法的概念和调整对象

劳动法是调整劳动关系以及与劳动关系密切联系的其他社会关系的法律规范的总称。

---

① 习近平总书记2020年11月24日在全国劳动模范和先进工作者表彰大会上的重要讲话．

劳动法调整的对象是劳动关系，即劳动者与用人单位在运用劳动能力、实现社会劳动过程中形成的社会劳动关系。劳动法还调整因管理社会劳动力、执行社会保险、组织工会和职工参加民主管理、监督劳动法规的执行、处理劳动争议等而发生的社会关系。1994 年 7 月 5 日第八届全国人民代表大会常务委员会第八次会议通过了《中华人民共和国劳动法》（以下简称《劳动法》），该法自 1995 年 1 月 1 日起施行。2009 年 8 月 27 日第十一届全国人民代表大会常务委员会第十次会议、2018 年 12 月 29 日第十三届全国人民代表大会常务委员会第七次会议对该法进行了修正。该法共 13 章 107 条。

二、劳动者的基本权利和义务

劳动者的基本权利主要有：平等就业和选择职业的权利，取得劳动报酬的权利，休息休假的权利，获得劳动安全卫生保护的权利，接受职业技能培训的权利，享受社会保险和福利的权利，提请劳动争议处理的权利，依法参加和组织工会的权利，依法参与企业民主管理的权利，依法解除劳动合同的权利，在劳动过程中对违章指挥、违章作业提出批评、检举和控告的权利以及法律规定的其他劳动权利，等等。

劳动者的基本义务主要有：完成劳动任务，提高劳动技能，执行劳动安全卫生规程，遵守劳动纪律和职业道德。

三、工作时间和休息休假制度

工作时间是指劳动者根据国家规定，在一日之内或一周之内用于完成本职工作的时间。《劳动法》第 36 条规定："国家实行劳动者每日工作时间不超过八小时、平均每周工作时间不超过四十四小时的工时制度。"用人单位因特殊原因需要延长劳动时间的，必须依法支付工资报酬。

休息时间是指劳动者在法定工作时间以外不从事工作而自行支配的时间，包括工作期间的休息和用膳时间、两个邻近工作日之间的休息时间以及公休假日（周休息日）。

休假制度是法律规定的劳动者享受节假日带薪休息的制度。休假分为法定节假日、探亲假、年休假等几种类型。我国的法定节假日包括元旦、春节、清明节、国际劳动节、端午节、中秋节、国庆节和法律、法规规定的其他休假日。《劳动法》第 45 条规定："国家实行带薪年休假制度。劳动者连续工作一年以上的，享受带薪年休假。"

用人单位由于生产经营需要，经与工会和劳动者协商后可以延长工作时间，一般每日不得超过 1 小时；因特殊原因需要延长工作时间的，在保障劳动者身体健康的条件下延长工作时间每日不得超过 3 小时，但是每月不得超过 36 小时。《劳动法》第 44 条规定：有下列情形之一的，用人单位应当按照下列标准支付高于劳动者正常工作时间工资的工资报酬：（1）安排劳动者延长工作时间的，支付不低于工资的 150％的工资报酬；（2）休息日安排劳动者工作又不能安排补休的，支付不低于工资的 200％的工资报酬；（3）法定休假日安排劳动者工作的，支付不低于工资的 300％的工资报酬。

四、工　资

工资是用人单位以法定货币形式支付给劳动者的各种劳动报酬，包括基本工资、奖金、津贴、补助、加班加点工资、特殊情况下的工资等形式。

国家实行最低工资保障制度。用人单位支付给劳动者的工资不得低于当地最低工资标准。工资应当以货币形式按月支付给劳动者本人，不得克扣或无故拖欠劳动者的工资。《劳动法》第 51 条规定："劳动者在法定休假日和婚丧假期间以及依法参加社会活动期间，用人单位应当依法支付工资。"

五、劳动保护、职业培训制度

《劳动法》第 52 条规定，"用人单位必须建立、健全劳动安全卫生制度，严格执行国家劳动安全卫生规程和标准"。建立符合国家标准的劳动安全卫生设施，对从事特种作业的劳动者实行特种作业资格制度，建立伤亡事故和职业病统计报告与处理制度。劳动者在劳动过程中必须严格遵守安全操作规程。

《劳动法》还特别强调对女职工和未成年人的特殊劳动保护。禁止安排女职工从事有害健康的工作，《劳动法》第 59 条规定："禁止安排女职工从事矿山井下、国家规定的第四级体力劳动强度的劳动和其他禁忌从事的劳动。"对女职工的经期、孕期、哺乳期给予特殊劳动保护。禁止招用未满 16 周岁的童工。禁止已满 16 周岁未满 18 周岁的未成年工从事有害健康的工作。

国家通过各种途径，采取各种措施，发展职业培训事业，开发劳动者的职业技能，提高劳动者素质，增强劳动者的就业能力和工作能力。从事技术工种的劳动者，上岗前必须经过培训。

第三节　劳动合同法

一、劳动合同法概述

（一）劳动合同的概念和特征

劳动合同，也称劳动契约或劳动协议，是指劳动者与用人单位确立劳动关系、明确双方权利和义务的协议。建立劳动关系应当订立劳动合同。

劳动合同有以下特征：(1) 劳动合同是双务合同。劳动合同的订立须双方当事人参加，一方当事人权利的实现要靠另一方当事人履行义务。(2) 劳动合同是有偿合同。按照劳动合同的约定，劳动者向用人单位提供劳动的同时，由用人单位向劳动者支付劳动报酬。(3) 劳动合同是诺成合同。劳动者和用人单位意思表示一致，劳动合同就可以成立。

（二）劳动合同法的概念和适用范围

劳动合同法是关于用人单位与劳动者建立劳动关系，订立、履行、变更、解除或终止劳动合同的法律规范的总称。制定劳动合同法的目的是明确劳动合同双方当事人的权利和义务，保护劳动者的合法权益，构建和发展和谐稳定的劳动关系，完善劳动合同制度。2007 年 6 月 29 日，第十届全国人民代表大会常务委员会第二十八次会议审议通过了《中华人民共和国劳动合同法》（以下简称《劳动合同法》），自 2008 年 1 月 1 日起施行。2012 年 12 月 28 日第十一届全国人民代表大会常务委员会第三十次会议对该法进行了修订，2013 年 7 月 1 日起施行。该法共 8 章 98 条。

中华人民共和国境内的企业、个体经济组织、民办非企业单位等组织（以下简称用人单位）与劳动者建立劳动关系，订立、履行、变更、解除或者终止劳动合同，适用劳动合同法。

国家机关、事业单位、社会团体和与其建立劳动关系的劳动者，订立、履行、变更、解除或者终止劳动合同，依照劳动合同法执行。

二、劳动合同的种类

劳动合同分为固定期限劳动合同、无固定期限劳动合同和以完成一定工作任务为期限的劳动合同。

固定期限劳动合同，是指用人单位与劳动者约定合同终止时间的劳动合同。用人单位与劳动者协商一致，可以订立固定期限劳动合同。

无固定期限劳动合同，是指用人单位与劳动者约定无确定终止时间的劳动合同。按照《劳动合同法》第 14 条的规定，用人单位与劳动者协商一致，可以订立无固定期限劳动合同。有下列情形之一，劳动者提出或者同意续订、订立劳动合同的，除劳动者提出订立固定期限劳动合同外，应当订立无固定期限劳动合同：（1）劳动者在该用人单位连续工作满 10 年的；（2）用人单位初次实行劳动合同制度或者国有企业改制重新订立劳动合同时，劳动者在该用人单位连续工作满 10 年且距法定退休年龄不足 10 年的；（3）连续订立 2 次固定期限劳动合同，且劳动者没有法定的用人单位可以解除劳动合同的情形，续订劳动合同的。

用人单位自用工之日起满 1 年不与劳动者订立书面劳动合同的，视为用人单位与劳动者已订立无固定期限劳动合同。

以完成一定工作任务为期限的劳动合同，是指用人单位与劳动者约定以某项工作的完成为合同期限的劳动合同。用人单位与劳动者协商一致，可以订立以完成一定工作任务为期限的劳动合同。

请思考：王先生 1986 年进入某国有工厂工作。2007 年 8 月，该工厂改制成为私企，已经 51 岁的王先生是否可以要求与单位订立无固定期限劳动合同？

答案：王先生可以要求与单位订立无固定期限劳动合同。

三、劳动合同的订立

订立劳动合同，应当遵循合法、公平、平等自愿、协商一致、诚实信用的原则。用人单位与劳动者自用工之日起即建立劳动关系，并应当订立书面劳动合同。已建立劳动关系，未同时订立书面劳动合同的，应当自用工之日起 1 个月内订立书面劳动合同。用人单位与劳动者在用工前订立劳动合同的，劳动关系自用工之日起建立。

劳动合同由用人单位与劳动者协商一致，并经用人单位与劳动者在劳动合同文本上签字或盖章生效。劳动合同文本由用人单位和劳动者各执一份。依法订立的劳动合同对双方当事人均有约束力，用人单位与劳动者应当履行劳动合同约定的义务。

用人单位应当建立职工名册备查。《劳动合同法》第 8 条规定："用人单位招用劳动者时，应当如实告知劳动者工作内容、工作条件、工作地点、职业危害、安全生产状况、劳动报酬，以及劳动者要求了解的其他情况；用人单位有权了解劳动者与劳动合同直接相关的基本情况，劳动者应当如实说明。"用人单位招用劳动者，不得扣押劳动者的居民身份证和其他证件，不得要求劳动者提供担保或者以其他名义向劳动者收取财物。

四、劳动合同的主要条款

劳动合同应当具备以下条款：(1) 用人单位的名称、住所和法定代表人或者主要负责人；(2) 劳动者的姓名、住址和居民身份证或者其他有效身份证件号码；(3) 劳动合同期限；(4) 工作内容和工作地点；(5) 工作时间和休息休假；(6) 劳动报酬；(7) 社会保险；(8) 劳动保护、劳动条件和职业危害防护；(9) 法律、法规规定应当纳入劳动合同的其他事项。

除上述必备条款外，用人单位与劳动者还可以约定试用期、培训、保守秘密、补充保险和福利待遇等其他事项。

试用期包含在劳动合同期限内，劳动合同仅约定试用期的，试用期不成立，该期限为劳动合同期限。劳动合同期限 3 个月以上不满 1 年的，试用期不得超过 1 个月；劳动合同期限 1 年以上不满 3 年的，试用期不得超过 2 个月；3 年以上固定期限和无固定期限的劳动合同，试用期不得超过 6 个月。同一用人单位与同一劳动者只能约定一次试用期。

劳动者在试用期的工资不得低于本单位相同岗位最低档工资或者劳动合同约定工资的 80％，并不得低于用人单位所在地的最低工资标准。

《劳动合同法》第 26 条规定下列劳动合同无效或者部分无效：(1) 以欺诈、胁迫的手段或者乘人之危，使对方在违背真实意思的情况下订立或者变更劳动合同的；(2) 用人单位免除自己的法定责任、排除劳动者权利的；(3) 违反法律、行政法规强制性规定的。

对劳动合同的无效或者部分无效有争议的，由劳动争议仲裁机构或者人民法院确认。劳动合同部分无效，不影响其他部分效力的，其他部分仍然有效。劳动合同被确认无效，劳动者已经付出劳动的，用人单位应当向劳动者支付劳动报酬。劳动报酬数额的确定，可以参照本单位相同或者相近岗位劳动者的劳动报酬。

五、劳动合同的履行和变更

用人单位与劳动者应当按照劳动合同的约定，全面履行各自的义务。

用人单位应当向劳动者及时足额支付劳动报酬。用人单位拖欠或者未足额支付劳动报酬的，劳动者可以依法向当地人民法院申请支付令，人民法院应当依法发出支付令。

用人单位应当严格执行劳动定额标准，不得强迫或者变相强迫劳动者加班。用人单位安排加班的，应当按照国家有关规定向劳动者支付加班费。

《劳动合同法》保护劳动者的生命安全和身体健康，第32条规定："劳动者拒绝用人单位管理人员违章指挥、强令冒险作业的，不视为违反劳动合同。劳动者对危害生命安全和身体健康的劳动条件，有权对用人单位提出批评、检举和控告。"

用人单位变更名称、法定代表人、主要负责人或者投资人等事项，不影响劳动合同的履行。用人单位发生合并或者分立等情况，原劳动合同继续有效，劳动合同由承继其权利和义务的用人单位继续履行。

用人单位与劳动者协商一致，可以变更劳动合同约定的内容。变更劳动合同，应当采用书面形式。变更后的劳动合同文本由用人单位和劳动者各执一份。

六、劳动合同的解除或终止

劳动合同的解除，是指劳动合同在订立以后尚未履行或尚未完全履行，合同双方或单方的法律行为致使双方当事人提前消灭劳动关系的法律行为。

用人单位与劳动者协商一致，可以解除劳动合同。

劳动者提前30日以书面形式通知用人单位，可以解除劳动合同。劳动者在试用期内提前3日通知用人单位，可以解除劳动合同。

用人单位有下列情形之一的，劳动者可以解除劳动合同。《劳动合同法》第38条规定：（1）未按照劳动合同约定提供劳动保护或者劳动条件的；（2）未及时足额支付劳动报酬的；（3）未依法为劳动者缴纳社会保险费的；（4）用人单位的规章制度违反法律、法规的规定，损害劳动者权益的；（5）因本法第26条第1款规定的情形，致使劳动合同无效的；（6）法律、行政法规规定劳动者可以解除劳动合同的其他情形。

用人单位以暴力、威胁或者非法限制人身自由的手段强迫劳动者劳动的，或者用人单位违章指挥、强令冒险作业危及劳动者人身安全的，劳动者可以立即解除劳动合同，不需要事先告知用人单位。

劳动者有过失，用人单位可以将其辞退。劳动者有下列情形之一的，用人单位可以解除劳动合同：（1）在试用期间被证明不符合录用条件的；（2）严重违反用人单位的规章制度的；（3）严重失职，营私舞弊，给用人单位造成重大损害的；（4）劳动者同时与其他用人单位建立劳动关系，对完成本单位的工作任务造成严重影响，或者经用人单位提出，拒不改正的；（5）以欺诈、胁迫的手段或者乘人之危，使对方在违背真实意思的情况下订立或者变更劳动合同的；（6）被依法追究刑事责任的。

劳动者无过失，用人单位也可以将其辞退，但要符合一定条件。有下列情形之一的，用人单位提前 30 日以书面形式通知劳动者本人或者额外支付劳动者一个月工资后，可以解除劳动合同：(1) 劳动者患病或者非因工负伤，在规定的医疗期满后，不能从事原工作，也不能从事由用人单位另行安排的工作的；(2) 劳动者不能胜任工作，经过培训或者调整工作岗位，仍不能胜任工作的；(3) 劳动合同订立时所依据的客观情况发生重大变化，致使劳动合同无法履行，经用人单位与劳动者协商，未能就变更劳动合同内容达成协议的。

因经营情况发生变化，用人单位可以裁减人员。有下列情形之一，需要裁减人员 20 以上或者裁减不足 20 人但占企业职工总数 10%以上的，用人单位提前 30 日向工会或者全体职工说明情况，听取工会或者职工的意见后，裁减人员方案经向劳动行政部门报告，可以裁员：(1) 依照企业破产法规定进行重整的；(2) 生产经营发生严重困难的；(3) 企业转产、重大技术革新或者经营方式调整，经变更劳动合同后，仍需裁减人员的；(4) 其他因劳动合同订立时所依据的客观经济情况发生重大变化，致使劳动合同无法履行的。

用人单位在裁减人员时，应当优先留用下列人员：(1) 与本单位订立较长期限的固定期限劳动合同的；(2) 与本单位订立无固定期限劳动合同的；(3) 家庭无其他就业人员，有需要扶养的老人或者未成年人的。

用人单位在某些情况下，不得单方解除与劳动者的劳动合同。《劳动合同法》第 42 条规定，劳动者有下列情形之一的，用人单位不得解除劳动合同：(1) 从事接触职业病危害作业的劳动者未进行离岗前职业健康检查，或者疑似职业病病人在诊断或者医学观察期间的；(2) 在本单位患职业病或者因工负伤并被确认丧失或者部分丧失劳动能力的；(3) 患病或者非因工负伤，在规定的医疗期内的；(4) 女职工在孕期、产期、哺乳期的；(5) 在本单位连续工作满 15 年，且距法定退休年龄不足 5 年的；(6) 法律、行政法规规定的其他情形。

工会在劳动合同解除中起监督作用，用人单位单方解除劳动合同，应当事先将理由通知工会。用人单位违反法律、行政法规规定或者劳动合同约定的，工会有权要求用人单位纠正，用人单位应当研究工会的意见，并将处理结果书面通知工会。

劳动合同在一定情形下终止：(1) 劳动合同期满；(2) 劳动者开始依法享受基本养老保险待遇；(3) 劳动者死亡，或者被人民法院宣告死亡或者宣告失踪；(4) 用人单位被依法宣告破产；(5) 用人单位被吊销营业执照、责令关闭、撤销或者用人单位决定提前解散；(6) 法律、行政法规规定的其他情形。

请思考： 王某大学毕业时与一家公司订立劳动合同，约定试用期为 6 个月。2 个月后，王某找到一家待遇更好的公司，提出解除劳动合同。公司认为解除合同的理由不成立，不同意解除。请问：王某能与公司解除劳动合同吗？

答案： 王某可以与公司解除劳动合同。

七、法律责任

国家各级政府劳动行政部门负责本行政区域内劳动合同制度实施的监督管理。

用人单位直接涉及劳动者切身利益的规章制度违反法律、法规规定的，由劳动行政部门责令改正，给予警告；给劳动者造成损害的，应当承担赔偿责任。

用人单位提供的劳动合同文本未载明劳动合同法规定的劳动合同必备条款或者用人单位未将劳动合同文本交付劳动者的，由劳动行政部门责令改正；给劳动者造成损害的，应当承担赔偿责任。

用人单位自用工之日起超过 1 个月不满 1 年未与劳动者订立书面劳动合同的，应当向劳动者每月支付 2 倍的工资。

用人单位违反劳动合同法规定不与劳动者订立无固定期限劳动合同的，自应当订立无固定期限劳动合同之日起向劳动者每月支付 2 倍的工资。

用人单位违反劳动合同法规定与劳动者约定试用期的，由劳动行政部门责令改正；违法约定的试用期已经履行的，由用人单位以劳动者试用期满月工资为标准，按已经履行的超过法定试用期的期间向劳动者支付赔偿金。

用人单位违反劳动合同法规定，扣押劳动者居民身份证等证件的，由劳动行政部门责令限期退还劳动者本人，并依照有关法律规定给予处罚。用人单位违反劳动合同法规定，以担保或者其他名义向劳动者收取财物的，由劳动行政部门责令限期退还劳动者本人，并以每人 500 元以上 2 000 元以下的标准处以罚款；给劳动者造成损害的，应当承担赔偿责任。

用人单位有下列情形之一的，由劳动行政部门责令限期支付劳动报酬、加班费或者经济补偿；劳动报酬低于当地最低工资标准的，应当支付其差额部分；逾期不支付的，责令用人单位按应付金额 50%以上 100%以下的标准向劳动者加付赔偿金：（1）未按照劳动合同的约定或者国家规定及时足额支付劳动者劳动报酬的；（2）低于当地最低工资标准支付劳动者工资的；（3）安排加班不支付加班费的；（4）解除或者终止劳动合同，未依照劳动合同法规定向劳动者支付经济补偿的。

用人单位有下列情形之一的，依法给予行政处罚；构成犯罪的，依法追究刑事责任；给劳动者造成损害的，应当承担赔偿责任：（1）以暴力、威胁或者非法限制人身自由的手段强迫劳动的；（2）违章指挥或者强令冒险作业危及劳动者人身安全的；（3）侮辱、体罚、殴打、非法搜查或者拘禁劳动者的；（4）劳动条件恶劣、环境污染严重，给劳动者身心健康造成严重损害的。

用人单位违反劳动合同法规定未向劳动者出具解除或者终止劳动合同的书面证明，由劳动行政部门责令改正；给劳动者造成损害的，应当承担赔偿责任。

劳动者违反劳动合同法规定解除劳动合同，或者违反劳动合同中约定的保密义务或者竞业限制，给用人单位造成损失的，应当承担赔偿责任。

用人单位招用与其他用人单位尚未解除或者终止劳动合同的劳动者，给其他用人单位造成损失的，应当承担连带赔偿责任。

对不具备合法经营资格的用人单位的违法犯罪行为，依法追究法律责任；劳动者已经付出劳动的，该单位或者其出资人应当依照劳动合同法规定向劳动者支付劳动报酬、经济补偿、赔偿金；给劳动者造成损害的，应当承担赔偿责任。

个人承包经营违反劳动合同法规定招用劳动者，给劳动者造成损害的，发包的组织与个人承包经营者承担连带赔偿责任。

第四节 劳动争议的调解与仲裁

一、劳动争议的概念和适用范围

劳动争议也称劳动纠纷，是指劳动关系双方当事人因执行劳动法或履行劳动合同发生的争执。

用人单位与劳动者发生的劳动争议包括：因确认劳动关系发生的争议，因订立、履行、变更、解除和终止劳动合同发生的争议，因除名、辞退和辞职、离职发生的争议，因工作时间、休息休假、社会保险、福利、培训以及劳动保护发生的争议，因劳动报酬、工伤医疗费、经济补偿或者赔偿金等发生的争议，法律、法规规定的其他劳动争议。

发生劳动争议，劳动者可以与用人单位协商，也可以请工会或者第三方共同与用人单位协商，达成和解协议。当事人不愿协商、协商不成或者达成和解协议后不履行的，可以向调解组织申请调解；不愿调解、调解不成或者达成调解协议后不履行的，可以向劳动争议仲裁委员会申请仲裁；对仲裁裁决不服的，除法律另有规定的外，可以向人民法院提起诉讼。当事人对自己提出的主张，有责任提供证据。与争议事项有关的证据属于用人单位掌握管理的，用人单位应当提供；用人单位不提供的，应当承担不利后果。

2007 年 12 月 29 日，第十届全国人民代表大会常务委员会第三十一次会议通过了《劳动争议调解仲裁法》，自 2008 年 5 月 1 日起施行。该法就劳动争议的调解和仲裁作出了具体的规定。

二、劳动争议的调解

发生劳动争议后，当事人可以到下列调解组织申请调解：（1）企业劳动争议调解委员会；（2）依法设立的基层人民调解组织；（3）在乡镇、街道设立的具有劳动争议调解职能的组织。

企业劳动争议调解委员会由职工代表和企业代表组成。职工代表由工会成员担任或者由全体职工推举产生，企业代表由企业负责人指定。企业劳动争议调解委员会主任由工会成员或者双方推举的人员担任。

当事人申请劳动争议调解可以书面或口头申请。口头申请的，调解组织应当当场记录申请人的基本情况、申请调解的争议事项、理由和时间。

经调解达成协议的，应当制作调解协议书。调解协议书由双方当事人签名或者盖章，经调解员签名并加盖调解组织印章后生效，对双方当事人具有约束力，当事人应当履行。

自劳动争议调解组织收到调解申请之日起 15 日内未达成调解协议的，当事人可以依法申请仲裁。达成调解协议后，一方当事人在协议约定期限内不履行调解协议的，另一方当事人可以依法申请仲裁。

因支付拖欠劳动报酬、工伤医疗费、经济补偿或者赔偿金事项达成调解协议，用人单位在协议约定期限内不履行的，劳动者可以持调解协议书依法向人民法院申请支付令。人民法院应当依法发出支付令。

三、劳动争议的仲裁

劳动争议仲裁委员会按照统筹规划、合理布局和适应实际需要的原则设立，不按行政区划层层设立。

劳动争议仲裁委员会由劳动行政部门代表、工会代表和企业方面代表组成。劳动争议仲裁委员会组成人员应当是单数。其依法履行下列职责：（1）聘任、解聘专职或者兼职仲裁员；（2）受理劳动争议案件；（3）讨论重大或者疑难的劳动争议案件；（4）对仲裁活动进行监督。

劳动争议仲裁委员会应当设仲裁员名册。仲裁员应当公道、正派并符合下列条件之一：（1）曾任审判员的；（2）从事法律研究、教学工作并具有中级以上职称的；（3）具有法律知识、从事人力资源管理或者工会等专业工作满 5 年的；（4）律师执业满 3 年的。

劳动争议由劳动合同履行地或者用人单位所在地的劳动争议仲裁委员会管辖。双方当事人分别向劳动合同履行地和用人单位所在地的劳动争议仲裁委员会申请仲裁的，由劳动合同履行地的劳动争议仲裁委员会管辖。劳动争议仲裁不收费，劳动争议仲裁委员会的经费由财政予以保障。

劳动争议申请仲裁的时效期间为 1 年，从当事人知道或者应当知道其权利被侵害之日起计算。劳动关系存续期间因拖欠劳动报酬发生争议的，劳动者申请仲裁不受仲裁时效期间的限制；但是，劳动关系终止的，应当自劳动关系终止之日起 1 年内提出。

劳动争议仲裁委员会裁决劳动争议案件实行仲裁庭制。仲裁庭由 3 名仲裁员组成，设首席仲裁员。简单劳动争议案件可以由 1 名仲裁员独任仲裁。

当事人申请劳动争议仲裁后，可以自行和解。达成和解协议的，可以撤回仲裁申请。仲裁庭在作出裁决前，应当先行调解。调解达成协议的，仲裁庭应当制作调解书。调解书应当写明仲裁请求和当事人协议的结果。调解书由仲裁员签名，加盖劳动争议仲裁委员会印章，送达双方当事人。调解书经双方当事人签收后，发生法律效力。调解不成或调解书送达前，一方当事人反悔的，仲裁庭应当及时作出裁决。

仲裁庭对追索劳动报酬、工伤医疗费、经济补偿或者赔偿金的案件，符合下列条件的，根据当事人的申请，可以裁决先予执行，移送人民法院执行：（1）当事人之间权利义务关系明确；（2）不先予执行将严重影响申请人的生活。劳动者申请先予执行的，可以不提供担保。

下列劳动争议，除法律另有规定的外，仲裁裁决为终局裁决，仲裁裁决书自作出之日起发生法律效力：（1）追索劳动报酬、工伤医疗费、经济补偿金或者赔偿金，不超过当地月最低工资标准 12 个月金额的争议；（2）因执行国家的劳动标准在工作时间、休息休假、社会保险等方面发生的争议。劳动者对上述仲裁裁决不服的，可以自收到仲裁裁决书之日起 15 日内向人民法院提起诉讼。

有证据证明前述裁决有下列情形之一的，用人单位可以自收到仲裁裁决书之日起 30 日内向劳动争议仲裁委员会所在地的中级人民法院申请撤销裁决：（1）适用法律、法规确有错误的；（2）劳动争议仲裁委员会无管辖权的；（3）违反法定程序的；（4）裁决所根据的证据是伪造的；（5）对方当事人隐瞒了足以影响公正裁决的证据的；（6）仲裁员在仲裁该案时有索贿受贿、徇私舞弊、枉法裁决行为的。仲裁裁决被人民法院裁定撤销的，当事人可以自收到裁定书之日起 15 日内就该劳动争议事项向人民法院提起诉讼。

当事人对上述裁决以外的其他劳动争议案件的仲裁裁决不服的，可以自收到仲裁裁决书之日起 15 日内向人民法院提起诉讼；期满不起诉的，仲裁裁决书发生法律效力。

当事人对于发生法律效力的调解书、仲裁裁决书，应当依照规定的期限履行。一方当事人逾期不履行的，另一方当事人可以依照民事诉讼法的有关规定向人民法院申请执行。受理申请的人民法院应当依法执行。

第五节　社会保障法律制度

共产党人必须牢记，为民造福是最大政绩。我们谋划推进工作，一定要坚持全心全意为人民服务的根本宗旨，坚持以人民为中心的发展思想，坚持发展为了人民、发展依靠人民、发展成果由人民共享，把好事实事做到群众心坎上。①

一、社会保障和社会保障法

社会保障是指公民因年老、疾病、残疾、失业等原因生活困难时，由国家、社会或有关部门给予一定物质帮助，维持其基本生活需要的保障制度。

社会保障法是调整社会保障关系的法律规范的总称。社会保障关系是国家在对不能取得基本生活需要的公民提供各种基本生活保障的过程中所发生的社会关系，包括社会保险关系、社会救济关系、社会福利关系、社会优抚关系等。社会保障法具有广泛的社会性，它所规定的权利与义务涉及全体社会成员，公民从出生到死亡都是社会保障的受益人。社会保障法体现了尊老爱幼、扶弱济贫的伦理道德原则。社会保障法还具有实现社会公平的职能，通过社会保障，社会成员能够在基本生活得到保障的前提下参与社会的竞争，不至于因先天不足或生活无保障而生存困难，丧失平等参与社会公平竞争的机会。

有关社会保障的法律规定主要见于《宪法》、《劳动法》、《老年人权益保障法》（1996 年制定，2018 年修正）、《妇女权益保障法》（1992 年制定，2022 年修订）、《残疾人保障法》（1990 年制定，2018 年修正）。2010 年 10 月 28 日第十一届全国人民代表大会常务委

---

① 习近平．努力成长为对党和人民忠诚可靠、堪当时代重任的栋梁之才．求是，2023（13）.

员会第十七次会议通过了《中华人民共和国社会保险法》（以下简称《社会保险法》），2018 年 12 月 29 日第十三届全国人大常务委员会第七次会议进行了修订，该法共 12 章 98 条。这是我国在社会保障和改善民生领域的一部非常重要的法律。

二、社会保险法

（一）社会保险和社会保险法

社会保险是社会保障制度的主要内容，它是指国家通过立法建立的，对劳动者在其生、老、病、死、伤、残、失业以及发生其他生活困难时，给予物质帮助的制度。社会保险具有社会性，保险的对象包括社会上不同层次、不同行业、不同所有制形式和不同身份的各种劳动者；它具有补偿性，是对劳动者所遇劳动风险的补偿；它又具有互济性，通过统筹社会保险基金来分散劳动风险；它还具有强制性，通过国家立法强制实施。

社会保险与商业保险相比，具有以下不同：一是被保险人不同，无论是自然人还是社会组织，都可以成为商业保险的被保险人，而只有符合法定条件的公民才能参加社会保险；二是保险人不同，商业保险主要由保险公司经营，而社会保险由政府办理；三是经营目的不同，商业保险的目的是营利，社会保险不以营利为目的；四是保险性质不同，商业保险为自愿保险，投保人自愿加入并完全承担保险费，保险金由保险合同规定，社会保险属于强制保险，用人单位为投保人，保险费由国家、用人单位和个人依法分担，社会保险金的给付由法律规定。

社会保险法是调整社会保险关系的法律规范的总称。《社会保险法》自 2011 年 7 月 1 日施行以来，进一步强化了政府的责任，同时更明确了社会保险相关各方的法律责任，使我国的社会保险制度更加规范、稳定地运行。它规定社会保险的项目、实施对象、经费来源、待遇标准、发放办法等，明确社会保险机构的性质与职能、社会保险的管理与监督等事项，目的是维护公民参加社会保险和享受社会保险待遇的合法权益。社会保险法具有促进社会和谐稳定、调节国民收入的分配与再分配、使公民共享发展成果的重要作用。

（二）社会保险的内容

我国社会保险的主要内容是基本养老保险、失业保险、基本医疗保险、工伤保险和生育保险。

1. 基本养老保险

基本养老保险，又称老年社会保险或年金保险，是指劳动者在达到法定老年年龄并从事某种劳动达到法定年限后，依法领取一定数额费用的一种社会保险制度。基本养老保险区别于其他社会保险的主要特征是劳动者达到法定年龄，并从事某种劳动达法定年限，被依法解除法定劳动义务。基本养老保险的宗旨是国家和社会依法提供一定的物质帮助给被解除劳动义务的劳动者，以维持其老年生活。

我国的基本养老保险，实行社会统筹与个人账户相结合的模式，《社会保险法》第

11 条第 2 款规定："基本养老保险基金由用人单位和个人缴费以及政府补贴等组成。"

职工参加基本养老保险，由用人单位和职工共同缴纳基本养老保险费。用人单位按照国家规定的本单位职工工资总额的比例缴纳基本养老保险费，记入基本养老保险统筹基金。职工按照国家规定的本人工资的比例缴纳基本养老保险费，记入个人账户。无雇工的个体工商户、未在用人单位参加基本养老保险的非全日制从业人员以及其他灵活就业人员可以参加基本养老保险，由个人缴纳基本养老保险费，分别记入基本养老保险统筹基金和个人账户。参加基本养老保险的个人，达到法定退休年龄时累计缴费满 15 年的，按月领取基本养老金。

个人账户不得提前支取，记账利率不得低于银行定期存款利率，免征利息税。个人死亡的，个人账户余额可以继承。

基本养老保险基金出现支付不足时，由政府给予补贴。国家建立基本养老金正常调整机制。根据职工平均工资增长、物价上涨情况，适时提高基本养老保险待遇水平。

2. 失业保险

失业是指具有劳动能力并有劳动意愿的劳动者得不到劳动机会或者就业后又失去工作的状态。失业保险是指国家通过建立失业保险基金，使因失业而暂时中断生活来源的劳动者在法定期间内获得失业保险金，以维持其基本生活水平的一项社会保险制度。

失业保险的对象是有劳动能力并有劳动意愿但无劳动岗位的失业劳动者。为了防止失业人员产生依赖和不劳而获心理，失业人员需要符合一定的条件，才能从失业保险基金中领取失业保险金。《社会保险法》第 45 条规定："失业人员符合下列条件的，从失业保险基金中领取失业保险金：（一）失业前用人单位和本人已经缴纳失业保险费满一年；（二）非因本人意愿中断就业的；（三）已经进行失业登记，并有求职要求的。"

失业者不能长期享受失业保险待遇。失业保险只能在法定期限内享受，超过法定期限，劳动者即使仍处于失业状态，也不能再享受失业保险。失业前用人单位和本人累计缴费满 1 年不足 5 年的，领取失业保险金的期限最长为 12 个月；累计缴费满 5 年不足 10 年的，领取失业保险金的期限最长为 18 个月；累计缴费 10 年以上的，领取失业保险金的最长期限为 24 个月。失业保险费由用人单位和劳动者共同缴纳。

失业人员在领取失业保险金期间，参加职工基本医疗保险，享受基本医疗保险待遇。失业人员应当缴纳的基本医疗保险费从失业保险基金中支付，个人不缴纳基本医疗保险费。

失业人员在领取失业保险金期间有下列情形之一的，停止领取失业保险金，并同时停止享受其他失业保险待遇：（1）重新就业的；（2）应征服兵役的；（3）移居境外的；（4）享受基本养老保险待遇的；（5）无正当理由，拒不接受当地人民政府指定部门或者机构介绍的适当工作或者提供的培训的。

失业保险金的标准，由省、自治区、直辖市人民政府确定，不得低于城市居民最低生活保障标准。

3. 基本医疗保险

基本医疗保险，指劳动者患病后在生活和医疗方面获得物质帮助的一种社会保险制度。实行基本医疗保险可以为劳动者在非因工负伤而生病、致残时提供医疗费用，弥补收入损失，恢复劳动能力并提供帮助，对于保障劳动者的身体健康具有重要意义。

《社会保险法》第23条规定，“职工应当参加职工基本医疗保险”。基本医疗保险实行社会统筹和个人账户相结合的模式。由用人单位和职工按照国家规定共同缴纳基本医疗保险费。无雇工的个体工商户、未在用人单位参加职工基本医疗保险的非全日制从业人员以及其他灵活就业人员可以参加职工基本医疗保险，由个人按照国家规定缴纳基本医疗保险费。职工达到法定退休年龄时累计缴费达到国家规定年限的，退休后不再缴纳基本医疗保险费，按照国家规定享受基本医疗保险待遇；未达到国家规定年限的，可以缴费至国家规定年限。

符合基本医疗保险药品目录、诊疗项目、医疗服务设施标准以及急诊、抢救的医疗费用，按照国家规定从基本医疗保险基金中支付。下列医疗费用不纳入基本医疗保险基金支付范围：（1）应当从工伤保险基金中支付的；（2）应当由第三人负担的；（3）应当由公共卫生负担的；（4）在境外就医的。

4. 工伤保险

工伤保险又称职业伤害保险，是指劳动者因工作原因受到事故伤害或者患职业病、致残、死亡时，对其本人或扶养亲属给予物质帮助和经济补偿的一项社会保险制度。它可以保障遭受工伤事故和患职业病的职工获得医疗救治、经济补偿和职业康复的权利，保障工伤职工及其扶养亲属获得物质帮助的权利，有利于社会安定，有利于分散用人单位的工伤风险，有利于促进用人单位积极加强劳动安全卫生工作、改善劳动条件，减少工伤事故造成的损害。2003年4月16日，国务院第五次常务会议通过了《中华人民共和国工伤保险条例》（以下简称《工伤保险条例》），2010年12月20日修订，修订后该条例共8章67条，自2011年1月1日起施行。

工伤保险的投保人为用人单位，被保险人是与该用人单位建立了劳动关系的职工。《社会保险法》第33条规定：“职工应当参加工伤保险，由用人单位缴纳工伤保险费，职工不缴纳工伤保险费。”工伤保险基金由用人单位缴纳的工伤保险费、工伤保险基金的利息和依法纳入工伤保险基金的其他资金构成。工伤保险实行无过错责任原则，无论工伤事故的责任归于用人单位还是职工，用人单位均应承担保险责任。

《工伤保险条例》第14条规定：“职工有下列情形之一的，应当认定为工伤：（一）在工作时间和工作场所内，因工作原因受到事故伤害的；（二）工作时间前后在工作场所内，从事与工作有关的预备性或者收尾性工作受到事故伤害的；（三）在工作时间和工作场所内，因履行工作职责受到暴力等意外伤害的；（四）患职业病的；（五）因工外出期间，由于工作原因受到伤害或者发生事故下落不明的；（六）在上下班途中，受到非本人主要责任的交通事故或者城市轨道交通、客运轮渡、火车事故伤害的；（七）法律、行政法规规定应当认定为工伤的其他情形。”

《工伤保险条例》第15条第1款规定：“职工有下列情形之一的，视同工伤：（一）在工作时间和工作岗位，突发疾病死亡或者在48小时之内经抢救无效死亡的；（二）在抢险救灾等维护国家利益、公共利益活动中受到伤害的；（三）职工原在军队服役，因战、因公负伤致残，已取得革命伤残军人证，到用人单位后旧伤复发的。”

职工因下列情形之一导致本人在工作中伤亡的，不认定为工伤或视同工伤：（1）故意犯罪；（2）醉酒或者吸毒；（3）自残或者自杀；（4）法律、行政法规规定的其他情形。

因工伤发生的下列费用，按照国家规定从工伤保险基金中支付：（1）治疗工伤的医疗费用和康复费用；（2）住院伙食补助费；（3）到统筹地区以外就医的交通食宿费；（4）安装配置伤残辅助器具所需费用；（5）生活不能自理的，经劳动能力鉴定委员会确认的生活护理费；（6）一次性伤残补助金和一至四级伤残职工按月领取的伤残津贴；（7）终止或者解除劳动合同时，应当享受的一次性医疗补助金；（8）因工死亡的，其遗属领取的丧葬补助金、供养亲属抚恤金和因工死亡补助金；（9）劳动能力鉴定费。

因工伤发生的下列费用，按照国家规定由用人单位支付：（1）治疗工伤期间的工资福利；（2）五级、六级伤残职工按月领取的伤残津贴；（3）终止或者解除劳动合同时，应当享受的一次性伤残就业补助金。

5. 生育保险

生育保险，是指女职工因怀孕和分娩所造成的暂时中断劳动、没有劳动收入时，从社会获得物质帮助和医疗保障服务的一种社会保险制度。《社会保险法》第 53 条规定："职工应当参加生育保险，由用人单位按照国家规定缴纳生育保险费，职工不缴纳生育保险费。"

用人单位已经缴纳生育保险费的，其职工享受生育保险待遇；职工未就业配偶按照国家规定享受生育医疗费用待遇，所需资金从生育保险基金中支付。

生育保险待遇包括生育医疗费用和生育津贴。生育医疗费用包括下列各项：（1）生育的医疗费用；（2）计划生育的医疗费用；（3）法律、法规规定的其他项目费用。

职工有下列情形之一的，可以按照国家规定享受生育津贴：（1）女职工生育享受产假；（2）享受计划生育手术休假；（3）法律、法规规定的其他情形。生育津贴按照职工所在用人单位上年度职工月平均工资计发。

生育保险，是对女职工生育子女全过程的物质保障，对于保护妇女身体健康和保障劳动力再生产，都具有积极的作用和重要的意义。

（三）法律责任

法律责任是社会保险法律制度中不可或缺的组成部分，通过法律责任的规定，才能确保社会保险法所设定的各项权利和义务得以实现，保障被保险人的合法权益。社会保险法中规定的法律责任包括民事法律责任、行政法律责任和刑事法律责任三种。

《社会保险法》第 84 条规定了不办理社会保险登记的责任："用人单位不办理社会保险登记的，由社会保险行政部门责令限期改正；逾期不改正的，对用人单位处应缴社会保险费数额一倍以上三倍以下的罚款，对其直接负责的主管人员和其他直接责任人员处五百元以上三千元以下的罚款。"

《社会保险法》第 86 条规定了未按时足额缴费的责任："用人单位未按时足额缴纳社会保险费的，由社会保险费征收机构责令限期缴纳或者补足，并自欠缴之日起，按日加收万分之五的滞纳金；逾期仍不缴纳的，由有关行政部门处欠缴数额一倍以上三倍以下的罚款。"

社会保险经办机构以及医疗机构、药品经营单位等社会保险服务机构以欺诈、伪造证明材料或者其他手段骗取社会保险基金支出的，由社会保险行政部门责令退回骗取的社会保险金，处骗取金额2倍以上5倍以下的罚款；属于社会保险服务机构的，解除服务协议；直接负责的主管人员和其他直接责任人员有执业资格的，依法吊销其执业资格。

以欺诈、伪造证明材料或者其他手段骗取社会保险待遇的，由社会保险行政部门责令退回骗取的社会保险金，处骗取金额2倍以上5倍以下的罚款。

社会保险经办机构及其工作人员有下列行为之一的，由社会保险行政部门责令改正；给社会保险基金、用人单位或者个人造成损失的，依法承担赔偿责任；对直接负责的主管人员和其他直接责任人员依法给予处分：（1）未履行社会保险法定职责的；（2）未将社会保险基金存入财政专户的；（3）克扣或者拒不按时支付社会保险待遇的；（4）丢失或者篡改缴费记录、享受社会保险待遇记录等社会保险数据、个人权益记录的；（5）有违反社会保险法律、法规的其他行为的。

社会保险费征收机构擅自更改社会保险费缴费基数、费率，导致少收或者多收社会保险费的，由有关行政部门责令其追缴应当缴纳的社会保险费或者退还不应当缴纳的社会保险费；对直接负责的主管人员和其他直接责任人员依法给予处分。

违反社会保险法规定，隐匿、转移、侵占、挪用社会保险基金或者违规投资运营的，由社会保险行政部门、财政部门、审计机关责令追回；有违法所得的，没收违法所得；对直接负责的主管人员和其他直接责任人员依法给予处分。

社会保险行政部门和其他有关行政部门、社会保险经办机构、社会保险费征收机构及其工作人员泄露用人单位和个人信息的，对直接负责的主管人员和其他直接责任人员依法给予处分；给用人单位或者个人造成损失的，应当承担赔偿责任。

国家工作人员在社会保险管理、监督工作中滥用职权、玩忽职守、徇私舞弊的，依法给予处分。违反社会保险法规定，构成犯罪的，依法追究刑事责任。

深度阅读

1. 关怀，林嘉主编．劳动法．6版．北京：中国人民大学出版社，2023
2. 黎建飞．社会保障法．6版．北京：中国人民大学出版社，2019
3.《中华人民共和国劳动法》
4.《中华人民共和国劳动合同法》
5.《中华人民共和国劳动争议调解仲裁法》
6.《中华人民共和国社会保险法》
7.《中华人民共和国工伤保险条例》

问题与思考

一、判断题

1. 国家实行劳动者每日工作时间不超过8小时的工时制度。用人单位因特殊原因需要延长劳动时间的，必须依法支付工资报酬。

2. 国家实行最低工资保障制度。用人单位支付劳动者的工资不得低于当地最低工资标准。工资应当以货币形式按月支付给劳动者本人，不得克扣或无故拖欠劳动者的工资。劳动者在法定休假日和婚丧假期间以及依法参加社会活动期间，用人单位应当依法支付工资。

3. 劳动合同期限约定为 2 年的，试用期应当在 6 个月以上。

4. 用人单位与劳动者自用工之日起即建立劳动关系，并应当订立书面劳动合同。已建立劳动关系，未同时订立书面劳动合同的，应当自用工之日起 1 个月内订立书面劳动合同。用人单位与劳动者在用工前订立劳动合同的，劳动关系自用工之日起建立。

5. 劳动者在试用期的工资不得低于本单位相同岗位最低档工资或者劳动合同约定工资的 80%，并不得低于用人单位所在地的最低工资标准。

6. 某用人单位录用女职工，要求在劳动合同中约定限制女职工结婚、生育的内容，其要求违法。

7. 某用人单位招用人员，经体检发现王某是乙肝病原携带者，以此为理由拒绝录用王某，该行为违法。

8. 用人单位一律不得招用未满 16 周岁的公民。

二、选择题

关于劳动关系的表述，下列哪些选项是正确的？(　　)

A. 劳动关系是特定当事人之间的法律关系

B. 劳动关系既包括劳动者与用人单位之间的关系，也包括劳动行政部门与劳动者、用人单位之间的关系

C. 劳动关系既包括财产关系，也包括人身关系

D. 劳动关系既具有平等关系的属性，也具有从属关系的属性

答案：ACD。

第九章
刑　法

常考知识点

- 刑法修正案
- 刑法的概念及基本原则
- 刑法的效力
- 犯罪的概念与特征
- 犯罪构成
- 故意犯罪与过失犯罪
- 犯罪客体与犯罪对象的区别
- 各类犯罪的基本特征
- 正当防卫及其构成要件
- 犯罪预备、犯罪未遂与犯罪中止
- 共同犯罪
- 刑罚的种类及适用
- 死刑制度
- 量刑及各种刑罚裁量制度

要坚持党纪国法面前没有例外，不管涉及到谁，都要一查到底，决不姑息。要继续全面加强惩治和预防腐败体系建设，加强反腐倡廉教育和廉政文化建设，健全权力运行制约和监督体系，加强反腐败国家立法，加强反腐倡廉党内法规制度建设，深化腐败问题多发领域和环节的改革，确保国家机关按照法定权限和程序行使权力。要加强对权力运行的制约和监督，把权力关进制度的笼子里，形成不敢腐的惩戒机制、不能腐的防范机制、不易腐的保障机制。各级领导干部都要牢记，任何人都没有法律之外的绝对权力，任何人行使权力都必须为人民服务、对人民负责并自觉接受人民监督。要加强对一把手的监督，认真执行民主集中制，健全施政行为公开制度，保证领导干部做到位高不擅权、权重不谋私。①

① 习近平：科学有效防治腐败 坚定不移把反腐倡廉建设引向深入．人民日报，2013-01-23.

第一节 刑法概述

一、刑法的概念和任务

（一）刑法的概念

刑法是规定哪些行为是犯罪和对犯罪人进行何种刑罚处罚的法律规范的总称。刑法是国家的基本法律之一，是国家法律体系的重要组成部分。

刑法有狭义和广义之分。狭义的刑法，是指规定犯罪与刑罚的一般原则和各种具体犯罪与刑罚的法律规范的刑法典，如我国于1979年7月1日第五届全国人民代表大会第二次会议通过、1997年3月14日第八届全国人民代表大会第五次会议修订的《中华人民共和国刑法》（以下简称《刑法》）。

广义的刑法，是指一切刑法规范的总和。它除包括刑法典之外，还包括单行刑事法律以及非刑事法律中的刑法规范。例如，我国除刑法典之外，1998年12月29日第九届全国人民代表大会常务委员会第六次会议通过了《关于惩治骗购外汇、逃汇和非法买卖外汇犯罪的决定》，此后，全国人民代表大会常务委员会分别于1999年12月25日、2001年8月31日、2001年12月29日、2002年12月28日、2005年2月28日、2006年6月29日、2009年2月28日、2011年2月25日、2015年8月29日、2017年11月4日、2020年12月26日、2023年12月29日先后通过了12个刑法修正案，这都属于广义的刑法。

（二）刑法的任务

我国刑法的任务是用刑罚的方法同一切犯罪行为做斗争，以保卫国家安全，保卫人民民主专政的政权和社会主义制度，保护国有财产和劳动群众集体所有的财产，保护公民私人所有的财产，保护公民的人身权利、民主权利和其他权利，维护社会秩序、经济秩序，保障社会主义建设事业的顺利进行。

（1）保卫国家安全，保卫人民民主专政的政权和社会主义制度。运用刑罚手段同一切危害我国人民民主专政的政权和社会主义制度、危害国家安全的犯罪行为做斗争，是我国刑法的首要任务。

（2）保护公私财产，维护经济秩序。运用刑罚手段同一切破坏社会主义市场经济秩序的犯罪行为做斗争，保护国有的财产和劳动群众集体所有的财产，保护公民私人所有的财产，维护社会主义市场经济秩序，打击经济领域的犯罪，是我国刑法的重要任务。

（3）保护公民的人身权利、民主权利和其他权利。为了惩罚犯罪、保护人民，运用刑罚手段同一切侵犯公民的人身权利、民主权利和其他权利的犯罪行为做斗争，保护公民的合法权利不受侵犯，使公民享有的合法权利得到切实的保障，是我国刑法的另一重要任务。

（4）维护社会秩序。刑法是维护社会秩序的重要武器。运用刑罚手段同一切破坏社会秩序的犯罪行为做斗争，使人民群众有一个良好的、安定的生活和工作条件，创造一个稳定的社会环境，保障社会主义建设事业的顺利进行。

二、刑法的基本原则

刑法的基本原则，是指贯穿于全部刑法规范，对定罪量刑和刑罚的执行具有根本指导作用的准则。它是指导和制约全部刑事立法和刑事司法的基本准则。我国现行刑法规定的基本原则有以下几项。

（一）罪刑法定原则

罪刑法定原则是近代以来绝大多数国家所共同确立的刑法基本原则，是保障人权、维护法治的重要原则之一。我国《刑法》第3条规定："法律明文规定为犯罪行为的，依照法律定罪处刑；法律没有明文规定为犯罪行为的，不得定罪处刑。"这条规定确立了我国刑法的罪刑法定原则。这一原则的基本含义是："法无明文规定不为罪，法无明文规定不处罚。"就是说，对于什么行为是犯罪和犯罪所产生的具体法律后果，都必须由刑法作出清楚、明确的具体条文规定，以保障刑法没有明文规定为犯罪的行为不会成为该规范适用的对象。

请思考：关于罪刑法定原则及其内容，下列哪一选项是正确的？（　　）

A. 罪刑法定原则禁止类推解释与扩大解释，但不禁止有利于被告人的类推解释

B. 罪刑法定原则禁止司法机关进行类推解释，但不禁止立法机关进行类推解释

C. 罪刑法定原则禁止适用不利于行为人的事后法，但不禁止适用有利于行为人的事后法

D. 罪刑法定原则要求刑法规范的明确性，但不排斥规范的构成要件要素

答案：C。

（二）适用法律一律平等原则

公民在法律面前一律平等是我国宪法确立的社会主义法治的基本原则，为了强调这一原则在刑法领域的极端重要性，《刑法》第4条规定："对任何人犯罪，在适用法律上一律平等。不允许任何人有超越法律的特权。"这就是说，任何人犯罪，都应当受到刑法的追究；对于同样性质和情节的犯罪人，在定罪量刑上应一视同仁，依法处罚；任何人的合法权益受到犯罪行为侵害，都应当受到刑法保护；被害人同样的权益受到犯罪行为侵害，应当受到刑法同样的保护。无论追究犯罪人，还是保护被害人，均应体现公民在法律面前一律平等原则。

（三）罪刑相适应原则

我国《刑法》第5条规定："刑罚的轻重，应当与犯罪分子所犯罪行和承担的刑事责任相适应。"这一原则的具体要求是，犯罪分子应当按照犯罪事实、犯罪的性质和情节，以及社会危害性的大小，承担相应的刑事责任。做到有罪当罚、无罪不罚、轻罪轻罚、

重罪重罚、一罪一罚、数罪并罚、罚当其罪，从而使罪刑相适应。

三、刑法的效力范围

刑法的效力范围，即刑法的适用范围，指的是刑法在什么时间、什么地方和对什么人具有效力。

（一）刑法的地域效力

《刑法》第 6 条第 1 款规定："凡在中华人民共和国领域内犯罪的，除法律有特别规定的以外，都适用本法。"中华人民共和国领域是指我国国境以内的全部区域，包括领陆，即国境线以内的陆地以及陆地以下的底土；领水，即内水和领海及其领水的水床及底土；领空，即领陆、领水之上的空气空间。

犯罪的行为或者结果有一项发生在我国领域内的，就认为是在中华人民共和国领域内犯罪，包括以下三种情况：(1) 犯罪行为与结果都发生在我国领域以内；(2) 犯罪行为发生在我国领域以内，而犯罪结果发生在我国领域以外；(3) 犯罪行为发生在我国领域以外，而犯罪结果发生在我国领域以内。上述三种情况，均适用我国刑法。

凡在中华人民共和国船舶或者航空器内犯罪的，也适用我国刑法。这里说的船舶或者航空器，既可以是军用的，也可以是民用的；既指在航行途中，也指在停泊状态；既指在公海或公海的上空，也指在别国的领域内。只要是在我国的船舶或者航空器内犯罪，我国均有刑事管辖权。

此外，根据我国承认的 1961 年《维也纳外交关系公约》的规定，各国驻外大使馆、领事馆及其外交人员不受驻在国司法管辖而受本国的司法管辖，因此，在我国驻外大使馆或公使馆、总领事馆内犯罪的，也都适用我国刑法。

（二）刑法对人的效力

1. 刑法对我国公民的效力

我国公民在我国领域内犯罪的，一律适用我国刑法。我国公民在我国领域外犯刑法规定之罪的，也适用我国刑法，但是按照我国刑法规定的最高刑为 3 年以下有期徒刑的，可以不予追究。如果是我国的国家工作人员或者军人在我国领域外犯罪，则不论其所犯之罪按照我国刑法规定的最高刑是否为 3 年以下有期徒刑，都适用我国刑法，追究其刑事责任。

凡在我国领域外犯罪，依照我国刑法应当负刑事责任的，虽然经过外国审判，仍然可以依照我国刑法追究，但是在外国已经受到刑罚处罚的，可以免除或者减轻处罚。

2. 刑法对外国人的效力

刑法所说的外国人，是指具有外国国籍的人和无国籍人。外国人在我国领域内犯罪的，除法律有特别规定的以外，都适用我国刑法。这里的特别规定，主要是指根据国际惯例各国之间在外交上的一种对等的安排。我国刑法规定，享有外交特权和豁免权的外国人的刑事责任，通过外交途径解决。

外国人在我国领域外对我国国家或者公民犯罪，而按照我国刑法规定的最低刑为3年以上有期徒刑的，可以适用我国刑法，但是按照犯罪地的法律不受处罚的除外。

对于我国缔结或者参加的国际条约所规定的罪行，我国在所承担条约义务的范围内行使刑事管辖权的，也适用我国刑法。

（三）刑法的时间效力

刑法的时间效力，是指刑法的生效时间、失效时间以及是否具有溯及既往的效力。

1. 刑法的生效时间与失效时间

刑法的生效时间，一般有两种方式：一是从刑法公布之日起生效，二是刑法公布之后经过法律规定的一段时间再生效。

刑法的失效时间，也有两种方式：一是由国家立法机关明确宣布某些法律失效；二是自然失效，即由于新法施行后代替了同类内容的旧法，或者由于原来特殊的立法条件已经消失，旧法也就自行失效。

2. 刑法的溯及力

刑法的溯及力是指新的刑事法律制定后，对它生效前未经审判或者判决尚未确定的行为是否适用的问题。如果适用，则这一法律就有溯及力；如果不适用，就没有溯及力。

我国刑法在溯及力问题上采取的是“从旧兼从轻”原则：新刑法施行以前的行为，当时的法律不认为是犯罪的，适用当时的法律，即刑法没有溯及力；当时的法律认为是犯罪，而现行刑法不认为是犯罪的，只要该行为未经人民法院审判或者判决尚未确定，就应当适用现行刑法，即刑法具有溯及力；当时的法律和现行刑法都认为是犯罪的，并且依照现行刑法的规定应当追诉的，原则上按照当时的法律追究刑事责任，即刑法不具有溯及力，但是，如果当时的法律处刑比现行刑法的处刑重，则适用现行刑法，即刑法具有溯及力。

第二节　犯　罪

一、犯罪的概念和特征

一般来说，所谓犯罪，是指刑法所规定的，危害统治阶级利益和社会秩序而应受刑罚处罚的行为。

我国《刑法》第13条规定：“一切危害国家主权、领土完整和安全，分裂国家、颠覆人民民主专政的政权和推翻社会主义制度，破坏社会秩序和经济秩序，侵犯国有财产或者劳动群众集体所有的财产，侵犯公民私人所有的财产，侵犯公民的人身权利、民主权利和其他权利，以及其他危害社会的行为，依照法律应当受刑罚处罚的，都是犯罪，但是情节显著轻微危害不大的，不认为是犯罪。”这条规定，是对犯罪的概念所作的科学概括。它是我们认定犯罪、划分罪与非罪界限的法律依据。

犯罪具有以下特征。

（一）犯罪是危害社会的行为，即具有一定的社会危害性

犯罪是危害社会的行为，即具有一定的社会危害性。这是犯罪的最本质特征。犯罪的社会危害性表现在它对国家、社会的利益和公民的合法权益的损害。犯罪必须具有一定的社会危害性，这是构成犯罪的前提条件。是否具有社会危害性，是区分罪与非罪的关键所在。犯罪的社会危害性决定于各种主观和客观因素，一般来说，某种行为只有在与某一社会形态的整体意志不相容时，才具有社会危害性。判断具体行为罪与非罪的主要界限，是该行为是否具有社会危害性及其大小。行为的社会危害性是刑事违法性和应受刑罚处罚性的基础。

（二）犯罪是触犯刑律的行为，即具有刑事违法性

犯罪是具有一定的社会危害性的行为，但并非一切危害社会的行为都是犯罪，危害社会的行为必须又是违反刑法的行为，即触犯刑律的行为，才构成犯罪。行为的社会危害性是刑事违法性的基础，刑事违法性是社会危害性在刑法上的表现。只有当行为不仅具有社会危害性，而且具有刑事违法性时，才能被认定为犯罪。犯罪是触犯刑律的行为，但不能把犯罪行为同一般违法行为混为一谈，更不能把犯罪行为同仅仅违反社会主义道德的行为混同起来。

（三）犯罪是应受刑罚处罚的行为，即具有应受刑罚处罚性

这包括两点含义：其一，刑罚处罚是犯罪的必然结果，任何人实施犯罪行为，都应受刑罚处罚；其二，只有具有一定的社会危害性，又触犯刑律的犯罪行为，才能适用刑罚处罚。对于一般违法行为，没有构成犯罪的，不能适用刑罚。把应受刑罚处罚作为犯罪的一个基本特征，就意味着某行为如果依照法律不应当受刑罚处罚，就不被认为是犯罪。

以上犯罪的三个基本特征是紧密相连、不可分割的。一定的社会危害性是犯罪的最基本特征，是刑事违法性和应受刑罚处罚性的前提基础。如果行为的社会危害性没有达到触犯刑法和应受刑罚处罚的程度，该行为也不被认为是犯罪。

二、犯罪构成

犯罪构成，是指我国刑法所规定的，决定某一行为的社会危害性及其程度，而为该行为构成犯罪所必须具备的一切客观要件和主观要件的总和。犯罪概念与犯罪构成既有联系又有区别。犯罪概念是犯罪构成的基础，犯罪构成是犯罪概念的具体化。犯罪概念规定什么是犯罪、犯罪必须具备哪些基本特征，从宏观上划清罪与非罪的界限；犯罪构成则是研究犯罪是怎样成立的、必须具备哪些法定要件，是划清罪与非罪、此罪与彼罪的具体标准。任何一种犯罪的成立都必须同时具备四个要件，即犯罪客体、犯罪客观方

面、犯罪主体和犯罪主观方面。

（一）犯罪客体

犯罪客体，是指我国刑法所保护而为犯罪行为所侵犯的社会关系。犯罪客体是犯罪构成的必备条件之一，某种行为如果没有或者不可能侵犯任何一种刑法所保护的社会关系，就不可能构成犯罪。

犯罪客体分为三种，即犯罪的一般客体、犯罪的同类客体和犯罪的直接客体。犯罪的一般客体，是指一切犯罪行为所共同侵犯的客体，即我国刑法所保护的社会关系整体。犯罪的同类客体，是指某一类犯罪所共同侵犯的客体，也就是刑法所保护的社会关系的某一部分或者某一方面。我国刑法分则正是根据同类客体的不同，将犯罪划分为10大类。犯罪的直接客体，是指某一种犯罪行为所直接侵犯或者威胁的具体的社会关系，也就是刑法所保护的社会关系的某个具体部分。犯罪的直接客体是区分罪与非罪、此罪与彼罪的关键，例如，同样是针对他人的犯罪，故意杀人罪直接危害的是他人的生命权，而故意伤害罪的直接客体是他人的健康权。

犯罪客体不同于犯罪对象。犯罪客体是指我国刑法所保护而为犯罪行为所侵犯的社会关系，而犯罪对象是指犯罪行为直接施加某种影响的具体物或者具体人。二者的区别主要表现在：第一，犯罪客体决定犯罪的性质，而犯罪对象不能决定犯罪的性质。第二，犯罪客体是任何犯罪构成的必备要件，没有犯罪客体，就没有犯罪的存在，而犯罪对象不是每一个犯罪的必备要件，如脱逃罪、偷越国（边）境罪等并没有犯罪对象。第三，任何犯罪都必然使犯罪客体受到损害，但犯罪对象不一定受到损害，如盗窃、贪污、诈骗、窝藏、包庇等犯罪一般不会对犯罪对象造成损害。

（二）犯罪客观方面

犯罪客观方面，是指犯罪活动的外在表现，包括危害行为、危害结果，以及犯罪的时间、地点和方法等。危害行为是一切犯罪构成的必备要件，危害结果是绝大多数犯罪构成的要件，犯罪的时间、地点和方法仅仅是某些犯罪构成的要件。

1. 危害行为

犯罪必须是一种危害社会的行为。危害社会的行为，在整个犯罪构成中居于核心的地位。危害行为的客观表现形式是多种多样的，但其基本形式有两种，即作为与不作为。所谓作为，是指犯罪人用积极的行为所实施的我国刑法所禁止的危害社会的行为，也就是我国刑法禁止做某种行为而犯罪人偏要积极去做。犯罪大多数是以作为的形式表现出来的。所谓不作为，是指犯罪人有义务实施并且能够实施某种积极行为而未实施的消极行为。不作为在客观方面需要具备三个条件：其一是行为人负有实施某种积极行为的义务，主要是法律明文规定的特定义务，职务上或业务上要求履行的义务，法律行为引起的义务，因行为人先前的行为而使法律所保护的某种权益处于危险状态所产生的义务。其二是行为人有履行特定义务的实际可能而未履行。其三是行为人未履行特定义务的不作为，侵犯了刑法所保护的客体，具有严重的社会危害性。

2. 危害结果

危害结果，是指行为对犯罪客体造成或者可能造成的危害，或者危害行为给社会关系所造成的具体损害。危害结果有广义与狭义之分。广义的危害结果，是指由行为人的危害行为所引起的一切对社会的损害，它包括属于犯罪构成要件的结果和不属于犯罪构成要件的结果。狭义的危害结果，是指作为犯罪构成要件的结果。我国刑法规定的犯罪多数要求有实际的危害结果，但是有的犯罪并不要求有实际的危害结果，只要实施了犯罪行为，就可以认定为犯罪；有些犯罪是以危害结果的大小作为划分罪与非罪的界限；还有些是以发生某种严重后果的危险作为构成犯罪的要件。

3. 危害行为与危害结果之间的因果关系

按照我国刑法规定的构成犯罪客观方面的要求，一个人只能对自己的危害行为及其造成的危害结果承担刑事责任。因此，当危害结果发生时，要使某人对该危害结果承担刑事责任，就必须查明他所实施的危害行为与危害结果之间是否存在因果关系。只有当二者之间确实存在内在的必然因果关系时，行为人才应承担刑事责任。但也不能把因果关系和刑事责任混为一谈。虽然某一危害结果在客观上确实是某人的行为造成的，但如果行为人主观上既无故意也无过失，仍不能构成犯罪。

4. 犯罪的时间、地点和方法

对于多数犯罪来说，犯罪的时间、地点和方法并不是犯罪构成的要件，如在什么时间、什么地点、采用什么方法杀人，并不影响杀人犯罪的成立。但时间、地点和方法这些因素往往影响到犯罪行为本身的社会危害程度，对于正确量刑仍有重要意义。同时，我们要看到，对于某些特定的犯罪来说，如《刑法》第 341 条规定的非法狩猎罪等，必须具备特定的时间、地点和方法。

（三）犯罪主体

我国刑法中的犯罪主体，是指实施危害社会的行为并且依法应当承担刑事责任的自然人和单位。

1. 自然人犯罪主体

自然人犯罪主体是指达到刑事责任年龄，具有刑事责任能力，实施危害社会的行为，触犯刑法，并依法应当受到刑罚处罚的有生命的人。

刑事责任年龄，是刑法所规定的行为人对自己的犯罪行为负刑事责任必须达到的年龄。我国刑法规定：（1）已满 16 周岁的人犯罪，应当负刑事责任。（2）已满 14 周岁不满 16 周岁的人，犯故意杀人、故意伤害致人重伤或者死亡、强奸、抢劫、贩卖毒品、爆炸、投放危险物质罪的，应当负刑事责任。（3）已满 12 周岁不满 14 周岁的人犯故意杀人、故意伤害罪，故意致人死亡或者以特别残忍手段致人重伤造成严重残疾，情节恶劣、经最高人民检察院核准追诉的，应当负刑事责任。（4）不满 12 周岁属于完全不负刑事责任时期。这一时期的自然人对其所实施的危害社会的行为，一概不承担刑事责任。

此外，我国刑法还明确规定：（1）已满 12 周岁不满 18 周岁的人需要追究刑事责任的，应当从轻或者减轻处罚。（2）因不满 16 周岁不予刑事处罚的，责令其父母或者其他监护人加以管教，在必要的时候，依法进行专门矫治教育。（3）已满 75 周岁的人故意犯罪的，可以从轻或者减轻处罚；过失犯罪的，应当从轻或者减轻处罚。

刑事责任能力，是指行为人所具备的刑法意义上辨认和控制自己行为的能力。行为人只有具备刑事责任能力，才能成为犯罪主体，追究其刑事责任。一般来说，达到刑事责任年龄的人大多具有刑事责任能力，但也不能一概而论，这主要是指精神病人的情况。我国刑法规定，精神病人在不能辨认或者不能控制自己行为的时候造成危害结果，经法定程序鉴定确认的，不负刑事责任，但是应当责令他的家长或者监护人严加看管和医疗；在必要的时候，由政府强制医疗。间歇性的精神病人在精神正常的时候犯罪，应当负刑事责任。尚未完全丧失辨认或者控制自己行为能力的精神病人犯罪的，应当负刑事责任，但是可以从轻或者减轻处罚。此外，我国刑法还规定：醉酒的人犯罪，应当负刑事责任；又聋又哑的人或者盲人犯罪，可以从轻、减轻或者免除处罚。

2. 单位犯罪主体

单位犯罪主体是指实施了危害社会的行为依法应当承担刑事责任的单位。构成单位犯罪，必须有刑法的明文规定。

单位犯罪主体承担刑事责任的方式有两种：一是单罚制，即对单位不予处罚而只处罚单位中直接负责的主管人员和其他直接责任人员；二是双罚制，也就是既处罚单位中直接负责的主管人员和其他直接责任人员，又对单位判处罚金。

（四）犯罪主观方面

犯罪主观方面，是指犯罪主体对自己所实施的犯罪行为及其危害结果所持的心理态度，包括罪过、犯罪的目的和动机等因素。罪过表现为两种形式，即犯罪故意和犯罪过失。

1. 犯罪故意

我国刑法中的犯罪故意，是指行为人明知自己的行为会发生危害社会的结果，而希望或者放任这种结果发生，因而构成犯罪的一种心理态度。犯罪故意分为直接故意和间接故意。直接故意，是指行为人明知自己的行为会发生危害社会的结果，并且希望这种结果发生的心理态度。间接故意，是指行为人明知自己的行为可能发生危害社会的结果，而放任这种结果发生的心理态度。故意犯罪者，应当负刑事责任。

2. 犯罪过失

我国刑法中的犯罪过失，是指行为人应当预见自己的行为可能发生危害社会的结果，因为疏忽大意而没有预见，或者已经预见而轻信能够避免，以致发生这种结果，因而构成犯罪的一种心理态度。犯罪过失分为疏忽大意的过失和过于自信的过失。疏忽大意的过失，是指行为人应当预见到自己的行为可能发生危害社会的结果，因为疏忽大意而没有预见，以致发生这种结果的心理态度。应当预见，是指行为人在行为时负有预见到行为可能发生危害结果的义务。没有预见，是指行为人在行为当时没有想到自己的行为可能发生危害结果的无认识状态。过于自信的过失，是指行为人预见到自己的行为可能发生危害社会的结果，但轻信能够避免，以致发生这种结果的心理态度。过失犯罪者，法律有规定的才负刑事责任。

故意和过失是行为人的两种不同心理态度，是犯罪构成的主观要件。在我国刑法中，有不少犯罪只能由故意构成，如贪污罪、盗窃罪、抢劫罪等；而有些犯罪，既可以由故意构成，也可以由过失构成，如杀人罪、爆炸罪等。

请思考：张某和赵某长期一起赌博。某日两人在工地发生争执，张某推了赵某一把，赵某倒地后后脑勺正好碰到石头上，导致颅脑损伤，经抢救无效死亡。关于张某的行为，下列哪一选项是正确的？（　　）

A. 构成故意杀人罪　　B. 构成过失致人死亡罪

C. 构成故意伤害罪　　D. 属于意外事件

答案：B。

3. 犯罪的目的和动机

犯罪的目的，是指犯罪人实施犯罪行为所希望达到的结果。犯罪的目的只存在于直接故意犯罪中。在间接故意犯罪中，行为人对于他所放任的犯罪结果没有目的，但可能有其他犯罪目的或者非犯罪目的。犯罪目的对于认定犯罪性质和量刑具有重要意义，在某些犯罪中，犯罪目的是构成犯罪的必要条件，如刑法中的一些条款明确指出必须“以营利为目的”才能构成特定的犯罪。

犯罪的动机，是指推动或者促进犯罪人实施犯罪行为的内心起因，如为报私仇而杀人，报私仇就是杀人的动机。犯罪动机在我国刑法中一般不是犯罪构成的必备要件，犯罪动机如何不影响犯罪的性质。但是，犯罪动机反映不同的社会危害性及其程度和犯罪人的主观恶性大小，因此，它是量刑时需要考虑的重要因素。

4. 意外事件

我国刑法规定，行为在客观上虽然造成了损害结果，但是不是出于行为人的故意或者过失，而是由不能抗拒或者不能预见的原因所引起的，不是犯罪。这就是我国刑法理论上所说的意外事件。“不能抗拒”的原因引起损害结果，是指行为人遇到了不可抗拒的力量，使他无法避免这种损害结果的发生。“不能预见”的原因引起损害结果，是指行为人对其行为发生损害结果不但没有预见到，而且根据当时的主观条件和客观环境不能预见到。在意外事件中，行为人在主观上既无故意也无过失，缺乏承担刑事责任的主观方面要件，不能构成犯罪。

三、正当防卫和紧急避险

正当防卫和紧急避险都是排除犯罪性的行为，也就是说，这两种行为在形式上符合某种犯罪构成，但实质上既不具有社会危害性，也不具有刑事违法性，而是对社会有益的行为，因此是应该加以鼓励的行为。

（一）正当防卫

我国《刑法》第20条第1款规定：“为了使国家、公共利益、本人或者他人的人身、财产和其他权利免受正在进行的不法侵害，而采取的制止不法侵害的行为，对不法侵害人造成损害的，属于正当防卫，不负刑事责任。”可见，正当防卫权是法律赋予公民的一项权利，它的意义在于及时、有效地保障国家、公共利益、本人或他人的合法权益免受正在进行的不法侵害，鼓励公民积极地同形形色色的不法侵害行为做斗争，从而有效地威慑犯罪分子，减少犯罪行为。同时，我们应该看到，正当防卫毕竟是采取损害的办法制止不法侵害，正当防卫权如果行使不当，不但达不到防卫的目的，而且可能会造成不应有的损害。因此，为了保证正当防卫权的正确行使，法律规定实行正当防卫必须具备下列条件。

（1）必须是为了使国家、公共利益、本人或者他人的人身、财产和其他权利免受侵害而实行防卫。防卫目的的正义性，是成立正当防卫的首要条件，也是刑法规定正当防卫人不负刑事责任的重要根据。为了维护某种非法利益而实行所谓的防卫，是一种违法行为，构成犯罪的，应当依法追究刑事责任。

（2）必须是对不法侵害行为实行防卫。对任何合法的行为，如执行命令的行为、正当防卫行为和紧急避险行为等都不能实行正当防卫。所谓的不法侵害行为，不仅包括犯罪行为，也包括一般违法侵害行为，如对于违反治安管理的行为，也可以实行正当防卫；在相互斗殴过程中，双方行为均属不法，不承认他们之间有正当防卫的权利。此外，应该特别指出的是，故意挑逗他人对自己进行侵袭，然后以“正当防卫”为借口对他人加以危害的行为，属于“防卫挑拨”，而不是正当防卫。

（3）必须是对正在进行的不法侵害实行防卫。所谓“正在进行的不法侵害”，有两方面的含义：其一，侵害行为在客观上必须是确实存在的，而不是主观想象的或者推测的。在实践中可能发生这种情况，即一个人由于认识上的错误，把实际上并不存在的侵害行为误认为存在，因而错误地实行正当防卫，造成他人无辜的损害，这种情况被称为“假想防卫”。其二，侵害行为必须是正在进行的，而不是已经结束或者尚未发生的。这就是说，只有在侵害行为已经开始，并使法律所保护的权益处于直接危险的状态时，防卫人才有权实行正当防卫。

（4）必须是针对进行不法侵害者本人实行防卫。只能对不法侵害者本人造成损害，不能对没有实施不法侵害的第三者造成损害，包括不法侵害者的家属。不法侵害者，包括共同进行不法侵害的共同犯罪人。“造成损害”主要是指对不法侵害者的人身损害，但也包括对其财产或者其他权益的损害。

（5）正当防卫不能明显超过必要限度造成重大损害。是否明显超过必要限度造成重大损害，是区别正当防卫和防卫过当的标志。正当防卫明显超过必要限度造成重大损害的，防卫人应当负刑事责任，但是应当减轻或者免除处罚。

特别需要指出的是，为了严厉打击暴力犯罪，我国《刑法》规定：对正在进行行凶、杀人、抢劫、强奸、绑架以及其他严重危及人身安全的暴力犯罪，采取防卫行为，造成不法侵害者伤亡的，不属于防卫过当，不负刑事责任。据此规定，对正在进行的严重危及人身安全的上述几种严重暴力犯罪实行防卫行为不存在过当问题，只要防卫人实行防卫，不论造成什么后果，都是正当防卫。有学者将此规定称为“无限防卫权”，该规定的目的无非是鼓励人们积极地同暴力犯罪做斗争。

（二）紧急避险

我国《刑法》第 21 条第 1 款规定：为了使国家、公共利益、本人或者他人的人身、财产和其他权利免受正在发生的危险，不得已采取的紧急避险行为，造成损害的，不负刑事责任。据此规定，我国刑法中的紧急避险，是指为了使国家、公共利益、本人或者他人的人身、财产和其他权利免受正在发生的危险，不得已而采取的损害另一较小合法权益、保护较大合法权益的行为。根据刑法的这一规定，实行紧急避险必须具备下列条件。

（1）必须是为了使国家、公共利益、本人或者他人的人身、财产和其他合法权利免受正在发生的危险而采取的。刑法关于避免本人危险的规定，不适用于职务上、业务上负有特定责任的人。紧急避险的目的是保护较大的合法权益。为了保护某种非法利益而进行所谓的紧急避险，是一种违法行为，构成犯罪的，应依法追究其刑事责任。

（2）必须是对正在发生的危险而采取的。所谓正在发生的危险，是指已经发生的危险即将造成损害，或者已造成损害而尚未结束。紧急避险只能在危险已经发生而又尚未解除这一时间条件下进行。如果危险尚处于潜在状态，或者危险已经排除，都不能实行紧急避险，否则，就是“避险不适时”，由此造成损害的，行为人应当承担相应的责任。

危险的来源有很多方面，可能来自自然界的力量，如火灾、洪水、狂风、巨浪、地震、严寒等，也可能来自动物的侵袭，如牛马践踏、猛兽追扑等。

（3）必须是在迫不得已的情况下采取的。也就是说，行为人找不到任何其他方法排除危险，迫不得已而采取紧急避险行为，给第三者的合法权益造成损害的，不负刑事责任。如果当时还有其他方法可以避险，行为人却不采取，而给无辜的第三者的合法权益造成了不应有的损害，其行为不属于紧急避险，构成犯罪的，应当负刑事责任。

（4）紧急避险不能超过必要限度造成不应有的损害。紧急避险造成的损害必须小于所避免的损害。紧急避险行为所损害的权益，既不能大于也不能等于所要保护的合法权益。一般来说，权衡合法权益大小的基本标准是：人身权利大于财产权利；人身权利中生命权为最高权利；财产权利的大小，可以用财产的价值大小来衡量。紧急避险超过必要限度造成不应有的损害的，应当负刑事责任，但是应当减轻或者免除处罚。

四、犯罪的预备、未遂和中止

犯罪的预备、未遂和中止在刑法学上通常被称为犯罪的停止形态，它是指故意犯罪在其发生、发展和完成的过程中，因主、客观原因而停止下来的各种犯罪状态。

（一）犯罪预备

我国《刑法》第 22 条第 1 款规定：“为了犯罪，准备工具、制造条件的，是犯罪预备。”犯罪预备的特征有以下几点。

（1）行为人已经开始实行犯罪的预备行为。犯罪预备行为包括两个方面：其一是为了实行犯罪准备工具的行为，如为了杀人而准备凶器，为了盗窃而配制万能钥匙等；其二是制造便利条件的行为，如准备犯罪手段，打听犯罪路线，窥察犯罪地点，调查被害人行踪，清除犯罪障碍，勾引他人犯罪等。

（2）行为人尚未着手实行犯罪，即行为人必须是在犯罪预备阶段停止下来。如果行为人已经着手实行犯罪，那就不再是预备犯罪。

（3）行为人在犯罪预备阶段停止下来，未能着手实行犯罪，是由行为人意志以外的原因所致。如果行为人在预备阶段自动停止下来，那也不是预备犯罪。

此外，必须把犯罪预备同单纯的“犯意表示”区别开来。单纯的“犯意表示”无论从客观表现上看，还是从主观意图上看，都不是为实行犯罪制造条件，它对社会还没有产生实际的危害。对于单纯作“犯意表示”的人，应该采取说服教育的方法，而不应该追究其刑事责任。

我国刑法规定，对于预备犯，可以比照既遂犯从轻、减轻处罚或者免除处罚。

（二）犯罪未遂

我国《刑法》第23条第1款规定：“已经着手实行犯罪，由于犯罪分子意志以外的原因而未得逞的，是犯罪未遂。”犯罪未遂的特征有以下几点。

（1）行为人已经着手实行犯罪。所谓已经着手实行犯罪，是指行为人已经开始实施刑法分则规定的具体犯罪构成要件中的犯罪行为。犯罪分子是否“已经着手”，是区别犯罪未遂与犯罪预备的主要标志。

（2）犯罪没有得逞。所谓犯罪没有得逞，是指犯罪分子的行为没有具备我国刑法分则规定的具体犯罪构成的全部要件，主要是犯罪分子追求的犯罪结果没有发生。犯罪是否得逞，是区别犯罪既遂与犯罪未遂的主要标志。

（3）犯罪没有得逞是由于犯罪分子意志以外的原因。犯罪分子意志以外的原因，是指违背犯罪分子本意的其他原因。由于这些违背犯罪分子意志的原因，犯罪被迫停止下来，犯罪没有得逞。这一特征是犯罪未遂与犯罪中止的主要区别。

犯罪未遂在现实社会生活中有不同的表现形式和种类。如以犯罪行为是否实行终了为标准，可以分为实行终了的未遂和未实行终了的未遂；以犯罪行为实际上能否构成既遂为标准，可以分为能犯未遂和不能犯未遂。

我国刑法规定，对于未遂犯，可以比照既遂犯从轻或者减轻处罚。

请思考：甲为杀害仇人林某在偏僻处埋伏，见一黑影过来，以为是林某，便开枪射击。黑影倒地后，甲发现死者竟然是自己的父亲。事后查明，甲的子弹并未击中父亲，其父亲患有严重心脏病，因听到枪声过度惊吓死亡。关于甲的行为，下列哪一选项是正确的？（　　）

A. 甲构成故意杀人罪既遂

B. 甲构成故意杀人罪未遂

C. 甲构成过失致人死亡罪

D. 甲对林某构成故意杀人罪未遂，对自己的父亲构成过失致人死亡罪，应择一重罪处罚

答案：D。

（三）犯罪中止

我国《刑法》第24条第1款规定：“在犯罪过程中，自动放弃犯罪或者自动有效地防止犯罪结果发生的，是犯罪中止。”犯罪中止有两种情况，即自动放弃犯罪的犯罪中止和自动、有效地防止犯罪结果发生的犯罪中止。这两种犯罪中止的特征分别如下：

（1）自动放弃犯罪的犯罪中止必须同时具备以下特征：时空性，即行为人必须是在

犯罪过程中放弃犯罪；自动性，即行为人必须是自动放弃犯罪；彻底性，即行为人必须是彻底放弃正在进行的犯罪。

（2）自动、有效地防止犯罪结果发生的犯罪中止，除具备自动放弃犯罪的犯罪中止的时空性、自动性和彻底性三个特征外，还要具备有效性的特征，即行为人必须采取积极的行为来防止和避免犯罪结果的发生。

我国刑法规定，对于中止犯，没有造成损害的，应当免除处罚；造成损害的，应当减轻处罚。

五、共同犯罪的概念、形式和共同犯罪人的种类及刑事责任

（一）共同犯罪的概念

共同犯罪，是指二人以上共同故意犯罪。二人以上共同过失犯罪，不以共同犯罪论处。构成共同犯罪，必须具备下列条件。

（1）主观条件。共同犯罪必须是二人以上有共同的故意。每个共同犯罪人都不仅认识到自己在实施某种犯罪，而且认识到还有其他共同犯罪人和自己在一起共同实施这种犯罪。每个共同犯罪人对于其共同犯罪行为会发生的犯罪结果，都是明知并且抱着希望或者放任其发生的态度。

（2）客观条件。共同犯罪必须是二人以上有共同的犯罪行为。共同犯罪人为了完成一个共同的犯罪，他们的犯罪行为是紧密联系、互相配合的，每个共同犯罪人的犯罪行为都是共同犯罪活动的有机组成部分。共同犯罪行为，既可以表现为共同的作为，也可以表现为共同的不作为，还可以表现为作为与不作为的结合。

构成共同犯罪必须主、客观条件同时具备，犯罪人之间虽然有共同故意，但无共同行为，或者各个犯罪人之间的行为在客观上存在联系，但在主观上并无共同故意，都不能成立共同犯罪。如二人以上的共同过失行为造成一个危害结果；二人以上先后故意实施相关的犯罪，但彼此主观上并没有共同的联系；二人以上同时实施故意犯罪，但彼此主观上并没有共同的联系；过失帮助他人实施故意犯罪；等等，都不能按共同犯罪处理。

（二）共同犯罪的形式

共同犯罪的形式，是指二人以上共同犯罪的结构或者共同犯罪人之间结合的方式。共同犯罪的形式，分为一般共同犯罪和犯罪集团。一般共同犯罪，是指二人以上为实施特定犯罪而事前或临时结合的无特殊组织形式的共同犯罪。犯罪集团，是指三人以上为共同实施犯罪而组成的较为固定的犯罪组织。犯罪集团具有下列特征：（1）主体必须是由三人以上组成；（2）具有一定的组织性；（3）具有共同实施某种犯罪的目的性；（4）具有相对的固定性；（5）具有严重的社会危害性。犯罪集团历来是刑法打击的重点。

（三）共同犯罪人的种类及刑事责任

在共同犯罪活动中，由于各个共同犯罪人所处的地位和所起的作用，以及对社会的危害程度不同，因而各个共同犯罪人应当承担的刑事责任也有所不同。为了明确打击重

点，区别对待，准确地依法定罪量刑，我国刑法把共同犯罪人分为主犯、从犯、胁从犯和教唆犯。

（1）主犯，是指组织、领导犯罪集团进行犯罪活动的或者在共同犯罪中起主要作用的犯罪分子。主犯比其他共同犯罪人具有更大的社会危害性，是我国刑法打击的重点。我国刑法规定：对组织、领导犯罪集团的首要分子，按照集团所犯的全部罪行处罚。对于组织、领导犯罪集团的首要分子以外的主犯，应当按照其所参与的或者组织、指挥的全部犯罪处罚。

（2）从犯，是指在共同犯罪中起次要或者辅助作用的犯罪分子。我国刑法规定：对于从犯，应当从轻、减轻处罚或者免除处罚。

（3）胁从犯，是指被胁迫参加犯罪的犯罪分子。胁从犯在共同犯罪中，处于被动地位，罪行也比较轻。我国刑法规定，对于被胁迫参加犯罪的，应当按照他的犯罪情节减轻处罚或者免除处罚。

（4）教唆犯，是指故意唆使他人实施犯罪的犯罪分子。教唆犯必须有教唆他人实施犯罪的故意。由于言行不慎，无意中引起他人的犯罪意图的，不能被认为是教唆犯。我国刑法规定：教唆他人犯罪的，应当按照他在共同犯罪中所起的作用处罚。教唆不满18周岁的人犯罪的，应当从重处罚。如果被教唆的人没有犯被教唆的罪，对于教唆犯，可以从轻或者减轻处罚。

六、单位犯罪

单位犯罪，是指公司、企业、事业单位、机关、团体实施的依法应当负刑事责任的危害社会的犯罪行为。单位犯罪具有以下特征。

（1）单位犯罪的主体，是公司、企业、事业单位、机关、团体。单位犯罪不仅包括法人所实施的犯罪，也包括非法人单位所实施的犯罪。单位犯罪必须是经过单位决策机构按照单位的决策程序决定的。

（2）单位犯罪一般来说是为单位谋取非法利益，以单位名义实施的危害社会的行为。

（3）单位实施的危害社会的行为，必须是法律明文规定为单位犯罪的，单位才成为犯罪主体，应当负刑事责任。

（4）单位犯罪既有故意犯罪，又有过失犯罪；多数是故意犯罪，少数属于过失犯罪。

我国《刑法》第31条规定：“单位犯罪的，对单位判处罚金，并对其直接负责的主管人员和其他直接责任人员判处刑罚。本法分则和其他法律另有规定的，依照规定。”

第三节 刑 罚

一、刑罚的概念和特征

刑罚，是由刑法明文规定的，由国家审判机关依法惩罚犯罪分子的一种最严厉的法律制裁方法。刑罚具有以下基本特征。

（1）刑罚只能适用于犯罪分子。适用刑罚是以行为人的行为构成犯罪为前提的，刑罚是对犯罪行为作出的否定性评价，也是因犯罪所产生的当然法律后果，故“无犯罪则无刑罚”。刑罚处罚的对象只能是实施了犯罪行为的犯罪分子，对于违反党纪、政纪的人，只有一般违法行为而没有构成犯罪的人，都不能适用刑罚。

（2）刑罚必须由刑法明文规定。按照罪刑法定原则，不仅犯罪需要由成文刑法明确作出规定，而且刑罚必须由刑法明文载于法条。对于刑法没有明文规定的刑罚制裁方法，不能以刑罚之名适用于犯罪分子。

（3）刑罚是一种最严厉的法律制裁方法。它不仅可以剥夺犯罪分子的政治权利和财产权利，而且可以限制和剥夺犯罪分子的人身自由，甚至可以剥夺犯罪分子的生命。而其他法律制裁方法，都不能达到刑罚制裁的严厉程度。

（4）刑罚只能由人民法院依照法定程序适用。除了人民法院，任何其他国家机关、公司、企业、事业单位、社会团体和个人都无权适用刑罚。

二、刑罚的种类

一个国家的刑罚是由多种而不是一种刑罚方法构成的，这些刑罚方法按照一定的原则、顺序排列，轻重有致，主次分明，具有严谨的内部结构，形成一个有机的整体，有效地发挥刑罚的功能，实现刑罚的目的。

我国刑法规定：刑罚分为主刑和附加刑。主刑有管制、拘役、有期徒刑、无期徒刑和死刑。附加刑有罚金、剥夺政治权利和没收财产。对于犯罪的外国人，可以独立适用或者附加适用驱逐出境。

（一）主刑

主刑，是对犯罪分子适用的主要刑罚方法。主刑的特点是只能独立适用，不能附加适用。对于一个犯罪，只能适用一个主刑，不能同时适用两个或两个以上的主刑。

主刑包括如下几类。

1. 管制

管制，是指由人民法院判决，对犯罪分子不予关押，但限制其一定自由的一种较轻刑罚。判处管制，可以根据犯罪情况，同时禁止犯罪分子在执行期间从事特定活动，进入特定区域、场所，接触特定的人。如果被判处管制的犯罪分子违反这一禁止性规定，由公安机关依照《治安管理处罚法》的规定处罚。对判处管制的犯罪分子，依法实行社区矫正。

被判处管制的犯罪分子，在执行期间，应当遵守下列规定：（1）遵守法律、行政法规，服从监督；（2）未经执行机关批准，不得行使言论、出版、集会、结社、游行、示威自由的权利；（3）按照执行机关规定报告自己的活动情况；（4）遵守执行机关关于会客的规定；（5）离开所居住的市、县或者迁居，应当报执行机关批准。

对于被判处管制的犯罪分子，在劳动中应当同工同酬。我国刑法规定：管制的刑期，从判决执行之日起计算，管制的期限为 3 个月以上 2 年以下，数罪并罚时最高不能超过 3 年。判决执行以前先行羁押的，羁押 1 日折抵刑期 2 日。

被判处管制的犯罪分子，管制期满，执行机关应立即向本人和其所在单位或者居住地的群众宣布解除管制。

2. 拘役

拘役，是指短期剥夺犯罪分子的人身自由，由公安机关就近执行的一种刑罚。拘役是介于管制与有期徒刑之间的主刑，主要适用于罪行较轻、需要短期关押的犯罪分子。我国刑法规定：拘役的期限为 1 个月以上 6 个月以下，数罪并罚时，最高不能超过 1 年。拘役从期限上看，虽然短于管制，但是，由于它剥夺犯罪分子的人身自由而不仅是限制犯罪分子的人身自由，因而，拘役是比管制严厉的刑罚。拘役的刑期，从判决执行之日起计算；判决执行以前先行羁押的，羁押 1 日折抵刑期 1 日。在执行期间，被判处拘役的犯罪分子每月可以回家 1 天至 2 天；参加劳动的，可以酌量发给报酬。

3. 有期徒刑

有期徒刑，是指剥夺犯罪分子一定期限的人身自由，并强制其劳动改造的一种刑罚。有期徒刑是我国刑罚中适用最广泛的一种刑罚。它的最低期限到最高期限的幅度大，适用面宽，既可适用于较重的犯罪，又可适用于较轻的犯罪。我国刑法规定：有期徒刑的期限为 6 个月以上 15 年以下。数罪并罚时，有期徒刑总和刑期不满 35 年的，最高不能超过 20 年；总和刑期在 35 年以上的，最高不能超过 25 年。

有期徒刑的刑期，从判决执行之日起计算；判决执行以前先行羁押的，羁押 1 日折抵刑期 1 日。

4. 无期徒刑

无期徒刑，是指剥夺犯罪分子的终身自由，并强制其劳动改造的一种刑罚。无期徒刑的特点是剥夺犯罪分子终身自由，但是，并不是说犯罪分子没有改过自新、重新回到社会的机会，只要犯罪分子参加劳动，接受教育和改造，在服刑期间如果符合法定条件，可以被减刑或者假释。在国家发布特赦令的情况下，符合特赦条件的，也可以被特赦释放。

5. 死刑

死刑，是指剥夺犯罪分子生命的一种刑罚。它是我国刑罚体系中最严厉的一种刑罚。死刑只适用于罪行极其严重的犯罪分子。对于应当判处死刑的犯罪分子，如果不是必须立即执行的，可以判处死刑同时宣告缓期 2 年执行。死刑除依法由最高人民法院判决的以外，都应当报请最高人民法院核准。死刑缓期执行的，可以由高级人民法院判决或者核准。

犯罪的时候不满 18 周岁的人和审判的时候怀孕的妇女，不适用死刑。审判的时候已满 75 周岁的人，不适用死刑，但是以特别残忍手段致人死亡的除外。

判处死刑缓期执行的，在死刑缓期执行期间，如果没有故意犯罪，2 年期满以后，减为无期徒刑；如果确有重大立功表现，2 年期满以后，减为 25 年有期徒刑；如果故意犯罪，查证属实，由最高人民法院核准，执行死刑。

对被判处死刑缓期执行的累犯以及因故意杀人、强奸、抢劫、绑架、放火、爆炸、投放危险物质或者有组织的暴力性犯罪被判处死刑缓期执行的犯罪分子，人民法院根据犯罪情节等情况可以同时决定对其限制减刑。

死刑缓期执行的期间，从判决确定之日起计算；死刑缓期执行减为有期徒刑的刑期，从死刑缓期执行期满之日起计算。

请思考：审判的时候怀孕的妇女依法不适用死刑。对这一规定的理解，下列哪一选项是错误的？（ ）

A. 关押期间人工流产的，属于审判的时候怀孕的妇女

B. 关押期间自然流产的，属于审判的时候怀孕的妇女

C. 不适用死刑，是指不适用死刑立即执行但可适用死缓

D. 不适用死刑，既包括不适用死刑立即执行，也包括不适用死缓

答案：C。

（二）附加刑

附加刑，是补充主刑适用的刑罚。它既可以附加适用，也可以独立适用。不仅一个主刑可以适用一个附加刑，而且对于同一犯罪和同一犯罪人可以同时适用两个以上的附加刑。

附加刑包括以下几类。

1. 罚金

罚金，是指人民法院判处犯罪分子和犯罪的单位，向国家缴纳一定数额金钱的一种刑罚。人民法院判处罚金，应当根据犯罪情节决定罚金数额。

罚金在判决指定的期限内一次或者分期缴纳；期满不缴纳的，强制缴纳。对于不能全部缴纳罚金的，人民法院在任何时候发现被执行人有可以执行的财产，应当随时追缴。由于遭遇不能抗拒的灾祸，缴纳确实有困难的，可以酌情减少或者免除。

2. 剥夺政治权利

剥夺政治权利，是指剥夺犯罪分子参加国家管理和政治活动权利的一种刑罚。剥夺政治权利，是指剥夺选举权和被选举权，剥夺言论、出版、集会、结社、游行、示威自由的权利，剥夺担任国家机关职务的权利，以及剥夺担任国有公司、企业、事业单位和人民团体领导职务的权利。对于危害国家安全的犯罪分子应当附加剥夺政治权利；对于故意杀人、强奸、放火、爆炸、投放危险物质、抢劫等严重破坏社会秩序的犯罪分子，可以附加剥夺政治权利。

剥夺政治权利的期限，除《刑法》第 57 条的规定外，为 1 年以上 5 年以下。判处管制附加剥夺政治权利的，剥夺政治权利的期限与管制的期限相等，同时执行。《刑法》第 57 条规定：对于被判处死刑、无期徒刑的犯罪分子，应当剥夺政治权利终身。在死刑缓期执行减为有期徒刑或者无期徒刑减为有期徒刑的时候，应当把附加剥夺政治权利的期限改为 3 年以上 10 年以下。

3. 没收财产

没收财产，是指将犯罪分子个人所有财产的一部分或全部强制无偿地收归国有的

一种刑罚。没收全部财产的，应当对犯罪分子个人及其扶养的家属保留必需的生活费用。在判处没收财产的时候，不得没收属于犯罪分子家属所有或者应有的财产。没收财产以前犯罪分子所负的正当债务，需要以没收的财产偿还的，经债权人请求，应当偿还。

请思考：2017 年 11 月 4 日第十二届全国人民代表大会常务委员会第三十次会议通过《刑法修正案（十）》，增加对下列哪些行为处 3 年以下有期徒刑、拘役、管制或者剥夺政治权利？（　　）

A. 在公共场合，故意以焚烧、毁损、涂划、玷污、践踏等方式侮辱中华人民共和国国旗、国徽的

B. 在公共场合，故意篡改中华人民共和国国歌歌词、曲谱，以歪曲、贬损方式奏唱国歌

C. 以其他方式侮辱国歌，情节严重的

答案：ABC。

三、量刑及各种刑罚裁量制度

（一）量刑

量刑，是指人民法院依据刑法，在认定行为人构成犯罪的基础上，确定对犯罪分子是否判处刑罚、判处何种刑罚以及判处多重刑罚的刑事司法活动。在对犯罪分子决定判处刑罚的时候，应当根据犯罪的事实、犯罪的性质、情节和对于社会的危害程度，依照刑法的有关规定判处。犯罪分子具有刑法规定的从重处罚、从轻处罚情节的，应当在法定刑的限度内判处刑罚。犯罪分子具有刑法规定的减轻处罚情节的，应当在法定刑以下判处刑罚。刑法规定有数个量刑幅度的，应当在法定量刑幅度的下一个量刑幅度内判处刑罚。犯罪分子虽然不具有刑法规定的减轻处罚情节，但是根据案件的特殊情况，经最高人民法院核准，也可以在法定刑以下判处刑罚。

（二）累犯

累犯分为一般累犯和特别累犯。

我国《刑法》第 65 条规定：被判处有期徒刑以上刑罚的犯罪分子，刑罚执行完毕或者赦免以后，在 5 年以内再犯应当判处有期徒刑以上刑罚之罪的，是累犯，应当从重处罚，但是过失犯罪和不满 18 周岁的人犯罪的除外。一般累犯的构成条件是：（1）前罪与后罪都必须是故意犯罪。如果前罪与后罪都是过失犯罪，或者前罪与后罪中有一个是过失犯罪，则不能构成累犯。（2）前罪与后罪都必须是判处有期徒刑以上刑罚的罪。如果其中一罪被判处有期徒刑以下的刑罚，则不能构成累犯。（3）后罪必须是发生在前罪刑罚执行完毕或者赦免以后的 5 年以内。如果后罪发生在前罪的刑罚执行期间，或者后罪发生在前罪执行完毕或赦免 5 年以后，也不构成累犯。（4）构成累犯的主体条件是 18 周岁以上，不满 18 周岁犯罪的不构成累犯。

特别累犯，是指我国《刑法》第 66 条规定的情况：危害国家安全罪、恐怖活动犯罪、黑社会性质的组织犯罪的犯罪分子，在刑罚执行完毕或者赦免以后，在任何时候再犯上述任一类罪的，都以累犯论处。这表明，构成特别累犯并不要求前罪和后罪都是同一类犯罪，无论是前罪还是后罪，只要是刑法所规定的三类犯罪中的任何一类犯罪，不论前罪和后罪被判处了何种刑罚，也不论后罪的发生和前罪之间相隔多长时间，都以累犯论处，即一律从重处罚。

（三）自首和立功

1. 自首

《刑法》第 67 条规定：犯罪以后自动投案，如实供述自己的罪行的，是自首。对于自首的犯罪分子，可以从轻或者减轻处罚。其中，犯罪较轻的，可以免除处罚。

自首必须具备的条件是：（1）犯罪分子必须自动投案。自动投案，是指犯罪分子在犯罪之后、归案之前，出于本人的意志而向司法机关或者有关机关承认自己实施了犯罪，并自愿置于有关机关的控制之下，等待进一步交代犯罪事实，最终接受人民法院裁判的行为。（2）犯罪分子必须如实供述自己的罪行，即供述自己实施的并应由本人承担刑事责任的全部罪行。

此外，我国刑法还规定，被采取强制措施的犯罪嫌疑人、被告人和正在服刑的罪犯，如实供述司法机关还未掌握的本人其他罪行的，以自首论。对于这种自首的犯罪分子，同样可以从轻或减轻处罚。其中，犯罪较轻的，可以免除处罚。

刑法还特别规定：犯罪嫌疑人虽然不具备上述法定自首情节，但是如实供述自己罪行的，可以从轻处罚；因其如实供述自己罪行，避免特别严重后果发生的，可以减轻处罚。

2. 立功

立功，是指犯罪分子揭发他人犯罪行为，查证属实的，或者提供重要线索，从而得以侦破其他案件的行为。

立功分为一般立功和重大立功。我国刑法规定：犯罪分子有一般立功表现的，可以从轻或者减轻处罚；有重大立功表现的，可以减轻或者免除处罚。

（四）数罪并罚

数罪并罚，是指一人犯数罪，人民法院对犯罪分子在法定时间界限内所犯的各罪，分别定罪量刑后，按照法定的并罚原则和方法，酌情决定应当执行的刑罚的一种量刑制度。

我国《刑法》第 69 条规定：判决宣告以前一人犯数罪的，除判处死刑和无期徒刑的以外，应当在总和刑期以下、数刑中最高刑期以上，酌情决定执行的刑期，但是管制最高不能超过 3 年，拘役最高不能超过 1 年，有期徒刑总和刑期不满 35 年的，最高不能超过 20 年；总和刑期在 35 年以上的，最高不能超过 25 年。数罪中有判处附加刑的，附加刑仍须执行，其中附加刑种类相同的，合并执行，种类不同的，分别执行。

判决宣告以后，刑罚执行完毕以前，发现被判刑的犯罪分子在判决宣告以前还有其他罪没有判决的，应当对新发现的罪作出判决，把前后两个判决所判处的刑罚，依照《刑法》第 69 条的规定，决定执行的刑罚。已经执行的刑期，应当计算在新判决决定的刑期以内。

判决宣告以后，刑罚执行完毕以前，被判刑的犯罪分子又犯罪的，应当对新犯的罪作出判决，把前罪没有执行的刑罚和后罪所判处的刑罚，依照《刑法》第 69 条的规定，决定执行的刑罚。

（五）缓刑

缓刑是对原判刑罚附条件的不执行。我国《刑法》第 72 条规定，对于被判处拘役、3 年以下有期徒刑的犯罪分子，同时符合下列条件的，可以宣告缓刑，对其中不满 18 周岁的人、怀孕的妇女和已满 75 周岁的人，应当宣告缓刑：（1）犯罪情节较轻；（2）有悔罪表现；（3）没有再犯罪的危险；（4）宣告缓刑对所居住社区没有重大不良影响。宣告缓刑，可以根据犯罪情况，同时禁止犯罪分子在缓刑考验期限内从事特定活动，进入特定区域、场所，接触特定的人。被宣告缓刑的犯罪分子，如果被判处附加刑，附加刑仍须执行。对于累犯和犯罪集团的首要分子，不适用缓刑。

对于被判处缓刑的犯罪分子，必须设立一定的缓刑考验期限。我国刑法规定的缓刑考验期限具体如下：拘役的缓刑考验期限为原判刑期以上 1 年以下，但是不能少于 2 个月；有期徒刑的缓刑考验期限为原判刑期以上 5 年以下，但是不能少于 1 年。缓刑考验期限，从判决确定之日起计算。

在缓刑考验期限内，被宣告缓刑的犯罪分子应当遵守下列规定：（1）遵守法律、行政法规，服从监督；（2）按照考察机关的规定报告自己的活动情况；（3）遵守考察机关关于会客的规定；（4）离开所居住的市、县或者迁居，应当报请考察机关批准。

对宣告缓刑的犯罪分子，在缓刑考验期限内，依法实行社区矫正。如果在缓刑考验期限内没有再犯新罪，没有严重违反法律、法规和监管规定的行为，也没有发现有漏罪情况，缓刑考验期满，原判刑罚就不再执行，并公开予以宣告。

被宣告缓刑的犯罪分子，在缓刑考验期限内犯新罪或者发现判决宣告以前还有其他罪没有判决的，应当撤销缓刑，对新犯的罪或者新发现的罪作出判决，把前罪和后罪所判处的刑罚，依照数罪并罚的原则，决定执行的刑罚。

被宣告缓刑的犯罪分子，在缓刑考验期限内，违反法律、行政法规或者国务院有关部门关于缓刑的监督管理规定，或者违反人民法院判决中的禁止令，情节严重的，应当撤销缓刑，执行原判刑罚。

（六）减刑

被判处管制、拘役、有期徒刑、无期徒刑的犯罪分子，在执行期间，认真遵守监规、接受教育改造、确有悔改表现或者有立功表现的，可以减刑；有重大立功表现的，应当减刑。

可以减刑，适用于在刑罚执行期间，认真遵守监规、接受教育改造、确有悔改表现或者有立功表现的犯罪分子。

应当减刑，适用于在刑罚执行期间，有下列重大立功表现之一的犯罪分子：（1）阻止他人重大犯罪活动的；（2）检举监狱内外重大犯罪活动，经查证属实的，（3）有发明创造或者重大技术革新的；（4）在日常生产、生活中舍己救人的；（5）在抗御自然灾害或者排除重大事故中，有突出表现的；（6）对国家和社会有其他重大贡献的。

我国刑法规定：减刑以后实际执行的刑期，判处管制、拘役、有期徒刑的，不能少于原判刑期的1/2；判处无期徒刑的，不能少于13年。人民法院依照《刑法》第50条第2款的规定对死刑缓期执行的犯罪分子限制减刑，缓期执行期满后依法减为无期徒刑的，不能少于25年，缓期执行期满后依法减为25年有期徒刑的，不能少于20年。

对犯罪分子的减刑，由执行机关向中级以上人民法院提出减刑建议书。人民法院应当组成合议庭进行审理，对于确有悔改或者立功事实的，裁定予以减刑。非经法定程序不得减刑。无期徒刑减为有期徒刑的刑期，从裁定减刑之日起计算。

（七）假释

假释，是指对于被判处有期徒刑、无期徒刑的犯罪分子，在执行一定刑期之后，如果认真遵守监规，接受教育改造，确有悔改表现，假释后没有再犯罪危险，附有条件地将其提前释放的一种刑罚执行制度。

按照我国刑法的规定，被判处有期徒刑的犯罪分子，执行原判刑期1/2以上，被判处无期徒刑的犯罪分子，实际执行13年以上，如果认真遵守监规，接受教育改造，确有悔改表现，假释后没有再犯罪危险，可以假释。如果有特殊情况，经最高人民法院核准，可以不受上述执行刑期的限制。

对于累犯以及因杀人、强奸、抢劫、绑架、放火、爆炸、投放危险物质或者有组织的暴力性犯罪被判处10年以上有期徒刑、无期徒刑的犯罪分子，不得假释。对犯罪分子决定假释时，应当考虑其假释后对所居住社区的影响。对于犯罪分子的假释，依照《刑法》第79条规定的程序进行。非经法定程序不得假释。

有期徒刑的假释考验期限，为没有执行完毕的刑期；无期徒刑的假释考验期限为10年。假释考验期限，从假释之日起计算。

被宣告假释的犯罪分子，应当遵守下列规定：（1）遵守法律、行政法规，服从监督；（2）按照监督机关的规定报告自己的活动情况；（3）遵守监督机关关于会客的规定；（4）离开所居住的市、县或者迁居，应当报经监督机关批准。

对假释的犯罪分子，在假释考验期限内，依法实行社区矫正，如果没有漏罪、再犯新罪或者其他违反法律、行政法规等的行为，假释考验期满，就认为原判刑罚已经执行完毕，并公开予以宣告。

被假释的犯罪分子，在假释考验期限内犯新罪，应当撤销假释，对新罪作出判决，把前罪没有执行的刑罚和后罪所判处的刑罚，依照数罪并罚的原则，决定执行的刑罚。

在假释考验期限内，发现被假释的犯罪分子在判决宣告以前还有其他罪没有判决的，应当撤销假释，对新发现的罪作出判决，把前后所判处的刑罚，依照数罪并罚的原则，决定执行的刑罚，已经执行的刑期，应当计算在新判决决定的刑期以内。

被假释的犯罪分子，在假释考验期限内，有违反法律、行政法规或者国务院有关部门关于假释的监督管理规定的行为，尚未构成新的犯罪的，应当依照法定程序撤销假释，收监执行未执行完毕的刑罚。

（八）时效

刑法中的时效，又称追诉时效，是指依法对犯罪分子追究刑事责任的有效期限。

我国《刑法》第 87 条规定，犯罪经过下列期限不再追诉：（1）法定最高刑为不满 5 年有期徒刑的，经过 5 年；（2）法定最高刑为 5 年以上不满 10 年有期徒刑的，经过 10 年；（3）法定最高刑为 10 年以上有期徒刑的，经过 15 年；（4）法定最高刑为无期徒刑、死刑的，经过 20 年。如果 20 年以后认为必须追诉的，须报请最高人民检察院核准。

在人民检察院、公安机关、国家安全机关立案侦查或者在人民法院受理案件以后，逃避侦查或者审判的，不受追诉期限的限制。被害人在追诉期限内提出控告，人民法院、人民检察院、公安机关应当立案而不予立案的，不受追诉期限的限制。

追诉期限从犯罪之日起计算；犯罪行为有连续或者继续状态的，从犯罪行为终了之日起计算。在追诉期限以内又犯罪的，前罪追诉的期限从犯后罪之日起计算。

第四节　我国刑法分则规定的犯罪种类

根据犯罪行为所侵犯的同类客体的不同和社会危害程度，我国刑法分则将犯罪分为 10 类，即危害国家安全罪，危害公共安全罪，破坏社会主义市场经济秩序罪，侵犯公民人身权利、民主权利罪，侵犯财产罪，妨害社会管理秩序罪，危害国防利益罪，贪污贿赂罪，渎职罪和军人违反职责罪。目前，我国刑法共有罪名 483 个。

一、危害国家安全罪

危害国家安全罪，是指故意危害中华人民共和国国家安全的犯罪行为。

危害国家安全罪的基本特征是：犯罪所侵犯的客体是中华人民共和国的国家安全；犯罪的客观方面，必须具有危害中华人民共和国国家安全的犯罪行为，行为方式可以是作为，也可以是不作为，绝大多数只能以作为的方式实施；犯罪的主体多数为一般主体，少数犯罪要求是特殊主体；犯罪的主观方面，只能是出自故意，多数为直接故意，只有少数犯罪可由间接故意构成。

我国《刑法》第 102 条至第 113 条规定的危害国家安全罪的具体罪名有：背叛国家罪，分裂国家罪，煽动分裂国家罪，武装叛乱、暴乱罪，颠覆国家政权罪，煽动颠覆国家政权罪，资助危害国家安全犯罪活动罪，投敌叛变罪，叛逃罪，间谍罪，为境外窃取、刺探、收买、非法提供国家秘密、情报罪和资敌罪。

二、危害公共安全罪

危害公共安全罪，是指故意或者过失地实施危害不特定多数人的生命、健康或者重大公私财产安全的犯罪行为。

危害公共安全罪的基本特征是：犯罪侵犯的客体是社会的公共安全，即不特定多数人的生命、健康或者重大公私财产的安全；犯罪的客观方面表现为实施了危害公共安全的行为，行为方式既可以是作为，也可以是不作为；犯罪的主体，有的是一般主体，有的是特殊主体；犯罪的主观方面，有的可能出自故意，有的可能出自过失。

我国《刑法》第 114 条至第 139 条之一规定的危害公共安全罪的具体罪名有：放火罪，决水罪，爆炸罪，投放危险物质罪，以危险方法危害公共安全罪，失火罪，过失决水罪，过失爆炸罪，过失投放危险物质罪，过失以危险方法危害公共安全罪，破坏交通工具罪，破坏交通设施罪，破坏电力设备罪，破坏易燃易爆设备罪，过失损坏交通工具罪，过失损坏交通设施罪，过失损坏电力设备罪，过失损坏易燃易爆设备罪，组织、领导、参加恐怖组织罪，帮助恐怖活动罪，准备实施恐怖活动罪，宣扬恐怖主义、极端主义、煽动实施恐怖活动罪，利用极端主义破坏法律实施罪，强制穿戴宣扬恐怖主义、极端主义服饰、标志罪，非法持有宣扬恐怖主义、极端主义物品罪，劫持航空器罪，劫持船只、汽车罪，暴力危及飞行安全罪，破坏广播电视设施、公用电信设施罪，过失损坏广播电视设施、公用电信设施罪，非法制造、买卖、运输、邮寄、储存枪支、弹药、爆炸物罪，非法制造、买卖、运输、储存危险物质罪，违规制造、销售枪支罪，盗窃、抢夺枪支、弹药、爆炸物、危险物质罪，抢劫枪支、弹药、爆炸物、危险物质罪，非法持有、私藏枪支、弹药罪，非法出租、出借枪支罪，丢失枪支不报罪，非法携带枪支、弹药、管制刀具、危险物品危及公共安全罪，重大飞行事故罪，铁路运营安全事故罪，交通肇事罪，危险驾驶罪，妨害安全驾驶罪，重大责任事故罪，强令、组织他人违章冒险作业罪，危险作业罪，重大劳动安全事故罪，大型群众性活动重大安全事故罪，危险物品肇事罪，工程重大安全事故罪，教育设施重大安全事故罪，消防责任事故罪，不报、谎报安全事故罪。

三、破坏社会主义市场经济秩序罪

破坏社会主义市场经济秩序罪，是指违反国家市场经济管理法律、法规，干扰国家对市场经济的管理活动，破坏社会主义市场经济秩序，使国民经济发展受到严重损害的犯罪行为。

破坏社会主义市场经济秩序罪的基本特征是：犯罪所侵犯的客体是社会主义市场经济秩序；犯罪的客观方面，是违反国家市场经济管理法律、法规，干扰国家对市场经济的管理活动，破坏社会主义市场经济秩序的行为；犯罪的主体多数是一般主体，少数犯罪的主体则必须是特殊主体；犯罪的主观方面，一般出自故意，个别犯罪出自过失。

我国《刑法》第 140 条至第 231 条规定的破坏社会主义市场经济秩序罪共分为 8 类，

这 8 类犯罪分别是：

（1）生产、销售伪劣商品罪。具体罪名有：生产、销售伪劣产品罪，生产、销售、提供假药罪，生产、销售、提供劣药罪，妨害药品管理罪，生产、销售不符合安全标准的食品罪，生产、销售有毒、有害食品罪，生产、销售不符合标准的医用器材罪，生产、销售不符合安全标准的产品罪，生产、销售伪劣农药、兽药、化肥、种子罪，生产、销售不符合卫生标准的化妆品罪。

（2）走私罪。具体罪名有：走私武器、弹药罪，走私核材料罪，走私假币罪，走私文物罪，走私贵重金属罪，走私珍贵动物、珍贵动物制品罪，走私国家禁止进出口的货物、物品罪，走私淫秽物品罪，走私废物罪，走私普通货物、物品罪。

（3）妨害对公司、企业的管理秩序罪。具体罪名有：虚报注册资本罪，虚假出资、抽逃出资罪，欺诈发行证券罪，违规披露、不披露重要信息罪，妨害清算罪，隐匿、故意销毁会计凭证、会计账簿、财务会计报告罪，虚假破产罪，非国家工作人员受贿罪，对非国家工作人员行贿罪，对外国公职人员、国际公共组织官员行贿罪，非法经营同类营业罪，为亲友非法牟利罪，签订、履行合同失职被骗罪，国有公司、企业、事业单位人员失职罪，国有公司、企业、事业单位人员滥用职权罪，徇私舞弊低价折股、出售国有资产罪，背信损害上市公司利益罪。

（4）破坏金融管理秩序罪。具体罪名有：伪造货币罪，出售、购买、运输假币罪，金融工作人员购买假币、以假币换取货币罪，持有、使用假币罪，变造货币罪，擅自设立金融机构罪，伪造、变造、转让金融机构经营许可证、批准文件罪，高利转贷罪，骗取贷款、票据承兑、金融票证罪，非法吸收公众存款罪，伪造、变造金融票证罪，妨害信用卡管理罪，窃取、收买、非法提供信用卡信息罪，伪造、变造国家有价证券罪，伪造、变造股票、公司、企业债券罪，擅自发行股票、公司、企业债券罪，内幕交易、泄露内幕信息罪，利用未公开信息交易罪，编造并传播证券、期货交易虚假信息罪，诱骗投资者买卖证券、期货合约罪，操纵证券、期货市场罪，职务侵占罪，非国家工作人员受贿罪，挪用资金罪，挪用公款罪，背信运用受托财产罪，违法运用资金罪，违法发放贷款罪，吸收客户资金不入账罪，违规出具金融票证罪，对违法票据承兑、付款、保证罪，逃汇罪，洗钱罪。

（5）金融诈骗罪。具体罪名有：集资诈骗罪，贷款诈骗罪，票据诈骗罪，金融凭证诈骗罪，信用证诈骗罪，信用卡诈骗罪，有价证券诈骗罪，保险诈骗罪。

（6）危害税收征管罪。具体罪名有：逃税罪，抗税罪，逃避追缴欠税罪，骗取出口退税罪，虚开增值税专用发票、用于骗取出口退税、抵扣税款发票罪，虚开发票罪，伪造、出售伪造的增值税专用发票罪，非法出售增值税专用发票罪，非法购买增值税专用发票、购买伪造的增值税专用发票罪，非法制造、出售非法制造的用于骗取出口退税、抵扣税款发票罪，非法制造、出售非法制造的发票罪，非法出售用于骗取出口退税、抵扣税款发票罪，非法出售发票罪，持有伪造的发票罪。

（7）侵犯知识产权罪。具体罪名有：假冒注册商标罪，销售假冒注册商标的商品罪，非法制造、销售非法制造的注册商标标识罪，假冒专利罪，侵犯著作权罪，销售侵权复制品罪，侵犯商业秘密罪，为境外窃取、刺探、收买、非法提供商业秘密罪。

（8）扰乱市场秩序罪。具体罪名有：损害商业信誉、商品声誉罪，虚假广告罪，串通投标罪，合同诈骗罪，组织、领导传销活动罪，非法经营罪，强迫交易罪，伪造、倒卖伪造的有价票证罪，倒卖车票、船票罪，非法转让、倒卖土地使用权罪，提供虚假证明文件罪，出具证明文件重大失实罪，逃避商检罪。

四、侵犯公民人身权利、民主权利罪

侵犯公民人身权利、民主权利罪，是指故意或过失地侵犯公民的人身权利、民主权利，依法应受刑罚处罚的犯罪行为。

侵犯公民人身权利、民主权利罪的基本特征是：犯罪所侵犯的客体是公民的人身权利、民主权利；犯罪的客观方面表现为侵犯公民人身权利、民主权利的行为，行为方式大多数表现为作为，也可以表现为不作为；犯罪的主体多数是一般主体，少数为特殊主体；犯罪的主观方面，一般出自故意，个别犯罪出于过失。

我国《刑法》第 232 条至第 262 条之二规定的侵犯公民人身权利、民主权利罪的具体罪名有：故意杀人罪，过失致人死亡罪，故意伤害罪，组织出卖人体器官罪，过失致人重伤罪，强奸罪，负有照护职责人员性侵罪，强制猥亵、侮辱罪，猥亵儿童罪，非法拘禁罪，绑架罪，拐卖妇女、儿童罪，收买被拐卖的妇女、儿童罪，聚众阻碍解救被收买的妇女、儿童罪，诬告陷害罪，强迫劳动罪，雇用童工从事危害劳动罪，非法搜查罪，非法侵入住宅罪，侮辱罪，诽谤罪，刑讯逼供罪，暴力取证罪，虐待被监管人罪，煽动民族仇恨、民族歧视罪，出版歧视、侮辱少数民族作品罪，非法剥夺公民宗教信仰自由罪，侵犯少数民族风俗习惯罪，侵犯通信自由罪，私自开拆、隐匿、毁弃邮件、电报罪，侵犯公民个人信息罪，报复陷害罪，打击报复会计、统计人员罪，破坏选举罪，暴力干涉婚姻自由罪，重婚罪，破坏军婚罪，虐待罪，虐待被监护、看护人罪，遗弃罪，拐骗儿童罪，组织残疾人、儿童乞讨罪，组织未成年人进行违反治安管理活动罪。

五、侵犯财产罪

侵犯财产罪，是指故意非法占有、挪用公私财物，或者故意破坏生产经营、毁坏公私财物的犯罪行为。

侵犯财产罪的基本特征是：犯罪所侵犯的客体，是公共财产和私人财产所有权；犯罪的客观方面，是非法占有或者毁坏公私财物的行为；犯罪的主体，既有一般主体，也有特殊主体；犯罪的主观方面必须出自故意，过失不能构成这类犯罪。

我国《刑法》第 263 条至第 276 条之一规定的侵犯财产罪的具体罪名有：抢劫罪、盗窃罪、诈骗罪、抢夺罪、聚众哄抢罪、侵占罪、职务侵占罪、挪用资金罪、挪用特定款物罪、敲诈勒索罪、故意毁坏财物罪、破坏生产经营罪、拒不支付劳动报酬罪。

六、妨害社会管理秩序罪

妨害社会管理秩序罪，是指妨害国家机关的社会管理活动，破坏社会秩序，情节严重的犯罪行为。

妨害社会管理秩序罪的基本特征是：犯罪所侵犯的客体，是国家机关依法对社会实行管理所形成的正常社会秩序；犯罪的客观方面，是妨害国家机关的社会管理活动，破坏社会秩序，情节严重的行为；犯罪的主体，绝大多数为一般主体，少数为特殊主体；犯罪的主观方面，绝大多数只能出于故意，个别犯罪出于过失。

我国《刑法》第 277 条至第 367 条规定的妨害社会管理秩序罪共有 9 类，这 9 类犯罪是：

（1）扰乱公共秩序罪。具体罪名有：妨害公务罪，袭警罪，煽动暴力抗拒法律实施罪，招摇撞骗罪，伪造、变造、买卖国家机关公文、证件、印章罪，盗窃、抢夺、毁灭国家机关公文、证件、印章罪，伪造公司、企业、事业单位、人民团体印章罪，伪造、变造、买卖身份证件罪，使用虚假身份证件、盗用身份证件罪，冒名顶替罪，非法生产、买卖警用装备罪，非法获取国家秘密罪，非法持有国家绝密、机密文件、资料、物品罪，非法生产、销售专用间谍器材、窃听、窃照专用器材罪，非法使用窃听、窃照专用器材罪，组织考试作弊罪，非法出售、提供试题、答案罪，代替考试罪，非法侵入计算机信息系统罪，非法获取计算机信息系统数据、非法控制计算机信息系统罪，提供侵入、非法控制计算机信息系统程序、工具罪，破坏计算机信息系统罪，拒不履行信息网络安全管理义务罪，非法利用信息网络罪，帮助信息网络犯罪活动罪，扰乱无线电管理秩序罪，聚众扰乱社会秩序罪，聚众冲击国家机关罪，扰乱国家机关工作秩序罪，组织、资助非法聚集罪，聚众扰乱公共场所秩序、交通秩序罪，投放虚假危险物质罪，编造、故意传播虚假恐怖信息罪，编造、故意传播虚假信息罪，高空抛物罪，聚众斗殴罪，寻衅滋事罪，催收非法债务罪，组织、领导、参加黑社会性质组织罪，入境发展黑社会组织罪，包庇、纵容黑社会性质组织罪，传授犯罪方法罪，非法集会、游行、示威罪，非法携带武器、管制刀具、爆炸物参加集会、游行、示威罪，破坏集会、游行、示威罪，侮辱国旗、国徽、国歌罪，侵害英雄烈士名誉、荣誉罪，组织、利用会道门、邪教组织、利用迷信破坏法律实施罪，组织、利用会道门、邪教组织、利用迷信致人重伤、死亡罪，聚众淫乱罪，引诱未成年人聚众淫乱罪，盗窃、侮辱、故意毁坏尸体、尸骨、骨灰罪，赌博罪，开设赌场罪，组织参与国（境）外赌博罪，故意延误投递邮件罪。

（2）妨害司法罪。具体罪名有：伪证罪，辩护人、诉讼代理人毁灭证据、伪造证据、妨害作证罪，妨害作证罪，帮助毁灭、伪造证据罪，虚假诉讼罪，打击报复证人罪，泄露不应公开的案件信息罪，披露、报道不应公开的案件信息罪，扰乱法庭秩序罪，窝藏、包庇罪，拒绝提供间谍犯罪、恐怖主义犯罪、极端主义犯罪证据罪，掩饰、隐瞒犯罪所得、犯罪所得收益罪，拒不执行判决、裁定罪，非法处置查封、扣押、冻结的财产罪，破坏监管秩序罪，脱逃罪，劫夺被押解人员罪，组织越狱罪，暴动越狱罪，聚众持械劫狱罪。

（3）妨害国（边）境管理罪。具体罪名有：组织他人偷越国（边）境罪，骗取出境证件罪，提供伪造、变造的出入境证件罪，出售出入境证件罪，运送他人偷越国（边）境罪，偷越国（边）境罪，破坏界碑、界桩罪，破坏永久性测量标志罪。

（4）妨害文物管理罪。具体罪名有：故意损毁文物罪，故意损毁名胜古迹罪，过失损毁文物罪，非法向外国人出售、赠送珍贵文物罪，倒卖文物罪，非法出售、私赠文物藏品罪，盗掘古文化遗址、古墓葬罪，盗掘古人类化石、古脊椎动物化石罪，抢夺、窃取国有档案罪，擅自出卖、转让国有档案罪。

（5）危害公共卫生罪。具体罪名有：妨害传染病防治罪，传染病菌种、毒种扩散罪，妨害国境卫生检疫罪，非法组织卖血罪，强迫卖血罪，非法采集、供应血液、制作、供应血液制品罪，采集、供应血液、制作、供应血液制品事故罪，非法采集人类遗传资源、走私人类遗传资源材料罪，医疗事故罪，非法行医罪，非法进行节育手术罪，非法植入基因编辑、克隆胚胎罪，妨害动植物防疫、检疫罪。

（6）破坏环境资源保护罪。具体罪名有：污染环境罪，非法处置进口的固体废物罪，擅自进口固体废物罪，非法捕捞水产品罪，危害珍贵、濒危野生动物罪，非法狩猎罪，非法猎捕、收购、运输、出售陆生野生动物罪，非法占用农用地罪，破坏自然保护地罪，非法采矿罪，破坏性采矿罪，危害国家重点保护植物罪，非法引进、释放、丢弃外来入侵物种罪，盗伐林木罪，滥伐林木罪，非法收购、运输盗伐、滥伐的林木罪。

（7）走私、贩卖、运输、制造毒品罪。具体罪名有：走私、贩卖、运输、制造毒品罪，非法持有毒品罪，包庇毒品犯罪分子罪，窝藏、转移、隐瞒毒品、毒赃罪，非法生产、买卖、运输制毒物品、走私制毒物品罪，非法种植毒品原植物罪，非法买卖、运输、携带、持有毒品原植物种子、幼苗罪，引诱、教唆、欺骗他人吸毒罪，强迫他人吸毒罪，容留他人吸毒罪，非法提供麻醉药品、精神药品罪，妨害兴奋剂管理罪。

（8）组织、强迫、引诱、容留、介绍卖淫罪。具体罪名有：组织卖淫罪，强迫卖淫罪，协助组织卖淫罪，引诱、容留、介绍卖淫罪，引诱幼女卖淫罪，传播性病罪。

（9）制造、贩卖、传播淫秽物品罪。具体罪名有：制作、复制、出版、贩卖、传播淫秽物品牟利罪，为他人提供书号出版淫秽书刊罪，传播淫秽物品罪，组织播放淫秽音像制品罪，组织淫秽表演罪。

七、危害国防利益罪

危害国防利益罪，是指危害作战和军事行动，危害国防建设，危害国防管理秩序，拒绝或者逃避履行国防义务的犯罪行为。

危害国防利益罪的基本特征是：犯罪所侵犯的客体是国防利益；犯罪的客观方面表现为危害作战和军事行动，危害国防建设，危害国防管理秩序，拒绝或者逃避履行国防义务的行为；犯罪的主体，多数为一般主体，少数为特殊主体；犯罪的主观方面，绝大多数为故意，个别犯罪为过失。

我国《刑法》第 368 条至第 381 条规定的危害国防利益罪的具体罪名有：阻碍军人执行职务罪，阻碍军事行动罪，破坏武器装备、军事设施、军事通信罪，过失损坏武器装备、军事设施、军事通信罪，故意提供不合格武器装备、军事设施罪，过失提供不合格武器装备、军事设施罪，聚众冲击军事禁区罪，聚众扰乱军事管理区秩序罪，冒充军人招摇撞骗罪，煽动军人逃离部队罪，雇用逃离部队军人罪，接送不合格兵员罪，伪造、变造、买卖武装部队公文、证件、印章罪，盗窃、抢夺武装部队公文、证件、印章罪，非法生产、买卖武装部队制式服装罪，伪造、盗窃、买卖、非法提供、非法使用武装部队专用标志罪，战时拒绝、逃避征召、军事训练罪，战时拒绝、逃避服役罪，战时故意提供虚假敌情罪，战时造谣扰乱军心罪，战时窝藏逃离部队军人罪，战时拒绝、故意延误军事订货罪，战时拒绝军事征收、征用罪。

八、贪污贿赂罪

贪污贿赂罪，是指国家工作人员利用职务上的便利，非法占有、挪用公共财物以及损害公务行为廉洁性的行为。

贪污贿赂罪的基本特征是：犯罪所侵犯的客体，是社会主义公有财产或其他财产所有权，以及国家工作人员职务行为的廉洁性；犯罪的客观方面，是国家工作人员利用职务上的便利贪污、受贿，以及其他人员行贿、介绍贿赂的行为；犯罪的主体，绝大多数是特殊主体，少数犯罪是一般主体；犯罪的主观方面，只能出于故意，过失不能构成这类犯罪。

我国《刑法》第 382 条至第 396 条规定的贪污贿赂罪的具体罪名有：贪污罪、挪用公款罪、受贿罪、单位受贿罪、利用影响力受贿罪、行贿罪、对有影响力的人行贿罪、对单位行贿罪、介绍贿赂罪、单位行贿罪、巨额财产来源不明罪、隐瞒境外存款罪、私分国有资产罪、私分罚没财物罪。

九、渎职罪

渎职罪，是指国家机关工作人员滥用职权、玩忽职守或者徇私舞弊，妨害国家机关的正常活动，致使国家和人民利益遭受重大损失的犯罪行为。

渎职罪的基本特征是：犯罪所侵犯的客体，是国家机关的正常管理活动，这里所说的国家机关，包括国家的权力机关、行政机关、审判机关、检察机关和军事机关；犯罪的客观方面表现为滥用职权、玩忽职守，危害国家机关和企业、事业单位的正常活动，致使国家和人民利益遭受重大损失的行为；犯罪的主体是特殊主体，只能是国家机关工作人员；犯罪的主观方面，既有故意，也有过失。

我国《刑法》第 397 条至第 419 条规定的渎职罪的具体罪名有：滥用职权罪，玩忽职守罪，故意泄露国家秘密罪，过失泄露国家秘密罪，徇私枉法罪，民事、行政枉法裁判罪，执行判决、裁定失职罪，执行判决、裁定滥用职权罪，枉法仲裁罪，私放在押人员罪，失职致使在押人员脱逃罪，徇私舞弊减刑、假释、暂予监外执行罪，徇私舞弊不移交刑事案件罪，滥用管理公司、证券职权罪，徇私舞弊不征、少征税款罪，徇私舞弊发售发票、抵扣税款、出口退税罪，违法提供出口退税证罪，国家机关工作人员签订、履行合同失职被骗罪，违法发放林木采伐许可证罪，环境监管失职罪，食品、药品监管渎职罪，传染病防治失职罪，非法批准征收、征用、占用土地罪，非法低价出让国有土地使用权罪，放纵走私罪，商检徇私舞弊罪，商检失职罪，动植物检疫徇私舞弊罪，动植物检疫失职罪，放纵制售伪劣商品犯罪行为罪，办理偷越国（边）境人员出入境证件罪，放行偷越国（边）境人员罪，不解救被拐卖、绑架妇女、儿童罪，阻碍解救被拐卖、绑架妇女、儿童罪，帮助犯罪分子逃避处罚罪，招收公务员、学生徇私舞弊罪，失职造成珍贵文物损毁、流失罪。

十、军人违反职责罪

军人违反职责罪，是指军人违反职责，危害国家军事利益，依照法律应当受刑罚处罚的犯罪行为。

军人违反职责罪的基本特征是：犯罪所侵犯的客体，是国家军事利益，也就是关于国防建设、作战行动、军队物质保障、军事机密和军事科学研究等方面的利益；犯罪的客观方面表现为违反军人职责，危害国家军事利益的行为；犯罪的主体是特殊主体，是中国人民解放军的现役军官、文职干部、士兵及具有军籍的学员和中国人民武装警察部队的现役警官、文职干部、士兵及具有军籍的学员，以及执行军事任务的预备役人员和其他人员；犯罪的主观方面，多数是故意，少数为过失。

我国《刑法》第420条至第451条规定的军人违反职责罪的具体罪名有：战时违抗命令罪，隐瞒、谎报军情罪，拒传、假传军令罪，投降罪，战时临阵脱逃罪，擅离、玩忽军事职守罪，阻碍执行军事职务罪，指使部属违反职责罪，违令作战消极罪，拒不救援友邻部队罪，军人叛逃罪，非法获取军事秘密罪，为境外窃取、刺探、收买、非法提供军事秘密罪，故意泄露军事秘密罪，过失泄露军事秘密罪，战时造谣惑众罪，战时自伤罪，逃离部队罪，武器装备肇事罪，擅自改变武器装备编配用途罪，盗窃、抢夺武器装备、军用物资罪，非法出卖、转让武器装备罪，遗弃武器装备罪，遗失武器装备罪，擅自出卖、转让军队房地产罪，虐待部属罪，遗弃伤病军人罪，战时拒不救治伤病军人罪，战时残害居民、掠夺居民财物罪，私放俘虏罪，虐待俘虏罪。

深度阅读

1. 王作富主编．刑法．7版．北京：中国人民大学出版社，2021
2. 冯军，肖中华主编．刑法总论．3版．北京：中国人民大学出版社，2016
3. 高铭暄．刑法学．9版．北京：北京大学出版社，2019
4.《中华人民共和国刑法》

问题与思考

一、思考题

1. 什么是刑法？
2. 如何理解罪刑法定基本原则？
3. 我国刑法对效力范围是如何规定的？
4. 什么是犯罪？犯罪有哪些特征？

5. 什么是犯罪构成？犯罪客体与犯罪对象有何区别？

6. 什么是故意犯罪？什么是过失犯罪？二者的区别与联系有哪些？

7. 什么是正当防卫？正当防卫必须具备哪些条件？

8. 什么是刑罚？我国刑法规定了哪几种刑罚？

9. 如何理解我国死刑制度？

10. 我国刑法分则规定了哪几类犯罪？

二、案例分析

瓜农王某在自家田地里种了5亩西瓜。因在瓜成熟季节经常被盗，王某便在全村喊话，“西瓜打了农药（其实没有打），偷吃西瓜出了人命我不负责”。但此后西瓜仍然被盗。于是，王某果真在西瓜上打了农药，并用注射器将农药注入瓜田中较大的5个西瓜内，并在西瓜地里插上写有“瓜内有毒，请勿食用”的白旗。邻农李某路过瓜地，虽然看见了白旗，但以为是吓唬人的，仍然摘了一大一小两个西瓜，其中大的西瓜是注了农药的。回家后，李某先把小的西瓜吃了，然后出门干活。当天正好来了3位客人，李某的妻子赵某见桌上放着一个大西瓜，以为是李某买的，就用来招待客人，结果导致2个客人死亡、1个客人重伤。

请思考：

1. 王某的行为是否构成犯罪？

2. 王某的行为如果构成犯罪，其罪过形式是什么？

3. 李某的行为是否构成盗窃罪？为什么？

4. 赵某的行为是否构成犯罪？为什么？

参考答案：

1. 构成犯罪。

2. 王某明知自己打农药行为可能导致偷西瓜的人死亡，放任这种情况的发生，构成故意杀人罪。

3. 李某偷瓜的行为性质上是盗窃行为，但因为显著轻微，不必刑罚处罚，不构成盗窃罪。

4. 赵某的行为不构成犯罪。因为主观上无故意和过失。

第十章

民事诉讼法

常考知识点

- 民事诉讼法的概念和基本原则
- 民事诉讼参加人
- 当事人及其诉讼权利
- 民事诉讼证据及举证责任
- 民事诉讼中的管辖
- 民事诉讼审判程序

严格公正司法。公正司法是维护社会公平正义的最后一道防线。深化司法体制综合配套改革，全面准确落实司法责任制，加快建设公正高效权威的社会主义司法制度，努力让人民群众在每一个司法案件中感受到公平正义。[①]

各级司法机关要秉持公正司法，提高民事案件审判水平和效率。要加强民事司法工作，提高办案质量和司法公信力。要及时完善相关民事司法解释，使之同民法典及有关法律规定和精神保持一致，统一民事法律适用标准。[②]

第一节　民事诉讼法概述

一、民事诉讼法的概念和任务

（一）民事诉讼法的概念

民事诉讼，是指人民法院在双方当事人和其他诉讼参加人的参与下，审理和解决民事案件的活动。它的特点是：（1）人民法院的审判活动在全过程中起着主导作用；（2）参加诉讼的双方当事人的法律地位是平等的；（3）审理和解决的是有关财产关系和人身关系

---

① 习近平．高举中国特色社会主义伟大旗帜 为全面建设社会主义现代化国家而团结奋斗：在中国共产党第二十次全国代表大会上的报告．北京：人民出版社，2022：42.

② 习近平总书记2020年5月29日在十九届中央政治局第二十次集体学习时的讲话．

的民事案件。

民事诉讼法，是规定人民法院受理公民之间、法人之间、其他组织之间以及他们相互之间因财产关系和人身关系提起的民事诉讼活动所应遵循的程序制度的法律规范的总称。我国于1982年3月8日第五届全国人民代表大会常务委员会第二十二次会议通过并颁布了《民事诉讼法（试行）》，同年10月1日起试行。经过9年的试行，1991年4月9日第七届全国人民代表大会第四次会议通过《民事诉讼法》，于同日施行。2007年10月28日，第十届全国人民代表大会常务委员会第三十次会议对《民事诉讼法》进行第一次修正，于2008年4月1日起施行。2012年8月31日第十一届全国人民代表大会常务委员会第二十八次会议对《民事诉讼法》进行第二次修正，于2013年1月1日起施行。2017年6月27日第十二届全国人民代表大会常务委员会第二十八次会议对《民事诉讼法》进行第三次修正，于2017年7月1日起施行。根据2021年12月24日第十三届全国人民代表大会常务委员会第三十二次会议《关于修改〈中华人民共和国民事诉讼法〉的决定》进行第四次修正，修正后的《民事诉讼法》自2022年1月1日起施行。根据2023年9月1日第十四届全国人民代表大会常务委员会第五次会议《关于修改〈中华人民共和国民事诉讼法〉的决定》进行第五次修正，修正后的《民事诉讼法》自2024年1月1日起施行。

（二）民事诉讼法的任务

要加强对涉及财产权保护、人格权保护、知识产权保护、生态环境保护等重点领域的民事审判工作和监督指导工作，及时回应社会关切。[①]

《民事诉讼法》第2条规定，民事诉讼法的任务是：（1）保护当事人行使诉讼权利；（2）保证人民法院查明事实，分清是非，正确适用法律，及时审理民事案件；（3）确认民事权利义务关系，制裁民事违法行为，保护当事人的合法权益；（4）教育公民自觉遵守法律，维护社会秩序、经济秩序，保障社会主义建设事业顺利进行。

二、三部诉讼法共同的基本原则

民事诉讼法、行政诉讼法和刑事诉讼法有以下共同的基本原则。

（一）司法机关依法独立行使职权的原则

司法机关依法独立行使职权的原则的含义是：（1）国家司法权由司法机关统一行使，其他任何机关、团体和个人都无权行使这些权力；（2）司法机关依法行使职权，不受行政机关、社会团体和个人的干涉；（3）独立行使职权是指依照法律的规定进行，而不是离开法律规定独立行使职权。

（二）以事实为根据、以法律为准绳的原则

以事实为根据，就是要从客观实际存在的事实出发，实事求是，忠于案件事实真相，

---

① 习近平总书记2020年5月29日在十九届中央政治局第二十次集体学习时的讲话。

不能以主观的想象、推测或想当然为根据。坚持以事实为根据，还要重证据。为此，不但要依法获取证据，注重调查研究，反复核查证据或材料，而且要鉴别真伪，抓住本质。只有充分掌握证据，并找出各个证据之间、证据与案件事实之间的内在联系，才能了解案件的全部真实情况，从而找到正确处理案件的根据。

以法律为准绳，就是在各类诉讼活动中，都必须严格依照法律的规定办事，只有严格依法办事，才能做到正确处理案件。

（三）公民在适用法律上一律平等的原则

这项原则的内容，包括两个方面：(1) 公民在法律的适用上或执行上，一律平等；(2) 公民不分民族、种族、性别、出身、职业、宗教信仰、财产状况、教育程度、居住期限和社会职务，在法律面前都是平等的，其合法权益同样受到国家法律的保护，他们同样承担法律规定的义务和法律责任。

（四）使用本民族语言文字进行诉讼的原则

这项原则的内容包含两点：(1) 在民族聚居或者民族杂居的地区，人民法院应当用当地通用的语言、文字进行审理和发布法律文书；(2) 人民法院和人民检察院对于不通晓当地通用的语言、文字的诉讼参与人，应当为他们提供翻译。

（五）实行合议、回避、公开审判和两审终审制度的原则

合议，是指人民法院的审判活动必须由审判人员或者审判员与陪审员 3 人以上组成合议庭来进行。这是我国人民法院审理案件的基本组织形式。

回避，是指承办本案的审判人员、书记员、翻译人员、鉴定人、勘验人（包括承办刑事案件的侦查员、检察员）与本案有利害关系或其他特殊关系，可能影响公正处理的，必须退出本案的审理（侦查、检察、鉴定、勘验、翻译）活动。审判人员（侦查人员、检察人员）有下列情形之一的，应当自行回避，当事人及其法定代理人也有权要求他们回避：(1) 是本案当事人或者是当事人、诉讼代理人近亲属的；(2) 本人或者他的近亲属与本案有利害关系的；(3) 与本案当事人、诉讼代理人有其他关系，可能影响对案件公正审理的。审判人员接受当事人、诉讼代理人请客送礼，或者违反规定会见当事人、诉讼代理人的，当事人有权要求他们回避。审判人员有前述规定的行为的，应当依法追究法律责任。

公开审判，是指人民法院审判案件，除法律规定不宜公开审判的以外，一律公开进行。这包括开庭前公告当事人姓名、案由和开庭时间、地点，开庭时允许群众旁听和新闻媒介采访报道，公开宣告判决等。民事诉讼中涉及国家秘密、个人隐私的案件不公开审理。离婚案件、涉及商业秘密的案件、当事人申请不公开审理的案件，可以不公开审理。刑事诉讼中涉及国家秘密、个人隐私的案件和 14 周岁以上不满 16 周岁未成年人犯罪案件一律不公开审理。

两审终审，是指一个案件经过两级法院审判即告终结的制度。也就是说，案件经第一审人民法院审理判决或裁定后，当事人不服的，可以依法向上一级人民法院提起上诉；第二审人民法院经过审理作出的判决或裁定，就是终审判决或裁定，当事人不能再提起

上诉。

三、民事诉讼法特有的基本原则

民事诉讼法的基本原则，是指在民事诉讼活动的整个过程中起着普遍指导作用的基本准则。这些基本原则，是以宪法为根据，从我国的实际情况出发，按照社会主义民主和法制的要求，结合我国民事诉讼的特点而制定的。民事诉讼除了适用三部诉讼法共同的基本原则，根据民事诉讼的特点，还适用民事诉讼法特有的基本原则。

（1）当事人诉讼权利平等的原则，是指在民事诉讼中，双方当事人诉讼地位平等、诉讼权利对等。

（2）法院根据自愿和合法进行调解的原则，是指在民事诉讼中，人民法院在事实清楚的基础上，分清是非，进行调解，促成当事人达成协议。调解达成协议，必须双方自愿，不得强迫。调解协议的内容不得违反法律规定。人民法院调解成立后制作的调解书经双方当事人签收后，即具有法律效力，一审结案，不得上诉。对婚姻案件必须首先进行调解。

（3）辩论原则，是指在民事诉讼全过程中，双方当事人对自己的主张可以陈述和答辩，其内容包括三方面：1）实体权利；2）诉讼权利；3）适用法律。辩论的形式既可以是书面的，也可以是言词的。

（4）处分原则，是指在民事诉讼中，应当遵循诚实信用原则。双方当事人有权在法律规定的范围内处分自己的民事权利和诉讼权利。

（5）社会支持起诉原则，是指在民事诉讼中，社会上的机关、团体、企事业单位对权利人的起诉给予支持，可派代表出庭。

（6）就地审判、巡回审判原则，是指在民事诉讼中，人民法院应尽量到纠纷发生的当地进行开庭和宣判，便利群众诉讼。

（7）人民检察院对民事诉讼实行法律监督的原则，是指在民事诉讼中，人民检察院有权对人民法院的审判活动及判决、裁定的执行活动是否合法实行法律监督，并有抗诉权。例如，2017 年《民事诉讼法》修正后增加规定：“人民检察院在履行职责中发现破坏生态环境和资源保护、食品药品安全领域侵害众多消费者合法权益等损害社会公共利益的行为，在没有前款规定的机关和组织或者前款规定的机关和组织不提起诉讼的情况下，可以向人民法院提起诉讼。前款规定的机关或者组织提起诉讼的，人民检察院可以支持起诉。”

要加强民事检察工作，加强对司法活动的监督，畅通司法救济渠道，保护公民、法人和其他组织合法权益，坚决防止以刑事案件名义插手民事纠纷、经济纠纷。①

（8）经当事人同意，民事诉讼活动可以通过信息网络平台在线进行。民事诉讼活动通过信息网络平台在线进行的，与线下诉讼活动具有同等法律效力。

（9）凡是在我国境内发生的民事案件均适用我国民事诉讼法的原则。

---

① 习近平总书记 2020 年 5 月 29 日在十九届中央政治局第二十次集体学习时的讲话．

第二节　民事诉讼参加人

民事诉讼参加人，是指参加民事诉讼的当事人和诉讼代理人。当事人包括原告和被告、共同诉讼人、第三人。诉讼参加人不同于诉讼参与人，诉讼参与人除包括诉讼参加人以外，还包括证人、鉴定人和翻译人员等。

一、当事人

民事诉讼中的当事人，是指因民事权利、义务发生争议而进行诉讼，并受人民法院的裁判约束的利害关系人。当事人可以是公民、法人，也可以是其他组织。

（一）原告和被告

原告是因民事权益发生争议或受到侵害，向人民法院起诉要求保护其合法权益的公民、法人或者其他组织。

被告是因民事权益发生争议或被指控侵害他人民事权益，而被人民法院通知应诉的公民、法人或者其他组织。

（二）共同诉讼人

当事人一方或双方为两人以上，其诉讼标的是共同的，或者诉讼标的是同一种类、人民法院认为可以合并审理并经当事人同意的，为共同诉讼。共同诉讼中的当事人，统称为共同诉讼人。诉讼标的是同一种类、当事人一方人数众多的共同诉讼即集团诉讼，如果在起诉时人数尚未确定，可以由法院发出公告，通知权利人在一定期间向法院登记，向法院登记的权利人可以推选代表人进行诉讼。

对污染环境、侵害众多消费者合法权益等损害社会公共利益的行为，法律规定的机关和有关组织可以向人民法院提起诉讼。

（三）第三人

第三人是指在民事诉讼中，对他人之间的诉讼标的有独立的请求权，或者与诉讼结果有法律上的利害关系，因而参加诉讼的人。第三人分为有独立请求权的第三人和无独立请求权的第三人。人民法院判决承担民事责任的无独立请求权的第三人，有当事人的诉讼权利、义务。

二、诉讼代理人

诉讼代理人是指为了被代理人的利益，以被代理人的名义，在法定的、指定的或者委托的权限范围内，进行诉讼活动的人。诉讼代理人分为法定代理人、指定代理人和委托代理人。

当事人、法定代理人可以委托一至二人作为诉讼代理人。下列人员可以被委托为诉讼代理人：(1) 律师、基层法律服务工作者；(2) 当事人的近亲属或者工作人员；(3) 当事人所在社区、单位以及有关社会团体推荐的公民。

委托他人代为诉讼，必须向人民法院提交由委托人签名或者盖章的授权委托书。授权委托书必须记明委托事项、委托权限及期限。诉讼代理人代为承认、放弃、变更诉讼请求，进行和解，提起反诉或者上诉，必须有委托人的特别授权。

离婚案件有诉讼代理人的，本人除不能表达意志的以外，仍应出庭；确因特殊情况无法出庭的，必须向人民法院提交书面意见。

侨居在国外的中华人民共和国公民从国外寄交或者托交的授权委托书，必须经中华人民共和国驻该国的使领馆证明；没有使领馆的，由与中华人民共和国有外交关系的第三国驻该国的使领馆证明，再转由中华人民共和国驻该第三国使领馆证明，或者由当地的爱国华侨团体证明。

三、当事人的诉讼权利和义务

（一）当事人的诉讼权利

民事诉讼法规定：(1) 当事人有起诉和反诉的权利；(2) 当事人有委托诉讼代理人进行诉讼的权利；(3) 当事人在诉讼中有进行辩论的权利；(4) 经法院许可，当事人可以查阅本案的庭审材料，但涉及国家秘密或者个人隐私的材料除外；(5) 当事人在证据可能灭失或者以后难以取得的情况下，可以向法院申请证据保全；(6) 当事人有权申请财产保全；(7) 当事人有申请回避权，对法院作出的回避决定不服时，可以申请复议；(8) 经法庭许可，当事人有向证人、鉴定人和勘验人发问的权利；(9) 当事人有查阅并申请补正庭审笔录的权利；(10) 当事人不服第一审裁判时，可以在法定期限内提起上诉；(11) 当事人对已经生效的裁判，认为有错误的，有提出申诉的权利；(12) 对于已生效的裁判，如果诉讼一方当事人在法定期限内拒绝履行义务，胜诉一方当事人可以申请法院强制执行；(13) 原告有放弃、变更、增加诉讼请求及撤诉的权利；(14) 原告有权依法申请先予执行；(15) 被告有应诉和答辩的权利；(16) 当事人有和解的权利。

（二）当事人的诉讼义务

当事人的诉讼义务主要有：(1) 必须依法正确行使诉讼权利，不得滥用诉讼权利；(2) 必须遵守诉讼程序，服从法庭指挥，遵守法庭纪律；(3) 自觉履行已生效的判决、裁定。

第三节　反诉、财产保全和先予执行

一、反　诉

反诉，是指在已经开始的诉讼中，被告向原告提起的，可以使本诉失去作用或撤销本诉，要求人民法院共同审理的独立的反请求。

提起反诉，必须具备下列条件：(1) 反诉的被告必须是本诉的原告；(2) 提起反诉的时间必须是在举证期限届满前；（3）反诉只能向审理本诉的人民法院提起；（4）反诉与本诉的诉讼标的或者诉讼理由相互牵连。

二、财产保全

财产保全，是指人民法院对于可能因当事人一方的行为或者其他原因，使判决不能执行或者难以执行的案件，可以根据对方当事人的申请作出裁定，或在必要时主动作出裁定，对诉讼涉及的财产的一部分或全部所采取的强制措施。财产保全措施的种类有：（1）查封财物，或指定持有人保管，不允许擅自处理或移动；（2）扣押财物及其证件材料，不准动用；（3）冻结银行存款。

申请人提出财产保全，应当同时提出财产保全申请书及担保财产的有关文件，并缴纳与此相当的财产保全费。申请人不提供担保的，驳回申请。申请人在人民法院采取保全措施后30日内不起诉的，人民法院应当解除财产保全。被申请人提供担保，以现金或财物及其证件材料作抵押或质押的，人民法院应当解除财产保全。

请思考：甲公司以乙公司为被告向法院提起诉讼，要求乙公司支付拖欠的货款100万元。在诉讼中，甲公司申请对乙公司一处价值90万元的房产采取保全措施，并提供担保。一审法院在作出财产保全裁定后发现，乙公司在向丙银行贷款100万元时，已将该房产和一辆小轿车抵押给丙银行。下列哪一选项是正确的？（　　）

A. 一审法院不能对该房产采取保全措施，因为该房产已抵押给丙银行

B. 一审法院可以对该房产采取保全措施，但是需要征得丙银行的同意

C. 一审法院可以对该房产采取保全措施，但是丙银行仍然享有优先受偿权

D. 一审法院可以对该房产采取保全措施，同时，丙银行的优先受偿权也丧失

答案：C。

三、先予执行

先予执行，又称暂先执行、先行给付，是指人民法院为了满足某种诉讼请求，在判决以前作出书面裁定，强制被申请人履行一定的义务，并且立即执行的诉讼活动。

裁定先予执行的前提条件有两个：（1）双方当事人之间的权利、义务关系比较明确，原告的生活确实有困难；（2）被申请人有履行能力。

民事诉讼法规定，可以裁定先予执行的案件有追索赡养费、扶养费、抚养费、抚恤金、医疗费用、劳动报酬的案件，以及因情况紧急需要先予执行的案件。

第四节　民事诉讼证据及举证责任

一、证据的概念和特征

证据，是指能够证明案件真实情况的事实。

证据具有以下特征。

（1）客观性。它必须是客观存在的事实，任何主观臆断、推理和虚假的材料都不能成为证据。

（2）关联性。它必须与特定的案件有内在的必然联系，与该案件没有关联的事实不能成为证据。

（3）合法性。它必须符合法律要求的形式，并按法定程序收集和运用，不符合法定形式要求，违反法定程序取得的材料，不能作为证据。

二、民事诉讼证据的种类

民事诉讼法规定，民事诉讼证据有八种，即当事人的陈述、书证、物证、视听资料、电子数据、证人证言、鉴定意见、勘验笔录。

（1）当事人的陈述，是指当事人对事实经过的陈述。

（2）书证，是指能够以其文字内容证明案件真实情况的书面材料。

（3）物证，是指能够以其外形或属性证明案件真实情况的物品或痕迹。

（4）视听资料，是指以摄影、录音、录像等方式保存、反映案件事实的载体。

（5）电子数据，是指以电子数据方式保存、反映案件事实的载体。

（6）证人证言，是指亲眼看见或亲自经历本案情况的人提供的事实陈述。

（7）鉴定意见，是指公、检、法机关聘请的专家对书证、物证、视听资料的真实性提出的书面意见。人民法院对专门性问题认为需要鉴定的，应当交由法定鉴定部门鉴定；没有法定鉴定部门的，由人民法院指定的鉴定部门鉴定。鉴定部门及其指定的鉴定人有权了解进行鉴定所需要的案件材料，必要时可以询问当事人、证人。鉴定部门和鉴定人应当提出书面鉴定意见，在鉴定书上签名或者盖章。鉴定人鉴定的，应当由鉴定人所在单位加盖印章，证明鉴定人身份。

（8）勘验笔录，是指公、检、法机关勘查现场、检验物品或痕迹所作的笔录。勘验物证或者现场，勘验人必须出示人民法院的证件，并邀请当地基层组织或者当事人所在单位派人参加。当事人或者当事人的成年家属应当到场，拒不到场的，不影响勘验的进行。有关单位和个人根据人民法院的通知，有义务保护现场，协助勘验工作。勘验人应当将勘验情况和结果制作笔录，由勘验人、当事人和被邀参加人签名或者盖章。

以上证据必须查证属实，才能作为认定事实的根据。

三、举证责任

举证责任，是指当事人在诉讼中对自己提出的主张，有提供证据证明其真实、合法的责任。《民事诉讼法》第 67 条规定：当事人对自己提出的主张，有责任提供证据。这一规定，即“谁主张，谁举证”。无论是原告提出诉讼请求，被告反驳、否定原告的主张以及提起反诉，还是有独立请求权的第三人对原、被告之间争议的诉讼标的主张独立的请求权，都必须承担举证责任。人民法院也可以调查收集证据。

举证责任倒置，是指法律有明确规定的，举证责任由被告承担的情形，如医疗纠纷、食品安全纠纷等。

四、证据保全

证据保全，是指法院、当事人或公证机关在调查收集证据之前，对可能灭失或以后难以取得的证据采取措施加以收集和保存的制度，如照相、录音等。证据保全后可由公证机关在诉讼前进行公证。

采取证据保全的条件有：（1）需要保全的事实材料是能够证明案件事实的证据；（2）该证据如不及时采取保全措施，则可能灭失或以后难以取得；（3）保全措施必须在法院调查开始前采取。

请思考：齐某被宏达公司的汽车撞伤，诉至法院要求赔偿损失。下列关于本案举证责任的哪些说法是正确的？（　　）

A. 原告齐某应当举证证明是被宏达公司的汽车所撞致伤

B. 原告齐某应当对自己受到的损失承担举证责任

C. 被告宏达公司应当对其主张的自己没有过错承担举证责任

D. 被告宏达公司应当对其主张的原告齐某有主观故意承担举证责任

答案：ABD。

第五节　民事诉讼中的管辖

一、民事诉讼中的管辖的含义

民事诉讼中的管辖，是指人民法院之间受理第一审民事案件的分工和权限。人民法院受理民事诉讼案件的范围是确定人民法院与其他机关、团体之间解决民事纠纷的分工，而管辖是确定各级人民法院之间、同级人民法院之间受理民事案件的分工。我国民事诉讼法规定的管辖，包括级别管辖、地域管辖、移送管辖和指定管辖。

二、级别管辖

级别管辖是指各级人民法院受理第一审民事案件的职权范围。基层人民法院管辖除法律另有规定以外的第一审民事案件；中级人民法院管辖重大涉外第一审民事案件、在本辖区有重大影响的第一审民事案件，以及最高人民法院确定由中级人民法院管辖的第一审民事案件；高级人民法院管辖在本辖区有重大影响的第一审民事案件；最高人民法院管辖在全国有重大影响的案件和其认为应当由本院审理的第一审民事案件。

三、地域管辖

地域管辖是指以地区来划分同级人民法院受理第一审民事案件的职权范围。根据民事案件的不同情况，地域管辖分为以下几种。

（一）一般地域管辖

一般地域管辖，是指民事诉讼一般由被告住所地人民法院管辖，被告住所地与经常居住地不一致的，由经常居住地人民法院管辖，即“原告就被告”的原则。但民事诉讼法又规定，下列民事诉讼由原告经常居住地人民法院管辖：（1）对不在中华人民共和国领域内居住的人提起的有关身份关系的诉讼；（2）对下落不明或者宣告失踪的人提起的有关身份关系的诉讼；（3）对被采取强制性教育措施或被监禁的人提起的诉讼。

（二）特殊地域管辖

特殊地域管辖，是指依特定标准确定的管辖。这主要指以下八种情况：（1）因合同纠纷提起的诉讼，由被告住所地或者合同履行地人民法院管辖。合同的双方当事人可以在书面合同中协议选择被告住所地、合同履行地、合同签订地、原告住所地、标的物所在地人民法院管辖，但不得违反法律对级别管辖和专属管辖的规定。因保险合同纠纷提起的诉讼，由被告住所地或者保险标的物所在地人民法院管辖。（2）因侵权行为提起的诉讼，由侵权行为地或者被告住所地人民法院管辖。（3）因票据纠纷提起的诉讼，由票据支付地或者被告住所地人民法院管辖。（4）因铁路、公路、水上、航空运输和联合运输合同纠纷提起的诉讼，由运输始发地、目的地或者被告住所地人民法院管辖。（5）因铁路、公路、水上和航空事故请求损害赔偿提起的诉讼，由事故发生地或者车辆、船舶最先到达地及航空器最先降落地或者被告住所地人民法院管辖。（6）因船舶碰撞或者其他海事损害事故请求损害赔偿提起的诉讼，由碰撞发生地、碰撞船舶最先到达地、加害船舶被扣留地或者被告住所地人民法院管辖。（7）因海难救助费用提起的诉讼，由救助地或者被救助船舶最先到达地人民法院管辖。（8）因共同海损提起的诉讼，由船舶最先到达地、共同海损理算地或者航程终止地的人民法院管辖。（9）因公司设立、确认股东资格、分配利润、解散等纠纷提起的诉讼，由公司住所地人民法院管辖。

（三）专属管辖

专属管辖，是指法律规定某些民事案件只能由特定的人民法院管辖，如：因不动产提起的诉讼，由不动产所在地人民法院管辖；因港口作业中发生纠纷提起的诉讼，由港口所在地人民法院管辖；因继承遗产纠纷提起的诉讼，由被继承人死亡时住所地或者主要遗产所在地人民法院管辖。

（四）共同管辖、选择管辖、协议管辖

共同管辖，是指两个以上的人民法院对同一民事案件都有管辖权，如同案几个被告的住所地分别在几个人民法院的辖区内，这几个人民法院对这一案件都有管辖权。

选择管辖，是指原告在几个有管辖权的人民法院中选择一个人民法院为管辖法院。选择管辖是以共同管辖为前提的。

协议管辖，又称约定管辖，是指当事人在纠纷发生前或纠纷发生后，以协议的方式来约定管辖的人民法院。我国民事诉讼法规定涉外民事诉讼中的某些案件适用协议管辖。

四、移送管辖和指定管辖

（一）移送管辖

移送管辖，是指人民法院发现受理的案件不属于本院管辖时，应当移送有管辖权的人民法院，受移送的人民法院应当受理。受移送的人民法院认为受移送的案件依照规定不属于本院管辖的，应当报请上级人民法院指定管辖，不得再自行移送。

（二）指定管辖

指定管辖，是指有管辖权的人民法院由于特殊原因，如因当事人申请回避等，不能行使管辖权的，由上级人民法院指定管辖。人民法院之间对管辖权发生争议的，由争议双方协商解决；协商不成的，报请共同上级人民法院指定管辖。

第六节 民事诉讼中的强制措施

一、民事诉讼中的强制措施的概念和种类

民事诉讼中的强制措施，是指为了保障民事诉讼活动的顺利进行，而对妨害民事诉讼的行为人所采取的一种强制方法。民事诉讼法规定的强制措施有以下五种：拘传、训诫、责令退出法庭、罚款、拘留。

（1）拘传，是指对必须到庭，经两次传票传唤无正当理由拒不到庭的被告，强制其到庭参加诉讼活动的强制措施。

（2）训诫，是指对妨害民事诉讼的行为人给予口头批评、教育的强制措施。

（3）责令退出法庭，是指责令妨害民事诉讼的行为人立即离开法庭的强制措施。

（4）罚款，是指责令妨害民事诉讼的行为人交付一定金额的货币的强制措施。对个人的罚款金额，为人民币 10 万元以下。对单位的罚款金额，为人民币 5 万元以上 100 万元以下。

（5）拘留，是指人民法院对于妨害民事诉讼行为情节严重的行为人，在一定时间内限制其人身自由的强制措施。拘留的期限，为15日以下。

二、民事诉讼中的强制措施的适用

（1）人民法院对违反法庭规则的人，可以予以训诫、责令退出法庭或者予以罚款、拘留。

（2）人民法院对哄闹、冲击法庭，侮辱、诽谤、威胁、殴打审判人员，严重扰乱法庭秩序的人，依法追究刑事责任；情节较轻的，予以罚款、拘留。

（3）诉讼参与人或者其他人有下列行为之一的，人民法院可以根据情节轻重予以罚款、拘留；构成犯罪的，依法追究刑事责任：

1）伪造、毁灭重要证据，妨碍人民法院审理案件的；

2）以暴力、威胁、贿买方法阻止证人作证或者指使、贿买、胁迫他人作伪证的；

3）隐藏、转移、变卖、毁损已被查封、扣押的财产，或者已被清点并责令其保管的财产，转移已被冻结的财产的；

4）对司法工作人员、诉讼参加人、证人、翻译人员、鉴定人、勘验人、协助执行的人，进行侮辱、诽谤、诬陷、殴打或者打击报复的；

5）以暴力、威胁或者其他方法阻碍司法工作人员执行职务的；

6）拒不履行人民法院已经发生法律效力的判决、裁定的。

人民法院对有上述行为之一的单位，可以对其主要负责人或者直接责任人员予以罚款、拘留；构成犯罪的，依法追究刑事责任。

（4）有义务协助调查、执行的单位有下列行为之一的，人民法院除责令其履行协助义务外，可以予以罚款：

1）有关单位拒绝或者妨碍人民法院调查取证的；

2）银行、信用合作社和其他有储蓄业务的单位接到人民法院协助执行通知书后，拒不协助查询、扣押、冻结、划拨、变价财产的；

3）有关单位接到人民法院协助执行通知书后，拒不协助扣留被执行人的收入、办理有关财产权证照转移手续和转交有关票证、证照或者其他财产的；

4）其他拒绝协助执行的。

人民法院对于有上述行为之一的单位，可以对其主要负责人或者直接责任人员予以罚款；对仍不履行协助义务的，可以予以拘留；并可以向监察机关或者有关机关提出予以纪律处分的司法建议。

（5）被拘留的人，由人民法院交公安机关看管。在拘留期间，被拘留人承认并改正错误的，人民法院可以决定提前解除拘留。

（6）对妨害民事诉讼的行为人采取强制措施，必须由人民法院决定。任何单位和个人通过非法拘禁他人或者非法私自扣押他人财产追索债务的，应当依法追究其刑事责任，或者予以拘留、罚款。

第七节 诉讼费用

一、诉讼费用的意义及内容

当事人是为了自己的民事权益进行民事诉讼，不应当由国家负担诉讼费用。为了防止滥诉和无理缠讼，人民法院向当事人收取诉讼费用是合理的。

当事人进行民事诉讼，应当按照规定交纳案件受理费。财产案件除交纳案件受理费外，当事人还应按照规定交纳其他诉讼费用，包括申请财产保全费、勘验费、鉴定费、公告费、翻译费、执行费，复制法律文书或庭审笔录的成本费，证人、鉴定人、翻译人员出庭的交通费、住宿费、误工补贴等。

当事人交纳诉讼费用确有困难的，可以按照规定向人民法院申请缓交、减交或者免交。

二、诉讼费用的负担原则

（1）案件受理费以当事人诉讼请求的价额为准，依累计递减法，按最高人民法院的规定，由原告预交；申请财产保全费、勘验费、鉴定费、公告费、翻译费、执行费由申请人预交；上诉费由上诉人预交；案件其他费用按照实际支出交纳。

（2）诉讼费用应当由败诉人负担。不论是原告还是被告，谁败诉就由谁负担诉讼费用。

（3）当事人部分胜诉、部分败诉的，由双方按比例负担。

（4）原告撤诉的，费用减半，由原告负担。

（5）共同诉讼人败诉的，人民法院根据他们各自的利害关系，决定诉讼费用的分担。

（6）调解成立的案件，诉讼费用的分担由当事人协商解决。

第八节 民事诉讼审判程序

民事诉讼审判程序包括第一审普通程序、简易程序、第二审程序、特别程序、审判监督程序、督促程序、公示催告程序。

一、第一审普通程序

第一审普通程序是人民法院审理民事案件时通常适用的最基本的程序。

（一）起诉和受理

1. 起诉

起诉是指原告向人民法院提出诉讼请求的行为。起诉必须具备四个条件：（1）原告是与本案有直接利害关系的公民、法人或其他组织；（2）有明确的被告；（3）有具体的诉讼请求和事实、理由；（4）属于人民法院受理民事诉讼的范围和受诉人民法院管辖。

起诉应以书面方式提出，即向人民法院递交起诉状，并按照被告人数提出副本。

2. 受理

受理是指人民法院经过对起诉状的审查，认为符合法定条件，予以立案审理的诉讼行为。

人民法院经过对起诉状的审查，认为符合法定起诉条件的，应当在7日内立案，并通知当事人。法院决定受理后，民事诉讼即告成立，诉讼法律关系随之产生，人民法院和诉讼参加人都必须严格按照法定程序进行诉讼活动。基层人民法院审理的基本事实清楚、权利义务关系明确的第一审民事案件，可以由审判员一人适用普通程序独任审理。

（二）审理前的准备

审理前的准备，是人民法院受理案件以后为开庭审理所做的准备工作。

人民法院应当自立案之日起5日内将起诉状副本发送被告，告知被告在收到之日起15日内提交答辩状。被告提交答辩状的，人民法院应当自收到之日起5日内将答辩状副本发送原告。被告不提交答辩状的，不影响人民法院审理。

审判人员必须认真审核诉讼材料，进行调查研究，必要时可以收集证据。人民法院派出人员进行调查时，应当向被调查人出示证件。调查笔录经被调查人校阅后，由被调查人、调查人签名或者盖章。

人民法院在必要时可以委托外地人民法院调查。委托调查，必须提出明确的项目和要求。受委托人民法院可以主动补充调查。受委托人民法院收到委托书后，应当在30日内完成调查；因故不能完成的，应当在上述期限内函告委托人民法院。

必须共同进行诉讼的当事人没有参加诉讼的，人民法院应当通知其参加诉讼。必须到庭的被告是指负有赡养、抚育、抚养义务和不到庭就无法查清案情的被告。人民法院对必须到庭的被告，经两次传票传唤，无正当理由拒不到庭的，可以拘传。

当事人可以向法庭申请证据保全，或者申请财产保全、先予执行。

（三）开庭审理

开庭审理是指人民法院在法庭上依法对案件进行审理的诉讼活动，包括开庭准备、法庭调查、法庭辩论、评议与宣判四个阶段。

1. 开庭准备

人民法院审理民事案件，应当在开庭3日以前通知当事人和其他诉讼参与人，发布公开审理公告。开庭前，书记员应当查明当事人和其他诉讼参与人是否到庭，宣布法庭纪律。

开庭时，由审判长核对当事人，宣布案由，宣布审判人员、书记员名单，告知当事人诉讼权利和义务，询问当事人是否申请回避。

2. 法庭调查

证据应当在法庭上出示，并由当事人互相质证。对于涉及国家秘密、商业秘密和个人隐私的证据应当保密，需要在法庭出示的，不得在公开开庭时出示。

法庭调查应当围绕案件事实及有关证据进行，包括：询问当事人和听取当事人陈述；询问证人，宣读证人证言；出示物证、书证和视听资料；询问鉴定人，宣读鉴定意见；宣读勘验笔录。

3. 法庭辩论

法庭辩论是由当事人根据事实和法律，围绕诉讼请求和答辩意见进行。先由原告及其诉讼代理人发言，再由被告及其诉讼代理人答辩，然后第三人及其诉讼代理人发言或者答辩，最后是双方互相辩论。法庭辩论终结，由审判长按原告、被告、第三人的先后顺序征询各方最后意见。

4. 评议与宣判

法庭辩论终结后，可以进行调解；若调解未达成协议，审判人员则退庭评议，对案件作出处理决定，然后，当庭或定期宣告判决。宣告判决一律公开进行。宣判时，必须告知当事人有关上诉的权利，告诉离婚案件的当事人在离婚判决生效前不得另行结婚。

下列情况可以缺席判决：（1）被告提起反诉，而原告经传票传唤，无正当理由拒不到庭，或者未经法庭许可中途退庭的；（2）被告经传票传唤，无正当理由拒不到庭，或者未经法庭许可中途退庭的；（3）宣判前，人民法院裁定原告不准许撤诉，原告经传票传唤，无正当理由拒不到庭的。

人民法院适用普通程序审理的案件，应当在立案之日起 6 个月内审结。有特殊情况需要延长的，由本院院长批准，可以延长 6 个月。

最高人民法院的判决、裁定，以及依法不准上诉或者超过上诉期没有上诉的判决、裁定，是发生法律效力的判决、裁定。

请思考：根据《民事诉讼法》和有关司法解释，当事人可以约定下列哪些事项？（　　）

A. 约定合同案件的管辖法院

B. 约定离婚案件的管辖法院

C. 约定举证时限

D. 法院指定的举证时限不得少于 30 日

答案：ABC。

二、简易程序

简易程序，是基层人民法院和它派出的法庭审理简单民事案件所适用的程序。所谓简单民事案件，是指事实清楚、权利义务关系明确、争议不大的民事案件。

对于适用简易程序的简单民事案件，原告可以口头起诉。当事人双方可以同时到基层人民法院或者它派出的法庭请求解决争议。受诉人民法院或它派出的法庭可以当即审理，可以用简便方式随时传唤当事人、证人。适用简易程序的案件由审判员一人独任审理。

人民法院适用简易程序审理案件，应当在立案之日起 3 个月内审结。

三、第二审程序

第二审程序是指人民法院审理上诉案件所适用的程序。上诉必须由法定的上诉人在法定期限内以上诉状的形式提起。法定的上诉人包括当事人及其法定代理人，委托代理人须经被代理人特别授权才能提起上诉。对判决提起上诉的期限为 15 日，对裁定提起上诉的期限为 10 日。当事人不得单独就诉讼费用的决定提起上诉。上诉状应当通过原审人民法院提交，也可以直接向第二审人民法院提交。

第二审人民法院应当组成合议庭，对上诉案件进行开庭审理。经过审理，按照不同情形分别作出处理。中级人民法院对第一审适用简易程序审结或者不服裁定提起上诉的第二审民事案件，事实清楚、权利义务关系明确的，经双方当事人同意，可以由审判员一人独任审理。

二审法院审理上诉案件后，根据不同情况，可以作出维持原判决和依法改判两种类型的判决以及撤销原判发回重审的裁定。

（1）维持原判决。二审法院通过对上诉案件的审理，确认一审判决认定事实清楚，适用法律正确的，判决驳回上诉、维持原判决。

（2）依法改判。二审法院通过对上诉案件的审理，确认一审判决认定事实清楚，但适用法律错误的，依法改判；或者确认一审判决认定事实不清、证据不足的，在查清事实后可以依法改判。

（3）撤销原判、发回重审的裁定。这种裁定适用于以下三种情况：一审判决认定事实不清；一审判决证据不足；一审违反法定程序，而且可能影响案件正确判决。原审人民法院对发回重审的案件作出判决后，当事人提起上诉的，二审法院不得再次发回重审。

人民法院审理对判决的上诉案件，应当在第二审立案之日起 3 个月内审结。有特殊情况需要延长的，由本院院长批准。

四、特别程序

特别程序是人民法院审理法定的特殊案件所适用的程序。这里的特殊案件是指选民资格案件、宣告失踪或者宣告死亡案件、认定公民无民事行为能力或者限制民事行为能力案件、认定财产无主案件、确认调解协议案件、实现担保物权案件。

五、审判监督程序

审判监督程序，是指人民法院对已发生法律效力又确有错误的判决和裁定，进行再一次审理所适用的程序，亦称再审程序。

当事人的申请符合下列情形之一的，人民法院应当再审：

（1）有新的证据，足以推翻原判决、裁定的；

（2）原判决、裁定认定的基本事实缺乏证据证明的；

（3）原判决、裁定认定事实的主要证据是伪造的；

（4）原判决、裁定认定事实的主要证据未经质证的；

（5）对审理案件需要的主要证据，当事人因客观原因不能自行收集，书面申请人民法院调查收集，人民法院未调查收集的；

（6）原判决、裁定适用法律确有错误的；

（7）审判组织的组成不合法或者依法应当回避的审判人员没有回避的；

（8）无诉讼行为能力人未经法定代理人代为诉讼或者应当参加诉讼的当事人，因不能归责于本人或者其诉讼代理人的事由，未参加诉讼的；

（9）违反法律规定，剥夺当事人辩论权利的；

（10）未经传票传唤，缺席判决的；

（11）原判决、裁定遗漏或者超出诉讼请求的；

（12）据以作出原判决、裁定的法律文书被撤销或者变更的；

（13）审判人员在审理该案件时有贪污受贿、徇私舞弊、枉法裁判行为的；

当事人申请再审，应当在判决、裁定发生法律效力后 6 个月内提出；有前述第 1 项、第 3 项、第 12 项、第 13 项规定情形的，自知道或者应当知道有关事实之日起 6 个月内提出。

当事人对已经发生法律效力的解除婚姻关系的判决、调解书，不得申请再审。

因当事人申请裁定再审的案件由中级人民法院以上的人民法院审理。最高人民法院、高级人民法院裁定再审的案件，由本院再审或者交其他人民法院再审，也可以交原审人民法院再审。

人民法院应当自收到再审申请书之日起 3 个月内审查，符合《民事诉讼法》规定的，裁定再审；不符合《民事诉讼法》规定的，裁定驳回申请。有特殊情况需要延长审查期限的，由本院院长批准。

六、督促程序、公示催告程序

督促程序，是债权人申请人民法院发出支付令，督促债务人履行一定给付义务的程序。债权人请求债务人给付金钱、有价证券，在债权人与债务人没有其他债务纠纷，并且支付令能够送达债务人的条件下，可以向有管辖权的基层人民法院申请支付令。人民法院受理申请后，经审查认为债权债务关系明确、合法的，应当向债务人发出支付令。债务人在 15 日内不提出异议又不履行支付令的，债权人可以向人民法院申请执行。债务人依法向人民法院提出书面异议，人民法院经审查，异议成立的，应当裁定终结督促程序，支付令自行失效，转入诉讼程序。

公示催告程序，是指人民法院根据丧失票据的当事人的申请，以公告的方式催促不明确的利害关系人在规定期间内申报权利、提出票据，否则，将判决宣告利害关系人持有的票据无效的一种程序。公示催告的期间，由人民法院根据情况决定，但不得少于 60 日。

第九节 执行程序

一、一般规定

申请执行的期间为2年，从法律文书规定的履行期间的最后一日起计算；法律文书规定分期履行的，从规定的每次履行期间的最后一日起计算；法律文书未规定履行期间的，从法律文书生效之日起计算。申请执行时效的中止、中断，适用法律有关诉讼时效中止、中断的规定。

执行员接到申请执行书或者移交执行书，应当向被执行人发出执行通知，并可以立即采取强制执行措施。

发生法律效力的民事判决、裁定，以及刑事判决、裁定中的财产部分，由第一审人民法院或者与第一审人民法院同级的被执行的财产所在地人民法院执行。

执行工作由执行员进行。采取强制执行措施时，执行员应当出示证件。执行完毕后，应当将执行情况制作笔录，由在场的有关人员签名或者盖章。

在执行中，被执行人向人民法院提供担保，并经申请执行人同意的，人民法院可以决定暂缓执行及暂缓执行的期限。被执行人逾期仍不履行的，人民法院有权执行被执行人的担保财产或者担保人的财产。

在执行中，双方当事人自行和解达成协议的，执行员应当将协议内容记入笔录，由双方当事人签名或者盖章。一方当事人不履行和解协议的，人民法院可以根据对方当事人的申请，恢复对原生效法律文书的执行。

当事人、利害关系人认为执行行为违反法律规定的，可以向负责执行的人民法院提出书面异议。当事人、利害关系人提出书面异议的，人民法院应当自收到书面异议之日起15日内审查，理由成立的，裁定撤销或者改正；理由不成立的，裁定驳回。当事人、利害关系人对裁定不服的，可以自裁定送达之日起10日内向上一级人民法院申请复议。

人民法院自收到申请执行书之日起超过6个月未执行的，申请执行人可以向上一级人民法院申请执行。上一级人民法院经审查，可以责令原人民法院在一定期限内执行，也可以决定由本院执行或者指令其他人民法院执行。

在执行过程中，案外人对执行标的提出书面异议的，人民法院应当自收到书面异议之日起15日内审查，理由成立的，裁定中止对该标的的执行；理由不成立的，裁定驳回。案外人、当事人对裁定不服，认为原判决、裁定错误的，依照审判监督程序办理；与原判决、裁定无关的，可以自裁定送达之日起15日内向人民法院提起诉讼。

作为被执行人的公民死亡的，以其遗产偿还债务。作为被执行人的法人或者其他组织终止的，由其权利义务承受人履行义务。

人民检察院有权对民事执行活动实行法律监督。

请思考： 人民法院判决乙赔偿甲10万元，并登报赔礼道歉。判决生效后乙交付甲10

万元，但未按期赔礼道歉。甲申请强制执行。执行中，甲、乙自行达成口头协议，约定乙免于赔礼道歉，但另付甲1万元。法院下列哪一做法正确？（　　）

A. 不允许，因口头协议超出生效判决的范围

B. 允许，法院视为申请人撤销申请

C. 允许，法院要将当事人口头协议内容记入笔录，由甲、乙签字或盖章

D. 允许，法院根据当事人协议内容制作调解书

答案：C。

二、执行措施

被执行人未按执行通知履行法律文书确定的义务，应当报告当前以及收到执行通知之日前1年的财产情况。被执行人拒绝报告或者虚假报告的，人民法院可以根据情节轻重对被执行人或者其法定代理人、有关单位的主要负责人或者直接责任人员予以罚款、拘留。

被执行人未按执行通知履行法律文书确定的义务，人民法院有权向有关单位查询被执行人的存款、债券、股票、基金份额等财产情况，有权扣押、冻结、划拨、变价被执行人的财产，但查询、扣押、冻结、划拨财产不得超出被执行人应当履行义务的范围。人民法院决定扣押、冻结、划拨、变价，应当作出裁定，并发出协助执行通知书，有关单位必须办理。

被执行人未按执行通知履行法律文书确定的义务，人民法院有权扣留、提取被执行人应当履行义务部分的收入，但应当保留被执行人及其所扶养家属的生活必需费用。人民法院扣留、提取收入时，应当作出裁定，并发出协助执行通知书，被执行人所在单位、银行、信用合作社和其他有储蓄业务的单位必须办理。

被执行人未按执行通知履行法律文书确定的义务，人民法院有权查封、扣押、冻结、拍卖、变卖被执行人应当履行义务部分的财产，但应当保留被执行人及其所扶养家属的生活必需品。人民法院查封、扣押财产时，被执行人是公民的，应当通知被执行人或者他的成年家属到场；被执行人是法人或者其他组织的，应当通知其法定代表人或者主要负责人到场。拒不到场的，不影响执行。被执行人是公民的，其工作单位或者财产所在地的基层组织应当派人参加。对被查封、扣押的财产，执行员必须造具清单，由在场人签名或者盖章后，交被执行人一份。被执行人是公民的，也可以交他的成年家属一份。对于被查封的财产，执行员可以指定被执行人负责保管。因被执行人的过错造成的损失，由被执行人承担。

财产被查封、扣押后，执行员应当责令被执行人在指定期间履行法律文书确定的义务。被执行人逾期不履行的，人民法院可以按照规定交有关单位拍卖或者变卖被查封、扣押的财产。

国家禁止自由买卖的物品，交有关单位按照国家规定的价格收购。

被执行人不履行法律文书确定的义务，并隐匿财产的，人民法院有权由院长签发搜查令，对被执行人及其住所或者财产隐匿地进行搜查。

法律文书指定交付的财物或者票证，由执行员传唤双方当事人当面交付，或者由执行员转交，并由被交付人签收。有关单位持有该项财物或者票证的，应当根据人民法院的协助执行通知书转交，并由被交付人签收。有关公民持有该项财物或者票证的，人民法院通知其交出；拒不交出的，强制执行。

强制迁出房屋或者强制退出土地，由院长签发公告，责令被执行人在指定期间履行。被执行人逾期不履行的，由执行员强制执行。强制执行时，被执行人是公民的，应当通知被执行人或者他的成年家属到场；被执行人是法人或者其他组织的，应当通知其法定代表人或者主要负责人到场。拒不到场的，不影响执行。被执行人是公民的，其工作单位或者房屋、土地所在地的基层组织应当派人参加。执行员应当将强制执行情况记入笔录，由在场人签名或者盖章。强制迁出房屋被搬出的财物，由人民法院派人运至指定处所，交给被执行人。被执行人是公民的，也可以交给他的成年家属。因拒绝接收而造成的损失，由被执行人承担。

在执行中，需要办理有关财产权证照转移手续的，人民法院可以向有关单位发出协助执行通知书，有关单位必须办理。

对判决、裁定和其他法律文书指定的行为，被执行人未按执行通知履行的，人民法院可以强制执行或者委托有关单位或其他人完成，费用由被执行人承担。

被执行人未按判决、裁定和其他法律文书指定的期间履行给付金钱义务的，应当加倍支付迟延履行期间的债务利息。被执行人未按判决、裁定和其他法律文书指定的期间履行其他义务的，应当支付迟延履行金。

人民法院采取执行措施后，被执行人仍不能偿还债务的，应当继续履行义务。债权人发现被执行人有其他财产的，可以随时请求人民法院执行。

被执行人不履行法律文书确定的义务的，人民法院可以对其采取或者通知有关单位协助采取限制出境，在征信系统记录、通过媒体公布不履行义务信息以及法律规定的其他措施。

深度阅读

1. 江伟，肖建国主编．民事诉讼法．9版．北京：中国人民大学出版社，2023

2.《中华人民共和国民事诉讼法》

问题与思考

一、辨析题

1. 在民事诉讼中，只有人民法院才是民事诉讼法律关系的主体。

2. 诉讼代理人是民事诉讼法律关系的主体，但不是诉讼主体。

3. 辩论原则是民事诉讼的基本原则，所有参与民事诉讼的人都有权在法庭上进行辩论。

4. 当事人申请回避，可以在案件审理时提出，也可以在法庭辩论终结前提出。

5. 证据必须经过查证属实才能作为认定事实的根据。

6. 人民法院接受反诉后，如本诉的原告放弃诉讼请求，反诉的诉讼程序也随之而终结。

二、案例分析

王先生没有本市户口。他与同事孙先生约定：王先生利用孙先生的名义购买本市经济适用房一套，所有款项由王先生承担，产权归王先生，孙先生对此房不享有任何权利。

20××年5月，孙先生与王先生签订了这套房屋的转让合同，还签订了一份办理房屋产权过户的委托协议。合同约定王先生向房产开发公司一次性付清全部房款，孙先生保证房产证过户清楚、无纠纷。

哪知孙先生的妻子柳女士不认可，以丈夫没有得到她的同意、损害了她的利益为由，不让孙先生办理房屋产权过户手续。王先生无奈之下只得向法院起诉，要求孙先生履行房屋转让合同，办理房屋产权过户手续。

柳女士得知情况后，把孙先生和王先生一同告上了法庭，要求法院认定他们之间的房屋买卖合同无效。

请思考：王先生、孙先生和柳女士在本案诉讼中分别是哪种诉讼主体?

第十一章

行政诉讼法

常考知识点

- 行政诉讼法的基本原则
- 行政诉讼的受案范围
- 行政诉讼的管辖
- 行政诉讼证据
- 行政诉讼原告和第三人
- 行政诉讼第一审程序

深化行政执法体制改革，全面推进严格规范公正文明执法，加大关系群众切身利益的重点领域执法力度，完善行政执法程序，健全行政裁量基准。强化行政执法监督机制和能力建设，严格落实行政执法责任制和责任追究制度。完善基层综合执法体制机制。[①]

第一节　行政诉讼法概述

一、行政诉讼的特点、 行政诉讼法的概念和特有原则

（一）行政诉讼的特点

行政诉讼，是指人民法院根据公民、法人或非法人组织的请求，依法审理和解决行政案件的活动。行政诉讼具有以下特点。

（1）行政诉讼由行政管理活动中的被管理者即公民、法人或非法人组织提起。

（2）被告是行政机关和行政机关工作人员，包括法律、法规、规章授权的组织。按照行政诉讼法的规定，对行政机关采取广义理解。

（3）行政诉讼是被管理者认为某行政行为侵犯其合法权益而请求司法保护的诉讼。

① 习近平．高举中国特色社会主义伟大旗帜 为全面建设社会主义现代化国家而团结奋斗：在中国共产党第二十次全国代表大会上的报告．北京：人民出版社，2022：41.

（4）行政诉讼以行政机关的某行政行为是否合法为裁判对象。

（二）行政诉讼法的概念

行政诉讼法，是规定人民法院在当事人及其他诉讼参加人的参与下，在审理行政案件中进行各种诉讼活动所应遵循的程序制度的法律规范总称。1989 年 4 月第七届全国人民代表大会第二次会议通过《行政诉讼法》，自 1990 年 10 月 1 日起施行。全国人大常委会分别于 2014 年、2017 年对该法进行了修改。

《行政诉讼法》的基本任务是：保证人民法院公正、及时审理行政案件，解决行政争议，保护公民、法人和其他组织的合法权益，监督行政机关依法行使职权。

（三）行政诉讼法的特有原则

行政诉讼法的原则，包括各个诉讼法共有的基本原则，也包括根据行政诉讼的特点而具有的特有原则。《行政诉讼法》突出强调的原则主要有以下几个方面。

（1）人民法院应当保障公民、法人和非法人组织的起诉权利，对应当受理的行政案件依法受理。行政机关及其工作人员不得干预、阻碍人民法院受理行政案件。

（2）被诉行政机关负责人应当出庭应诉。不能出庭的，应当委托行政机关相应的工作人员出庭。

（3）人民法院审查行政行为的合法性。

（4）当事人在行政诉讼中的法律地位平等。

（5）当事人有进行诉讼辩论的权利。

（6）人民检察院有权对行政诉讼实行法律监督。

二、行政诉讼的受案范围

行政诉讼的受案范围，是指人民法院受理并审理行政争议的范围，即人民法院受理行政案件的权限。我国行政诉讼法在规定法院的受案范围时，主要考虑两方面的因素：一是尽可能扩大法院的受案范围，以便给当事人的合法权益提供更有力的司法保护；二是法院在我国政权体制中的地位、法院的审判力量、法院与行政机关的关系及目前的行政诉讼意识。

（一）人民法院受理行政案件的范围

人民法院受理的行政案件有以下几类：

（1）对行政拘留、暂扣或者吊销许可证和执照、责令停产停业、没收违法所得、没收非法财物、罚款、警告等行政处罚不服的；

（2）对限制人身自由或者对财产的查封、扣押、冻结等行政强制措施和行政强制执行不服的；

（3）申请行政许可，行政机关拒绝或者在法定期限内不予答复，或者对行政机关作出的有关行政许可的其他决定不服的；

（4）对行政机关作出的关于确认土地、矿藏、水流、森林、山岭、草原、荒地、滩涂、海域等自然资源的所有权或者使用权的决定不服的；

（5）对征收、征用决定及其补偿决定不服的；

（6）申请行政机关履行保护人身权、财产权等合法权益的法定职责，行政机关拒绝履行或者不予答复的；

（7）认为行政机关侵犯其经营自主权或者农村土地承包经营权、农村土地经营权的；

（8）认为行政机关滥用行政权力排除或者限制竞争的；

（9）认为行政机关违法集资、摊派费用或者违法要求履行其他义务的；

（10）认为行政机关没有依法支付抚恤金、最低生活保障待遇或者社会保险待遇的；

（11）认为行政机关不依法履行、未按照约定履行或者违法变更、解除政府特许经营协议、土地房屋征收补偿协议等协议的；

（12）认为行政机关侵犯其他人身权、财产权等合法权益的。

除前述规定外，人民法院受理法律、法规规定可以提起诉讼的其他行政案件。

"纵有良法美意，非其人而行之，反成弊政。"制度的生命力在于执行。现在，有的人对制度缺乏敬畏，根本不按制度行事，甚至随意更改制度；有的人千方百计钻制度空子、打擦边球；有的人不敢也不愿遵守制度，极力逃避制度的约束和监管，等等。要强化制度执行力，加强制度执行的监督，切实把我国制度优势转化为治理效能。各级党委和政府以及领导干部要增强制度意识，善于在制度的轨道上推进各项事业。广大党员、干部要做制度执行的表率，引领全社会增强制度意识，自觉维护制度权威。[①]

（二）人民法院不予受理的事项

按照《行政诉讼法》的规定，人民法院不予受理的事项包括：（1）国防、外交等国家行为；（2）行政法规、规章或者行政机关制定、发布的具有普遍约束力的决定、命令；（3）行政机关对行政机关工作人员的奖惩、任免等决定；（4）法律规定由行政机关最终裁决的行政行为。

最高人民法院2018年制定的《关于适用〈中华人民共和国行政诉讼法〉的解释》中进一步明确了几种不属于人民法院受案范围的行为，其中包括：（1）公安、国家安全等机关依照《刑事诉讼法》的明确授权实施的行为；（2）调解行为以及法律规定的仲裁行为；（3）行政指导行为；（4）驳回当事人对行政行为提起申诉的重复处理行为；（5）行政机关作出的不产生外部法律效力的行为；（6）行政机关为作出行政行为而实施的准备、论证、研究、层报、咨询等过程性行为；（7）行政机关根据人民法院的生效裁判、协助执行通知书作出的执行行为，但行政机关扩大执行范围或者采取违法方式实施的除外；（8）上级行政机关基于内部层级监督关系对下级行政机关作出的听取报告、执法检查、督促履责等行为；（9）行政机关针对信访事项作出的登记、受理、交办、转送、复查、复核意见等行为；（10）对公民、法人或者其他组织权利义务不产生实际影响的行为。

---

① 坚持、完善和发展中国特色社会主义国家制度与法律制度．求是，2019（23）.

案例

周某诉某公安分局拖延履行法定职责案①

（一）基本案情

原告周某居住在长沙市某社区，部分社区居民经常在晚上八点左右到其楼下的人行道上跳广场舞，音响器材音量过大，严重影响其安静生活。周某报警要求某公安分局依法进行处理。某公安分局接警后，多次到现场劝说跳舞居民将音响音量调小，或者更换跳舞场地，但一直未有明显效果。此后，原告向人民法院起诉，要求某公安分局依法处理。人民法院经审理认为，某公安分局对于原告报警所称的部分居民在原告楼下跳广场舞并使用音响器材这一行为是否存在违法事项，是否需要进行行政处罚等实质问题并未依法予以认定，遂判决某公安分局依法对周某的报案作出处理。判决生效后，该公安分局又数次对跳舞的人们进行劝解、教育，并加强与当地社区的合作，引导广场舞队转移至距离原处百米之外的空坪上。原告所住的社区也在政府部门的积极协调和支持下，与长沙某汽车站达成一致，将在车站附近建设一块专门用于广场舞等娱乐活动的健身场所，既避免噪音扰民，又给跳舞健身爱好者自由活动的场所。

（二）典型意义：弘扬社会公德

“文明健身、和谐生活”，既是社会主义精神文明的体现，也是法治精神的体现。广大群众积极参加健身活动，有利身心健康，增强体魄，但不能因此损害他人的合法权益。本案原告周某因社区居民在其楼下跳广场舞，严重影响生活安宁，向某公安分局报案处理未果后提起行政诉讼。人民法院依法判决该公安分局对周某的报案作出行政处理。本案也提醒广大群众：强身健体，也要尊重他人权利，这样才能真正保证健身的“幸福指数”，提升和谐共处的“文明指数”。

（三）法律指引

《治安管理处罚法》

第7条　国务院公安部门负责全国的治安管理工作。县级以上地方各级人民政府公安机关负责本行政区域内的治安管理工作。

治安案件的管辖由国务院公安部门规定。

第58条　违反关于社会生活噪声污染防治的法律规定，制造噪声干扰他人正常生活的，处警告；警告后不改正的，处二百元以上五百元以下罚款。

三、行政诉讼的管辖

行政诉讼的管辖指上下级人民法院之间以及同级人民法院之间受理第一审行政案件的分工和权限。

行政诉讼的受案范围，所关注的是人民法院与行政机关或其他组织处理行政争议的分工，而管辖所要解决的是人民法院受案范围内的行政案件，由哪一级人民法院或者同

① 最高人民法院2016年3月发布的“弘扬社会主义核心价值观典型案例”.

一级人民法院中的哪一个人民法院受理的问题。行政诉讼法规定的管辖可分为级别管辖、地域管辖、移送管辖和指定管辖。

（一）级别管辖

级别管辖，是指上下级人民法院之间受理第一审行政案件的分工和权限。具体分工如下：

（1）最高人民法院管辖全国范围内重大、复杂的第一审行政案件。

（2）高级人民法院管辖本辖区内重大、复杂的第一审行政案件。

（3）中级人民法院管辖的第一审行政案件，包括对国务院部门或者县级以上地方人民政府所作的行政行为提起诉讼的案件，海关处理的案件，本辖区内重大、复杂的案件，其他法律规定由中级人民法院管辖的案件。

《行政诉讼法》第 24 条还规定：上级人民法院有权审理下级人民法院管辖的第一审行政案件。下级人民法院对其管辖的第一审行政案件，认为需要由上级人民法院审理或者指定管辖的，可以报请上级人民法院决定。

（4）基层人民法院管辖除上级人民法院管辖的第一审行政案件以外的其他行政案件。

（二）地域管辖

地域管辖，是指同级人民法院之间受理第一审行政案件的分工和权限。它是根据人民法院的辖区和当事人所在地或者诉讼标的所在地的关系来确定第一审行政案件的管辖。地域管辖分为一般地域管辖和特殊地域管辖。

一般地域管辖，是按照最初作出行政行为的行政机关所在地而确定的管辖。具体的管辖原则是：行政案件由最初作出行政行为的行政机关所在地人民法院管辖；经行政复议的案件，可以由最初作出行政决定的行政机关所在地人民法院管辖，也可以由复议机关所在地人民法院管辖。

特殊地域管辖主要有以下几种情况：因不动产提起的行政诉讼，由不动产所在地人民法院管辖；对限制人身自由的行政强制措施不服提起的行政诉讼，由被告所在地或者原告所在地法院管辖；经最高人民法院批准，高级人民法院可以根据审判工作的实际情况，确定若干人民法院跨行政区域管辖行政案件；两个以上人民法院都有管辖权的案件，原告可以选择其中一个人民法院提起诉讼；原告向两个以上有管辖权的人民法院提起诉讼的，由最先立案的人民法院管辖。

（三）移送管辖

移送管辖，是指某一法院受理行政案件后，发现本院对该案件没有管辖权，将案件移送有管辖权的法院审理。人民法院发现受理的案件不属于本院管辖的，应当移送有管辖权的人民法院，受移送的人民法院应当受理。受移送的人民法院认为受移送的案件按照规定不属于本院管辖的，应当报请上级人民法院指定管辖，不得再自行移送。

（四）指定管辖

指定管辖，是指上级法院以裁定的方式指定某一下级法院管辖某一行政案件。指定管辖的主要情形包括：有管辖权的人民法院由于特殊原因不能行使管辖权的，由上级人民法院指定管辖；人民法院对管辖权发生争议，由争议双方协商解决，协商不成的，报它们的共同上级人民法院指定管辖。

下级人民法院对其管辖的第一审行政案件，认为需要由上级人民法院指定管辖的，可以报请上级人民法院决定。

请思考：王某户籍所在地是甲市A区，工作单位所在地是甲市B区。20××年1月王某在乙市出差时因涉嫌嫖娼被乙市A区公安分局传唤，后被该公安分局以嫖娼为由处以罚款500元。在被处罚以前，王某被留置于乙市B区两天。经复议后，王某对罚款和留置措施提起行政诉讼。

分析提示：从管辖权来看，在本案中甲市A区人民法院，乙市A区、B区的人民法院都具有管辖权。王某可选择法院起诉。

四、行政诉讼参加人

行政诉讼参加人，是指因与行政争议存在直接利害关系，而参加行政诉讼的整个过程或者主要阶段的人及与其诉讼地位相类似的人。行政诉讼参加人包括除审判人员、书记员、执行人员以外的参与行政诉讼的人，即当事人、诉讼代理人、证人、鉴定人员和翻译人员等。

（一）当事人

当事人是指因行政行为发生争议，以自己的名义到人民法院起诉、应诉和参加诉讼，并受法院裁判约束的公民、法人或其他组织以及行政机关。当事人包括原告、被告和第三人。

1. 当事人的诉讼权利和义务

行政诉讼当事人的诉讼权利与民事诉讼当事人的诉讼权利基本相同。行政诉讼当事人特别的诉讼权利主要有：(1) 原告有权申请人民法院裁定停止具体行政行为的执行；(2) 被告在第一审程序中有改变被诉具体行政行为的权利。

行政诉讼当事人特别的诉讼义务主要有：(1) 被告行政机关在行政诉讼中负有举证责任；(2) 被告行政机关在诉讼过程中，不得自行向原告和证人收集证据。

2. 原告

行政诉讼的原告是指认为行政机关的行政行为侵犯其合法权益，而依法以自己的名义向人民法院起诉的公民、法人或其他组织。

行政行为的相对人以及其他与行政行为有利害关系的公民、法人或者其他组织，有权提起诉讼。

有权提起诉讼的公民死亡，其近亲属可以提起诉讼。近亲属包括配偶、父母、子女、兄弟姐妹、祖父母、外祖父母、孙子女、外孙子女。

法人或其他组织作为原告参加诉讼，其诉讼行为由法人的法定代表人或其他组织的主要负责人进行。有权提起诉讼的法人或其他组织终止的，承受其权利和义务的法人或者其他组织可以提起诉讼；在非国有企业被合并的情况下，被合并的企业或其法定代表人仍具有起诉权。

《行政诉讼法》还规定了可以提起行政诉讼的一种特殊主体，即人民检察院。人民检察院可以提起公益性的行政诉讼。人民检察院在履行职责中发现生态环境和资源保护、食品药品安全、国有财产保护、国有土地使用权出让等领域负有监督管理职责的行政机关违法行使职权或者不作为，致使国家利益或者社会公共利益受到侵害的，应当向行政机关提出检察建议，督促其依法履行职责。行政机关不依法履行职责的，人民检察院依法向人民法院提起诉讼。

3. 被告

行政诉讼的被告，是指其作出行政行为，相对人认为侵犯自身合法权益并向人民法院提起诉讼，而由人民法院通知其应诉的行政机关或者法律、法规授权的组织。

行政诉讼的被告有以下几种情形：

（1）公民、法人或者其他组织依法直接向人民法院起诉的，作出行政行为的行政机关是被告。

（2）经复议的案件，复议机关决定维持原行政行为的，作出原行政行为的行政机关和复议机关是共同被告；复议机关改变原行政行为的，复议机关是被告。

（3）复议机关在法定期限内未作出复议决定，公民、法人或者其他组织起诉原行政行为的，作出原行政行为的行政机关是被告；起诉复议机关不作为的，复议机关是被告。

（4）两个以上行政机关作出同一行政行为的，共同作出行政行为的行政机关是共同被告。

（5）由法律、法规授权的组织作出的具体行政行为，该组织是被告；由行政机关委托的组织作出的行政行为，委托的行政机关是被告。

（6）行政机关被撤销或者职权变更的，继续行使其职权的行政机关是被告。

4. 共同诉讼人

共同诉讼，是指当事人一方或者双方为二人以上，因同一行政行为发生的行政案件，或者因同类行政行为发生的行政案件，人民法院认为可以合并审理并经当事人同意的诉讼。

共同诉讼人是指在共同诉讼案件中，人数在两个以上的一方或双方当事人。原告一方是两个以上主体的，称为“共同原告”。被告一方是两个以上主体的，称为“共同被告”。

当事人一方人数众多的共同诉讼，可以由当事人推选代表人进行诉讼。代表人的诉讼行为对其所代表的当事人发生效力，但代表人变更、放弃诉讼请求或者承认对方当事人的诉讼请求，应当经被代表的当事人同意。

5. 第三人

行政诉讼的第三人，是指与被诉行政行为有利害关系或者同案件处理结果有利害关系的其他公民、法人或者其他组织。第三人基于与被诉行政行为或案件处理结果有着直接的利害关系，以自己的名义，为维护自身的合法权益而参加诉讼，在诉讼中具有独立的地位。第三人既不依附原告，也不依附被告。

行政诉讼中的第三人有权提出与本案有关的诉讼请求，如要求维持、撤销或者变更行政行为等。人民法院判决第三人承担义务或者减损第三人权益的，第三人有权依法提起上诉。

（二）诉讼代理人

行政诉讼代理人的种类与民事诉讼代理人的种类相同。行政诉讼法中规定了法定代理人和委托代理人两种情形。

法定代理人，是指基于亲权或监护权而产生、为无诉讼行为能力的公民进行诉讼而设立的代理人。

委托代理人，是指受当事人、法定代理人委托代为进行诉讼行为的人。当事人、法定代理人，可以委托一至二人作为诉讼代理人。可以被委托作为诉讼代理人的人员包括律师、基层法律服务工作者，当事人的近亲属或者工作人员，当事人所在社区、单位以及有关社会团体推荐的公民。

诉讼代理人的权利包括：（1）代理诉讼的律师，有权按照规定查阅、复制案件有关材料，有权向有关组织和公民调查、收集与本案有关的证据。对涉及国家秘密、商业秘密和个人隐私的材料，应当依照法律规定保密。（2）当事人和其他诉讼代理人有权按照规定查阅、复制案件庭审材料，但涉及国家秘密、商业秘密和个人隐私的内容除外。

案例

某市在实施城市规划的过程中，发布了一个规范性文件，规定以投标的方式，将西城商业用地的使用权转让给出资的企业，以出资额的高低决定中标者。20××年1月，甲公司与乙公司均出资投标，两个企业的其他条件基本相同，但甲公司的出资额大大高于乙公司的。然而，该市政府最后作出由乙公司开发这块商业用地的决定。甲公司不服，认为市政府侵犯了其公平竞争的合法权益，向人民法院提起行政诉讼，要求撤销市政府作出的由乙公司开发商业用地的决定。

在本案中，甲公司具有原告资格。乙公司是本案中的第三人，第三人有权提出与本案有关的诉讼主张。如乙公司对人民法院的一审判决不服，有权提起上诉。

五、行政诉讼证据及举证责任

行政诉讼法规定，行政诉讼证据有以下几种，即书证、物证、视听资料、电子数据、证人证言、当事人的陈述、鉴定意见、勘验笔录和现场笔录等。

行政诉讼法规定，被告（作出行政行为的行政机关）要对其作出的行政行为负举证责任。行政诉讼被告的举证责任包括：提供作出该行政行为的证据，说明其事实上和法律上的依据；提供适用法律、法规和其他规范性文件的证据；提供证明行政行为属于其职权范围的证据；提供证明行政行为的作出符合法定程序的证据；提供行使职权符合立法目的的证据；提供关于行政处罚合理的证据；提供其不履行或拖延履行法定职责的合法事由或正当理由的证据；等等。

行政诉讼证据的收取和认定，应当注意以下几点。

（1）被告不提供或者无正当理由逾期提供证据，视为没有相应证据。但是，被诉行政行为涉及第三人合法权益，第三人提供证据的除外。

（2）在诉讼过程中，被告及其诉讼代理人不得自行向原告、第三人和证人收集证据。

（3）原告可以提供证明行政行为违法的证据。原告提供的证据不成立的，不免除被告的举证责任。

（4）人民法院有权向有关行政机关以及其他组织、公民调取证据。但是，不得为证明行政行为的合法性调取被告作出行政行为时未收集的证据。

（5）与所审理案件有关的下列证据，原告或者第三人不能自行收集的，可以申请人民法院调取：由国家机关保存而须由人民法院调取的证据，涉及国家秘密、商业秘密和个人隐私的证据，确因客观原因不能自行收集的其他证据。

（6）人民法院应当按照法定程序，全面、客观地审查核实证据。证据须经法庭审查属实，才能作为认定案件事实的根据。证据应当在法庭上出示，并由当事人互相质证。以非法手段取得的证据，不得作为认定案件事实的根据。

第二节　行政诉讼程序

行政诉讼程序主要包括起诉和受理、第一审程序、第二审程序、审判监督程序和执行程序等。下面简要介绍这几种程序。

一、起诉和受理

（一）起诉

行政诉讼的起诉有两种类型：（1）直接向人民法院起诉。只要法律、法规没有明确规定必须经过复议的，公民、法人或其他组织对行政行为不服时，都可以直接向人民法院起诉。（2）经复议后向人民法院起诉。这又分为两种情况：一是法律、法规明确规定必须经过复议程序才能向人民法院起诉；二是虽然法律、法规没有规定必须经过复议，但公民、法人或其他组织自愿选择先申请复议，对复议决定不服，再向人民法院起诉。

1. 起诉的条件

行政诉讼原告提起诉讼的条件主要有：

（1）原告是认为行政行为侵犯其合法权益的公民、法人或者其他组织；

（2）有明确的被告；

（3）有具体的诉讼请求和事实根据；

（4）属于人民法院受案范围和受诉人民法院管辖。

法律、法规规定在起诉前必须向行政机关申请复议的，应经过行政复议，或者行政复议机关逾期不作复议决定后才能起诉。

此外，《行政诉讼法》的一项特别规定值得关注。按照该法第 53 条的规定，“公民、法人或者其他组织认为行政行为所依据的国务院部门和地方人民政府及其部门制定的规范性文件不合法，在对行政行为提起诉讼时，可以一并请求对该规范性文件进行审查”。这里所提到的规范性文件不含规章。

2. 提起行政诉讼的法定期限

行政诉讼应当在法定期间内提起。所涉及的时效期间主要有以下几种。

（1）公民、法人或者其他组织直接向人民法院提起诉讼的，应当自知道或者应当知道作出行政行为之日起 6 个月内提出，法律另有规定的除外。

（2）申请人对复议决定不服的，可以在收到复议决定书之日起 15 日内向人民法院起诉。

（3）行政复议机关逾期不作决定的，申请人可在复议期满之日起 15 日内向人民法院起诉（法律另有规定的除外）。

（4）因不动产提起诉讼的案件自行政行为作出之日起超过 20 年，其他案件自行政行为作出之日起超过 5 年提起诉讼的，人民法院不予受理。

（5）公民、法人或者其他组织申请行政机关履行保护其人身权、财产权等合法权益的法定职责，行政机关在接到申请之日起 2 个月内不履行的，公民、法人或者其他组织可以向人民法院提起诉讼。法律、法规对行政机关履行职责的期限另有规定的，从其规定。

起诉应当向人民法院递交起诉状，并按照被告人数提出副本。书写起诉状确有困难的，可以口头起诉，由人民法院记入笔录，出具注明日期的书面凭证，并告知对方当事人。

（二）受理

人民法院在接到起诉状时对符合起诉条件的，应当登记立案。对当场不能判定是否符合起诉条件的，应当接收起诉状，出具注明收到日期的书面凭证，并在 7 日内决定是否立案。不符合起诉条件的，作出不予立案的裁定。裁定书应当载明不予立案的理由。原告对裁定不服的，可以提起上诉。

人民法院既不立案，又不作出不予立案裁定的，当事人可以向上一级人民法院起诉。上一级人民法院认为符合起诉条件的，应当立案、审理，也可以指定其他下级人民法院立案、审理。

二、第一审程序

人民法院审理行政案件的普通程序实行合议制。合议庭在审判长的组织领导下进行活动。合议庭成员平等，对于案件的调查、审理、裁判及其他重要问题，由全体成员共同研究，按照少数服从多数原则作出决定。合议庭成员对其所审理的案件负集体责任。

行政诉讼的第一审程序与民事诉讼的第一审程序类似，这里不赘述。

人民法院应当在立案之日起6个月内作出第一审判决。有特殊情况需要延长的，由高级人民法院批准，高级人民法院审理第一审案件需要延长的，由最高人民法院批准。

（一）一审判决的类型

人民法院经过审理，根据不同情况可以作出以下类型的判决。

1. 维持行政行为的判决

人民法院经过审理，认定被诉行政行为证据确凿，适用法律、法规正确，符合法定程序的，或者原告申请被告履行法定职责或者给付义务理由不成立的，人民法院判决驳回原告的诉讼请求。

2. 撤销行政行为的判决

人民法院认定被诉行政行为有下列情形之一的，判决撤销或者部分撤销，并可以判决被告重新作出行政行为：主要证据不足的，适用法律、法规错误的，违反法定程序的，超越职权的，滥用职权的，明显不当的。撤销行政行为的判决分为判决全部撤销、判决部分撤销及判决撤销并责令被告重新作出行政行为三种情况。

3. 确认行政行为违法的判决

人民法院判决确认行政行为违法，但不撤销行政行为的几种情形包括：行政行为依法应当撤销，但撤销会给国家利益、社会公共利益造成重大损害的；行政行为程序轻微违法，但对原告的权利不产生实际影响的。

行政行为有下列情形之一，不需要撤销或者判决履行的，人民法院判决确认违法：行政行为违法，但不具有可撤销内容的；被告改变原违法行政行为，原告仍要求确认原行政行为违法的；被告不履行或者拖延履行法定职责，判决履行没有意义的。

人民法院判决确认违法或者无效的，可以同时判决责令被告采取补救措施；给原告造成损失的，依法判决被告承担赔偿责任。

4. 限期或继续履行的判决

人民法院经过审理，查明被告不履行法定职责的，判决被告在一定期限内履行。限期履行适用于下列情况：符合法定条件，向被告申请颁发许可证和执照，被告拒绝颁发或不予答复的；被告没有依法发给抚恤金的；申请被告履行保护人身权、财产权的法定职责，被告拒绝履行或不予答复的；等等。

人民法院认为行政机关不依法履行、未按照约定履行或者违法变更、解除政府特许经营协议、土地房屋征收补偿协议等协议的，人民法院判决被告承担继续履行、采取补救措施或者赔偿损失等责任。被告变更、解除上述协议合法但未依法给予补偿的，人民法院判决给予补偿。

5. 变更行政行为的判决

在行政处罚显失公正、明显不当时，法院可作出改变行政行为的判决。所谓显失公正，是指具有通常法律意识和道德认识水准的人均可以发现和确认该处罚明显地失去了法律的公正性，如处罚畸轻畸重、反复无常、同样情况不同对待及不同情况同样对待等。

人民法院判决变更，不得加重原告的义务或者减损原告的权益。

6. 确认给付义务的判决

人民法院经过审理，查明被告依法负有给付义务的，判决被告履行给付义务。

7. 确认行政行为无效的判决

行政行为有实施主体不具有行政主体资格或者没有法律依据等重大且明显违法情形，原告申请确认行政行为无效的，人民法院判决确认行政行为无效。人民法院判决确认行政行为违法或者无效的，可以同时判决责令被告采取补救措施；给原告造成损失的，依法判决被告承担赔偿责任。

（二）简易程序

人民法院审理第一审行政案件，认为事实清楚、权利义务关系明确、争议不大的，可以适用简易程序。适用简易程序的案件主要包括：依法当场作出被诉行政行为的案件，案件涉及款额 2 000 元以下的案件，政府信息公开案件。除上述规定以外的第一审行政案件，当事人各方同意适用简易程序的，可以适用简易程序。发回重审、按照审判监督程序再审的案件不适用简易程序。

适用简易程序审理的行政案件，由审判员一人独任审理，并应当在立案之日起 45 日内审结。

人民法院在审理过程中，发现案件不宜适用简易程序的，裁定转为普通程序。

三、第二审程序

行政诉讼当事人不服人民法院第一审判决的，有权在判决书送达之日起 15 日内向上一级人民法院提起上诉。行政诉讼当事人不服人民法院第一审裁定的，有权在裁定书送达之日起 10 日内向上一级人民法院提起上诉。

人民法院对上诉案件，应当组成合议庭，开庭审理。经过阅卷、调查和询问当事人，对没有提出新的事实、证据或者理由，合议庭认为不需要开庭审理的，也可以不开庭审理。人民法院审理行政上诉案件，应当对原审人民法院的判决、裁定和被诉行政行为进行全面审查。

人民法院审理上诉案件，应当在收到上诉状之日起 3 个月内作出终审判决。有特殊情况需要延长的，由高级人民法院批准，高级人民法院审理上诉案件需要延长的，由最高人民法院批准。

人民法院审理上诉案件，按照下列情形，分别处理：

（1）原判决、裁定认定事实清楚，适用法律、法规正确的，判决或者裁定驳回上诉，维持原判决、裁定；

（2）原判决、裁定认定事实错误或者适用法律、法规错误的，依法改判、撤销或者变更；

（3）原判决认定基本事实不清、证据不足的，发回原审人民法院重审，或者查清事实后改判；

（4）原判决存在遗漏当事人或者违法缺席判决等严重违反法定程序情形的，裁定撤销原判决，发回原审人民法院重审。

案例

李某庆诉上海市静安区人民政府、上海市人民政府房屋征收补偿决定及行政复议决定案[①]

（一）基本案情

上海市静安区人民政府（以下简称静安区政府）于2012年10月19日作出房屋征收决定，李某庆户承租的公房在征收范围内。安置补偿协商过程中，静安区住房保障和房屋管理局（以下简称静安房管局）向李某庆户提供货币补偿和房屋产权调换两种方式选择，因李某庆不认可“补偿方案”，双方在签约期限内未达成补偿协议。静安房管局于2015年1月19日报请静安区政府作房屋征收补偿决定。静安区政府受理后，组织双方进行调查和调解，李某庆出席但调解未成。静安区政府经审查，认定静安房管局提出的以结算差价的房屋产权调换方式补偿李某庆户的方案合法、适当，遂于2015年2月5日作出房屋征收补偿决定，并将决定书依法送达李某庆及静安房管局，同时在基地张贴公示。李某庆不服，于2015年4月3日向上海市人民政府（以下简称上海市政府）提出行政复议。上海市政府受理后，经审查作出行政复议决定，维持静安区政府所作征收补偿决定。李某庆仍不服，遂提起本案诉讼。

（二）裁判结果

上海市第二中级人民法院认为：根据《国有土地上房屋征收与补偿条例》和《上海市国有土地上房屋征收与补偿实施细则》的规定，静安区政府具有作出房屋征收补偿决定的行政职权。其于法定期限内作出被诉房屋征收补偿决定，行政程序并无不当。被诉房屋征收补偿决定认定事实清楚，法律适用准确。上海市政府在规定的期限内作出行政复议决定，程序合法。遂判决驳回李某庆的诉讼请求。李某庆不服，向上海市高级人民法院提起上诉。上海市高级人民法院以与一审基本相同的理由判决驳回上诉，维持原判。

李某庆向最高人民法院申请再审。最高人民法院认为：静安房管局因与李某庆在征收补偿方案确定的签约期限内达不成补偿协议，报请静安区政府作出补偿决定。静安区政府受理后，核实相关材料，组织召开调解会，并在调解未成的情况下，在法定期限内作出被诉房屋征收补偿决定，程序合法。静安区政府依据租用公房凭证记载的居住面积乘以相应系数计算被征收房屋建筑面积，结合房屋评估单价等确定货币补偿金额及补贴款等，并以上海市土地储备中心安排的用于征收地块安置的房源安置给李某庆户，未侵犯李某庆户的合法利益，安置方案并无不当。此外，经上海房地产估价师事务所有限公司评估，被征收房屋于征收决定公告之日的房地产市场评估单价为29 233元/平方米，该地块评估均价为29 200元。李某庆在规定的期限内未申请复核。后静安房管局向李某

---

① 最高人民法院2017年6月发布的“行政审判十大典型案例（第一批）”.

庆征询是否需要专家鉴定，李某庆明确表示拒绝。在协商过程中，静安房管局向李某庆户提供货币补偿和房屋产权调换两种方式选择，因李某庆不认可“补偿方案”，双方在签约期限内未达成补偿协议。据此，李某庆提出的评估报告违法及剥夺其安置补偿方式选择权的异议缺乏依据。上海市政府在规定的期限内作出行政复议决定，适用法律正确，程序合法。最高人民法院遂裁定驳回李国庆的再审申请。

（三）典型意义

本案的典型意义在于：一方面，人民法院在行政审判中要按照严格司法的要求，坚持被诉行政行为合法性审查的标准，监督和促进行政机关全面履行政府职能，助力法治政府尽快建成。另一方面，在被诉行政行为达到合法性要求的情况下，人民法院应当作出明确的认定，既彰显依法行政的规则，使后续的行政执法活动有所遵循，又明晰权利保护的界限，为人民群众依法维权提供规范和指引。本案中，人民法院通过对被诉征收补偿决定和行政复议决定的全面审查，特别是从被诉行政行为职权合法性、程序合法性、实体认定合法性等多个方面进行了审查，同时对行政相对人的实体权益保护问题作了认定，在确认行政行为合法和行政相对人权益得到保障的前提下，裁定驳回行政相对人的再审申请。

四、审判监督程序

审判监督程序是指人民法院发现已经发生法律效力的判决、裁定违反法律、法规，依法对案件再次进行审理的程序。它不是必经的审理程序，不具有审级的性质。审判监督程序包括再审程序和提审程序。

再审程序，是指人民法院为了纠正已经发生法律效力的判决、裁定的错误，依照审判监督程序对案件再次进行审判的活动。再审分为自行再审和指令再审。

提审程序，是指上级人民法院按照审判监督程序对下级人民法院已经生效的判决、裁定进行审理的活动。

当事人对已经发生法律效力的判决、裁定，认为确有错误的，可以向上一级人民法院申请再审，但判决、裁定不停止执行。当事人的申请符合下列情形之一的，人民法院应当再审：不予立案或者驳回起诉确有错误的；有新的证据，足以推翻原判决、裁定的；原判决、裁定认定事实的主要证据不足、未经质证或者系伪造的；原判决、裁定适用法律、法规确有错误的；违反法律规定的诉讼程序，可能影响公正审判的；原判决、裁定遗漏诉讼请求的；据以作出原判决、裁定的法律文书被撤销或者变更的；审判人员在审理该案件时有贪污受贿、徇私舞弊、枉法裁判行为的。

审判监督案件的审理分别适用第一审或第二审程序：只经过第一审程序审结的案件，无论是自行再审还是指令再审，仍适用第一审程序，作出的裁判是第一审裁判，当事人不服，可以提起上诉；凡经过第二审程序审结的案件，无论是自行再审还是指令再审，只能适用第二审程序，所作的判决、裁定为终审判决、裁定，当事人不服，不得上诉；凡是最高人民法院或上级人民法院按照审判监督程序提审的案件，应按第二审程序进行审理，所作的判决、裁定为终审裁判，当事人不得上诉。

五、执行程序

行政案件的执行是指人民法院按照法定程序，对已经生效的法律文书，在负有义务的一方当事人拒不履行义务时，强制其履行义务，保证生效法律文书的内容得以实现的活动。

执行的管辖有三种情况：发生法律效力的行政判决书、行政裁定书、行政赔偿判决书和行政赔偿调解书，由第一审人民法院执行；行政机关申请人民法院强制执行其作出的行政行为的，由申请人所在地的基层人民法院受理；执行对象为不动产的，由不动产所在地的基层人民法院受理。

人民法院主要是根据当事人的申请启动执行程序：公民、法人或者其他组织拒绝履行判决、裁定、调解书的，行政机关或者第三人可以向第一审人民法院申请强制执行，或者由行政机关依法强制执行；行政机关拒绝履行法院法律文书的，作为原告或者第三人的公民、法人或其他组织可以提出执行申请；行政相对人拒绝履行行政机关的行政行为，又不起诉，并且法律、法规规定应当申请人民法院强制执行的，作出该行政行为的行政机关可以向人民法院提出执行申请。

行政诉讼法规定的执行措施主要包括：

（1）对公民、法人或其他组织的执行措施。其中主要包括划拨或者转交、扣留、提取被执行人的存款或者劳动收入，查封、扣押、冻结、变卖被执行人的财产，强制迁出房屋，强制拆除违章建筑或强制退出土地等。

（2）对被告行政机关适用的执行措施。其中主要包括：对应当归还的罚款或者应当给付的款额，通知银行从该行政机关的账户内划拨；在规定期限内不履行的，从期满之日起，对该行政机关负责人按日处 50 元至 100 元的罚款；将行政机关拒绝履行的情况予以公告；向监察机关或者该行政机关的上一级行政机关提出司法建议，接受司法建议的机关，根据有关规定进行处理，并将处理情况告知人民法院；拒不履行判决、裁定、调解书，社会影响恶劣的，可以对该行政机关直接负责的主管人员和其他直接责任人员予以拘留，情节严重，构成犯罪的，依法追究刑事责任。

六、行政诉讼程序中的几项特别规定

在行政诉讼程序中，还有几项特别的规定需要注意。

（一）停止执行

在行政诉讼中，通常不停止行政行为的执行，但在一些法定情形下，人民法院可以裁定停止执行。这主要指以下几种情形：被告认为需要停止执行的；原告或者利害关系人申请停止执行，人民法院认为该行政行为的执行会造成难以弥补的损失，并且停止执行不损害国家利益、社会公共利益的；人民法院认为该行政行为的执行会给国家利益、社会公共利益造成重大损害的；法律、法规规定停止执行的。当事人对停止执行或者不停止执行的裁定不服的，可以申请复议一次。

（二）先予执行

人民法院对起诉行政机关没有依法支付抚恤金、最低生活保障金和工伤、医疗社会保险金的案件，权利义务关系明确、不先予执行将严重影响原告生活的，可以根据原告的申请，裁定先予执行。当事人对先予执行裁定不服的，可以申请复议一次。复议期间不停止裁定的执行。

（三）调解的例外适用

人民法院审理行政案件通常不适用调解，但是，行政赔偿、补偿以及行政机关行使法律、法规规定的自由裁量权的案件可以调解。调解应当遵循自愿、合法原则，不得损害国家利益、社会公共利益和他人合法权益。

（四）裁判的法律依据

人民法院审理行政案件所依照的法律依据，主要包括以下几种。

（1）以法律和行政法规、地方性法规为依据。地方性法规适用于本行政区域内发生的行政案件。

（2）人民法院审理民族自治地方的行政案件，还可以以该民族自治地方的自治条例和单行条例为依据。

（3）人民法院审理行政案件，参照规章。

（4）人民法院在审理行政案件中，经审查认为所涉及的规范性文件不合法的，不作为认定行政行为合法的依据，并向制定机关提出处理建议。

案例

何某诉华中科技大学拒绝授予学位案[①]

（一）基本案情

原告何某系第三人华中科技大学武昌分校（以下简称武昌分校）2003 级通信工程专业的本科毕业生。武昌分校是独立的事业法人单位，无学士学位授予资格。根据国家对民办高校学士学位授予的相关规定和双方协议约定，被告华中科技大学同意对武昌分校符合学士学位条件的本科毕业生授予学士学位，并在协议附件载明《华中科技大学武昌分校授予本科毕业生学士学位实施细则》（以下简称《实施细则》）。其中第 2 条规定“凡具有我校学籍的本科毕业生，符合本《实施细则》中授予条件者，均可向华中科技大学学位评定委员会申请授予学士学位”，第 3 条规定“……达到下述水平和要求，经学术评定委员会审核通过者，可授予学士学位：……（三）通过全国大学英语四级统考”。2006 年 12 月，华中科技大学作出《关于武昌分校、文华学院申请学士学位的规定》，规定通

---

① 最高人民法院指导性案例第 39 号 .

过全国大学外语四级考试是非外国语专业学生申请学士学位的必备条件之一。

2007 年 6 月 30 日，何某获得武昌分校颁发的“普通高等学校毕业证书”，由于其本科学习期间未通过全国大学英语四级考试，武昌分校根据上述《实施细则》，未向华中科技大学推荐其申请学士学位。8 月 26 日，何某向华中科技大学和武昌分校提出授予工学学士学位的申请。2008 年 5 月 21 日，武昌分校作出书面答复，因何某没有通过全国大学英语四级考试，不符合授予条件，华中科技大学不能授予其学士学位。

（二）裁判结果

湖北省武汉市洪山区人民法院于 2008 年 12 月 18 日作出（2008）洪行初字第 81 号行政判决，驳回原告何某要求被告华中科技大学为其颁发工学学士学位的诉讼请求。湖北省武汉市中级人民法院于 2009 年 5 月 31 日作出（2009）武行终字第 61 号行政判决，驳回上诉，维持原判。

（三）裁判要点

（1）具有学位授予权的高等学校，有权对学位申请人提出的学位授予申请进行审查并决定是否授予其学位。申请人对高等学校不授予其学位的决定不服提起行政诉讼的，人民法院应当依法受理。

（2）高等学校依照《学位条例暂行实施办法》的有关规定，在学术自治范围内制定的授予学位的学术水平标准，以及据此标准作出的是否授予学位的决定，人民法院应予支持。

（四）裁判理由

法院生效裁判认为：本案争议焦点主要涉及被诉行政行为是否可诉、是否合法以及司法审查的范围问题。

1. 被诉行政行为具有可诉性

根据《学位条例》等法律、行政法规的授权，被告华中科技大学具有审查授予普通高校学士学位的法定职权。依据《学位条例暂行实施办法》第 4 条第 2 款——“非授予学士学位的高等院校，对达到学士学术水平的本科毕业生，应当由系向学校提出名单，经学校同意后，由学校就近向本系统、本地区的授予学士学位的高等院校推荐。授予学士学位的高等学校有关的系，对非授予学士学位的高等学校推荐的本科毕业生进行审查考核，认为符合本暂行办法第三条及有关规定的，可向学校学位评定委员会提名，列入学士学位获得者的名单”，以及国家促进民办高校办学政策的相关规定，华中科技大学有权按照与民办高校的协议，对于符合本校学士学位授予条件的民办高校本科毕业生经审查合格授予普通高校学士学位。

本案中，第三人武昌分校是未取得学士学位授予资格的民办高校，该院校与华中科技大学签订合作办学协议约定，武昌分校对该校达到学士学术水平的本科毕业生，向华中科技大学推荐，由华中科技大学审核是否授予学士学位。依据《学位条例暂行实施办法》的规定和华中科技大学与武昌分校之间合作办学的协议，华中科技大学具有对武昌分校推荐的应届本科毕业生进行审查和决定是否颁发学士学位的法定职责。武昌分校的本科毕业生何某以华中科技大学在收到申请之日起 60 日内未授予其工学学士学位为由，向人民法院提起行政诉讼，符合最高人民法院《关于执行〈中华人民共和国行政诉讼法〉若干问题的解释》第 39 条第 1 款的规定。因此，华中科技大学是本案适格的被告，何某对华中科技大学不授予其学士学位不服提起诉讼的，人民法院应当依法受理。

2. 被告制定的《实施细则》第 3 条的规定符合上位法规定

《学位条例》第 4 条规定："高等学校本科毕业生，成绩优良，达到下述学术水平者，授予学士学位：（一）较好地掌握本门学科的基础理论、专门知识和基本技能……"《学位条例暂行实施办法》第 25 条规定："学位授予单位可根据本暂行实施办法，制定本单位授予学位的工作细则。"该办法赋予学位授予单位在不违反《学位条例》所规定授予学士学位基本原则的基础上，在学术自治范围内制定学士学位授予标准的权力和职责，华中科技大学在此授权范围内将全国大学英语四级考试成绩与学士学位挂钩，属于学术自治的范畴。高等学校依法行使教学自主权，自行对其所培养的本科生教育质量和学术水平作出具体的规定和要求，是对授予学士学位的标准的细化，并没有违反《学位条例》第 4 条和《学位条例暂行实施办法》第 25 条的原则性规定。何某因未通过全国大学英语四级考试，不符合华中科技大学学士学位的授予条件，武昌分校未向华中科技大学推荐其申请授予学士学位，故华中科技大学并不存在不作为的事实，对何某的诉讼请求不予支持。

3. 对学校授予学位行为的司法审查以合法性审查为原则

各高等学校根据自身的教学水平和实际情况在法定的基本原则范围内确定各自学士学位授予的学术水平衡量标准，是学术自治原则在高等学校办学过程中的具体体现。在符合法律法规规定的学位授予条件的前提下，确定较高的学士学位授予学术标准或适当放宽学士学位授予学术标准，均应由各高等学校根据各自的办学理念、教学实际情况和对学术水平的理想追求自行决定。对学士学位授予的司法审查不能干涉和影响高等学校的学术自治原则，学位授予类行政诉讼案件司法审查的范围应当以合法性审查为基本原则。

深度阅读

1. 何海波．行政诉讼法．2 版，北京：法律出版社，2016

2. 蔡小雪．行政诉讼 30 年：亲历者的口述．北京：中国民主法制出版社，2020

3. 马怀德．行政诉讼法的时代价值：行政诉讼三十年：回首与前行．中国法律评论，2019（2）

4. 于安．我国行政诉讼制度现代化的转型问题．行政法学研究，2014（2）

5. 程琥．改革开放视域下行政审判创新发展．中国法律评论，2019（2）

6. 章剑生．对违反法定程序的司法审查：以最高人民法院公布的典型案件（1985—2008）为例．法学研究，2009（2）

7. 蒋银华．人权行政诉讼保障的路径选择及其优化．政法论坛，2018（5）

问题与思考

一、思考题

1. 我国行政诉讼法的主要原则有哪些？

2. 您对我国行政诉讼制度的发展进程有何认识和评论？您如何认识行政诉讼的意义？

3. 行政诉讼的参加人有哪些？

4. 行政诉讼的起诉条件有哪些？

5. 行政诉讼一审判决的主要类型有哪些？

二、案例分析

因某市某区花园小区进行旧城改造，区政府作出《关于做好花园小区旧城改造房屋拆迁补偿安置工作的通知》，王某等205户被拆迁户对该通知不服，向区政府申请行政复议，要求撤销该通知。区政府作出行政复议告知书，告知王某等被拆迁户向市政府申请复议。市政府作出行政复议决定书，认为通知是抽象行政行为，裁定不予受理复议申请。王某等205户被拆迁户不服市政府不予受理复议申请的决定，向法院提起诉讼。一审法院认为，在非复议前置前提下，当事人对复议机关不予受理决定不服而起诉，要求法院立案受理缺乏法律依据，遂裁定驳回原告的起诉。

请思考：

1. 若本案原告不服一审裁定，提起上诉的主要理由是什么？

2. 如果二审法院认为复议机关不予受理行政复议申请的理由不成立，应当如何判决？

3. 本案一、二审法院审理的对象是什么？为什么？

4. 若本案原告不服一审裁定提起上诉，在二审期间市政府会同区政府调整了补偿标准，上诉人申请撤回上诉，法院是否应予准许？理由是什么？

第十二章
刑事诉讼法

常考知识点

- 刑事诉讼法的制定与修改
- 刑事诉讼法的基本原则
- 刑事诉讼参与人
- 立案管辖与审判管辖
- 辩护人的权利和义务
- 刑事诉讼证据的种类
- 刑事诉讼证据的收集和运用原则
- 刑事诉讼程序

规范司法权力运行，健全公安机关、检察机关、审判机关、司法行政机关各司其职、相互配合、相互制约的体制机制。强化对司法活动的制约监督，促进司法公正。加强检察机关法律监督工作。完善公益诉讼制度。①

第一节　刑事诉讼法概述

一、刑事诉讼和刑事诉讼法

（一）刑事诉讼的概念和特点

刑事诉讼有广义和狭义之分：广义的刑事诉讼是指法院的审判、公诉机关的起诉和侦查机关的侦查等一系列诉讼活动的总称；狭义的刑事诉讼仅指法院进行刑事审判活动的过程和程序。我国刑事诉讼理论一般对刑事诉讼采取广义的解释。

刑事诉讼的特点是：（1）刑事诉讼是一种国家活动，是国家特定机关行使刑罚权的活动；（2）刑事诉讼的任务是通过揭露犯罪、证实犯罪、追究犯罪人的刑事责任，惩罚

---

① 习近平．高举中国特色社会主义伟大旗帜 为全面建设社会主义现代化国家而团结奋斗：在中国共产党第二十次全国代表大会上的报告．北京：人民出版社，2022：42.

犯罪人，保障无辜的人不受刑事追究；（3）刑事诉讼是在当事人和其他诉讼参与人的参加下进行的；（4）刑事诉讼必须依照法定程序进行。

（二）刑事诉讼法的概念和立法沿革

刑事诉讼法是我国基本法律部门之一。作为程序法，它是实现实体法的基本法律保障，是公安、司法机关和刑事诉讼参与人进行刑事诉讼活动必须遵守的法律规范的总称。刑事诉讼法是程序法，它具体规定国家专门机关处理刑事案件的职权范围，应当遵守的基本原则和制度，当事人及其他诉讼参与人的权利与义务，以及立案、侦查、起诉、审判和执行等具体诉讼程序和诉讼制度。

1979 年 7 月 1 日，我国第一部刑事诉讼法典——《刑事诉讼法》正式诞生（164 条）。该法于 1996 年 3 月 17 日根据第八届全国人民代表大会第四次会议《关于修改〈中华人民共和国刑事诉讼法〉的决定》第一次修正，修正后的《刑事诉讼法》共 225 条，自 1997 年 1 月 1 日起施行；2012 年 3 月 14 日根据第十一届全国人民代表大会第五次会议《关于修改〈中华人民共和国刑事诉讼法〉的决定》第二次修正，修正后的《刑事诉讼法》共 290 条，自 2013 年 1 月 1 日起施行；2018 年 10 月 26 日根据第十三届全国人民代表大会常务委员会第六次会议《关于修改〈中华人民共和国刑事诉讼法〉的决定》第三次修正，修正后的《刑事诉讼法》共 308 条，自 2018 年 10 月 26 日起施行。

二、刑事诉讼法的基本原则

刑事诉讼法的基本原则，是指人民法院、人民检察院和公安机关进行刑事诉讼时必须遵循的基本行为准则。我国刑事诉讼法的基本原则包括：（1）严格遵守法定程序原则；（2）人民法院、人民检察院依法独立行使职权原则；（3）依靠群众，以事实为根据，以法律为准绳，对于一切公民，在适用法律上一律平等原则；（4）分工负责、互相配合、互相制约原则；（5）人民检察院依法对刑事诉讼实行法律监督原则；（6）使用本民族语言、文字进行诉讼原则；（7）两审终审原则；（8）公开审判原则；（9）被告人有权获得辩护原则；（10）未经人民法院依法判决，对任何人都不得确定有罪原则；（11）人民陪审员陪审原则；（12）保障诉讼参与人诉讼权利原则；（13）认罪认罚从宽原则；（14）依法不追诉原则；（15）追究外国人刑事责任适用我国刑事诉讼法原则。

三、三次修正《刑事诉讼法》涉及的主要问题

（一）1996 年修正《刑事诉讼法》涉及的主要问题

1996 年对《刑事诉讼法》修改、补充的内容主要体现在以下几个方面。

（1）吸收了无罪推定的合理内容，规定未经人民法院依法判决，对任何人都不得确定有罪。

（2）完善了刑事辩护制度。1979 年《刑事诉讼法》规定被告人的辩护律师只能在审判阶段才能介入刑事诉讼，修改后的规定为：犯罪嫌疑人在被侦查机关第一次讯问后或

自被采取强制措施之日起，可以聘请律师为其提供法律咨询、代理申诉、控告。受聘的律师有权向侦查机关了解犯罪嫌疑人涉嫌的罪名，可以会见在押的犯罪嫌疑人。

（3）加强了对被害人合法权益的保护，赋予了被害人当事人的诉讼地位，肯定了被害人的申诉权、申请回避以及委托代理人参加诉讼的权利；同时扩大了被害人提起自诉的范围，规定被害人有证据证明存在犯罪事实而公安机关和人民检察院不追究犯罪嫌疑人刑事责任的，可直接向人民法院提起自诉。

（4）兼顾惩罚犯罪和保障人权，对刑事诉讼的强制措施进行了较大修改。

（5）改革了庭审方式，吸收了对抗制诉讼的合理因素。这主要体现在：将原刑事诉讼法规定的审判人员在开庭前对案件进行实质性审查修改为程序性审查；弱化了法官在庭审中的权力，增强了控辩双方的对抗性，明确规定了公诉人、自诉人、辩护人在法庭上的举证责任，法庭中法官的主要责任是主持审判，认真听取控辩双方提出的证据和意见，审查核实证据并作出公正裁判，而公诉人和辩护人双方都有义务当庭出示物证，对未到庭的证言笔录、鉴定结论、勘验笔录和其他作为证据的文书应当当庭宣读；扩大了合议庭的职权，改变了过去合议庭负责审理，而由院长或审判委员会负责裁判的现象。

（6）增加了刑事审判简易程序。明确规定了适用简易程序审判案件的范围、审判组织、审判程序和审结期限。

（二）2012 年修正《刑事诉讼法》涉及的主要问题

2012 年修正《刑事诉讼法》主要涉及以下内容：

（1）把“尊重和保障人权”写入总则。

（2）完善证据制度。1）完善证据种类和证明标准，增加规定电子数据等。2）完善非法证据排除制度，增加不得强迫任何人证实自己有罪的规定。规定：采用刑讯逼供等非法方法收集的犯罪嫌疑人、被告人供述和采用暴力、威胁等非法方法收集的证人证言、被害人陈述，应当予以排除；违反法律规定收集物证、书证，可能严重影响司法公正的，应当予以补正或作出合理解释，不能补正或作出合理解释的，对该证据也应当予以排除。3）完善证人、鉴定人出庭制度。4）完善证人保护制度。

（3）完善强制措施。1）完善逮捕条件；2）完善审查逮捕程序；3）完善监视居住措施；4）适当延长拘传时间。本次修订对采取强制措施不通知家属的情形进行了严格限定，规定：指定居所监视居住的，除无法通知的以外，应当在执行监视居住后 24 小时以内通知被监视居住人的家属；拘留后应当立即将被拘留人送看守所羁押，至迟不得超过 24 小时，除无法通知或者涉嫌危害国家安全犯罪、恐怖活动犯罪通知可能有碍侦查的情形以外，应当在拘留后 24 小时内通知被拘留人的家属，有碍侦查的情形消失以后，应当立即通知被拘留人的家属；逮捕后，应当立即将被逮捕人送看守所羁押，除无法通知的以外，应当在逮捕后 24 小时以内通知被逮捕人的家属。

（4）完善辩护制度。1）规定在侦查阶段可以委托律师作为辩护人；2）完善辩护律师会见在押的犯罪嫌疑人、被告人的规定；3）完善律师阅卷的相关规定；4）完善法律援助制度。

（5）完善侦查措施。1）明确技术侦查、秘密侦查措施；2）完善侦查监督规定。

（6）完善审判程序。1）调整简易程序适用范围；2）完善第一审、第二审程序；3）完善死刑复核程序，规定最高人民法院复核死刑案件，应当讯问被告人，辩护律师提出要求的，应当听取辩护律师的意见。

（7）完善执行规定。1）完善暂予监外执行规定；2）加强检察机关对刑罚执行活动的法律监督；3）增加社区矫正规定。

（8）规定特别程序。1）设置未成年人犯罪案件诉讼程序；2）规定特定范围公诉案件的和解程序；3）规定犯罪嫌疑人、被告人逃匿、死亡案件违法所得的没收程序；4）规定对实施暴力行为但依法不负责任的精神病人的强制医疗程序。

全国政法机关要顺应人民群众对公共安全、司法公正、权益保障的新期待，全力推进平安中国、法治中国、过硬队伍建设，深化司法体制机制改革，坚持从严治警，坚决反对执法不公、司法腐败，进一步提高执法能力，进一步增强人民群众安全感和满意度，进一步提高政法工作亲和力和公信力，努力让人民群众在每一个司法案件中都能感受到公平正义，保证中国特色社会主义事业在和谐稳定的社会环境中顺利推进。①

（三）2018年修正《刑事诉讼法》涉及的主要问题

2018年对2012年《刑事诉讼法》的18个条款进行了修改，新增的条款为23个，总共作出26项的具体修改，涉及以下方面：

（1）增加认罪认罚从宽基本原则。规定犯罪嫌疑人自愿认罪，同意量刑建议和程序适用的，应当在辩护人或者值班律师在场的情况下签署认罪认罚具结书，可以依法从宽处理。

（2）增设速裁程序。基层人民法院管辖的可能判处3年有期徒刑以下刑罚的案件，案件事实清楚，证据确实、充分，被告人认罪认罚并同意适用速裁程序的，可以适用速裁程序，由审判员一人独任审判。同时规定被告人是未成年人的等六种情形不适用速裁程序。

（3）完善监察与刑事诉讼的衔接。原《刑事诉讼法》中所规定的有侦查权的主体对于贪污贿赂案件不再拥有侦查权，而是由监察委员会对贪污贿赂案件进行调查。人民检察院在对诉讼活动实行法律监督中发现的司法工作人员利用职权实施的非法拘禁、刑讯逼供、非法搜查等侵犯公民权利、损害司法公正的犯罪，可以由人民检察院立案侦查。此外，对监察机关调查终结将案件移送到检察院进行审查起诉环节涉及的程序性机制作了一系列衔接性规定。

（4）增加专章规定缺席审判程序。对于贪污贿赂犯罪案件，以及需要及时进行审判，经最高人民检察院核准的严重危害国家安全犯罪、恐怖活动犯罪案件，犯罪嫌疑人、被告人在境外，监察机关、公安机关移送起诉，人民检察院认为犯罪事实已经查清，证据确实、充分，依法应当追究刑事责任的，可以向人民法院提起公诉。人民法院进行审查后，对于起诉书中有明确的指控犯罪事实，符合缺席审判程序适用条件的，应当决定开庭审判。

（5）增设值班律师制度。法律援助机构可以在人民法院、看守所等场所派驻值班律师。犯罪嫌疑人、被告人没有委托辩护人，法律援助机构没有指派律师为其提供辩护的，

---

① 就做好新形势下政法工作作出的指示．人民日报，2013-01-08.

由值班律师为犯罪嫌疑人、被告人提供法律咨询、程序选择建议、申请变更强制措施、对案件处理提出意见等法律帮助。人民法院、人民检察院、看守所应当告知犯罪嫌疑人、被告人有权约见值班律师，并为犯罪嫌疑人、被告人约见值班律师提供便利。

第二节　刑事诉讼中的专门机关和刑事诉讼参与人

一、刑事诉讼中的专门机关

刑事诉讼中的专门机关包括人民法院、人民检察院、公安机关以及国家安全机关、军队保卫部门、中国海警局和监狱。

（1）人民法院。人民法院是国家的审判机关，代表国家依法独立行使审判权。我国人民法院的组织体系包括地方各级人民法院、专门人民法院和最高人民法院。其中，地方各级人民法院包括基层人民法院、中级人民法院和高级人民法院。依据我国刑事诉讼法，未经人民法院依法判决，对任何人都不得确定有罪。

（2）人民检察院。人民检察院是国家的法律监督机关，其组织体系包括地方各级人民检察院、专门人民检察院和最高人民检察院。人民检察院代表国家行使检察权。

（3）公安机关。公安机关是国家的治安保卫机关，是各级行政机关即各级人民政府的组成部分。公安机关是武装性质的国家治安行政力量和刑事司法力量，是掌管社会治安和国家安全保卫工作的专门机关。我国已经建立了比较完备的人民公安机关体系：在中央一级，国务院设立了公安部，领导全国的公安工作；省、自治区、直辖市设公安厅（局）；地区设公安处；省（自治区）辖市设公安局；城市街道和县属区、乡、镇设公安派出所或公安特派员。派出所是基层公安机关的派出工作机构，不是一级公安机关。在铁路、航运、民航、林业等系统设公安局或公安处，军队系统内设保卫机构。

（4）国家安全机关。我国的国家安全机关是国家机关的重要组成部分，是人民民主专政的工具之一。它依法担负着与间谍、特务做斗争，保卫国家安全，巩固人民民主专政的社会主义制度的职能。国家安全机关于1983年由第六届全国人民代表大会第一次会议决定设立。根据《刑事诉讼法》、《国家安全法》和《国家安全法实施细则》的规定，我国的国家安全机关办理危害国家安全的刑事案件，除职能管辖与公安机关分工不同外，行使与公安机关相同的职权，诉讼地位也等同于公安机关。

（5）军队保卫部门。军队保卫部门对军队内部发生的刑事案件行使侦查权。

（6）中国海警局。中国海警局履行海上维权执法职责，对海上发生的刑事案件行使侦查权。

（7）监狱。罪犯在监狱内犯罪的案件由监狱进行侦查。

二、刑事诉讼参与人

刑事诉讼参与人，是指在刑事诉讼中除侦查、检察、审判人员以外的，享有一定诉讼权利、负有一定诉讼义务的人。刑事诉讼参与人包括当事人、法定代理人、诉讼代理人、辩护人、证人、鉴定人和翻译人员。

（一）当事人

当事人是指与案件审理结果有直接利害关系，对诉讼进程有重大影响的诉讼参与人。当事人包括公诉案件被害人、自诉人、犯罪嫌疑人、被告人、附带民事诉讼的原告人和被告人，他们是刑事诉讼的主要参与人。

（1）公诉案件被害人。被害人是指直接遭受犯罪行为侵害的人。公诉案件实行国家追诉制度，被害人不是原告人，但其对人民检察院作出的不起诉决定有申诉权。对于上一级人民检察院维持不起诉决定的，被害人可以向人民法院起诉，也可以不经申诉，直接起诉。

（2）自诉人。自诉人是指依法直接向人民法院起诉的当事人，一般都是自诉案件的被害人。

（3）犯罪嫌疑人。犯罪嫌疑人是指在刑事诉讼中被指控犯罪，尚未被起诉到人民法院的当事人。

（4）被告人。被告人是指被人民检察院提起公诉或者被自诉人直接向人民法院起诉，要求追究其刑事责任的当事人。

（5）附带民事诉讼的原告人和被告人。前者是指因被告人的犯罪行为而遭受物质损失，在刑事诉讼中提起民事诉讼要求得到赔偿的当事人。后者是指因其犯罪行为造成物质损失，而被起诉索赔的当事人。

（二）其他诉讼参与人

其他诉讼参与人是指当事人以外的，与案件没有直接利害关系的诉讼参与人。它包括法定代理人、诉讼代理人、辩护人、证人、鉴定人和翻译人员。

（1）法定代理人。法定代理人是指被代理人的父母、养父母、监护人和负有保护责任的机关、团体的代表。

（2）诉讼代理人。诉讼代理人是指公诉案件的被害人及其法定代理人或者近亲属、自诉案件的自诉人及其法定代理人委托代为参加诉讼的人，以及附带民事诉讼的当事人及其法定代理人委托代为参加诉讼的人。这里的近亲属是指夫、妻、父、母、子、女、同胞兄弟姊妹。

（3）辩护人。辩护人是指接受犯罪嫌疑人、被告人的委托或者经人民法院指定，履行辩护职责的诉讼参与人。辩护人可以是律师，人民团体或犯罪嫌疑人、被告人所在单位推荐的人，犯罪嫌疑人、被告人的监护人、亲友。辩护人的责任是根据事实和法律，提出犯罪嫌疑人、被告人无罪、罪轻或者减轻、免除其刑事责任的材料和意见，维护犯罪嫌疑人、被告人的诉讼权利和其他合法权益。

（4）证人。证人是指了解案情，并向司法机关陈述所了解的案情的诉讼参与人。生理上、精神上有缺陷或者年幼、不能辨别是非、不能正确表达的人，不能作为证人。证人必须如实作证，否则应承担法律责任。

（5）鉴定人。鉴定人是指具有专业知识，被司法机关指派或聘请对案件中的专门性问题进行鉴定并作出结论的诉讼参与人。

（6）翻译人员。翻译人员是指由司法机关指派或聘请，为特定的诉讼参与人提供语言文字或手势翻译的人员。

案例

肖某，青海省某县公安局政保科科长。肖某与正在劳改农场服刑的罪犯刘某关系很好。2012 年 5 月 8 日，刘某找借口想回家看看，肖某就用自己私开的证明将罪犯刘某释放回家，后刘某畏罪潜逃。同年 7 月，刘某被公安机关抓获。2013 年 5 月 17 日，肖某又以同样方法将罪犯苏某释放回家，后苏某畏罪潜逃，直至 9 月 24 日才被公安机关抓获。

请思考： 国家司法工作人员的渎职犯罪由哪个机关立案侦查？

答案： 本案中，公安机关发现两名罪犯潜逃都是肖某利用职务之便私开证明造成的，迅速将案件报送当地人民检察院立案侦查。人民检察院即对肖某采取强制措施，查明事实后，以私放在押人员罪对肖某提起公诉。

第三节 刑事案件的管辖

刑事案件的管辖，是指人民法院、人民检察院和公安机关依照法律规定立案受理刑事案件以及人民法院系统内审判第一审刑事案件的分工制度，包括立案管辖和审判管辖。

一、立案管辖

立案管辖，又称职能管辖或部门管辖，是指公安机关、人民检察院和人民法院各自直接受理刑事案件的分工和权限。立案管辖所要解决的是刑事案件应当由公、检、法机关中的哪一个机关立案受理的问题。我国刑事诉讼法对公、检、法三机关的立案管辖作了明确规定，主要内容包括：

（1）除法律另有规定的以外，刑事案件的侦查由公安机关进行。这里所谓“法律另有规定”是指国家安全机关对危害国家安全的刑事案件，军队保卫部门对军队内部发生的刑事案件，中国海警局对海上发生的刑事案件，以及监狱对罪犯在监狱内的犯罪案件，行使侦查权。

（2）人民检察院在对诉讼活动实行法律监督中发现的司法工作人员利用职权实施的非法拘禁、刑讯逼供、非法搜查等侵犯公民权利、损害司法公正的犯罪，可以由人民检察院立案侦查。对于公安机关管辖的国家机关工作人员利用职权实施的重大犯罪案件，需要由人民检察院直接受理的时候，经省级以上人民检察院决定，可以由人民检察院立案侦查。

（3）自诉案件，由人民法院直接受理。自诉案件是指由被害人及其法定代理人直接向人民法院起诉的刑事案件。它包括：告诉才处理的案件；被害人有证据证明的轻微的刑事案件；被害人有证据证明对被告人侵犯自己人身、财产权利的行为应当依法追究刑事责任，而公安机关或者人民检察院不予追究被告人刑事责任的案件。

二、审判管辖

审判管辖，是指人民法院审判第一审刑事案件的分工和权限，包括各级人民法院之间、普通人民法院与专门人民法院之间以及同级人民法院之间，在审理第一审刑事案件上的权限划分。

审判管辖分为级别管辖、地域管辖和专门管辖。

（1）级别管辖，即各级人民法院受理第一审刑事案件的分工和权限。级别管辖解决的是各级人民法院之间审判第一审刑事案件的分工问题。我国刑事诉讼法对级别管辖的规定是：1）基层人民法院管辖第一审普通刑事案件，但是依照刑事诉讼法由上级人民法院管辖的除外；2）中级人民法院管辖危害国家安全案件、恐怖活动案件，以及可能判处无期徒刑、死刑的普通刑事案件；3）高级人民法院管辖的第一审刑事案件，是全省（自治区、直辖市）性的重大刑事案件；4）最高人民法院管辖的第一审刑事案件，是全国性的重大刑事案件。

此外，上级人民法院在必要的时候，可以审判下级人民法院管辖的第一审刑事案件；下级人民法院认为案情重大、复杂，需要由上级人民法院审判的第一审刑事案件，可以请求移送上一级人民法院审判。

（2）地域管辖，即同级人民法院之间受理第一审刑事案件的分工与权限。我国刑事诉讼法规定：刑事案件由犯罪地的人民法院管辖。如果由被告人居住地的人民法院审判更为适宜的，可以由被告人居住地的人民法院管辖。这表明我国确定刑事案件地域管辖的原则有两个，即犯罪地管辖和被告人居住地管辖，但两者地位并不是并列的，而是以犯罪地为主、被告人居住地为辅。这里所说的犯罪地包括犯罪预备地、犯罪行为实施地、犯罪结果地以及销赃地等。对于几个同级人民法院都有权管辖的案件，由最初受理的人民法院审判。在必要的时候，可以移送主要犯罪地的人民法院审判。

此外，上级人民法院可以指定下级人民法院审判管辖不明的案件，也可以指定下级人民法院将案件移送其他人民法院审判。

（3）专门管辖，即军事法院等专门人民法院受理第一审刑事案件的范围，以及各专门人民法院之间受理第一审刑事案件的分工与权限。

案例

被告人王某（女）的长子郭某结婚后与父母分居生活5年，郭某游手好闲，多次持凶器到其父母家闹事，无端打伤其父母，并数次持刀要砍杀其胞弟，以此向其父母索取财物。一日，郭某又一次到王某家，用匕首威胁其父亲，向其要钱。在郭某与父亲厮打时，王某从地上捡起一木棒向郭某的头部猛击数下，郭某当即倒地，在送往医院途中死亡。当地人民检察院对案件进行审查后，认为王某犯故意杀人罪，应被判处无期徒刑，即向中级人民法院提起公诉。

中级人民法院经审理后认为，被告人王某的行为已构成故意杀人罪，但原因是不堪忍受其子郭某的长期打骂、滋扰，是出于义愤将郭某打死，鉴于其杀人行为情节较轻，且能够投案自首，判处被告人王某有期徒刑7年。

请思考：本案的管辖权在基层人民法院还是在中级人民法院？

答案：根据最高人民法院的有关司法解释的规定，中级人民法院在受理案件后，认为不够判处无期徒刑或者死刑，而应判处其他刑罚或应作其他处理的，不再将案件交由基层人民法院审理，仍由本院审理。这样，有利于案件的及时处理，节省司法资源，提高诉讼效率。因此，本案的管辖权在中级人民法院。

第四节　刑事诉讼中的强制措施

一、刑事诉讼中的强制措施的概念

刑事诉讼中的强制措施是指公安机关、人民检察院、人民法院为了保证刑事诉讼活动的顺利进行，防止犯罪嫌疑人、被告人等逃避或妨碍侦查、起诉和审判，依法对其采取的暂时限制或者剥夺其人身自由的各种强制方法。刑事诉讼中的强制措施立足于防范目的，保障刑事诉讼活动的顺利进行，其本身并不具有惩罚和制裁的性质。

二、刑事诉讼中的强制措施的种类

我国刑事诉讼法规定的强制措施有拘传、取保候审、监视居住、拘留和逮捕五种。这五种强制方法构成了严密的强制措施体系，司法机关在办案过程中可以视情况不同而选择适用。

（一）拘传

拘传是指公安机关、人民检察院、人民法院对于未被羁押的犯罪嫌疑人、被告人强制其到案接受讯问的一种强制方法。拘传是强制措施体系中最轻的一种，公、检、法三机关都可以根据案件情况予以适用。

（二）取保候审

取保候审是指公、检、法机关对于未被羁押的犯罪嫌疑人、被告人，依法责令其提供保证人或交纳保证金，并出具保证书，保证不逃避或者妨碍侦查、起诉和审判，并随传随到的一种强制方法。

人民法院、人民检察院和公安机关对有下列情形之一的犯罪嫌疑人、被告人，可以取保候审：（1）可能判处管制、拘役或者独立适用附加刑的；（2）可能判处有期徒刑以上刑罚，采取取保候审不致发生社会危险性的；（3）患有严重疾病、生活不能自理，怀孕或者正在哺乳自己婴儿的妇女，采取取保候审不致发生社会危险性的；（4）羁押期限届满，案件尚未办结，需要采取取保候审的。取保候审由公安机关执行。

（三）监视居住

人民法院、人民检察院和公安机关对符合逮捕条件，有下列情形之一的犯罪嫌疑人、被告人，可以监视居住：（1）患有严重疾病、生活不能自理的；（2）怀孕或者正在哺乳自己婴儿的妇女；（3）系生活不能自理的人的唯一扶养人；（4）因为案件的特殊情况或者办理案件的需要，采取监视居住措施更为适宜的；（5）羁押期限届满，案件尚未办结，需要采取监视居住措施的。此外，对符合取保候审条件，但犯罪嫌疑人、被告人不能提出保证人，也不交纳保证金的，可以监视居住。监视居住由公安机关执行。

监视居住应当在犯罪嫌疑人、被告人的住处执行；无固定住处的，可以在指定的居所执行。对于涉嫌危害国家安全犯罪、恐怖活动犯罪，在住处执行可能有碍侦查的，经上一级人民检察院或者公安机关批准，也可以在指定的居所执行。但是，不得在羁押场所、专门的办案场所执行。指定居所监视居住的，除无法通知的以外，应当在执行监视居住后 24 小时以内，通知被监视居住人的家属。

被监视居住的犯罪嫌疑人、被告人应当遵守以下规定：（1）未经执行机关批准不得离开执行监视居住的处所；（2）未经执行机关批准不得会见他人或者通信；（3）在传讯的时候及时到案；（4）不得以任何形式干扰证人作证；（5）不得毁灭、伪造证据或者串供；（6）将护照等出入境证件、身份证件、驾驶证件交执行机关保存。

执行机关对被监视居住的犯罪嫌疑人、被告人，可以采取电子监控、不定期检查等监视方法对其遵守监视居住规定的情况进行监督；在侦查期间，可以对被监视居住的犯罪嫌疑人的通信进行监控。

被监视居住的犯罪嫌疑人、被告人违反规定，情节严重的，可以予以逮捕；需要予以逮捕的，可以对犯罪嫌疑人、被告人先行拘留。

（四）拘留

拘留又称刑事拘留，是指公安机关在法定的紧急情况下，对现行犯或者重大嫌疑分子所采取的一种短期剥夺人身自由的强制方法。刑事拘留不同于行政拘留和司法拘留。适用拘留应具备两个条件：一是拘留对象必须是现行犯或者重大嫌疑分子，二是必须有法定的紧急情况。公安机关对于现行犯或者重大嫌疑分子，如果有下列情形之一的，可以先行拘留：（1）正在预备犯罪、实行犯罪或者在犯罪后即时被发觉的；（2）被害人或者在场亲眼看见的人指认他犯罪的；（3）在身边或者住处发现有犯罪证据的；（4）犯罪后企图自杀、逃跑或者在逃的；（5）有伪造、毁灭证据或者串供可能的；（6）不讲真实姓名、住址，身份不明的；（7）有流窜作案、多次作案、结伙作案重大嫌疑的。公安机关拘留人的时候，必须出示拘留证。

拘留后，应当立即将被拘留人送看守所羁押，至迟不得超过 24 小时。除无法通知或者涉嫌危害国家安全犯罪、恐怖活动犯罪，通知可能有碍侦查的情形以外，应当在拘留后24小时以内，通知被拘留人的家属。有碍侦查的情形消失以后，应当立即通知被拘留人的家属。公安机关对被拘留的人，应当在拘留后的24小时以内进行讯问。在发现不应当拘留的时候，必须立即释放，发给释放证明。

（五）逮捕

对有证据证明有犯罪事实，可能判处徒刑以上刑罚的犯罪嫌疑人、被告人，采取取保候审尚不足以防止发生下列社会危险性的，应当予以逮捕：（1）可能实施新的犯罪的；（2）有危害国家安全、公共安全或者社会秩序的现实危险的；（3）可能毁灭、伪造证据，干扰证人作证或者串供的；（4）可能对被害人、举报人、控告人实施打击报复的；（5）企图自杀或者逃跑的。

对有证据证明有犯罪事实，可能判处10年有期徒刑以上刑罚的，或者有证据证明有犯罪事实，可能判处徒刑以上刑罚，曾经故意犯罪或者身份不明的，应当予以逮捕。被取保候审、监视居住的犯罪嫌疑人、被告人违反取保候审、监视居住规定，情节严重的，可以予以逮捕。公安机关要求逮捕犯罪嫌疑人的时候，应当写出提请批准逮捕书，连同案卷材料、证据，一并移送同级人民检察院审查批准。

人民检察院批准逮捕后，应当立即将被逮捕人送看守所羁押。除无法通知的以外，应当在逮捕后24小时以内，通知被逮捕人的家属。犯罪嫌疑人、被告人被逮捕后，人民检察院仍应当对羁押的必要性进行审查。对不需要继续羁押的，应当建议予以释放或者变更强制措施。有关机关应当在10日以内将处理情况通知人民检察院。

案例

某村村民陈某，平日游手好闲，不务正业，但近日衣着光鲜，且频频向路人兜售电视机、手表等贵重物品。经群众举报，公安机关依法立案侦查。为防止犯罪嫌疑人陈某逃跑和销毁、隐藏证据，公安机关依法作出了监视居住的决定。陈某在监视居住期间，几次越墙逃跑，但都被公安机关及时发现，围追堵截之下将其抓回。

请思考：对陈某的行为，公安机关是否可以变更强制措施？

答案：鉴于犯罪嫌疑人陈某上述的严重情节，公安机关有权决定变更强制措施，提请人民检察院批准予以逮捕。

第五节　刑事附带民事诉讼

一、刑事附带民事诉讼的概念

刑事附带民事诉讼（以下简称附带民事诉讼）是指司法机关在当事人及其他诉讼参与人的参加下，在依法追究被告人的刑事责任的同时，附带解决由于被告人的犯罪行为而使被害人遭受物质损失的赔偿问题所进行的诉讼活动。我国刑事诉讼法规定，被害人由于被告人的犯罪行为而遭受物质损失的，在刑事诉讼过程中，有权提起附带民事诉讼。被害人死亡或者丧失行为能力的，被害人的法定代理人、近亲属有权提起附带民事诉讼。如果是国家财产、集体财产遭受损失，人民检察院在提起公诉的时候，可以提起附带民事诉讼。人民法院在必要的时候，可以采取保全措施，查封、扣押或者冻结被告人的财产。附带民事诉讼原告人或者人民检察院可以申请人民法院采取保全措施。人民法院采取保全措施，适用民事诉讼法的有关规定。

二、附带民事诉讼的当事人及提起附带民事诉讼的条件

（一）附带民事诉讼的原告人

附带民事诉讼的原告人，是指在刑事诉讼过程中，向人民法院提起附带民事诉讼，要求被告人赔偿因被告人的犯罪行为而遭受的物质损失的人。

根据《刑事诉讼法》以及最高人民法院关于适用《刑事诉讼法》的司法解释，附带民事诉讼的原告人包括：（1）因犯罪行为而遭受物质损失的被害人；（2）已死亡被害人的近亲属；（3）无行为能力或者限制行为能力被害人的法定代理人；（4）如果是国家财产、集体财产遭受损失，人民检察院在提起公诉时，可以提起附带民事诉讼。

（二）附带民事诉讼的被告人

附带民事诉讼的被告人，是指对犯罪行为造成的物质损失依法负有赔偿责任，而被附带民事诉讼的原告人起诉要求赔偿经济损失的人。

根据刑事诉讼法以及最高人民法院关于执行刑事诉讼法的司法解释，附带民事诉讼中依法负有赔偿责任的被告人包括：（1）刑事被告人及没有被追究刑事责任的其他共同侵害人；（2）刑事被告人的监护人；（3）死刑罪犯的遗产继承人；（4）共同犯罪案件中，案件审结前已死亡的被告人的遗产继承人；（5）对被害人的物质损失依法应当承担赔偿责任的其他单位和个人。

（三）提起附带民事诉讼的条件

提起附带民事诉讼必须具备三个条件：（1）被告人的犯罪行为成立；（2）被告人的行为直接造成被害人的物质损失；（3）在刑事案件立案以后、一审判决宣告以前提起。

三、附带民事诉讼的审理

附带民事诉讼应当同刑事案件一并审判，只有为了防止刑事案件审判的过分迟延，才可以在刑事案件审判后，由同一审判组织继续审理附带民事诉讼。附带民事诉讼可以进行调解。如果是国家财产、集体财产遭受损失，人民检察院在提起公诉的时候，可以提起附带民事诉讼。人民法院在必要的时候，可以查封或者扣押被告人的财产。

第六节　刑事诉讼证据

一、刑事诉讼证据的概念和种类

我国刑事诉讼法规定：用于证明案件事实的材料，都是证据。刑事诉讼证据包括八种：（1）物证；（2）书证；（3）证人证言；（4）被害人陈述；（5）犯罪嫌疑人、被告人供述和辩解；（6）鉴定意见；（7）勘验、检查、辨认、侦查实验等笔录；（8）视听资料、电子数据。

二、刑事诉讼证据的收集和运用

证据必须经过查证属实，才能作为定案的根据。公诉案件中被告人有罪的举证责任由人民检察院承担，自诉案件中被告人有罪的举证责任由自诉人承担。审判人员、检察人员、侦查人员必须依照法定程序，收集能够证实犯罪嫌疑人、被告人有罪或者无罪、犯罪情节轻重的各种证据。严禁刑讯逼供和以威胁、引诱、欺骗以及其他非法方法收集证据，不得强迫任何人证实自己有罪。必须保证一切与案件有关或者了解案情的公民，有客观地、充分地提供证据的条件，除特殊情况外，可以吸收他们协助调查。

请思考：17岁的职高学生陈某，于20××年10月5日潜入某单位办公室，窃得手提电话5部。下列哪些属于刑事诉讼法的证明对象？（　　）

A. 陈某的年龄　　B. 陈某盗窃的事实

C. 被盗物品的价值　　D. 20××年国庆节放长假的事实

答案：ABC。

对一切案件的判处都要重证据，重调查研究，不轻信口供。只有被告人供述，没有其他证据的，不能认定被告人有罪和处以刑罚；没有被告人供述，证据确实、充分的，可以认定被告人有罪和处以刑罚。

证据确实、充分，应当符合以下条件：（1）定罪量刑的事实都有证据证明；（2）据以定案的证据均经法定程序查证属实；（3）综合全案证据，对所认定事实已排除合理怀疑。

采用刑讯逼供等非法方法收集的犯罪嫌疑人、被告人供述和采用暴力、威胁等非法方法收集的证人证言、被害人陈述，应当予以排除。收集物证、书证不符合法定程序，可能严重影响司法公正的，应当予以补正或者作出合理解释；不能补正或者作出合理解释的，对该证据应当予以排除。在侦查、审查起诉、审判时发现有应当排除的证据的，应当依法予以排除，不得作为起诉意见、起诉决定和判决的依据。

人民检察院接到报案、控告、举报或者发现侦查人员以非法方法收集证据的，应当进行调查核实。对于确有以非法方法收集证据情形的，应当提出纠正意见；构成犯罪的，依法追究刑事责任。

在法庭审理过程中，审判人员认为可能存在刑事诉讼法规定的以非法方法收集证据情形的，应当对证据收集的合法性进行法庭调查。当事人及其辩护人、诉讼代理人有权申请人民法院对以非法方法收集的证据依法予以排除。申请排除以非法方法收集的证据的，应当提供相关线索或者材料。在对证据收集的合法性进行法庭调查的过程中，人民检察院应当对证据收集的合法性加以证明。现有证据材料不能证明证据收集的合法性的，人民检察院可以提请人民法院通知有关侦查人员或者其他人员出庭说明情况；人民法院可以通知有关侦查人员或者其他人员出庭说明情况。有关侦查人员或者其他人员也可以要求出庭说明情况。经人民法院通知，有关人员应当出庭。对于经过法庭审理，确认或者不能排除存在以上述非法方法收集证据情形的，对有关证据应当予以排除。

证人证言必须在法庭上经过公诉人、被害人和被告人、辩护人双方质证并且查实以后，才能作为定案的根据。法庭查明证人有意作伪证或者隐匿罪证的，应当依法处理。

对于危害国家安全犯罪、恐怖活动犯罪、黑社会性质的组织犯罪、毒品犯罪等案件，证人、鉴定人、被害人因在诉讼中作证，本人或者其近亲属的人身安全面临危险的，人民法院、人民检察院和公安机关应当采取以下一项或者多项保护措施：（1）不公开真实姓名、住址和工作单位等个人信息；（2）采取不暴露外貌、真实声音等出庭作证措施；（3）禁止特定的人员接触证人、鉴定人、被害人及其近亲属；（4）对人身和住宅采取专门性保护措施；（5）其他必要的保护措施。证人、鉴定人、被害人认为因在诉讼中作证，本人或者其近亲属的人身安全面临危险的，可以向人民法院、人民检察院、公安机关请求予以保护。

请思考：在李某被控故意杀害高某案的审理中，公诉人出示了死者女儿高女（9岁）的证言，高女称李某系其表哥，案发当晚，李某举刀杀害其父。下列哪一选项是正确的？（　　）

A. 因高女年幼，其证言不能作为证据出示

B. 因高女对所证事实具有辨别能力，其证言可以作为证据出示

C. 高女必须出庭作证，否则其证言不能作为证据出示

D. 因高女与案件有利害关系，其证言不能作为定案的根据

答案：B。

第七节　刑事诉讼程序

刑事诉讼程序可分为：立案、侦查和提起公诉、审判、执行。审判程序包括第一审程序、第二审程序、死刑复核程序、审判监督程序。公诉案件中一般要经过立案、侦查、提起公诉、审判和执行五个阶段。

一、立　案

立案是指公安机关、人民检察院和人民法院对报案、控告、举报和犯罪嫌疑人自首

的材料进行审查，根据事实和法律，认为有犯罪事实需要追究刑事责任时，决定作为刑事案件进行侦查或者审判的诉讼活动。

我国的刑事诉讼程序是从立案开始的，立案是诉讼活动的开始和必经程序。根据刑事诉讼法的规定，立案包括三方面的内容：发现立案材料或对立案材料的接受，对立案材料的审查和处理，人民检察院对不立案的监督。立案阶段以上三个方面的内容相互衔接、相互联系，构成立案程序的完整体系。

公安机关或者人民检察院发现犯罪事实或者犯罪嫌疑人，应当按照管辖范围，立案侦查。任何单位和个人发现有犯罪事实或者犯罪嫌疑人，有权利也有义务向公安机关、人民检察院或者人民法院报案或者举报。被害人对侵犯其人身、财产权利的犯罪事实或者犯罪嫌疑人，有权向公安机关、人民检察院或者人民法院报案或者控告。公安机关、人民检察院或者人民法院对于报案、控告、举报，都应当接受。对于不属于自己管辖的，应当移送主管机关处理，并且通知报案人、控告人、举报人；对于不属于自己管辖而又必须采取紧急措施的，应当先采取紧急措施，然后移送主管机关。人民法院、人民检察院或者公安机关对于报案、控告、举报和自首的材料，应当按照管辖范围，迅速进行审查，认为有犯罪事实需要追究刑事责任的，应当立案；认为没有犯罪事实，或者犯罪事实显著轻微，不需要追究刑事责任的，不予立案，并且将不立案的原因通知控告人。控告人如果不服，可以申请复议。人民检察院认为公安机关对应当立案侦查的案件而不立案侦查的，或者被害人认为公安机关对应当立案侦查的案件而不立案侦查，向人民检察院提出的，人民检察院应当要求公安机关说明不立案的理由。人民检察院认为公安机关不立案理由不能成立的，应当通知公安机关立案，公安机关接到通知后应当立案。对于自诉案件，被害人有权向人民法院直接起诉。被害人死亡或者丧失行为能力的，被害人的法定代理人、近亲属有权向人民法院起诉。人民法院应当依法受理。

二、侦　查

侦查，是指公安机关、人民检察院及其他特定的机关在办理刑事案件过程中，依法进行的专门调查工作和采取的有关强制性措施。在我国，公安机关是行使侦查权的法定专门机关。此外，国家安全机关对危害国家安全的刑事案件行使侦查权；军队保卫部门对军队内部发生的刑事案件行使侦查权；监狱对罪犯在监狱内犯罪的案件行使侦查权。

公安机关在立案后，对于危害国家安全犯罪案件、恐怖活动犯罪案件、黑社会性质的组织犯罪案件、重大毒品犯罪案件或者其他严重危害社会的犯罪案件，根据侦查犯罪的需要，经过严格的批准手续，可以采取技术侦查措施。为了查明案情，在必要的时候，经公安机关负责人决定，可以由有关人员隐匿其身份实施侦查。但是，不得诱使他人犯罪，不得采用可能危害公共安全或者发生重大人身危险的方法。对涉及给付毒品等违禁品或者财物的犯罪活动，公安机关根据侦查犯罪的需要，可以依照规定实施控制下交付。采取技术侦查措施，必须严格按照批准的措施种类、适用对象和期限执行。

人民检察院在立案后，对于利用职权实施的严重侵犯公民人身权利的重大犯罪案件，根据侦查犯罪的需要，经过严格的批准手续，可以采取技术侦查措施，按照规定交有关机关执行。追捕被通缉或者批准、决定逮捕在逃的犯罪嫌疑人、被告人，经过批准，可以采取追捕所必需的技术侦查措施。

采取技术侦查措施，必须严格按照批准的措施种类、适用对象和期限执行。

侦查的主要任务是：依照法定程序收集证据材料，查清犯罪事实，查获犯罪嫌疑人，为起诉做好准备。侦查的主要内容和方式有：讯问犯罪嫌疑人，询问证人、被害人，勘验、检查，搜查，查封、扣押物证、书证，鉴定，技术侦查，通缉。侦查机关认为犯罪事实清楚，证据确实、充分，足以认定是否构成犯罪时，侦查即告终结。

侦查终结后，对于需要移送人民检察院审查起诉的案件，应写出起诉意见书，连同案卷材料、证据一并移送同级人民检察院审查决定。人民检察院对于自行侦查终结的案件，应当作出提起公诉、不起诉或者撤销案件的决定。

三、提起公诉

凡需要提起公诉的案件，一律由人民检察院审查决定。人民检察院在公诉阶段，为了确定对侦查终结的刑事案件是否应当提起公诉，而对侦查机关确认的犯罪事实和证据、犯罪性质和罪名进行审查核实，并作出处理决定。

人民检察院对于监察机关移送起诉的案件，依照刑事诉讼法和监察法的有关规定进行审查。人民检察院经审查，认为需要补充核实的，应当退回监察机关补充调查，必要时可以自行补充侦查。对于监察机关移送起诉的已采取留置措施的案件，人民检察院应当对犯罪嫌疑人先行拘留，留置措施自动解除。人民检察院应当在拘留后的 10 日以内作出是否逮捕、取保候审或者监视居住的决定。在特殊情况下，决定的时间可以延长 1 日至 4 日。人民检察院决定采取强制措施的期间不计入审查起诉期限。

人民检察院审查案件的时候必须查明：犯罪事实、情节是否清楚，证据是否确实、充分，犯罪性质和罪名认定是否正确；有无遗漏罪行和其他应当被追究刑事责任的人；是否属于不应追究刑事责任的；有无附带民事诉讼；侦查活动是否合法。

提起公诉，是人民检察院代表国家依法提请人民法院对被告人进行审判的诉讼活动。人民检察院认为犯罪嫌疑人的犯罪事实已经查清，证据确实、充分，依法应当追究刑事责任的，应当作出起诉决定，按照审判管辖的规定，向人民法院提起公诉，并将案卷材料、证据移送人民法院。犯罪嫌疑人认罪认罚的，人民检察院应当就主刑、附加刑、是否适用缓刑等提出量刑建议，并随案移送认罪认罚具结书等材料。犯罪嫌疑人没有犯罪事实，或者有《刑事诉讼法》第 16 条规定的情形之一的，人民检察院应当作出不起诉决定。

四、审　判

审判是指人民法院依法对刑事案件进行审理并作出裁判的诉讼活动。人民法院的审判活动必须通过一定的审判组织进行。审判组织有合议制和独任制两种。合议制，即由审判员或者审判员和人民陪审员组成合议庭对案件进行审判，它是审判组织的基本形式。

独任制，即审判员一人对案件进行审判，除基层人民法院适用简易程序和速裁程序的案件可以由审判员一人审判以外，其他刑事案件均采用合议制。合议庭的成员人数应当是单数。基层人民法院、中级人民法院审判第一审案件，应当由审判员三人或者由审判员和人民陪审员共三人或七人组成合议庭进行。高级人民法院审判第一审案件，应当由审判员三人至七人或者由审判员和人民陪审员共三人或七人组成合议庭进行。最高人民法院审判第一审案件，应当由审判员三人至七人组成合议庭进行。人民法院审判上诉和抗诉案件，由审判员三人或者五人组成合议庭进行。合议庭由院长或者庭长指定审判员一人担任审判长；院长或者庭长参加审判案件的时候，自己担任审判长。合议庭评议案件按少数服从多数的原则作出决定，但是少数人的意见应当写入笔录。对于疑难、复杂、重大的案件，合议庭认为难以作出决定的，由合议庭提请院长决定提交审判委员会讨论决定。对于审判委员会的决定，合议庭应当执行。

（一）第一审程序

第一审程序是指人民法院对刑事案件进行初次审判的诉讼程序。第一审刑事案件是指人民法院按照级别管辖和地域管辖的规定受理的公诉案件和自诉案件。审判第一审案件的人民法院称为一审人民法院。

公诉案件的第一审程序按照以下程序进行。

（1）开庭。人民法院对提起公诉的案件进行审查后，对于起诉书中有明确的指控犯罪事实的，应当决定开庭审判。开庭时，由审判长查明当事人是否到庭，宣布案由；宣布合议庭组成人员、书记员、公诉人、辩护人、诉讼代理人、鉴定人和翻译人员的名单；告知当事人有权申请回避、被告人有辩护的权利。

（2）法庭调查。法庭调查是指在公诉人、当事人和其他诉讼参与人的参加下，审判人员当庭对案件事实和证据进行调查核对。其重点是审查案件事实，核实证据，查明犯罪事实和情节。法庭调查一般经过下列活动：宣读起诉书，被告人、被害人陈述指控的犯罪事实，讯问被告人，向被害人发问，核查证据，调取新证据，法庭调查核实证据。

（3）法庭辩论。法庭辩论是在法庭调查的基础上，控诉方和辩护方就被告人的行为是否构成犯罪、犯罪性质、罪责轻重和证据是否确实、充分，以及如何适用刑罚等问题进行互相争论和反驳的诉讼活动。法庭辩论开始时，先由公诉人发言，或自诉的被害人发言，然后由被告人陈述和辩解，辩护人发表辩护意见，并可以互相辩论。

（4）被告人最后陈述。审判长在宣布辩论终结后，被告人有最后陈述的权利。这是被告人的一项重要诉讼权利。被告人可以就定罪与量刑等问题充分发表意见。

（5）评议和宣判。在被告人作最后陈述之后，审判长宣布休庭。合议庭进行评议。评议以后当庭宣判或定期宣判。合议庭根据已经查明的事实、证据和有关的法律规定，分别作出以下判决：1）案件事实清楚，证据确实、充分，依据法律认定被告人有罪的，应当作出有罪判决；2）依据法律认定被告人无罪的，应当作出无罪判决；3）证据不足，不能认定被告人有罪的，应当作出证据不足、指控的犯罪不能成立的无罪判决。宣告判决一律公开进行。宣判时应将有关上诉期限和上诉法院等问题告知当事人。

（二）第二审程序

第二审程序又称上诉审程序，是指上一级人民法院根据上诉或者抗诉，对下一级人民法院作出的未生效判决和裁定进行第二次审理的诉讼程序。

上诉，是指被告人、自诉人和他们的法定代理人，以及经被告人同意的辩护人、近亲属，还有附带民事诉讼的当事人及其法定代理人，不服地方各级人民法院的一审判决或裁定，依法提请上一级人民法院重新审理的诉讼活动。上诉既可以书面提起，也可以口头提起。口头提起上诉的，人民法院应制成笔录，并由上诉人签名或者盖章。刑事诉讼法对于提起上诉的理由没有规定任何限制，因此，上诉人在法定期限内提起上诉，不论理由是否充分，都自然引起第二审程序。不服判决的上诉期限为 10 日，不服裁定的上诉期限为 5 日，从接到判决书、裁定书的第二日起算。

抗诉，是指地方各级人民检察院认为同级人民法院的一审判决或裁定确有错误，依法提请上一级人民法院重新审理的诉讼活动。人民检察院只有在有充分证据认定原判决、裁定确有错误的情况下，才能提出抗诉。被害人及其法定代理人不服地方各级人民法院一审判决的，自收到判决书后 5 日内，有权提请人民检察院提出抗诉。对此，人民检察院应当立即对请求人的资格、请求的时间和理由进行审查，并自收到请求后 5 日内作出是否抗诉的决定，并且答复请求人。

第二审人民法院实行全面审理原则，即对一审判决认定的事实和适用的法律进行全面审查，不受上诉或者抗诉范围的限制。共同犯罪案件，只有部分被告人上诉的，或者人民检察院只就第一审人民法院对部分被告人的判决提出抗诉的，第二审人民法院应当对全案进行审查，一并处理。第二审人民法院审判被告人或者他的法定代理人、辩护人、近亲属上诉的案件，不得加重被告人的刑罚，但人民检察院提起抗诉或者自诉人提出上诉的，不受此限。

二审法院对案件依法进行审理后，分情况作出以下处理：（1）原判决认定事实清楚和适用法律正确、量刑适当的，应当裁定驳回上诉或者抗诉，维持原判。（2）原判决认定事实没有错误，但适用法律有错误或量刑不当的，应当改判。（3）原判决事实不清或者证据不足的，可以在查清事实后改判；也可以裁定撤销原判，发回重审。

第二审的判决、裁定和最高人民法院的判决、裁定，都是终审的判决、裁定。

（三）死刑复核程序

死刑复核程序是我国刑事诉讼中的一种特殊程序，是对死刑案件进行复查核准的程序。所有中级、高级人民法院判处死刑的案件都要经过死刑复核程序才能交付执行。死刑复核程序作为我国刑事诉讼中的特别审判程序，其目的和意义在于保证死刑判决的正确性，防止错杀，有利于控制死刑的运用，有利于贯彻少杀的原则。

死刑由最高人民法院核准。中级人民法院判处死刑的第一审案件，被告人不上诉的，应当由高级人民法院复核后，报请最高人民法院核准。高级人民法院不同意判处死刑的，可以提审或者发回重新审判。高级人民法院判处死刑的第一审案件、被告人不上诉的和判处死刑的第二审案件，都应当报请最高人民法院核准。中级人民法院判处死刑缓期二年执行案件，由高级人民法院核准。最高人民法院复核死刑案件、高级人民法院复核死刑缓期执行案件，应当由审判员三人组成合议庭进行。最高人民法院复核死刑案件，应当作出核准或者不核准死刑的裁定。对于不核准死刑的，最高人民法院可以发回重新审判或者予以改判。

最高人民法院复核死刑案件，应当讯问被告人；辩护律师提出要求的，应当听取辩护律师的意见。在复核死刑案件过程中，最高人民检察院可以向最高人民法院提出意见。最高人民法院应当将死刑复核结果通报最高人民检察院。

（四）审判监督程序

审判监督程序又称再审程序，是指人民法院、人民检察院对已经生效的判决和裁定，发现在认定事实或适用法律上确有错误，依法提交原审法院再审、提审或者以抗诉方式使案件得到重新审理，纠正错误判决和裁定的一种诉讼程序。审判监督程序不是必经程序，而是一定条件下才采用的特殊程序，它是专门用于纠正确有错误的判决和裁定的程序。从本质上说，它是一种补救性程序。

1. 审判监督程序的提起

当事人及其法定代理人、近亲属的申诉符合下列情形之一的，人民法院应当重新审判：(1) 有新的证据证明原判决、裁定认定的事实确有错误，可能影响定罪量刑的；(2) 据以定罪量刑的证据不确实、不充分、依法应当予以排除，或者证明案件事实的主要证据之间存在矛盾的；(3) 原判决、裁定适用法律确有错误的；(4) 违反法律规定的诉讼程序，可能影响公正审判的；(5) 审判人员在审理该案件的时候，有贪污受贿、徇私舞弊、枉法裁判行为的。

最高人民法院对各级人民法院已经发生法律效力的判决和裁定，上级人民法院对下级人民法院已经发生法律效力的判决和裁定，如果发现确有错误，有权提审或者指令下级人民法院再审。上级人民法院指令下级人民法院再审的，应当指令原审人民法院以外的下级人民法院审理；由原审人民法院审理更为适宜的，也可以指令原审人民法院审理。

案例

刘某原为辽宁省沈阳市嘉阳集团的董事长，被检察机关指控犯有组织、领导、参加黑社会性质组织，故意伤害，抢劫，非法经营，偷税，敲诈勒索，非法持有、私藏枪支、弹药，妨害公务，故意毁坏财物，盗窃，寻衅滋事，包庇、纵容黑社会性质组织及行贿罪。

2002 年 4 月 17 日，辽宁省铁岭市中级人民法院依照指定管辖，一审判处刘某等人死刑。2003 年 8 月 15 日，辽宁省高级人民法院以“鉴于本案的具体情况”为由，终审改判刘某死刑，缓期二年执行。

终审判决结果引起舆论大哗，人们通过各种方式表示对此案的质疑。仅在搜狐评论栏目中，有关刘某案件的网友留言就超过 8 万条，创造了中国互联网历史上的纪录。最高人民法院决定提审该案，并于 2003 年 9 月中旬向刘某送达了提审决定。

2003 年 9 月 22 日上午最高人民法院在辽宁省锦州市中级人民法院对刘某组织、领导黑社会性质组织一案经再审后作出判决，判处刘某死刑。宣判后，辽宁省铁岭市中级人民法院遵照最高人民法院下达的执行死刑命令，当日对刘某执行了死刑。

2. 按照审判监督程序重新审判的案件的审理

人民法院按照审判监督程序重新审判的案件，由原审人民法院审理的，应当另行组成合议庭进行。如果原来是第一审案件，应当依照第一审程序进行审判，所作的判决、裁定，可以上诉、抗诉；如果原来是第二审案件，或者是上级人民法院提审的案件，应当依照第二审程序进行审判，所作的判决、裁定，是终审的判决、裁定。人民法院决定再审的案件，需要对被告人采取强制措施的，由人民法院依法决定；人民检察院提出抗诉的再审案件，需要对被告人采取强制措施的，由人民检察院依法决定。

最高人民检察院对各级人民法院已经发生法律效力的判决和裁定，上级人民检察院对下级人民法院已经发生法律效力的判决和裁定，如果发现确有错误，有权按照审判监督程序向同级人民法院提出抗诉。

案例

2009 年 5 月 16 日，云南人李某奎强奸杀害邻家少女王某，并将王某 3 岁的弟弟摔死。之后，李某奎潜逃。2009 年 5 月 20 日，李某奎逃至四川省普格县，向城关派出所投案自首，被采取刑事拘留措施，同年 6 月 3 日被批准逮捕。

2010 年 7 月 15 日，云南省昭通市中级人民法院以故意杀人罪、强奸罪，数罪并罚判处李某奎死刑。2011 年 3 月 4 日，云南省高级人民法院二审认为李某奎具有自首情节，认罪、悔罪态度好，积极赔偿受害人家属经济损失，以故意杀人罪、强奸罪改判李某奎死缓。

2011 年 7 月 16 日，云南省高级人民法院向李某奎案件被害人家属送达了再审决定书，对该案决定另行组成合议庭进行再审。云南省高级人民法院的再审理由是：判决发生法律效力后，原审附带民事诉讼原告人王廷某、陈某不服，向本院提出申诉。本院及时对案件进行了审查。审查期间，云南省人民检察院向本院提出检察建议，认为本院对原审被告人李某奎的量刑偏轻，应当予以再审。

2011 年 8 月 22 日，云南省高级人民法院在昭通市开庭，对李某奎故意杀人、强奸一案依照审判监督程序进行再审并当庭宣判：撤销原二审死缓判决，改判李某奎死刑，剥夺政治权利终身，并依法报请最高人民法院核准、执行。

五、执　行

执行是指法定执行机关将已经发生法律效力的判决和裁定付诸实施的诉讼活动。它是刑事诉讼的最后程序，只有通过执行程序，刑事诉讼法的任务才能最后完成。

罪犯被交付执行刑罚的时候，应当由交付执行的人民法院在判决生效后 10 日以内将有关的法律文书送达公安机关、监狱或者其他执行机关。

最高人民法院判处和核准的死刑立即执行的判决，应当由最高人民法院院长签发执行死刑的命令。

对被判处死刑缓期二年执行、无期徒刑、有期徒刑的罪犯，由公安机关依法将该罪犯送交监狱执行刑罚。对被判处有期徒刑的罪犯，在被交付执行刑罚前，剩余刑期在3个月以下的，由看守所代为执行。对被判处拘役的罪犯，由公安机关执行。

对被判处有期徒刑或者拘役的罪犯，有下列情形之一的，可以暂予监外执行：（1）有严重疾病需要保外就医的；（2）怀孕或者正在哺乳自己婴儿的妇女；（3）生活不能自理，适用暂予监外执行不致危害社会的。对于被判处无期徒刑的罪犯，有前述第2项规定情形的，可以暂予监外执行。对适用保外就医可能有社会危险性的罪犯，或者自伤自残的罪犯，不得保外就医。罪犯确有严重疾病，必须保外就医的，由省级人民政府指定的医院诊断并开具证明文件。在交付执行前，暂予监外执行由交付执行的人民法院决定；在交付执行后，暂予监外执行由监狱或者看守所提出书面意见，报省级以上监狱管理机关或者设区的市一级以上公安机关批准。

对于被判处管制、宣告缓刑、假释或者暂予监外执行的罪犯，依法实行社区矫正，由社区矫正机构负责执行。对被判处剥夺政治权利的罪犯，由公安机关执行。执行期满，应当由执行机关书面通知本人及其所在单位、居住地基层组织。

深度阅读

1. 程荣斌，王新清主编．刑事诉讼法．8版．北京：中国人民大学出版社，2021
2.《中华人民共和国刑事诉讼法》

问题与思考

一、思考题

1. 无罪推定与现代刑事诉讼的价值取向。
2. 侦查权只能由公安机关行使吗？
3. 人权保障与《刑事诉讼法》的修改。
4. 刑事诉讼案件一律公开进行吗？
5. 如何维护律师及其他辩护人的合法权益？
6. 如何理解“只有被告人供述，没有其他证据的，不能认定被告人有罪和处以刑罚”？
7. 如何看待刑事诉讼强制措施的完善与程序合法原则？
8. 如何看待检察机关在我国刑事诉讼法中的地位和作用？
9. 2018年《刑事诉讼法》修正的主要内容。
10. 司法机关依法独立行使职权原则与司法公正的关系。
11. 怎样理解控审分离原则？
12. 如何理解控辩对等原则？
13. 如何看待证人作证问题？
14. 如何看待非法证据排除？

15. 如何看待不得强迫任何人证实自己有罪的规定?

二、案例分析

杨某被单位辞退，对单位领导极度不满，心存报复。一天，杨某纠集董某、樊某携带匕首闯至厂长贾某办公室，将贾某当场杀死。中级人民法院一审以故意杀人罪判处杨某死刑立即执行，判处董某死刑缓期二年执行，判处樊某有期徒刑15年。

请思考：

如一审宣判后，被告人杨某、董某、樊某均未上诉，检察机关亦未抗诉，对被告人杨某、董某、樊某的一审判决，中级人民法院和高级人民法院分别应当如何处理?

参考答案：

1. 对杨某，中级人民法院在上诉、抗诉期满后3日内报请高级人民法院复核。高级人民法院同意判处死刑的，应当依法作出裁定后，报请最高人民法院核准；不同意判处死刑的，应当提审或发回重新审判。

2. 对董某，中级人民法院在上诉、抗诉期满后应当报请高级人民法院核准。高级人民法院同意判处死刑缓期二年执行的，应当裁定予以核准；认为原判事实不清、证据不足的，应当裁定发回原中级人民法院重新审判；认为原判量刑过重的应当依法改判。

3. 对樊某，中级人民法院在上诉、抗诉期满后应当交付执行。

第十三章
国际法

常考知识点

- 国家享有的基本权利
- 现代国际公法的基本原则
- 安全理事会
- 国际人权法的基本特征
- 全球人权治理
- 外交特权与豁免
- 国际私法渊源
- 冲突规范的基本类型
- 我国涉外民事关系的法律适用
- 国际货物买卖合同的成立
- 国际货物买卖中的卖方义务
- 国际货物风险转移
- 国际技术许可的范围
- 国际投资的法律形式
- 世界贸易组织的基本法律原则

要坚持统筹推进国内法治和涉外法治。要加快涉外法治工作战略布局，协调推进国内治理和国际治理，更好维护国家主权、安全、发展利益。要强化法治思维，运用法治方式，有效应对挑战、防范风险，综合利用立法、执法、司法等手段开展斗争，坚决维护国家主权、尊严和核心利益。要推动全球治理变革，推动构建人类命运共同体。[①]

① 习近平在中央全面依法治国工作会议上强调 坚定不移走中国特色社会主义法治道路 为全面建设社会主义现代化国家提供有力法治保障．人民日报，2020－11－17.

第一节　国际公法

一、国际公法的概念和特征

国际公法，或称国际法，是指国家之间在交往过程中形成的，用以调整国际关系，主要是国家间以及国家与国际组织间权利义务关系的，有拘束力的法律规范的总和。其具有以下基本特征。

（1）国际公法的主体主要是国家，国际公法主要调整国家之间的关系。此外，由国家组成的国际组织、类似国家的政治实体在一定范围内和条件下也是国际公法的主体。国际社会没有超国家的立法机关，国际公法是国家之间在交往中通过协议制定或公认的法律。

（2）国际公法的制定者、执行者、受制裁者都是国家。国家通过协议制定国际公法规范，国际公法规范的实施主要依靠国家本身的行动保证。

（3）国际公法的渊源主要有国际条约和国际习惯。国际条约是国家之间所缔结的、确定它们之间权利和义务关系的书面协议。两个国家之间签订的条约称为双边条约，三个以上国家签订的条约称为多边条约。国际条约一般只对缔约国有约束力。国际习惯是指在国际交往中各国长期、反复使用，并承认其法律约束力的行为规范。此外，重要国际组织的决议，也是国际公法的渊源。

二、国际公法主体及其权利与责任

国际公法主体是指具有直接享受国际法上权利和承担国际法上义务的能力的国际法律关系的独立参加者。国家和国际组织是国际公法主体。国家和国际组织作为国际公法主体，必须具备两个条件：有独立参加国际法律关系的能力，有直接承受国际法上权利和义务的能力。

作为国际公法主体的国家，主要由四个要素构成：一是定居的居民。一定数量的居民才能形成社会，形成一定的经济和政治结构，组成国家。二是确定的领土。领土是国家赖以存在的物质基础，也是国家进行主权活动和行使排他性权力的空间。领土包括领陆、领海和领空。三是政权组织，即代表国家对内实行有效的统治、对外进行交往的政权组织。四是主权。主权作为国家区别于其他实体的根本标志，具体体现为不受任何其他国家控制的独立处理对内、对外事务的权力，是国家的固有属性。这四个要素是一个统一整体，必须同时具备，才能成为国家，成为国际公法主体。

作为国际公法主体的国家，既享有权利又承担义务。国家主要享有以下几种基本权利。

（1）独立权。每个国家都有按照自己的意志处理本国对内、对外事务，不受他国干涉和控制的权利。

（2）平等权。一切国家不论其大小、强弱，社会、政治、经济制度的性质，也不论其发展水平的高低，其法律地位一律平等。

（3）自保权，是指国家保卫自己独立和生存的权利。一方面，国家有权使用自己的力量进行国防建设，防止外来侵略；另一方面，国家遭受外国武力攻击时，有行使单独或集体自卫的权利。

（4）管辖权。国家的管辖权包括：一是领域管辖，指国家对其领土内的一切人、物和发生的事件，有权管辖；二是国籍管辖，指国家对一切具有其国籍的人有权实行管辖，即使是居住在他国的人；三是保护性管辖，即为了保护国家及其公民的重大利益，在一定条件下，国家有权对外国人在该国领土外对该国公民的犯罪行为行使管辖权；四是普通管辖，即根据国际法的规定，某些特定的犯罪，如战争犯罪、贩卖奴隶或毒品、灭绝种族、海盗等，由于危害国际和平与安全即全人类共同利益，不论犯罪行为发生于何地以及犯罪人的国籍如何，各国都有权管辖。

作为国际公法主体的国家承担的国际法律责任的主要形式如下。

（1）限制主权，是指对他国进行武装侵略，侵犯他国主权、独立和领土完整，破坏国际和平与安全的国家，可全面或局部限制其行使主权。

（2）恢复原状，是指侵害国应将受害国被损害的事物恢复到不法行为发生前的状态，如归还非法掠夺的财产等。

（3）赔偿，是指侵害国对受害国的物质损失应给付相应的货币或物质赔偿。关于赔偿范围，既包括对国家的赔偿，又包括对受害国国民的赔偿。

（4）道歉，是指侵害国向受害国表示道歉，给受害国以精神上的补偿，如向受害国国旗、国徽行礼致敬，保证不再发生类似事件等。

国际组织也是国际公法的重要主体。两个以上国家或其政府、人民、民间团体基于特定目的，以一定协议形式而成立的常设团体，都可以称为国际组织。国际组织有主权国家组成的政府间国际组织，也有民间团体或个人组成的非政府国际组织；有全球性国际组织，也有区域性国际组织。联合国和世界贸易组织是两个重要的全球性国际组织，它们都是重要的国际公法主体。

三、国际公法中的国籍

（一）国籍的概念和意义

国籍是区分本国人、外国人和无国籍人的标准。它通常是指一个人作为一个国家的公民或国民的法律资格，表示这个人与该国稳定的法律联系。国籍，主要是指自然人的国籍，也包括法人、船舶和飞机的国籍。

国籍，无论对个人还是对国家都具有重要意义：（1）国籍是一项人权。（2）国籍是一国确定公民身份的根据，据以确定其公民不同于外国人的法律地位并对其行使属人管辖权。（3）基于国籍，个人对其所属国负有效忠的义务（如服兵役等），在国际上享受本国的外交保护。

1980 年 9 月 10 日第五届全国人民代表大会第三次会议通过了《国籍法》。

（二）国籍的取得与丧失

1. 国籍的取得

国籍的取得主要有两种途径：一种是因出生而取得，另一种是因入籍而取得。因出生而取得的国籍称为原始国籍，因入籍而取得的国籍称为继有国籍。

原始国籍的取得主要有三个标准：(1) 血统主义，即以父母的国籍来确定一个人的国籍；(2) 出生地主义，即出生地决定一个人的国籍，不问其父母的国籍为何；(3) 混合主义，即兼采血统主义和出生地主义，现今大多数国家均采取这种办法处置国籍问题。《国籍法》第 4 条规定："父母双方或一方为中国公民，本人出生在中国，具有中国国籍。"《国籍法》第 5 条规定："父母双方或一方为中国公民，本人出生在外国，具有中国国籍；但父母双方或一方为中国公民并定居在外国，本人出生时即具有外国国籍的，不具有中国国籍。"

继有国籍是指具有一个国籍的人取得新的国籍，其形式有申请入籍以及基于婚姻、收养、认领或继承等事实入籍。(1) 自愿申请入籍，这是入籍的主要方式。一国是否允准外国人和无国籍人加入其国籍，这是该国主权范围内的事，他国无权干涉。(2) 基于婚姻入籍，是指一国国民由于与他国国民结婚而取得他国国籍。(3) 养父母所属国可以按优惠的条件给予被收养人国籍。《国籍法》第 3 条规定："中华人民共和国不承认中国公民具有双重国籍。"

2. 国籍的丧失

国籍的丧失是指一个人丧失某一特定国家的国民身份。丧失国籍有两种情况：一种是自愿丧失国籍，即以当事人意志为基础的，申请退籍和自愿选择某一国籍。另一种是非自愿丧失国籍，主要是由于取得外国国籍，婚姻、收养或认领等原因而丧失本国国籍。

《国籍法》第 9 条规定："定居外国的中国公民，自愿加入或取得外国国籍的，即自动丧失中国国籍。"

丧失本国国籍的法律后果是，当事人与原籍国之间的权利义务关系随即解除，其不再具有原籍国国民资格。但是，许多国家还有恢复国籍的规定。①

四、现代国际法的基本原则

国际法的基本原则是指各国公认的，具有普遍意义且构成国际法基础的法律原则。国际法的原则主要体现在《联合国宪章》以及 1970 年 10 月 24 日联合国大会通过的《关于各国依联合国宪章建立友好关系及合作之国际法原则之宣言》（以下简称《国际法原则宣言》）之中。中国和印度等国提出并倡导的和平共处五项原则，即互相尊重主权和领土完整、互不侵犯、互不干涉内政、平等互利、和平共处，对上述国际法文件中的国际法原则加以高度概括，并迅速为各国所公认，成为现代国际法的基本原则。

（一）互相尊重主权和领土完整原则（国家主权原则）

这是五项原则中最根本的原则。国家主权原则是国际法的基石，而尊重国家主权首先体现在尊重国家的领土完整，两者是密不可分的。

国家主权，在国际法上是指国家独立自主地处理其对内、对外事务的最高权力。国

① 程晓霞，余民才．国际法．5 版．北京：中国人民大学出版社，2015：53－55.

家主权在国际法上具有以下特征：(1) 主权是国家最根本的属性；(2) 主权是国家固有的权利，并非外界所赋予，国际法只是对其加以确认；(3) 主权在国内表现为领土最高权，在对外关系上表现为独立权及自卫权；(4) 不能把主权绝对化，主权国负有相互尊重对方主权的义务，所有国家应同等地受国际法的约束。

国家主权原则的中心思想是各国主权平等。这应包括以下要素：各国在法律地位上平等，每一国享有充分主权所固有的权利，国家的人格、领土完整与政治独立受到尊重，各国在国际秩序中应善意履行其国际义务与责任。1970 年《国际法原则宣言》除重申上述四项外，还强调各国均有义务尊重其他国家的人格，均有权自由选择并发展其政治、社会、经济和文化制度。

（二）互不侵犯原则

互不侵犯原则是互相尊重国家主权和领土完整原则的直接引申和重要保证。互不侵犯原则的主要内容有：各国有义务不首先使用武力，有义务以和平方式解决国际争端，有义务避免侵略战争的宣传，有义务不侵犯他国国界和侵入他国领土，对侵略战争负有国际责任，不得以国家领土作为军事占领的对象，不得采取任何强制行动剥夺被压迫民族的民族自决权。

（三）互不干涉内政原则

互不干涉内政原则是互相尊重国家主权和领土完整原则的要求。不干涉内政，是指国家在互相交往中不得以任何理由或任何方式，直接或间接地干涉他国主权管辖范围内的一切事务，国际组织也不得干涉属于成员国国内管辖的事项。1965 年联合国大会通过了《关于各国内政不容干涉及其独立与主权之保护宣言》，强调：任何国家，不论为何理由，均不得直接或间接干涉其他国家的内政、外交；不得使用政治、军事、经济等措施威胁他国，以使其屈服；不得组织、制造、资助、煽动或纵容他国内部颠覆政府的活动；不得干涉另一国的内乱。

（四）平等互利原则

平等互利原则是从传统国际法的国家平等原则发展而来的一项原则。国家平等是指国家在国际法上的权利平等，主权国家享有同样的权利，并负有同样的义务。不能因各国在国际政治生活中所起的作用不同而在法律上有所差异，不能造成其法律上的不平等。在国与国的交往中，只有在平等的基础上才会互利，在互利的条件下才有真正的平等。不能以损害对方来满足自己的要求，更不能以牺牲他国利益和欺诈、强迫他国来实现自己的利益。

（五）和平共处原则

和平共处原则既是五项原则的总称，又是一项单列的原则。它有三个方面的内容：(1) 各国不应因社会制度和意识形态的不同而互相攻讦和敌视，甚至尝试颠覆和消灭对方，而应和平地同时存在和相处；(2) 各国应在和平的环境和条件下友好往来，善意合作，发展相互关系；(3) 各国应以和平方式解决相互之间的争端。

五、联合国及其常设机构、 专门机构

（一）联合国的宗旨及作用

联合国是当今国际社会最重要的具有广泛职能的国际组织，它是继国际联盟之后，根据 1945 年在旧金山会议上签订的《联合国宪章》而成立的。联合国总部设在纽约。

根据《联合国宪章》第 1 条的规定，联合国的宗旨为：维持国际和平与安全；发展各国之间以尊重人民平等权利及自决原则为根据之友好关系，并采取其他适当办法，以增强普遍和平；促进国际经济、社会及文化等方面的合作；构成协调各国行动的中心，以达成上述共同目的。为了实现联合国的宗旨，宪章第 2 条规定了联合国及其会员国应遵循的七项原则。这些原则也构成了国际法基本原则的主要内容。

《联合国宪章》第二章规定了联合国会员国的资格。参加旧金山制宪会议或签署《联合国家共同宣言》，并依本国宪法程序批准了宪章的国家为联合国创始会员国，共 51 个国家，其后加入的国家为接纳会员国。宪章规定，一切爱好和平、接受宪章所载的义务、经联合国组织确认能够并愿意履行这些义务的国家，均可以成为联合国会员国。接纳新会员国须经安理会推荐，经联合国大会以 2/3 多数表决通过。中国是联合国的创始国之一，过去由于美国的阻挠，我国的合法代表权一直得不到承认。20 世纪 60 年代，涌现了大批新独立的国家，第三世界国家在联合国中占了绝大多数，改变了联合国内部的力量对比。1971 年 10 月 25 日，联合国大会以 76 票赞成、35 票反对、17 票弃权的表决，恢复了中华人民共和国在联合国的合法席位。作为联合国安理会的常任理事国，中国在国际事务中发挥着越来越重要的作用。

（二）联合国的常设机构

联合国设 7 个主要机构：联合国大会、安全理事会（简称安理会）、经济及社会理事会（简称经社理事会）、托管理事会、人权理事会、国际法院、秘书处。

1. 联合国大会

联合国大会由全体会员国组成。每年举行一次常会，从每年 9 月的第三个星期二到 12 月中下旬举行。必要时，秘书长应安理会或过半数会员国的请求，联合国大会还可以召开特别会议和紧急特别会议。联合国大会具有广泛的职权，可以讨论宪章范围内，或者有关联合国任何机关的职权的任何问题或事项。除安理会正在处理的事项外，它可以就这些问题或事项向会员国或安理会提出建议。

联合国大会的决议以表决方式进行，每个会员国有一个投票权。对于修改宪章、接纳新会员国等重要问题，须由出席并投票的会员国 2/3 多数通过。对于一般问题的决议，以半数通过。联合国大会对联合国组织内部事务通过的决议对组织及会员国具有拘束力，对于维持国际和平与安全问题作出的决议只有建议的性质，因为，安理会在这个问题上有优先权。

2. 安全理事会

安理会是联合国在维持国际和平与安全方面负有主要责任的机关，由常任理事国和非常任理事国组成。常任理事国为中、俄、美、英、法5个国家，它们不经选举且永久担任。10个非常任理事国由联合国大会按地区分配名额选举产生，任期为2年，每年改选5个国家，不得连任。这种选任理事国的方式，既使安理会能够反映不同国家的利益和愿望，又不使安理会过于庞大。安理会主席由理事国按英文国名首字母的排列次序轮流担任，任期为1个月。

安理会的表决程序颇为复杂。每个理事国有一个投票权。对于程序问题，15个理事国中的9票即可通过；对于实质问题，也要9票同意方能通过，但任何一个常任理事国的反对票都可以否决决议，这就要求五大国一致；常任理事国不参加投票或投弃权票，不构成否决。在对某一事项是否属于程序性问题发生争议时，须先行表决决定，常任理事国可以行使否决权。如被否决，就是实质问题，需要按实质问题表决。这样，五个常任理事国就有双重否决权。五大国一致原则在保证大国在安理会中发挥特殊作用的同时，受到了许多国家的批评。安理会的改革成为现在联合国改革的重要课题之一。

请思考：甲、乙两国为陆地邻国。由于边界资源的开采问题，两国产生了激烈的武装冲突，战火有进一步蔓延的趋势。甲、乙均为联合国成员国。针对此事态，如果通过安理会采取相关措施以实现停火和稳定局势，那么，根据《联合国宪章》的有关规定，下列哪一选项是正确的？（　　）

A. 只有甲、乙两国中的任一国把该事项提交安理会后，安理会才有权对该事项进行审议

B. 在对采取措施的决议草案进行表决时，若获得全体理事国中1/2多数的同意，其中包括常任理事国的一致同意，该决议即被通过

C. 在对采取措施的决议草案进行表决时，安理会常任理事国中任何一国投弃权票，不妨碍该决议的通过

D. 只有得到甲、乙两国的分别同意，安理会通过的上述决议才能对其产生拘束力

答案：C。

3. 经济及社会理事会

经社理事会是在联合国大会权力之下负责协调联合国经济、社会和文化活动的机关，由54个理事国组成。理事国由大会选举产生，任期为3年，每年改选1/3，可以连任。从1972年起，中国一直当选为经社理事会理事国。

经社理事会的主要职权包括：就国际经济、社会、文化、教育、卫生及其他有关事项进行研究并提出建议；就其职权范围内的事项召集国际会议，拟定公约草案，提交大会；与各专门机构订立协定，使它们同联合国建立关系，并协调其活动；同有关的非政府组织进行磋商；经大会许可，为会员国或专门机构提供服务。

4. 托管理事会

托管理事会是在联合国大会权力下负责监督和托管领土行政管理的机关。自联合国成立以来，置于国际托管制度下的领土共11块。1994年，最后一块托管地独立，托管

理事会已无地可托管，其地位和职能将是联合国改革中有待解决的一个问题。

5. 人权理事会

联合国大会于2006年3月15日以170个国家投票赞成设立人权理事会，以取代总部设在瑞士日内瓦的人权委员会。人权理事会是联合国负责处理人权事务的常设机构，它的主要职能是：促进各国人权情况的交流与合作，监督和审议严重违反人权的情况，检查、督促各国人权状况的改善，推进世界人权事业的健康发展。人权理事会会员国有48个，由联合国大会以过半数通过。如会员国违反人权，经大会2/3多数通过，将予以除名。人权理事会每年召开一次会议，研究处理有关人权问题的事务，提出改善和发展国际人权的各种建议。

6. 国际法院

国际法院是联合国的主要司法机关，由联合国大会和安理会从候选人中分别独立选举出15名不同国籍的法官组成。选出的法官要能代表世界各大文化和主要法系，所以，席位按地区分配。作为惯例，安理会常任理事国在国际法院均有本国的法官。法官的任期为9年，每3年改选5名，可以连选连任。法官不代表任何国家，不受本国政府的制约。国际法院设在荷兰海牙。国际法院有权审理争端当事国自愿提交的诉讼案件，判决由出庭法官的过半数作出。判决是终局判决，不得上诉，对当事国有约束力。一方不履行判决应负的义务时，他方可以向安理会申诉。不过由于当事国是自愿接受法院管辖的，所以很少出现诉讼当事国拒绝执行法院判决的情况。法院也可以应联合国大会和安理会的要求就任何法律问题提出咨询意见。

7. 秘书处

秘书处是联合国的常设行政机构，其任务是为联合国其他机构服务，并执行这些机构指定的计划和政策。秘书处由秘书长和其他国际公务员组成，秘书长是联合国的行政首长，由大会根据安理会的推荐任命，任期为5年，可以连选连任。秘书处的工作人员由秘书长根据大会所定章程委派、雇用。

（三）联合国的专门机构

除常设机构外，联合国还有专门机构，如国际劳工组织、世界卫生组织、世界知识产权组织、国际货币基金组织、国际复兴开发银行（世界银行）、联合国粮食及农业组织、联合国教育、科学及文化组织、国际民用航空组织、国际海事组织、国际原子能机构等18个机构。这些专门机构根据与联合国缔结的协定发生联系。它们有自己的组织章程、成员、立法和执行机构、议事规则、秘书处和预算等，所以是独立的国际组织。我国参加了联合国所有专门机构。

六、国际人权法及国际人权保护

（一）国际人权法的内涵和渊源

国际人权法是现代国际法的重要分支之一。国际人权法是指国家在国际人权领域进行活动时必须遵守的，有关尊重、促进和保护人的基本权利和自由的原则、规则和制度的总称。

国际人权法的基本特征是：(1) 国际人权法的主体是国家；(2) 国际人权法的渊源主要是国际人权公约、宣言和国际惯例；(3) 国际人权法的主要原则是尊重、促进和保护人的基本权利和自由；(4) 国际人权法的主要内容是国家在国际人权领域互动应享有的权利和必须承担的国际义务，以及对于违反这些义务的惩治措施。

第二次世界大战以后，联合国通过和制定以及各国缔结的有关人权问题的国际公约、宣言、决议等文件达到近百个，它们是国际人权法的主要渊源。这些文件依其制定或通过的机关及内容大致分为四类。

(1) 联合国大会通过的全面规定基本人权的尊重和保护的一般性公约，包括《世界人权宣言》、《经济、社会及文化权利国际公约》、《公民权利和政治权利国际公约》、《公民权利和政治权利国际公约任择议定书》以及《发展权利宣言》等，它们构成了国际人权宪章。

(2) 联合国大会通过、批准或由联合国主持订立的关于尊重和保护某类个人或某类权利的特殊公约，包括《防止及惩治灭绝种族罪公约》《消除一切形式种族歧视国际公约》《禁止并惩治种族隔离罪行国际公约》《废止奴隶制、奴隶贩卖及类似奴隶制的制度与习俗补充公约》《妇女政治权利公约》《消除对妇女一切形式歧视公约》《儿童权利公约》《关于难民地位的公约》《反对劫持人质国际公约》《禁止酷刑和其他残忍、不人道或有辱人格的待遇或处罚公约》等。

(3) 联合国有关专门机构通过的特殊性公约，如国际劳工组织通过的《废止强迫劳动公约》和联合国教育、科学及文化组织通过的《取缔教育歧视公约》等。

(4) 区域性国际组织通过或主持订立的一般性和特殊性的公约，如《欧洲人权公约》《美洲人权公约》《非洲人权和民族权宪章》等。

（二）国际人权宪章

国际人权宪章主要由《世界人权宣言》、《经济、社会及文化权利国际公约》、《公民权利和政治权利国际公约》、《公民权利和政治权利国际公约任择议定书》和《发展权利宣言》等构成。

1.《世界人权宣言》

《世界人权宣言》(以下简称《宣言》) 是第二次世界大战后第一个关于人权的专门性国际文件，是有组织的国际社会第一次就人权和基本自由作出的国际宣言。

《宣言》是联合国大会于 1948 年 12 月 10 日以 48 票赞成、0 票反对、8 票弃权通过的。《宣言》由序言和 30 条正文组成。《宣言》第一次在国际范围内系统地提出了人权的基本内容和共同奋斗的目标，宣布了世界各地所有男女毫无区别地都有权享受的各种基本人权和自由，为此后的国际人权活动奠定了基础。《宣言》宣称：人人生而自由，在尊严和权利上一律平等；人人有资格享受本宣言所载的一切权利和自由，不分种族、肤色、性别、语言、宗教、政治或其他见解、国籍、财产、出身或其他身份等任何区别。这些权利和自由包括公民权利和政治权利（第3～21条）以及经济、社会、文化权利（第22～27条）两大类。最后，《宣言》强调了权利与义务的不可分割性，指出："人人对社会负有责任……人人在行使权利和自由时，应依法尊重他人的权利和自由，并服从道德、公共秩序和普遍福利的需要。"《宣言》还强调需要一种社会的和国家的秩序，以使各项权利与自由得到充分实现。

2.《经济、社会及文化权利国际公约》

《经济、社会及文化权利国际公约》是第21届联合国大会于1966年12月16日以105票通过的。公约于1976年1月3日生效。我国政府于1997年10月签署，2001年2月经全国人民代表大会常务委员会批准，2001年6月27日公约在我国正式生效。

《经济、社会及文化权利国际公约》包括一个序言和31条正文。公约的序言和第1条、第3条、第5条的规定与《公民权利和政治权利国际公约》的序言和第1条、第3条、第5条的规定几乎完全一样，只是侧重点有所不同。

该公约第一次在世界范围内以法律的形式确立了经济、社会、文化权利，具体包括工作权、组织和参加工会权、休息权、同工同酬权，以及包括社会保险在内的社会保障权、免于饥饿权、身心健康权、受教育权、参加文化生活权。这些权利与公民权利和政治权利具备同等重要性和不可分割性。该公约确认："只有在创造了使人人可以享受其经济、社会及文化权利，正如享有公民权利和政治权利一样的情况下，才能实现人类享有免于恐惧和匮乏的自由的理想。"显然，彻底实现该公约所载的各项权利，对于维护世界广大劳动人民的利益，改善劳动大众的人权状况，具有十分重要的意义。在这方面，该公约第2条具有特别的意义。按照该条规定，公约参加国须以单独或国际合作的方式，"用一切适当办法，尤其是立法的方法，逐步达到本公约中所承认的权利的充分实现"。该公约授权经社理事会监督公约的实施。经社理事会设立了经济、社会、文化权利委员会，以协助其完成任务。

3.《公民权利和政治权利国际公约》

《公民权利和政治权利国际公约》是第21届联合国大会于1966年12月16日以106票通过的，于1976年3月23日生效。我国政府于1998年10月签署，尚未经全国人大常委会批准。

该公约包含一个序言和53条正文。序言部分强调承认人权是世界自由、正义与和平的基础，人权源于人的固有尊严，人权中的公民权利和政治权利与经济、社会、文化权利不可分割，同等重要。第1条规定"所有人民都有自决权"；第3条规定男女权利平等；第5条为固定保留条款，以防止破坏或限制其他条款所规定的各种权利，并保障不在公约规定之内的权利。

该公约对公民权利和政治权利作了具体规定，并以保障个人应享有的这些权利和基本自由为宗旨。该公约所确认的权利和基本自由大体上与《宣言》中公布的公民权利和政治权利相当。但是，有些被列入《宣言》的权利，如私有财产权和庇护权未被包括在该公约所承认的权利之中。同时，该公约对某些权利的享受作了限制，如第18条、第19

条、第21条、第22条规定，对宗教信仰自由、言论自由、集会自由、结社自由等，在为保障公共安全、公共秩序、公共卫生或道德或者他人的权利和自由所必需的范围内可依法加以限制。该公约第4条还允许缔约国在社会紧急状态威胁到国家生存时限制某些权利的享受，但这类限制，不得与缔约国依法所负的其他国际义务相矛盾，而且不得包含纯基于种族、肤色、性别、语言、宗教或社会出身的理由的歧视。该公约强调，有些权利如生命权、免受酷刑权、禁止奴隶制和不得强迫奴役等，即使在紧急状态下也不得克减（第4条），不能加以限制。该公约第28条规定，设立人权事务委员会作为监督机构，监督公约规定的实施，审议缔约国为实现公约规定所采取的措施的定期报告。特别值得指出的是，该公约中包含了一系列反映新独立国家的要求的内容，体现了当时国际社会的进步主流。

4.《发展权利宣言》

《发展权利宣言》是联合国大会于1986年12月4日通过的。

该宣言包括序言和10条正文。该宣言确认“发展权利是一项不可剥夺的人权”，任何人都享有参与、促进并享受经济、社会、文化和政治发展的权利。“人的发展权利意味着充分实现民族自决权”，对他们的所有自然资源和财富行使不可剥夺的完全主权。“人是发展的主体”，人应成为发展权利的积极参与者和受益者。所有的人都应单独地和集体地对发展负有责任，因而应增进和保护一个适当的政治、社会和经济秩序以利于发展。各国应对创造有利于实现发展权利的国家和国际条件负主要责任，并应依照《联合国宪章》建立友好关系与合作的国际法原则，促进基于主权平等、相互依赖、各国互利与合作的新的国际经济秩序的建立，并激励遵守和实现人权。

（三）国际人权机构

1. 人权理事会

联合国大会于2006年3月15日以170个国家投票赞成设立联合国人权理事会，以取代总部设在瑞士日内瓦的人权委员会。人权理事会是联合国负责处理人权事务的常设机构，它的主要职能是：促进各国人权情况的交流与合作，监督和审议严重违反人权的情况，检查、督促各国人权状况的改善，推进世界人权事业的健康发展。人权理事会会员国有47个国家，由联合国大会以过半数通过。如会员国违反人权，经大会2/3多数通过，将予以除名。人权理事会每年召开一次会议，研究处理有关人权问题的事务，提出改善和发展国际人权的各种建议。

2. 人权小组委员会

根据经社理事会1946年6月21日第9（Ⅱ）号决议，人权委员会于1947年设立了“防止歧视和保护少数小组委员会”（Sub-Commission on Prevention of Discrimination and Protection of Minorities）。1999年根据经社理事会决议，改名为“促进和保护人权小组委员会”（Sub-Commission on the Promotion and Protection of Human Rights，简称人权小组委员会）。人权小组委员会现有专家26名，其以个人身份任职。根据经社理事会1986年第1986/35号决议，每两年改选小组委员会中的半数成员，人选由各国政府提名，由人权理事会秘密投票选举产生，任期为 4 年，可连选连任。人权小组委员会的职能是：进行各项研究，尤其是根据《宣言》进行研究，并就防止任何形式涉及人权与基本自由的歧视和保护在种族、民族、宗教和语言上属于少数人等问题向人权理事会提出建议；履行经社理事会或人权理事会可能委托的任何其他职能。人权小组委员会也设立一些工作组，均在其届会期间举行会议来协助它处理有关问题。广泛利用指派的成员担任专题报告员也是人权小组委员会工作的一个特色。

3. 妇女地位委员会

妇女地位委员会是根据经社理事会 1946 年 6 月 21 日第 11（Ⅱ）号决议设立的，是联合国处理妇女问题的主要机构。妇女地位委员会由经社理事会选举的联合国会员国的代表组成，依据公平地域分配原则选举产生。委员以国家代表身份任职，任期为 4 年。妇女地位委员会现有成员 45 名。该委员会的职能是就人权和有关影响妇女的问题进行研究，并就在政治、经济、社会和教育领域促进有关妇女权利的事项向经社理事会提交报告、提出建议，接受有关歧视妇女的来文。该委员会还担当了历届世界妇女大会筹备委员会的角色，并因此在政治方面获得了相当大的影响力。

4. 联合国人权事务高级专员与联合国人权事务高级专员署

联合国人权事务高级专员，简称人权高专，是根据联合国大会第 48 届会议于 1993 年 12 月通过的第 48/141 号决议设立的，主要负责协调联合国在人权领域的具体事务。人权高专为副秘书长级，由联合国秘书长提名，经联合国大会核准，并适当顾及地域轮换；任期为 4 年，可连任 1 次。在联合国大会、经社理事会和人权理事会的授权和决定的框架内，人权高专负责协调联合国人权领域的活动。首任联合国人权事务高级专员是厄瓜多尔人何塞·阿亚拉·拉索。第二任是玛丽·罗宾逊（女），曾任爱尔兰总统。第三任是巴西人塞尔吉奥·维埃拉·德梅洛，兼任联合国伊拉克问题特使，不幸于 2003 年 8 月 19 日在联合国驻巴格达办事处爆炸事件中殉职。第四任是路易丝·阿博尔（女），曾任加拿大最高法院法官，并曾在 1996 年至 1999 年期间任前南斯拉夫国际刑事法庭兼卢旺达国际刑事法庭首席检察官。

1997 年 10 月，第 52 届联合国大会通过联合国秘书长安南提出的对联合国人权秘书处进行改组的方案，将原联合国人权中心并入联合国人权事务高级专员办公室，称为“联合国人权事务高级专员署”，由人权高专负责主管，总部设在日内瓦，并在纽约联合国总部设有办事处。

除了上述专门机构，不定期有一些根据具体的人权条约成立的专门性监督机构，如人权事务委员会、经济社会文化权利委员会、消除种族歧视委员会、消除对妇女歧视委员会、儿童权利委员会、禁止酷刑委员会等。

（四）国际人权保护机制与措施

国际人权保护是指各国缔结国际条约来确立国家在这方面的义务，并通过必要而适当的国内立法和救济措施确保国际人权的普遍而充分的实现。为保障各国履行其承担的有效国际人权保护义务，包括联合国在内的许多国际组织及主要的国际人权公约分别建立了监督和保证有关国家履行其人权保护义务的机制和程序，其中主要有以下几种：(1) 设立国际人权机构，如联合国人权事务高级专员、第三委员会、经社理事会、人权理事会、联合国秘书处人权中心等。(2) 报告及审查制度。多数人权条约都规定了报告和审查制度，如《废止奴隶制、奴隶贩卖及类似奴隶制的制度与习俗补充公约》《禁止酷刑和其他残忍、不人道或有辱人格的待遇或处罚公约》等都有此规定。(3) 处理缔约国来文及和解制度。一些人权条约规定了一套处理缔约国来文指控及和解的制度，设立和解委员会处理来文指控及和解。(4) 个人申诉制度。一些人权条约规定，人权理事会有权接受并处理个人的书面控诉。联合国及其人权组织就是通过报告、国家控诉、个人来文和申诉等程序进行国际人权保护的。另外，可以通过国际合作，解决属于国际经济、社会、文化及人类福利性质的问题，消除文盲、贫困、落后等妨碍人权实现的现象，促进社会进步和发展，使基本人权得到普遍的尊重并具备实现的条件。国际社会还可以依据国际法，对严重侵犯人权的国家给予制裁，迫使其履行国际义务。对由殖民主义、种族主义和外国侵略、占领造成的粗暴侵犯人权的行为，以及种族隔离、种族歧视、种族灭绝、贩卖奴隶、国际恐怖组织侵犯人权的严重事件，国际社会还可以采取干预行动（包括派遣维和部队、提供人道主义援助等），保护国际人权。在这方面，联合国已经和正在发挥重要作用。

（五）中国积极参与并推动全球人权治理

党的二十大报告庄严宣了中国外交的总政策总目标，强调“促进世界和平与发展，推动构建人类命运共同体”，并号召“积极参与全球人权治理”。该报告还强调“和平、发展、合作、共赢的历史潮流不可阻挡，人心所向、大势所趋决定了人类前途终归光明”。发展人权是全人类共同的事业，全人类都应为此而奋斗。中国参与和推动全球人权治理，要弘扬全人类共同价值观，坚持平等互信、包容互鉴、合作共赢、共同发展的理念，推动全球人权治理朝着更加公平公正合理包容的方向发展。① 中国所倡导的全球人权治理，是全球各个主权平等的国家共同参与的事业，而不是几个西方大国主导，众多弱小国家陪衬的“寡头”式治理。中国需要积极参与全球人权治理体系的改革，共同推动国际人权全面发展和进步，在国际人权领域中坚决反对霸权主义，强权政治，维护国际公平正义。要充分发挥联合国及其人权专门机构在全球人权治理中的主导作用。中国作为联合国安理会常任理事国，积极参与联合国人权事务，广泛开展国际人权交流合作。中国批准或加入了20多项国际人权文书，及时高质量地提交履约报告。中国同广大发展中国家一起力推国际人权文书的贯彻落实。中国对于因自然灾害遭到严重损害的各国人民表示极大的同情，及时给予力所能及的人道主义救援。②

这里还需要特别强调的是，对于如何推动全球人权治理，习近平总书记明确提出并阐释了三点主张：(1) 以安全守护人权，尊重各国主权和领土完整，同走和平发展道路，践行全球安全倡议，为实现人权创造安宁的环境；(2) 以发展促进人权，践行

---

① 坚定不移走中国人权发展道路 更好推动我国人权事业发展．人民日报，2022-02-27 (01).

② 谷春德．略论中国人权发展道路的形成与基本特点．人权，2022 (2).

全球发展倡议，提高发展的包容性、普惠性和可持续性，以各具特色的现代化之路保障各国人民公平享有人权；（3）以合作推进人权，相互尊重，平等相待，践行全球文明倡议，加强文明交流互鉴，通过对话凝聚共识，共同推动人权文明发展进步。[①] 这为解决全球性挑战提供了中国方案，从而为全球人权治理指明了正确方向，意义重大而深远。

上述这一切表明，中国对全球人权治理已经作出了巨大贡献，发挥了积极作用。随着习近平总书记提出的推动全球人权治理的全球发展倡议、全球安全倡议、全球文明倡议以及构建人类命运共同体等主张的贯彻落实，中国必将对全球人权治理作出更多更大贡献，发挥更为积极作用。党和政府多次表示，中国愿同国际社会一道共同推动全球人权治理朝着公平公正合理包容的方向发展，共同推动构建人类命运共同体，重建更加美好的世界。当然中国首先专注于解决好自己的问题，无疑这也是对全球人权治理的直接贡献。

七、外交和领事关系

（一）外交和外交关系

对“外交”一词的解释，历来有所不同。现代意义上的外交，一般是指国家为实现其对外政策，由国家元首、政府首脑、外交部长、外交代表机关等进行的诸如访问、谈判、交涉、发出外交文件、缔结条约、参加国际组织和国际会议等对外活动。

国与国之间进行国际交往，运用谈判、会议和缔约的方法，以及互设常设外交代表机关所形成的国家关系，称为外交关系。外交关系属于国家对外关系的范畴。2023 年 6 月 28 日第十四届全国人民代表大会常务委员会第三次会议通过《中华人民共和国对外关系法》，该法自 2023 年 7 月 1 日起施行。《中华人民共和国对外关系法》第 4 条规定：中华人民共和国坚持独立自主的和平外交政策，坚持互相尊重主权和领土完整、互不侵犯、互不干涉内政、平等互利、和平共处的五项原则。中华人民共和国坚持和平发展道路，坚持对外开放基本国策，奉行互利共赢开放战略。中华人民共和国遵守《联合国宪章》宗旨和原则，维护世界和平与安全，促进全球共同发展，推动构建新型国际关系；主张以和平方式解决国际争端，反对在国际关系中使用武力或者以武力相威胁，反对霸权主义和强权政治；坚持国家不分大小、强弱、贫富一律平等，尊重各国人民自主选择的发展道路和社会制度。

《中华人民共和国对外关系法》第 19 条规定：中华人民共和国维护以联合国为核心的国际体系，维护以国际法为基础的国际秩序，维护以联合国宪章宗旨和原则为基础的国际关系基本准则。中华人民共和国坚持共商共建共享的全球治理观，参与国际规则制定，推动国际关系民主化，推动经济全球化朝着开放、包容、普惠、平衡、共赢方向发展。

---

① 习近平向全球人权治理高端论坛致贺信．人民日报，2023－06－15（01）．

国家的对外关系涉及多方面的事务，包括政治、经济、文化等各方面的关系，外交关系是国家对外关系的一个特殊方面。调整外交关系的国际法原则、规则和制度，统称为外交关系法或外交法。1961 年《维也纳外交关系公约》是外交关系法方面一部最基本，亦是最重要的国际公约。

国家借以与其他国家保持外交关系的各种机关统称国家外交机关。国家外交机关可分为中央外交机关和派出外交机关两大类，前者的所在地在国内，后者的通常在国外。一国的中央外交机关一般包括国家元首、政府和外交部门。派出外交机关又称外交代表机关，有两种形式：一种是常设的外交代表机关；另一种是临时性的外交代表机关，即特别使团。狭义的常设的外交代表机关仅指派驻一国行使经常联系和交涉职务的常设使馆，按其馆长的级别分为三级，即大使馆、公使馆、代办处。广义的常设的外交代表机关还包括向国际组织如联合国派遣的常驻代表团。

依据 1961 年《维也纳外交关系公约》的规定，常设使馆的职务主要有：(1) 在接受国中作为派遣国的代表；(2) 在国际法许可的限度内，在接受国中保护派遣国及其国民的正当权益；(3) 代表本国政府与接受国政府进行外交交涉；(4) 以一切合法手段了解接受国的政治、经济、文化和社会的状况，并向本国政府作出报告；(5) 促进派遣国与接受国之间的友好关系和发展两国间经济、文化和科学等方面的合作。

外交代表又称外交使节，有广义和狭义之分。狭义的外交代表仅指充任常设使馆馆长的外交官，广义的则还包括常设使馆中有外交官职衔的人员及临时性使团中具有外交官地位的人员。

国家之间建立外交关系后，就要互设使馆，互派使节。使馆馆长的派遣须事先征得接受国政府的同意，若接受国不同意接受某一人选，它无须向派遣国说明不予同意的理由，这是基于对接受国主权的尊重。充任使馆馆长的外交代表，在获得接受国同意之后，即可携带国书赴任。所谓国书（派遣国书），是证明被任命的人为派遣国国家元首或外交部长向接受国国家元首或外交部长派遣的外交使节的正式文书。

根据《维也纳外交关系公约》的规定，除其他情形外，外交代表的职务遇有下列情势之一即告终止：派遣国通知接受国其外交代表职务已终止，接受国通知派遣国称该国拒绝承认该外交代表为使馆人员。此外，外交代表满任、升级，派遣国与接受国断绝外交关系，派遣国或接受国发生革命或剧烈冲突而产生新政府等原因，也可以导致外交代表职务的终止。

请思考：经乙国同意，甲国派特别使团与乙国进行特定外交任务谈判，甲国国民贝登和丙国国民奥马均为使团成员，下列哪些选项是正确的？(　　)

A. 甲国对奥马的任命须征得乙国同意，乙国一经同意则不可撤销此项同意

B. 在甲国特别使团下榻的房舍遇到大暴雨无法获得使团团长明确答复时，乙国可以推定获得同意进入房舍

C. 贝登在公务之外开车肇事被诉诸乙国法院，因贝登有豁免权，乙国法院无权管辖

D. 特别使团也适用对使馆人员的“不受欢迎的人”的制度

答案：BD。

（二）外交特权与豁免

所谓外交特权与豁免，是指根据国际法或有关协议，在国家间互惠的基础上，为使一国外交代表在驻在国能够有效地执行职务，而由驻在国给予的特别权利和优遇。

《维也纳外交关系公约》分别规定了对使馆和外交代表的特权与豁免权。使馆的特权和豁免权主要包括：（1）使馆馆舍不可侵犯；（2）使馆财产及档案不可侵犯；（3）通信自由；（4）行动及旅行自由；（5）免除捐税，免纳关税；（6）使馆及其馆长有权在使馆馆舍、使馆馆长的寓所和交通工具上使用派遣国的国旗或国徽标志。

外交代表的特权和豁免权主要包括：（1）人身不可侵犯；（2）寓所、财产和书信文件不可侵犯；（3）对接受国的刑事和行政管辖的豁免权；（4）免除捐税；（5）免纳关税；（6）行李免受查验。

除外交代表外，下列人员在不同程度上亦享有特权和豁免权：（1）外交代表的同户家属；（2）使馆行政技术人员及其家属；（3）使馆服务人员（不是接受国国民并且不在该国永久居住者）。此外，国家元首、政府首脑、外交部长、特别使团的团长（特使）及使团成员、途经或作短暂停留的驻第三国的外交人员、参加政府性国际会议的代表，也享有外交特权与豁免。

享有特权和豁免权的人员对驻在国有以下义务：（1）尊重驻在国法律的规定；（2）不干涉驻在国内政；（3）不滥用外交特权与豁免；（4）不在驻在国为私人利益从事任何专业或商业活动。

请思考：甲、乙两国19××年建立大使级外交关系，并缔结了双边《外交特权豁免议定书》。20××年两国交恶。甲国先宣布将其驻乙国的外交代表机构由大使馆降为代办处，乙国遂宣布断绝与甲国的外交关系。之后，双方分别撤走了各自驻对方的使馆人员。对此，下列哪一选项是正确的？（　　）

A. 甲国的行为违反国际法，应承担国际责任

B. 乙国的行为违反国际法，应承担国际责任

C. 上述《外交特权豁免议定书》终止执行

D. 甲国可以查封没收乙国使馆在甲国的财产

答案：C。

（三）领事制度

一国官员根据协议在他国一定地区执行领事职务所形成的国家间的关系，称为领事关系。1963年《维也纳领事关系公约》是调整领事关系的主要国际公约。

领事职务由领事机关执行。领事机关包括使馆内的领事部与专设的领事馆。领事馆的等级依次分为四级：总领事馆、领事馆、副领事馆、领事代理处。相应地，领事人员的级别也分为总领事、领事、副领事和领事代理人四级。在实践中，并非每个国家都实行四级领馆制。设立哪一级的领事馆及其地点和辖区，由派遣国与接受国协商决定。每一个领事馆有一个执行领事职务的区域，称为领事辖区。

领事的职务主要包括：在国际法许可的限度内，在接受国保护派遣国及其国民个人

与法人的利益；增进派遣国与接受国间的商业、经济、文化及科学关系的发展，并在其他方面促进两国间的友好关系；以一切合法手段了解接受国商业、经济、文化等方面的情况，并报告本国；处理派遣国国民的护照及履行证件事项，并为拟赴派遣国旅行的人士办理签证或签发其他文件；帮助派遣国国民；执行公证、认证及民事登记等法律手续，但以接受国法律未加禁止为限；监督和协助派遣国的船舶、航空器及其航行人员；执行派遣国责成办理的而为接受国所许可的其他职务。

为了使领事机关及其人员能够正常地履行其职能，驻在国给予领事机关和领事人员一定的特权和豁免，称为"领事特权和豁免"。领事馆的特权和豁免主要包括：领馆馆舍在一定限度内不可侵犯，领馆档案及文件不可侵犯，通信自由，行动自由，免纳捐税和关税，使用国旗、国徽等国家标志，与派遣国国民通信和联络，等等。领事官员及其他领馆人员享有的特权和豁免有：人身自由受一定的保护，一定限度的管辖豁免，一定限度的作证义务的免除，免纳捐税、关税和免受查验，免除接受国法律、规章对外侨登记和居留证所规定的一切义务，免予适用社会保险办法，免除个人劳务及捐献、屯戍等军事义务。

第二节 国际私法

一、国际私法的概念与渊源

一般认为，国际私法是指以涉外民事、商事法律关系为调整对象的法律规范的总和。随着国际交往的不断增加，在发生分歧或诉讼时，由于各国的法律规定不一样，就会出现各当事人主张适用对自己有利的国家的法律的冲突。国际私法就是以解决各国的涉外民事、商事法律冲突为中心任务的一个独立的法律部门。

国际私法所调整的涉外民事关系，是一种广义的民事关系。除涉外物权关系、知识产权关系、债权关系和涉外婚姻家庭关系、继承关系外，涉外劳务关系以及涉外商事关系也包括在国际私法的调整对象之中。此外，这一法律部门还包括调整涉外民事诉讼关系和涉外商事仲裁关系的法律制度和规范。

国际私法的规范最早大量出现在国内的立法中，所以，国内法是国际私法的主要渊源。为了寻找解决冲突的最佳途径，有关国家签订国际条约，直接规定缔约国当事人之间的权利义务关系，这些国际条约也是国际私法的渊源。此外，国际惯例同样是国际私法的渊源。

二、国际私法的主体

国际私法的主体是指能够参与国际民商事关系，享有权利和承担义务的人。

作为国际私法的合格主体应具备两个基本条件：一是具有独立地参与国际民商事关系的能力，二是具有享有国际私法上的权利和承担国际私法上的义务的能力。

国际私法上有四类主体：自然人、法人、国家和国际组织。

三、冲突规范和准据法的确定

（一）冲突规范的概念和类型

冲突规范（又称法律适用规范或法律选择规范）是国际私法中最基本、最主要的规范，它是在调整或处理涉及两个以上国家（或法域）的法律的民事关系或民事争议时，指定应适用其中哪一个国家（或法域）的法律来确定当事人的权利、义务的规则。例如，“物权关系依物之所在地法”“人的能力依当事人的本国法（或住所地法）”“侵权责任适用侵权行为地法”等，都是冲突规范。

在运用间接调整手段即冲突规范来判决一个民事案件时，必须把有关的冲突规范和被冲突规范指定的国家的实体规范结合起来，才能作出实体法上的判决结论。

冲突规范按其指定准据法的方式不同，可以分为单边冲突规范、双边冲突规范、重叠性冲突规范和选择性冲突规范四种基本类型。目前总的趋势是大量采用双边冲突规范和选择性冲突规范来确定各种涉外民事关系的法律适用。

运用冲突规范来判决一个民事案件时，必须注意冲突规范适用的“范围”和“系属”。“范围”亦称“连接的对象”，是指冲突规范适用的不同法律关系。“系属”主要是通过连结点给“范围”中规定的不同法律关系指定应适用的准据法。

在冲突规范的适用中，还应注意反致、转致、间接反致。反致，指甲国法院受本国冲突规范指引应适用乙国法，而乙国的冲突规范又指引应适用甲国法，最终甲国法院依此指引适用了甲国的实体法。转致，指甲国法院依其本国冲突规范的指引应适用乙国法，而依乙国冲突规范的指引应适用丙国法，最终甲国法院依此指引适用了丙国的实体法。间接反致，指甲国法院依本国冲突规范的指引应适用乙国法律，依乙国冲突规范的指引应适用丙国法律，而依丙国冲突规范的指引应适用甲国法律，最终甲国法院依据甲国实体法处理了案件。

（二）准据法的确定

准据法是指被冲突规范指定用来判定当事人的权利和义务的特定实体法律。这个“法律”可能是法院国的法律，也可能是某一外国的法律。

在运用冲突规范来确定某种涉外民事关系的准据法时，需要注意解释识别问题。所谓“识别”，是指依据一定的法律观点或法律概念，对有关的事实构成的性质作出“定性”或“分类”，把它归入特定的法律范畴，从而确定应该援用哪一种冲突规范的法律认识过程。

识别主要应依法院地法的观点和概念进行，只有在必要时，才兼顾其他有关国家的法律观点或法律概念，这是目前各国实践中比较一致的做法。

四、我国涉外民事关系的法律适用

2010 年 10 月 28 日《中华人民共和国涉外民事关系法律适用法》由第十一届全国人

民代表大会常务委员会第十七次会议通过，该法自 2011 年 4 月 1 日起施行。其主要内容有以下几点。

(1) 一般规定。当事人依照法律规定可以明示选择涉外民事关系适用的法律；中华人民共和国法律对涉外民事关系有强制性规定的，直接适用该强制性规定；外国法律的适用将损害中华人民共和国社会公共利益的，适用中华人民共和国法律；涉外民事关系适用外国法律，该国不同区域实施不同法律的，适用与该涉外民事关系有最密切联系区域的法律；涉外民事关系的定性，适用法院地法律；涉外民事关系适用的外国法律，由人民法院、仲裁机构或者行政机关查明；当事人选择适用外国法律的，应当提供该国法律；不能查明外国法律或者该国法律没有规定的，适用中华人民共和国法律。

(2) 关于人的民事权利能力、民事行为能力问题。自然人的民事权利能力，适用经常居所地法律。自然人的民事行为能力，适用经常居所地法律。自然人从事民事活动，依照经常居所地法律为无民事行为能力，依照行为地法律为有民事行为能力的，适用行为地法律，但涉及婚姻家庭、继承的除外。依法适用国籍国法律，自然人具有两个以上国籍的，适用有经常居所的国籍国法律；在所有国籍国均无经常居所的，适用与其有最密切联系的国籍国法律。自然人无国籍或者国籍不明的，适用其经常居所地法律。法人及其分支机构的民事权利能力、民事行为能力、组织机构、股东权利义务等事项，适用登记地法律。法人的主营业地与登记地不一致的，可以适用主营业地法律。法人的经常居所地，为其主营业地。

(3) 结婚和离婚问题。1) 结婚条件，适用当事人共同经常居所地法律；没有共同经常居所地的，适用共同国籍国法律；没有共同国籍，在一方当事人经常居所地或者国籍国缔结婚姻的，适用婚姻缔结地法律。结婚手续，符合婚姻缔结地法律、一方当事人经常居所地法律或者国籍国法律的，均为有效。2) 协议离婚，当事人可以协议选择适用一方当事人经常居所地法律或者国籍国法律。当事人没有选择的，适用共同经常居所地法律；没有共同经常居所地的，适用共同国籍国法律；没有共同国籍的，适用办理离婚手续机构所在地法律。诉讼离婚，适用法院地法律。

请思考： 中国人甲与法国人乙在瑞士结婚并定居瑞士。婚后因感情不和，甲回到中国提起离婚诉讼。关于该案涉及的离婚以及因离婚而引起的财产分割的法律适用问题，下列哪些选项是正确的？(　　)

A. 该婚姻的有效性应适用法国法律

B. 该案涉及的离婚案件适用中国法律

C. 财产分割时动产适用瑞士法，不动产适用不动产所在地法

D. 涉及该案的财产分割应适用中国法律

答案： BD。

(4) 继承问题。法定继承，适用被继承人死亡时经常居所地法律，但不动产法定继承，适用不动产所在地法律。遗嘱方式，符合遗嘱人立遗嘱时或者死亡时经常居所地法律、国籍国法律或者遗嘱行为地法律的，遗嘱均为成立。遗嘱效力，适用遗嘱人立遗嘱时或者死亡时经常居所地法律或者国籍国法律。

(5) 物权问题。不动产物权，适用不动产所在地法律。当事人可以协议选择动产物

权适用的法律。当事人没有选择的，适用法律事实发生时动产所在地法律。当事人可以协议选择运输中动产物权发生变更适用的法律。当事人没有选择的，适用运输目的地法律。权利质权，适用质权设立地法律。

（6）合同问题。1）当事人可以协议选择合同适用的法律。当事人没有选择的，适用履行义务最能体现该合同特征的一方当事人经常居所地法律或者其他与该合同有最密切联系的法律。2）消费者合同，适用消费者经常居所地法律；消费者选择适用商品、服务提供地法律或者经营者在消费者经常居所地没有从事相关经营活动的，适用商品、服务提供地法律。3）劳动合同，适用劳动者工作地法律；难以确定劳动者工作地的，适用用人单位主营业地法律。劳务派遣，可以适用劳务派出地法律。

（7）侵权责任问题。1）侵权责任，适用侵权行为地法律，但当事人有共同经常居所地的，适用共同经常居所地法律。侵权行为发生后，当事人协议选择适用法律的，按照其协议。2）产品责任，适用被侵权人经常居所地法律；被侵权人选择适用侵权人主营业地法律、损害发生地法律的，或者侵权人在被侵权人经常居所地没有从事相关经营活动的，适用侵权人主营业地法律或者损害发生地法律。3）通过网络或者采用其他方式侵害姓名权、肖像权、名誉权、隐私权等人格权的，适用被侵权人经常居所地法律。

（8）收养、扶养和监护问题。收养的条件和手续，适用收养人和被收养人经常居所地法律。收养的效力，适用收养时收养人经常居所地法律。收养关系的解除，适用收养时被收养人经常居所地法律或者法院地法律。扶养，适用一方当事人经常居所地法律、国籍国法律或者主要财产所在地法律中有利于保护被扶养人权益的法律。监护，适用一方当事人经常居所地法律或者国籍国法律中有利于保护被监护人权益的法律。

（9）诉讼时效问题。诉讼时效，适用相关涉外民事关系应当适用的法律。

请思考：中国籍14岁少年曲某随父赴甲国读书。曲父在甲国购买住房后，因生意原因返回中国，行前安排乙国籍好友李某监护曲某在甲国期间的学习生活。如果就有关曲某的监护问题在中国某法院涉诉，关于本案的法律适用，下列哪一选项是正确的？（　　）

A. 应适用甲国法律，因曲某在甲国有住所

B. 应适用中国法律，因曲某为中国籍

C. 应适用乙国法律，因监护人李某为乙国籍

D. 应适用与曲某有最密切联系的法律

答案：B。

五、国际民事诉讼

（一）国际民事诉讼的概念

国际民事诉讼，亦称涉外民事诉讼，是指诉讼主体中至少有一方当事人为外国公民、法人或其他组织的民事诉讼。在诉讼当事人全部为内国人的情况下，如果争讼涉及位于外国的标的或在外国发生的法律事实，因而在取证或执行判决等方面，必须适用涉外民事诉讼程序特别规定，也属于国际民事诉讼的范畴。此外，一般认为，国际商事仲裁也

应被包括在广义的国际民事诉讼这一范畴之中。

（二）国际民事诉讼的法院管辖权

国际民事诉讼法院管辖权的确定，一般应考虑到有利于维护国家的司法主权，有利于防止或减少国家之间法院管辖权上的冲突，便利诉讼的进行，以及有利于诉讼程序或判决在有关国家得到承认和执行等四个方面的因素。上述四个方面亦可表述为在确定国际民事诉讼法院管辖权时应考虑的四项基本原则，即遵守国家司法主权原则、国际民事管辖权协调原则、便利诉讼原则和有效原则。

（三）司法协助

司法协助是指根据国家之间签订的有关条约，或通过外交途径，一国法院接受他国法院的请求，协助进行某些诉讼行为。狭义的司法协助仅指协助送达诉讼文书和调查取证；广义的司法协助，则还包括协助执行对方法院作出的判决或裁决。在我国签订的双边司法协助协定中，有的还把刑事和行政方面的司法协助包括在内。

根据我国民事诉讼法的规定：人民法院作出的和外国法院可以根据我国和外国缔结或共同参加的国际条约，或者按照互惠原则，互相请求代为送达文书、调查取证以及进行其他诉讼行为。

（四）判决或裁决的相互承认和执行

我国《民事诉讼法》规定：人民法院作出的发生法律效力的判决、裁定，如果被执行人或其财产不在我国境内，并拒绝执行该判决或裁决的，既可以由当事人直接向有管辖权的外国法院申请承认和执行，也可以由人民法院根据我国缔结或者参加的国际条约或按照互惠原则，请求外国法院承认和执行。我国涉外仲裁机构作出的生效仲裁裁决，当事人请求执行的，如果被执行人或其财产不在中国领域内，当事人可以直接向有管辖权的外国法院申请承认和执行。外国法院作出的生效判决或裁定，需要我国人民法院承认和执行的，亦可依以上两种途径，请求我国人民法院承认和执行。对此，人民法院应依双方签订的或共同参加的条约或互惠原则进行审查，认为不违反我国法律的基本原则或不损害国家的主权、安全、社会公共利益的，裁定承认其效力；需要执行的，发出执行令，依我国有关法律执行；否则，不予承认和执行。

第三节　国际经济法

“共建‘一带一路’倡议提出近 6 年来，得到各方积极响应和支持，参与方已远远超出历史上的‘一带一路’范畴，充分表明这一倡议具有强大凝聚力，并非中国一厢情愿。‘一带一路’坚持共商共建共享，坚持相互尊重、互利共赢，绝不是有些人所称的当代马歇尔计划。‘一带一路’也并非所谓中国的殖民计划，中国从来没有过殖民他国的历史。我们将坚定地做好中国自己的事情，并继续通过共建‘一带一路’，为构建人类命运共同体做出努力。我们相信这一理想会赢得国际社会更大共识，也一定会实现。”①

一、国际经济法的概念和调整范围

国际经济法是调整国际经济关系的法律规范的总称。国内法、国际条约和国际惯例构成了国际经济法的主要渊源。国际经济法的调整范围不仅包括平等主体的当事人之间的横向交易关系，也包括国家、国际组织对横向交易的纵向管理和管制关系。国家、自然人、法人、国际经济组织，都可以成为国际经济关系的主体。跨国公司是分设在两个以上国家的实体组成的企业，由于其战略的全球性和管理的集中以及公司内部的相互联系，在国际经济活动中的作用越来越大。

国际货物买卖、国际技术许可、国际投资、国际融资构成了主要的国际经济交易。按照世界贸易组织的划分，国际贸易可以分为货物贸易和服务贸易。凡是不提供货物或不主要提供货物的贸易，都可以理解为服务贸易。

二、国际货物买卖法

（一）国际货物买卖合同

调整国际货物买卖合同双方当事人权利、义务的，主要是国内合同法、《联合国国际货物销售合同公约》和《国际贸易术语解释通则》。根据当事人意思自治原则，当事人可以在合同中约定是否采用《联合国国际货物销售合同公约》、某国合同法或某一国际惯例。

《联合国国际货物销售合同公约》适用于合同当事人营业地在不同缔结国的货物销售合同，不适用于提供服务或劳务的合同；对销售程序有特殊要求的货物，如股票、船只等，也不适用该公约。该公约只调整合同的成立与当事人之间的权利、义务。合同及其条款的效力、惯例的效力、合同对货物所有权的可能影响，以及货物造成的人身伤亡责任，不属于该公约调整的范围。因此，在选择适用该公约时，须同时选择某一国内法作为补充。

（二）买卖双方的权利、义务及违约责任

根据《联合国国际货物销售合同公约》，买卖双方都承担通知义务和保全货物的义务。除此之外，卖方主要承担四项大的义务：交付货物、货物与合同约定相符、交付单据、保证交付的货物不侵犯包括知识产权在内的他人的权利。买方主要承担两项大的义务：支付货款和收取货物。

违约，根据违约程度可以分为根本违约和非根本违约，根据违约时间可以分为预期违约和实际违约。

① 习近平出席第二十三届圣彼得堡国际经济论坛全会并致辞．人民日报，2019－06－08.

根本违约，是指其结果实际剥夺了另一方当事人根据合同有权预期得到的东西，除非违约方不能预知且同等资格、通情达理的人在相同的情况下也没有理由预知这种结果。在根本违约的情况下，受害方可以解除合同。

预期违约，是指在合同规定的履行期限到来之前，一方当事人通过声明或行为表明其不履行合同或不能履行合同。在一方预期违约的情形下，另一方可以中止履行合同。在预期违约构成根本违约时，受害方可以解除合同。

一方违反合同应负的损害赔偿额，应与另一方当事人遭受的包括利润在内的损失额相等，但不得超过违反合同的一方在订立合同时依照他当时已经知道或理应知道的事实和情况，对违反合同预料到或理应预料到的可能损失。损害赔偿可以与其他救济措施同时适用。

在卖方违约时，买方还可以享受其他救济：要求卖方实际履行合同义务、交付替代物、减价、修补、更换等。在买方违约时，卖方也可以要求买方实际履行、赔偿或解除合同。

违约方在遇到非他所能控制的障碍时，可以不承担违约责任。但对于因第三方原因造成违约的，只有在该第三方也根据非他所能控制的障碍免责时，合同的违约方才能最终不承担违约责任。

（三）货物所有权和风险转移

关于货物所有权何时以何种方式从卖方转移到买方，各国法律没有统一规定。《联合国国际货物销售合同公约》对此也没有规定。根据我国相关法律的规定，动产所有权在交付时转移，或者按照当事人的约定转移。

货物风险是指货物灭失或损坏的风险。买卖双方如何分配风险承担、风险何时由卖方转移给买方承担，直接涉及双方的权利、义务和利益。货物风险转移可以采取下述几种方式：交付时转移、合同订立时转移以及买方接受时转移；涉及货物运输的，货物交付承运人时转移。但具体转移时间，须结合合同采用的具体贸易术语来确定。

三、国际技术贸易法

（一）国际技术贸易的基本概念

技术贸易是以技术为标的的贸易。“技术”是指制造某一产品，应用某项工艺或提供某项服务的系统知识。“标的”主要是某一植物新品种、技术情报或技能专家为某一工厂的设计、安装、运营服务等，还可以包括专有技术、商业秘密、专利、商标、版权及邻接权、集成电路等。技术贸易的方式主要有技术的买断、许可、提供技术咨询或服务，特许经营，成套设备或关键设备买卖，以技术投资的合营，工程承包等。至于技术贸易的国际性并没有一个统一的标准，不同国家有不同的规定：有的以当事人的营业地或惯常住所地在不同的国家为标准，有的以当事人的国籍为标准。

（二）国际技术贸易法的基本概念

国际技术贸易法是调整一国范围的技术贸易关系的法律规范的总和。调整的法律关系，表现为横向的平等当事人之间的关系和纵向的管理者与被管理者之间的关系。

国际技术贸易法的渊源是国内法、国际条约和惯例。

国际技术贸易法的法律关系（权利义务关系）的主要特点是：（1）当事人不平等的交易地位。这是由知识产权的垄断性决定的，技术的许可方可能滥用其优势地位。（2）国家对技术交易进行干预。被许可方和许可方所在国家都可能对技术交易进行干预，以保护当事人的合法权益。（3）严格的管制性。在国际技术贸易法中，规定了严格的管制规范：一方面通过知识产权法保护知识产权，赋予发明者以垄断权；另一方面通过竞争法组织对竞争的人为限制，以保护知识产权及有关技术。另外，涉及国家安全利益的技术，各国对其许可转让实施严格的管制。①

四、国际投资法

（一）国际投资法的概念和渊源

国际投资法是指调整国际私人直接投资关系的法律规范的总称。国内立法和国际条约构成了国际投资法的主要渊源。直接投资与间接投资的区别在于投资者对企业有无管理权或控制权。

资本输出国的国内立法主要是鼓励、促进、保护对外投资，而资本输入国的国内立法，特别是发展中国家的投资立法主要是鼓励、保护和管理外来投资。

（二）国际投资的法律形式

根据《外商投资法》等有关法律的规定，外商投资构成了我国主要的国际投资形式。在责任形式上，外商投资企业可以采取法人、非法人组织形式，法人形式如有限责任公司和股份有限公司。

（三）有关投资的国际条约

双边投资协定构成了国际条约的主要形式。《多边投资担保机构公约》《解决国家与他国国民间投资争端公约》是直接调整国际投资的多边条约。《与贸易有关的投资措施协议》《服务贸易总协定》也对国际投资具有重大影响。

五、世界贸易组织

（一）世界贸易组织的法律地位

1994 年 4 月 15 日，在摩洛哥的马拉喀什市举行的关税总协定乌拉圭回合部长会议决定成立更具全球性的世界贸易组织（以下简称世贸组织），以取代成立于 1947 年的关贸总协定。

---

① 郭寿康，赵秀文．国际经济法．5 版．北京：中国人民大学出版社，2017：108－109．

世贸组织是一个独立于联合国的永久性国际组织，在法律上与联合国等国际组织处于平等地位。世贸组织具有法人地位，它在调解成员争端方面具有更高的权威性和有效性。该组织的基本原则和宗旨是，通过实施市场开放、非歧视和公平贸易等原则来达到推动实现世界贸易自由化的目标。世贸组织于 1995 年 1 月 1 日正式成立并开始运作，负责管理世界经济和贸易秩序，总部设在日内瓦莱蒙湖畔的关贸总协定总部大楼内。1996 年 1 月 1 日，世贸组织正式取代关贸总协定临时机构，成为永久性国际组织。

世贸组织职责管辖的范围除包括传统的职责和乌拉圭回合新确定的货物贸易外，还包括长期游离于关贸总协定外的知识产权、投资措施和非货物贸易（服务贸易）等领域。作为正式的国际贸易组织，它负责组织实施多边贸易协议以及作为一个论坛和提供多边贸易谈判场所，并负责定期审议其成员的贸易政策和统一处理成员之间的贸易争端，还负责加强同国际货币基金组织和世界银行的合作，以实现全球经济决策的一致性，但不能直接干预成员内部的非经济事务。

世贸组织的最高决策权力机构是部长会议，至少每两年召开一次会议。下设总理事会和秘书处，负责世贸组织日常会议和工作。总理事会设有货物贸易、非货物贸易（服务贸易）、知识产权三个理事会，以及贸易与发展、预算两个委员会。总理事会还下设贸易政策核查机构，它监督各个委员会并负责起草国家政策评估报告。对美国、欧盟、日本、加拿大每两年起草一份政策评估报告，对最发达的 16 个国家每 4 年一次，对发展中国家每 6 年一次。上诉法庭负责对成员间发生的分歧进行仲裁。

世贸组织成员资格分为两种，即创始成员和新加入成员。创始成员必须是关贸总协定的缔约方；世贸组织在接纳新成员时，须在部长级大会上由 2/3 多数成员投票表决通过。世贸组织的法律制度是现代国际经济法的组成部分。国际经济法是调整国际经济关系的法律规范的总和，包括国际货币法、国际投资法、国际贸易法、国际经济组织法、国际税收、国际经济合作与发展等。

（二）世界贸易组织的基本法律原则

1. 公平贸易原则

在货物贸易领域，降低关税、取消数量限制等都体现了公平贸易原则。各成员的出口贸易经营者不得采取不公正的贸易手段，进行国际贸易竞争，尤其不能采取倾销和补贴的方式在他国销售产品。世贸组织强调，以倾销或补贴方式出口本国产品，给进口方国内工业造成实质性损害，或有实质性损害威胁时，该进口方可以根据受损的国内工业的指控，采取反倾销和反补贴措施。同时，世贸组织强调，反对成员滥用反倾销和反补贴措施达到其贸易保护的目的。在服务贸易领域，要求成员方提供国民待遇和市场准入机会，不低于服务贸易承诺表中所作的承诺。

2. 关税减让原则

关税减让一直是多边国际谈判的主要议题。关税减让谈判一般在产品主要供应者与主要进口者之间进行，其他国家也可参加。对于双边的减让谈判结果，其他成员按照最惠国待遇原则可不经谈判而适用。

3. 透明度原则

该原则要求各成员将有效实施的有关管理对外贸易的各项法律、法规、行政规章、司法判决等迅速加以公布，以供其他成员政府和贸易经营者了解、获知；各成员政府之间或政府机构之间签署的影响国际贸易政策的现行协定和条约也应加以公布；各成员应在其境内统一、公正和合理地实施各项法律、法规、行政规章、司法判决等。

4. 针对国营贸易企业原则

世贸组织对国营贸易企业的主要要求是，在进行有关进出口的购买或销售时，应只以商业上的考虑作为标准，并为其他成员企业提供参与这种购买或销售的充分竞争机会。

5. 非歧视性贸易原则

该原则具体表现为最惠国待遇及国民待遇。最惠国待遇是指如果一成员给予另一成员某种优惠的待遇，它就应该“立即、无条件地”将同样的优惠待遇扩展到所有成员，以保证没有任何成员受到“歧视性”待遇。国民待遇是指对其他成员方的产品、服务或服务提供者及知识产权所有者和持有者所提供的待遇，不低于本国同类产品、服务或服务提供者及知识产权所有者和持有者所享有的待遇。国民待遇要求在进口方境内所享有的待遇“不低于”境内相同情形下的待遇。如果对进口产品征收某种国内税，而对同类国产产品不征收，进口产品的销售就会受到影响，使其他制度没有意义。

6. 一般禁止数量限制原则

关税是货物在国家间自由流动的重要壁垒。世贸组织要求把各种阻碍措施关税化，使其透明、易衡量；要求成员方逐渐下调关税，除非因为实际困难并与其他成员方谈判达成一致，不得提高关税。

非关税贸易壁垒是关税以外各种可能限制国际贸易的措施，如技术标准、动植物检验检疫措施、海关估价、许可证、原产地、装运前检验、投资贸易、国营贸易企业经营。世贸组织制定了专门协议，规范成员方实施上述措施的行为。

在货物贸易方面，世贸组织仅允许进行关税保护，而禁止其他非关税壁垒，尤其是以配额和许可证为主要方式的“数量限制”。但禁止数量限制也有一些重要的例外，如国际收支困难的国家被允许实施数量限制，发展中国家的“幼稚工业”也被允许加以保护。

深度阅读

1. 程晓霞，余民才主编．国际法．6 版．北京：中国人民大学出版社，2021

2. 章尚锦，杜焕芳主编．国际私法．6 版．北京：中国人民大学出版社，2019

3. 郭寿康，赵秀文主编．国际经济法．6 版．北京：中国人民大学出版社，2022

4.《联合国宪章》

5.《世界人权宣言》

6.《经济、社会及文化权利国际公约》

7.《公民权利和政治权利国际公约》

8.《发展权利宣言》

9.《联合国国际货物销售合同公约》
10.《中华人民共和国涉外民事关系法律适用法》
11.《中华人民共和国对外关系法》

问题与思考

一、辨析题

1. 国际法是由联合国成员国共同制定的法律规则，具有强制力，成员国必须遵守。
2. 国家和国际组织是现代国际法的主体。
3. 限制主权是作为国际法主体的国家应承担的国际法律责任之一。
4. 和平共处五项原则是现代国际法的基本原则。
5. 冲突规范是调整涉外民商事法律关系的法律规范。
6. 准据法是被冲突规范指定用来确定当事人的权利和义务的法律。
7. 凡是人权问题都必须实行国际保护。
8. 贸易自由原则是世界贸易组织的基本原则之一，其目的是增进世界各国之间的贸易，因此，不应该加以限制。
9. 国际经济法的主要内容是由国际货物买卖、国际技术许可、国际投资、国际融资等构成的。

二、选择题

1. 根据《联合国宪章》的规定，联合国秘书长是选举产生的。对于秘书长的选举程序，下列哪一表述是正确的？（ ）

A. 由安理会采取关于程序性事项投票程序，直接表决选出秘书长

B. 由联合国大会直接选举，大会成员 2/3 多数通过

C. 由安理会采取实质性事项表决程序推荐秘书长候选人，经联合国大会以简单多数表决通过

D. 由安理会采取程序性事项表决程序推荐秘书长候选人，经联合国大会表决获 2/3 多数通过

答案：C。

2. 安某和皮某分别是甲国驻乙国使馆的三等秘书和随员。安某多次参加乙国群众举行的反政府集会和游行；皮某则是大量订阅乙国反对党公开出版的刊物并将有关内容向甲国报告。根据国际法的有关规定，下列判断何者为正确？（ ）

A. 安某的行为违背了外交人员对驻在国的有关义务规定

B. 皮某的行为违背了外交人员对驻在国的有关义务规定

C. 一旦安某或皮某的行为被确定为违背了相关的义务，其外交特权与豁免权即应被剥夺

D. 一旦外交人员的行为被确定为违背了相关的义务，驻在国可以宣布其为“不受欢迎的人”，要求其在限定时间内离境

答案：AD。

图书在版编目（CIP）数据

法学概论 / 谷春德，杨晓青主编．-- 7 版．-- 北京：中国人民大学出版社，2023.12
新编 21 世纪法学系列教材 / 曾宪义，王利明总主编
ISBN 978-7-300-32484-5

Ⅰ．①法… Ⅱ．①谷… ②杨… Ⅲ．①法学-教材 Ⅳ．①D90

中国国家版本馆 CIP 数据核字（2024）第 016971 号

新编 21 世纪法学系列教材
总主编　曾宪义　王利明
法学概论（第七版）
主编　谷春德　杨晓青
Faxue Gailun

出版发行	中国人民大学出版社		
社　　址	北京中关村大街 31 号	**邮政编码**	100080
电　　话	010－62511242（总编室）		010－62511770（质管部）
	010－82501766（邮购部）		010－62514148（门市部）
	010－62515195（发行公司）		010－62515275（盗版举报）
网　　址	http://www. crup. com. cn		
经　　销	新华书店		
印　　刷	北京溢漾印刷有限公司	**版　　次**	2005 年 9 月第 1 版
开　　本	787 mm×1092 mm　1/16		2023 年 12 月第 7 版
印　　张	25. 25 插页 1	**印　　次**	2024 年 12 月第 3 次印刷
字　　数	572 000	**定　　价**	68. 00 元

《　　　　　　　》※任课教师调查问卷

为了能更好地为您提供优秀的教材及良好的服务，也为了进一步提高我社法学教材出版的质量，希望您能协助我们完成本次小问卷，完成后您可以在我社网站中选择与您教学相关的1本教材作为今后的备选教材，我们会及时为您邮寄送达！如果您不方便邮寄，也可以申请加入我社的**法学教师QQ群：436438859（申请时请注明法学教师）**，然后下载本问卷填写，并发往我们指定的邮箱（cruplaw@163.com）。

邮寄地址：北京市海淀区中关村大街59号中国人民大学出版社1202室收

邮　　编：100080

再次感谢您在百忙中抽出时间为我们填写这份调查问卷，您的举手之劳，将使我们获益匪浅！

基本信息及联系方式※：

姓名：__________ 性别：__________ 课程：__________________

任教学校：______________________ 院系（所）：______________

邮寄地址：______________________ 邮编：__________________

电话（办公）：__________ 手机：__________ 电子邮件：__________

调查问卷※：

1. 您认为图书的哪类特性对您使用教材最有影响力？（　　）（可多选，按重要性排序）
   A. 各级规划教材、获奖教材　　B. 知名作者教材
   C. 完善的配套资源　　D. 自编教材
   E. 行政命令
2. 在教材配套资源中，您最需要哪些？（　　）（可多选，按重要性排序）
   A. 电子教案　　B. 教学案例
   C. 教学视频　　D. 配套习题、模拟试卷
3. 您对于本书的评价如何？（　　）
   A. 该书目前仍符合教学要求，表现不错将继续采用。
   B. 该书的配套资源需要改进，才会继续使用。
   C. 该书需要在内容或实例更新再版后才能满足我的教学，才会继续使用。
   D. 该书与同类教材差距很大，不准备继续采用了。
4. 从您的教学出发，谈谈对本书的改进建议：______________________

____

____

选题征集：如果您有好的选题或出版需求，欢迎您联系我们：

联系人：黄　强　联系电话：010-62515955

索取样书：书名：________________________________

书号：____

备注：※ 为必填项。